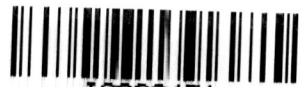

Allan R. Brewer-Carías

Profesor emérito de la Universidad Central de Venezuela

LA JUSTICIA CONSTITUCIONAL, LA DEMOLICIÓN DEL ESTADO DEMOCRÁTICO EN VENEZUELA EN NOMBRE DE UN "NUEVO CONSTITUCIONALISMO", Y UNA TESIS "SECRETA" DE DOCTORADO EN LA UNIVERSIDAD DE ZARAGOZA

Ponencia preparada para el Seminario sobre:

"El papel de la Justicia Constitucional en los procesos de asentamiento del Estado democrático en Iberoamérica,"

Universidad Carlos III de Madrid, octubre 2018

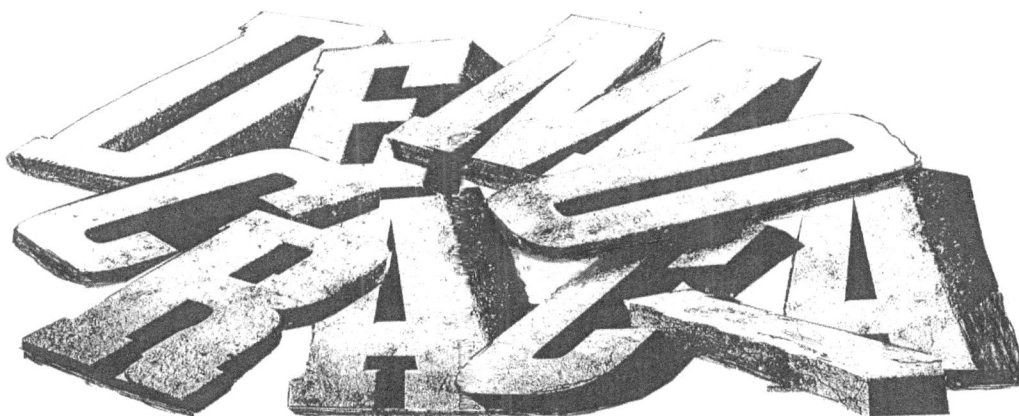

Editorial Jurídica Venezolana International, 2018

©   Allan R. Brewer-Carías, 2015
http://www.allanbrewercarias.com
Email: allan@brewercarias.com

Hecho el Depósito de Ley
ISBN: 978-980-365-436-8
Depósito Legal: DC2018001540

Editado por: Editorial Jurídica Venezolana
Avda. Francisco Solano López, Torre Oasis, P.B., Local 4, Sabana Grande,
Apartado 17.598 – Caracas, 1015, Venezuela
Teléfono 762.25.53, 762.38.42. Fax. 763.5239
http://www.editorialjuridicavenezolana.com.ve
Email fejv@cantv.net

Impreso por: Lightning Source, an INGRAM Content company
para Editorial Jurídica Venezolana International Inc.
Panamá, República de Panamá.
Email: editorialjuridicainternational@gmail.com

Diagramación, composición y montaje
por: Francis Gil, en letra Times New Roman, 12
Interlineado: sencillo, Mancha 23 x 16.5 cm., libro: 24.4 x 17 cm.

Contraportada: Recreación fotográfica libre sobre la forma como se le presentó al autor la Tesis "secreta" para su consulta, en el Archivo de la Universidad de Zaragoza.

CONTENIDO GENERAL

SÉPTIMA PARTE

EL FRAUDE A LA CONSTITUCIÓN Y A LA VOLUNTAD POPULAR EN MATERIA DE REFORMA CONSTITUCIONAL

OCTAVA PARTE

SOBRE LA TESIS "SECRETA" DE ZARAGOZA O SOBRE EL "NUEVO PARADIGMA CONSTITUCIONAL LATINOAMERICANO" COMO JUSTIFICACIÓN PARA LA DESTRUCCIÓN DEL ESTADO DEMOCRÁTICO DE DERECHO

LIMINAR

La ponencia que da lugar al presente libro, escrita por el amigo admirado y compañero de ruta en los ideales que animan nuestras diarias tareas como cronistas de la cuestión democrática, el profesor Allan R. Brewer Carías, la estimo como un relato sintético y oportuno del proceso de destrucción sistemática del Estado de Derecho y de suyo de las instituciones de la democracia en Venezuela, durante el curso de las dos últimas décadas. La presenta al Seminario sobre *El papel de la justicia constitucional en los procesos de asentamiento del Estado democrático en Iberoamérica* de la Universidad Carlos III, en Madrid.

Dicho proceso, deliberado, planificado, construido sobre la doblez de lo moral en la política y el corriente relativismo progresista, que sobrepasa toda imaginación y se funda en la perturbación del lenguaje jurídico, es distinto y asaz extraño del conocido a lo largo de las dictaduras y dictablandas que llenan los espacios de la historia militar iberoamericana, como de sus breves intersticios de experiencia de gobiernos civiles. Se revela como inédito al hacer de los jueces constitucionales actores centrales de la destrucción del orden constitucional que están llamados a tutelar y no sólo de su mutación a conveniencia; y si se omiten sus rasgos de maldad, ahora máximas de la experiencia conocida, encuentra alguna parentela, en parte, con los años del gobierno de Benito Mussolini en Italia, descritos magistralmente por Piero Calamandrei en *Il fascismo come regime della menzogna* (Laterza, 2014).

Nadie más autorizado que el profesor Brewer para narrar y explicar, en el plano de lo constitucional, la experiencia trágica del llamado Socialismo del siglo XXI; suerte de resurrección a contramarcha y con ropaje digital del modelo de comunismo tropical construido en la Cuba de los Castro a partir de los años '60 anteriores y que alcanzan trasplantar éstos a territorio venezolano cuarenta años más tarde; auxiliados por profesores españoles y con consecuencias tan gravosas que escandalizan a la comunidad internacional en su conjunto y no solo a juristas y académicos.

Aparte de situársele a Brewer, en buena ley, como cabeza visible de nuestra escuela de Derecho público, fue miembro de la Asamblea Nacional Constituyente donde cristaliza el pecado original y originario de lo antes señalado, la Constitución de 1999; esa que alcanza a desmantelar la Sala Constitucional del Tribunal Supremo de Justicia desde antes de su aprobación popular mediante referéndum.

No es casualidad que aguas abajo se tropiece el autor de la ponencia, para su desarrollo, con una polémica tesis doctoral declarada secreta, dedicada al "nuevo paradigma constitucional" así instalado, elaborada por la señora Gladys Gutiérrez Alvarado, a la sazón magistrada y luego presidenta del órgano que sepulta en Venezuela el Estado democrático y de Derecho. No es un accidente, tampoco, que su tutor sea el profesor Francisco J. Palacios Romeo, quien enseña en Zaragoza, por sus vínculos reconocidos con el Centro de Estudios Políticos y Sociales (CEPS) de Valencia y sus connotados miembros.

En modo alguno, lo dicho antes, es adjetivación que mate la sustancia del discurso jurídico constitucional sin darle vida. Tampoco es denuncia o expresión panfletaria o filatera. Es la constatación de realidades crudas, a la vista, cuyos beneficiarios políticos las celebran y cuyos escribanos dulcifican, simulan u ocultan, incluso luego de haber alcanzado sus ominosos objetivos.

A la cabeza del Centro de Estudios Políticos mencionado, Roberto Viciano Pastor, a quien conozco como profesor titular de Derecho constitucional durante un coloquio en el que participó por invitación de la UNESCO, en Castellón de La Plana y sobre Patrimonio Común de la Humanidad, lo reencuentro, para sorpresa, como asesor de la Constituyente venezolana el mismo año de 1999. Advierto su directa relación con el vicepresidente de ésta, Julián Isaías Rodríguez Díaz – más tarde vicepresidente y después Fiscal General durante los gobiernos de Hugo Chávez Frías.

Entonces le hago saber mis discrepancias con el texto constitucional en estudio y adoptado luego y que, en su momento, aparte de calificarlo como "una tienda por departamentos", lo describo al término como "una extraña suma de autoritarismo regresivo y de nominalismo libertario, en otras palabras, una síntesis audaz e imaginativa de los paradigmas del Antiguo Régimen con los de la Revolución Francesa".

Se muestra dubitativo Viciano a la vez que condescendiente con mis alegatos, por lo que le pido suscribir mis objeciones como prologuista del librito que publico en 2000, casi coincidente con la publicación oficial de la Constitución novísima, que intitulo *Revisión crítica de la Constitución Bolivariana* (Ediciones de El Nacional, 2000). Su opinión en el prólogo, a la distancia, es reveladora. Se anticipa a lo que todavía no apreciamos entonces los observadores – probablemente tampoco Brewer, como constituyente – en su escorzo, como Caja de Pandora que cuidadosamente tamiza el prologuista:

> "El análisis acerca del texto constitucional que realiza el doctor Aguiar – tras años de estudio y dedicación al derecho y por haber ejercido cargos nacionales e internacionales de alta responsabilidad, en sus vertientes jurídica y política – puede calificarse de muchas maneras, según quien sea el entendedor, pero nunca de ingenuo… La observación del autor es crítica desde una particular visión del derecho, de la función pública y del deber del Estado, y desde una priorización de los valores de la que, desde luego no es espejo fiel la nueva Constitución…".

Y ajusta, a renglón seguido:

> "El autor destaca en la Constitución, y es cierto, no pocos defectos tanto de forma como de contenido, incoherencias, lagunas, excesos…. Pero, a fin de cuentas, no puede menos que reconocerse que la nueva Norma Fundamental se constituye como un elemento en muchos aspectos innovador y apuesta por una visión y resolución de conflictos diferentes a las que ha habido hasta estos momentos en Venezuela".

Para salvar, en suma, esa obra constitucional que asesora junto a sus colegas, esgrime Viciano "el carácter participativo del proceso constituyente venezolano que, lejos de producirse como en tantos otros casos en el seno de un conciliábulo de sabios, ha recogido el sentir de una gran parte de la sociedad"; afirmación que es, a todo evento, inexacta y falaz.

La forja de la Constitución precedente y de mayor duración en Venezuela, la de 1961, es tarea en la que trabajan y la firman actores de un Congreso plural electo por el pueblo, de la más diversa posición intelectual o adscripción partidaria, de pensamiento conservador o liberal, afectos al libre mercado o comunistas; en tanto que, dado el secuestro del proceso electoral constituyente que organiza Chávez Frías y se desprende el mismo día de su toma de posesión como Presidente, la Asamblea de 1999 se instala con 131 miembros, de los cuales sólo 4, electos en la circunscripción nacional y 2 de las circunscripciones regionales no hacen parte – entre éstos el profesor Brewer Carías – del eje político que apoya la elección del señalado gobernante de extracción militar y reveladas alianzas con el marxismo cubano.

El neo-constitucionalismo en Venezuela significa, en términos prácticos, que aprobada la referida constitución con una abstención del 55, 22% del padrón electoral más un 4,55% de votos inválidos, contando sólo con un 33% de electores reales, se asume como dogma de vigencia absoluta; es diferida su publicación desde el 15 de diciembre hasta el 30 de dicho mes mientras la Constituyente, abroquelada con la tesis de la para-constitucionalidad: léase la pérdida de vigencia del texto de 1961 y la falta de vigencia del texto de 1999, en el interregno reconstituye a dedo toda la estructura de los poderes públicos con carácter "provisional". Lo que es más protuberante, publicada la misma, dos hechos la marcan y fijan la trayectoria de inconstitucionalidades que se harán hábito para lo sucesivo.

Uno, se la vuelve a publicar el 24 de marzo 2000 arguyéndose error de copia: razones de "gramática, sintaxis y estilo," al objeto de anexarle una Exposición de Motivos que ni debate ni aprueban los constituyentes, e introducirle cambios sustantivos en varios de sus artículos afectándoles en sus alcances y excediendo la simple corrección textual.

Otro, el 26 de enero de 2000, la Sala Constitucional del Tribunal Supremo de Justicia, decidiendo en causa propia declara improcedente la acción de inconstitucionalidad ejercida contra el acto mediante el cual la Asamblea Nacional Constituyente nombra, el 23 de diciembre de 1999, haciendo abstracción del orden constitucional naciente, a los Magistrados del Tribunal Supremo de Justicia y miembros del "Congresillo" o Comisión Legislativa Nacional que sustituye al Congreso de la República electo en 1998, entre otros poderes. La queja pública por dicho atentado al orden constitucional de nada sirve y el presidente de la convención supraconstitucional, Luis Miquilena, para sosegar los ánimos se limita a aceptar que lo hecho fue "un error político". Nada más.

De modo que, cumplido su cometido, la Constituyente prorroga su actividad fundándose en una transitoriedad que crea al efecto y ordena mediante decretos, por consiguiente, los procesos electorales para la relegitimación de los poderes provisionales designados. Y su congresillo "a dedo," a la sazón, se hace de nuevas leyes electorales que convalida la justicia constitucional tan provisoria como éste con un argumento más digno de los totalitarismos del siglo XX, constante en su decisión de 28 de marzo de 2000: La constituyente está "detentando todo el poder," en pocas palabras, ejerce la dictadura constitucional.

El 31 de mayo siguiente, la Defensora Provisoria del Pueblo, Dilia Parra, solicita de la Sala Constitucional del Tribunal Supremo de Justicia que impida, por vía de amparo, la juramentación de los miembros provisorios del Consejo Nacional Electoral designados por la llamada Comisión Legislativa Nacional o Congresillo, a lo cual otra vez responde la Sala señalada en fallo de 30 de junio: "la citada Comisión Legislativa – dado su origen supra constitucional – "no tendría que ceñirse a las disposiciones de la Constitución de la República Bolivariana de Venezuela," siempre y cuando sus designaciones sean "provisionales".

La provisionalidad es el burladero y se mantiene *sine die* mientras no alcanza a los propios jueces constitucionales designados por la supra-constituyente, en cuyo caso éstos cambian, sin rubor, de ruta argumentativa.

Una vez como se instala la Asamblea Nacional unicameral prevista por la nueva Constitución, ella dicta el 14 de noviembre de 2000 una Ley Especial para la ratificación y designación de los funcionarios y funcionarias del Poder Ciudadano y magistrados del Tribunal Supremo de Justicia, obviando deliberadamente las normas sobre participación ciudadana establecidas por el texto fundamental y ya en pleno vigor. La Defensora del Pueblo mencionada demanda, en lo inmediato, la nulidad por inconstitucionalidad de dicha legislación, previniendo al Supremo Tribunal acerca del "riesgo de que se materialice una lesión de carácter definitivo a las instituciones democráticas producto de la designación de las autoridades que las conforman sin el debido acatamiento y en evidente contravención del procedimiento establecido en nuestra Constitución."

El 12 de diciembre, la Sala Constitucional del Tribunal Supremo de Justicia, con ponencia del Juez Jesús Eduardo Cabrera Romero, admite la demanda para su posterior decisión en cuanto al fondo; lo que no ocurre durante largo tiempo. Mas en otra decisión paralela del mismo día, que declara sin lugar la solicitud de amparo anexa a otra demanda de nulidad cuyo objeto es obtener la suspensión provisoria de los efectos de la indicada Ley Especial, los magistrados "provisorios" de la Sala Constitucional se pronuncian sobre sus propios destinos como jueces. ¡Algo insólito! Avanzan parcialmente sobre el fondo de una materia cuyo conocimiento han postergado, y deciden declarar preliminarmente la no exigencia – para sus "ratificaciones" respectivas como miembros del Tribunal Supremo – de los requisitos constitucionales que sólo deben cumplir quienes aspiren a ser magistrados de tan Alto Tribunal; en sus casos, ellos se encuentran en ejercicio, no son aspirantes.

No pasarán muchos días sin que sea el propio Tribunal Supremo de Justicia el que pavimente el piso para el final desmantelamiento – así lo llama el profesor Brewer – del Estado de Derecho y la democracia venezolanos, a lo largo de los regímenes ejercidos por el propio Chávez y su actual sucesor, Nicolás Maduro Moros.

El magistrado José Delgado Ocando, miembro de la susodicha Sala Constitucional, hace valer durante su ejercicio, a partir del año 2000, el criterio que esboza hacia 1979, a saber, que "la legitimidad revolucionaria es la mejor justificación de los cambios en los movimientos revolucionarios, sea en los momentos preliminares de los cambios, sea ya dentro de los procesos de paz y orden dentro de la revolución triunfante. Una vez establecido el nuevo ordenamiento constitucional, se plantea el problema de la legalidad y legitimidad del derecho nacido de la revolución. La legalidad depende de la eficacia del nuevo orden" … en otras palabras, de la fuerza justificadora del éxito" (citado en Alberto Baumeister Toledo, "Algunas acotaciones sobre los poderes de interpretación de los jueces constitucionales a las normas y principios constitucionales: Interpretación jurisprudencial en derecho venezolano," en *Estudios en Homenaje a Héctor Fix Zamudio*, México, UNAM, 2008)

A inicios del 2011, sobre la cristalización ocurrida de unos 178 atentados a la Constitución (Véase nuestra obra *Historia Inconstitucional de Venezuela*, EJV, 2012), vistos desde nuestra óptica que se apega a la de Brewer y no compartida, obviamente, por los profesores alineados con el CEPS de Valencia, declara el magistrado Fernando Vegas Torrealba, vicepresidente del máximo Tribunal, lo siguiente:

> "Así como en el pasado, bajo el imperio de las constituciones liberales que rigieron el llamado estado de derecho, la Corte de Casación, la Corte Federal y de Casación o la Corte Suprema de Justicia y demás tribunales, se consagraban a la defensa de las estructuras liberal-democráticas y combatían con sus sentencias a quienes pretendían subvertir ese orden en cualquiera de las competencias ya fuese penal, laboral o civil, de la misma manera este Tribunal Supremo de Justicia y el resto de los tribunales de la República, deben aplicar severamente las leyes para sancionar conductas o reconducir causas que vayan en desmedro de la construcción del Socialismo Bolivariano y Democrático".

Sin plagiarlo, *mutatis mutandi* y como puede verse, Vegas Torrealba desnuda el sentido de las palabras del profesor Viciano que introducen nuestro opúsculo citado.

El poder totalitario, socialmente destructor como lo es y son todas las formas de totalitarismo, en suma y desde entonces, hace cuna en Venezuela. Su modelo es clonado en Ecuador y Bolivia, abortado en Honduras, e intenta cerrar su círculo en España, de manos de los discípulos del CEPS, cuyos profesores son visitantes recurrentes de la Universidad de La Habana. Y para ello, lo primero que hacen es perturbar el lenguaje político y el jurídico, en modo tal de paralizar la movilidad de las conciencias, dividirlas, confundirlas, confrontarlas, contener la fluidez de las adhesiones intelectuales que son propias en toda democracia sin apellidos. Una misma palabra, un mismo concepto, alcanzan significados variables según la perspectiva partidaria que se asuma, es la regla del profesor Viciano. La seguridad jurídica pasa a ser, en lo adelante, antigualla.

De allí la importancia de lo que narra el maestro Calamandrei:

"El régimen fascista fue algo más profundo, complicado, y más torvo que la ilegalidad: fue la simulación de la legalidad, el fraude, legalmente organizado, a la legalidad… La mentira política, que sobreviene en todos los regímenes de esta especie, como corrupción y degeneración de ellos, en el fascismo fue el instrumento normal y fisiológico del gobierno".

Que otro ensayo del profesor Allan R. Brewer Carías ponga sobre la mesa de disección a la Justicia constitucional venezolana y que lo haga con escalpelo y la destreza de un cirujano jurídico veterano a objeto de desentrañar el proceso de demolición del Estado democrático y desnudar el "secreto" de una tesis doctoral que le rinde culto a la destrucción, cabe celebrarlo y en lo personal lo celebro; pues si bien puede decir, de sí, Brewer Carías, tanto como Séneca: "me dedico a la posteridad, procurando servirla con mis obras", esta vez, con esta suerte de *abstract* de su *Tratado de derecho constitucional* (2013-2017), constante de 16 volúmenes voluminosos, le sirve a la verdad como Vaclav Havel.

A la caída del comunismo en Europa oriental, sobre la experiencia de las violaciones graves y sistemáticas de derechos humanos que ocurren y con vistas al proceso de establecimiento de las llamadas "nuevas democracias" en los países que la forman, Havel, quien es presidente de Checoslovaquia y luego de la república checa, se pregunta lo fundamental, a saber, si acaso es un sueño querer fundar un Estado en la verdad; con lo que apunta a la esencia misma de la libertad como don y a su ejercicio profundo.

De eso se trata. Es ese el desiderátum, en conclusión, de la extraordinaria ponencia cuyas páginas siguen a continuación y lleva por título La justicia constitucional, la demolición del Estado democrático en Venezuela, y una tesis "secreta" de doctorado en la Universidad de Zaragoza."

Prof. Dr. Asdrúbal Aguiar

Miembro de la Real Academia Hispanoamericana de Ciencias, Artes y Letras

Secretario General de Iniciativa Democrática de España y las Américas (IDEA)

INTRODUCCIÓN

EL JUEZ CONSTITUCIONAL COMO GARANTE DEL ESTADO DEMOCRÁTICO Y LA CONTRADICCIÓN VENEZOLANA

Al hablar del Tribunal Constitucional español, Eduardo García de Enterría lo calificó en su muy conocido libro sobre *La Constitución como Norma y el Tribunal Constitucional*, con razón, como el "comisario del poder constituyente, encargado de defender la Constitución y de velar por que todos los órganos constitucionales conserven su estricta calidad de poderes constituidos."[1]

Por ello no es de extrañar que los organizadores del Seminario en la Universidad Carlos III de Madrid celebrado en Madrid en octubre de 2018 hubieran concebido el encuentro para estudiar *"El papel de la Justicia constitucional en los procesos de asentamiento del Estado democrático en Iberoamérica,"* pues esa es su misión primordial, la de asegurar la vigencia del Estado democrático de derecho velando por que todos sus órganos acaten la Constitución.

Es inconcebible bajo ese ángulo, o si se quiere, sería una contradicción intrínseca, que un Juez Constitucional pudiera tener como misión la de demoler el Estado de derecho y con ello, destruir las bases del sistema democrático.

Sin embargo, eso ha sido lo que precisamente ha ocurrido en Venezuela durante los últimos 20 años, donde el Juez Constitucional, lejos de haber garantizado el Estado social y democrático de derecho y de justicia que quedó plasmado en el texto de la Constitución de 1999, ha sido el más importante instrumento utilizado por el régimen autoritario, ya dictatorial, para demoler sus bases y principios.[2]

Por ello, para el Seminario organizado por la Universidad Carlos III de Madrid, era obvio que no me era posible escribir sobre el *Papel de la Justicia Constitucional en el proceso de asentamiento del Estado democrático* en Venezuela - salvo si me refería al proceso desarrollado entre 1960 y 1998, que ya es historia - ,[3] teniendo que referirme más bien, para tratar la realidad con-

---

1   Véase E. García de Enterría, *La Constitución como norma y el Tribunal constitucional,* Madrid, 1985, p. 198.

2   Sobre el tema nos hemos ocupado desde hace unos años. Véase por ejemplo: Allan R. Brewer-Carías, "El juez constitucional al servicio del autoritarismo y la ilegítima mutación de la Constitución: el caso de la Sala Constitucional del Tribunal Supremo de Justicia de Venezuela (1999-2009)", en *Revista de Administración Pública,* N° 180, Madrid 2009, pp. 383-418; "La ilegítima mutación de la Constitución por el juez constitucional y la demolición del Estado de derecho en Venezuela," en *Revista de Derecho Político,* N° 75-76, Homenaje a Manuel García Pelayo, Universidad Nacional de Educación a Distancia, Madrid 2009, pp. 289-325.

3   Véanse todos nuestros trabajos sobre el tema en: Allan R. Brewer-Carías, *Instituciones del Estado democrático de derecho. Constitución de 1961,* Colección Tratado de Derecho Constitucional, Tomo IV, Caracas 2015,

temporánea, al *papel de la Justicia Constitucional en la demolición del Estado democrático* que es lo que ha ocurrido precisamente desde 1999 hasta la actualidad, en nombre de un supuesto "nuevo constitucionalismo" latinoamericano.

Muchos magistrados del Tribunal Supremo de Justicia y, en especial, de su Sala Constitucional, han sido los responsables de la debacle causada al constitucionalismo democrático y al Estado de derecho en Venezuela durante estos últimos veinte años, desde cuando se instaló en el país una Asamblea Nacional Constituyente en 1999, violando la Constitución de 1961. Ese proceso constituyente fue, precisamente, el que sirvió de conejillo de indias y de detonante para que se comenzara a tratar de definir en América Latina un llamado "nuevo constitucionalismo" "insurgente" o "nuevo paradigma constitucional," que luego se expandió hacia Ecuador y Bolivia, y sobre el cual, salvo algunos de sus ideólogos españoles como Roberto Viciano Pastor y Rubén Martínez Dalmau,[4] en Venezuela, en realidad, muy pocos trataron de fundamentar sobre algunas bases "teóricas" lo que en la práctica fue una monumental destrucción.

Por ello, después de haber estudiado y analizado cada una las sentencias dictadas por el Juez Constitucional (la Sala Constitucional del Tribunal Supremo de Justicia) en Venezuela durante las dos últimas décadas mediante las cuales se han destruido las bases de la democracia y del Estado de derecho,[5] tuve interés en conocer y leer la Tesis doctoral presentada en la Universidad de

1180 pp.; *Derechos y garantías constitucionales en la Constitución de 1961 (La Justicia Constitucional),* Colección Tratado de Derecho Constitucional, Tomo V Caracas 2015, 1022 pp.

4   Véase un resumen de sus planteamientos en Roberto Viciano Pastor y Rubén Martínez Dalmau, "Los procesos constituyentes latinoamericanos y el nuevo paradigma constitucional," en *Revista del Instituto de Ciencias Jurídicas de Puebla, IUS,* N° 25, Verano 2010, Puebla, pp. 8-29, y la bibliografía allí citada; Roberto Viciano Pastor y Rubén Martínez Dalmau, "Aspectos generales del nuevo constitucionalismo latinoamericano," en la publicación de la Corte Constitucional de Ecuador para el Período de Transición, *El Nuevo Constitucionalismo en América Latina,* Memorias del encuentro internacional El nuevo constitucionalismo: desafíos y retos para el siglo XXI, Quito 2010, pp. 9-44; y Francisco Palacios B., *Nuevo constitucionalismo participativo en Latinoamérica. Una propuesta frente a la crisis del Behemoth Occidental,* Thomson-Reuters-Aranzadi, Navarra 2012, pp. 255 pp. Roberto Viciano Pastor estuvo en Venezuela en 1998 y fue asesor "secreto" de la Asamblea Constituyente en 1999, a requerimiento de la cual, según informó, dirigió a la misma un "Dictamen sobre el Anteproyecto de Constitución" del cual que muchos Constituyentes nunca supimos. Véase lo que indicó en Roberto Viciano Pastor, "Presentación," en Asdrúbal Aguiar, *Revisión Crítica de la Constitución Bolivariana,* Libros El Nacional, Caracas 2000, p. 5.

5   Todos mis estudios sobre las sentencias dictadas por la Sala Constitucional en Venezuela, además de los publicados en la *Revista de Derecho Público,* Editorial Jurídica Venezolana, Caracas; pueden consultarse en los siguientes libros: Allan R. Brewer-Carías, *Golpe de Estado y proceso constituyente en Venezuela,* Universidad Nacional Autónoma de México, México 2002, 405 pp.; *La Sala Constitucional versus el Estado democrático de derecho. El secuestro del poder electoral y de la Sala Electoral del Tribunal Supremo y la confiscación del derecho a la participación política,* Los Libros de El Nacional, Colección Ares, Caracas 2004, 172 pp.; *Crónica sobre la "In" Justicia Constitucional. La Sala Constitucional y el autoritarismo en Venezuela,* Caracas 2007; *Práctica y distorsión de la Justicia Constitucional en Venezuela (2008-2012),* Colección Justicia N° 3, Acceso a la Justicia, Academia de Ciencias Políticas y Sociales, Universidad Metropolitana, Editorial Jurídica Venezolana, Caracas 2012, 520 pp.; *El golpe a la democracia dado por la Sala Constitucional (De cómo la Sala Constitucional del Tribunal Supremo de Justicia de Venezuela impuso un gobierno sin legitimidad democrática, revocó mandatos populares de diputada y alcaldes, impidió el derecho a ser electo, restringió el derecho a manifestar, y eliminó el derecho a la participación política, todo en contra de la Constitución),* Colección Estudios Políticos N° 8, Editorial Jurídica venezolana, Caracas 2014, 354 pp.; segunda edición, (Con prólogo de Francisco Fernández Segado), 2015, 426 pp.; *La patología de la Justicia Constitucional,* Tercera edición ampliada, Fundación de Derecho Público, Editorial Jurídica Venezolana, 2014, 666 pp.; *Estado totalitario y desprecio a la ley. La desconstitucionalización, desjuridificación, desjudicialización y desdemocratización de Venezuela,* Fundación de Derecho Público, Editorial Jurídica Venezola-

Zaragoza por una magistrada de dicho Tribunal Supremo, sobre el mismo tema del "nuevo paradigma constitucional" en Venezuela, con el título *"El nuevo paradigma constitucional latinoamericano. Dogmática social extensa y nueva geometría del poder. Especial mención a la Constitución de Venezuela (1999),"* de entrada resultó ser "secreta," en el sentido de que en la ficha oficial del portal "Consulta de la Base de datos de Tesis Doctorales" de España (TESEO), aparecía con la bizarra nota de que "no autoriza la consulta."

La Tesis "secreta," según la información de TESEO, fue presentada el 8 de noviembre 2011 ante la Universidad de Zaragoza por la Sra. Gladys Gutiérrez Alvarado, una de las magistradas activas de la Sala Constitucional del Tribunal Supremo de Justicia, quien venía ocupando dicho cargo desde el año anterior (diciembre de 2010), y quien antes, desde 2006 hasta 2010, había sido Procuradora General de la República (y antes, entre 2001 y 2005, se había desempeñado como funcionaria del Consulado, Cónsul y Embajadora de Venezuela en Madrid).

Ello permitía deducir que por su permanencia en Venezuela a partir de 2006 hasta sostener su Tesis, por una parte, en ese lapso en ningún caso pudo haber seguido escolaridad alguna en las Universidades españolas como paso previo a optar por un doctorado;[6] y por la otra, que había

---

na, 2014, 532 pp.; segunda edición, (Con prólogo de José Ignacio Hernández), Caracas 2015, 542 pp.; *La ruina de la democracia. Algunas consecuencias. Venezuela 2015*, (Prólogo de Asdrúbal Aguiar), Colección Estudios Políticos, N° 12, Editorial Jurídica Venezolana, Caracas 2015, 694 pp.; 172. *La dictadura judicial y la perversión del Estado de derecho. El juez constitucional y la destrucción de la democracia en Venezuela* (Prólogo de Santiago Muñoz Machado), Ediciones El Cronista, Fundación Alfonso Martín Escudero, Editorial IUSTEL, Madrid 2017, 608 pp.; *La consolidación de la tiranía judicial. El Juez Constitucional controlado por el Poder Ejecutivo, asumiendo el poder absoluto*, Colección Estudios Políticos, N° 15, Editorial Jurídica Venezolana International. Caracas / New York, 2017, 238 pp.

6   En el Expediente académico de la Universidad de Zaragoza, según copia que se me remitió mediante Resolución del Vicerrector de Prospectiva, Sostenibilidad e Infraestructura de la Universidad de fecha 27 de agosto de 2018 (Ref Trans_086), consta que la doctorando obtuvo once años antes de defender su tesis, el 31 de octubre de 2002, un "Diploma de Estudios Avanzados" de la Universidad Complutense de Madrid, en el "programa de doctorado Interdisciplinario de Medio Ambiente, Instrumentos Socio Económicos, Territoriales, Jurídicos y Educativos para el Desarrollo Sostenible, del Instituto Universitario de Ciencias Ambientales;" y consta además, una "Certificación Académica" de la Facultad de Derecho de dicha Universidad Complutense, Estudios de Tercer Ciclo, emitida en fecha 14 de noviembre de 2011, después de que ya la tesis estaba registrada en la Universidad de Zaragoza, donde se indica que la doctorando siguió los siguientes "Cursos de docencia" en el Curso 2000-2001: "Economía del medioambiente y desarrollo, Medio ambiente, Turismo y Desarrollo sostenible en la Unión Europea y en el Mediterráneo, Derecho tributario ambiental, Medio ambiente, empresa y gestión ambiental, Educación y Medio Ambiente en la formación continua para el desarrollo, e Instrumentos económicos para la Protección del Medio Ambiente: Teoría y práctica de la Unión Europea;" y que presentó dos "trabajos de investigación tutelados" en el Curso 2001-2002, sobre "Turismo y Medio Ambiente." La Certificación Académica" de la Universidad Complutense, como se dijo, se emitió el 14 de noviembre de 2011, y fue remitida a la Universidad de Zaragoza "con carácter de traslado" el 15 de noviembre de 2011." Un año antes, sin embargo, el 29 de octubre de 2010, ya el Departamento de Derecho Público y la Comisión de Doctorado de la Universidad de Zaragoza, habían considerado favorablemente el "traslado del expediente" y el proyecto de Tesis sobre el tema: "La Constitución de Venezuela de 1999 como nuevo paradigma constitucional..."; y mediante Resolución de la Comisión de Doctorado, Sección de Tercer Ciclo, de la Universidad de Zaragoza de fecha 18 de noviembre de 2010, se le había indicado a la doctorando que se aceptaba "su traslado de expediente de la Universidad Complutense de Madrid," condicionándose "para que esta resolución surta efecto" a que debía formalizar "durante el presente curso académico 2010-2011, la correspondiente matrícula de Tutela de Tesis Doctoral en la Sección de Tercer Ciclo de esta Universidad aportando la documentación" necesaria sobre sus estudios que en la misma se indicó. Como se señaló, sin embargo, la documentación no se aportó durante el curso académico 2010-2011, sino el 15 de noviembre de 2011 (durante el curso 2011-1012) como consta de la correspondencia de la Universidad Complutense. Todo lo cual consta en

sido una de las funcionarias corresponsable de las acciones destructivas contra el Estado democrático cometidas en nombre del "nuevo constitucionalismo," específicamente como magistrada de la Sala Constitucional del Tribunal Supremo de Justicia, particularmente después de presentada su Tesis en 2011 y durante el tiempo en el cual fue su Presidenta (2013-2017); proceso destructivo que incluso afectó hasta la propia autonomía de la Universidad venezolana.[7]

La Tesis "secreta," según la información oficial, había tenido como Director al profesor Francisco Palacios Romeo, otro de los destacados heraldos del "nuevo constitucionalismo latinoamericano"[8] y quien, como contratado por el gobierno de Venezuela, había asesorado entre

---

la documentación adjunta a la Resolución mencionada del 27 de agosto de 2018 dictada en respuesta a mi petición de información. En todo caso, como se dijo, una semana antes de que se aportara la documentación, el 8 de noviembre de 2011, ya la Tesis se había depositado y registrado en el Registro Auxiliar del Registro General de la Facultad de Derecho de la Universidad de Zaragoza (No. Der 1373), como consta del sello húmedo que está en la carátula de la Tesis en el Archivo de la Universidad, habiéndose leído y defendida la misma al mes siguiente, el 21 de diciembre de 2011, día del Solsticio de Invierno.

7   Estando destinado este trabajo a un Seminario universitario no puedo dejar de mencionar la sentencia de la Sala Constitucional del Tribunal Supremo de Justicia No. 831 de 7 de julio de 2015 (Caso *Eirimar del Valle Malavé Rangel vs. autoridades de la Universidad Central de Venezuela y otras Universidades nacionales*, en http://historico.tsj.gob.ve/decisiones/scon/julio/179242-831-7715-2015- 15-0572.HTML), de la cual precisamente fue Ponente la Sra. Gutiérrez Alvarado, autora de la Tesis "secreta," en la cual, como en su momento lo comenté, "sin argumentos jurídicos, procedió más como agente gubernamental que como juez, y en definitiva decidió que la autonomía universitaria dejó de existir en el país en materia de selección de los alumnos por parte de las Universidades nacionales, y que las mismas están sujetas a lo que disponga una Oficina del Ministerio de Educación, ordenándole judicialmente a las Universidades abdicar a su autonomía y someterse a las prescripciones dictadas por la Administración Central." Con ello, lo que logró la Ponente, en la sentencia que presentó a la Sala, fue "convertir a las autoridades de las Universidades autónomas en órganos subordinados a una oficina administrativa del Ministerio de Educación y, además, criminalizar cualquier acción u omisión administrativa con amenaza de cárcel." Sobre la sentencia, además agregué, que bastaba su lectura para "constatar con asombro que la misma se dictó por el Juez constitucional, no sólo sin haber estudiado el derecho aplicable sino sin siquiera haber citado al menos alguna norma de dichos instrumentos legales," concluyendo que "así resuelve ahora el Tribunal Supremo y dicta sentencia sin argumentación ni argumentos jurídicos y sin siquiera analizar ni mencionar las normas del ordenamiento jurídico, adoleciendo la sentencia de fundamentación jurídica." Véase el estudio: "Las Universidades Nacionales en el cadalso y la autonomía universitaria en manos del verdugo judicial. A propósito de la obligación impuesta por la Sala Constitucional a las Universidades nacionales de violar la Ley de Universidades y abdicar a la autonomía universitaria garantizada en la Constitución," 8 julio 2015, en http://allanbrewercarias.com/wp-content/uploads/2015/07/112.-Brewer.-La-aniquilaci%C3%B3n-de-la-autonom%C3%ADa-universitaria.-Comentario-jurisprudencial.-8-7-2015.pdf Véase también en Allan R. Brewer-Carías, *La ruina de la democracia. Algunas consecuencias. Venezuela 2015* (Prólogo de Asdrúbal Aguiar), Colección Estudios Políticos, N° 12, Editorial Jurídica Venezolana, Caracas 2015, pp. 171-185.

8   Véase Francisco Palacios Romeo., *Nuevo constitucionalismo participativo en Latinoamérica. Una propuesta frente a la crisis del Behemoth Occidental*, Thomson-Reuters-Aranzadi, Navarra 2012, 255 pp.; y sus estudios: "La lucha por la Constitución: una dialéctica entre Agora y Fórum (con epítome sobre nuevo constitucionalismo latinoamericano)," en *Constitucionalismo crítico. Liber amicorum Carlos de Cabo Martín* (García Herrera, M., Asensi Sabater, J. y Balaguer Callejón, F., coordinadores.) 2ª edición, Tirant Lo Blanch, Valencia 2016, pp. 1315- 1366; "La reivindicación de la polis: crisis de la representación y nuevas estructuras constitucionales de deliberación y participación en Latinoamérica," en *Materiales sobre neoconstitucionalismo y nuevo constitucionalismo latinoamericano* (C. Storini y J. Alenza, directores), Thomson Reuters Aranzadi, Navarra 2012, pp. 147-241; "Quiebra del Estado social-aleatorio, constitucionalización material del Estado social y apertura de un nuevo sistema comunitario," en *Estudios sobre la Constitución de la República Bolivariana de Venezuela. X Aniversario* (F. Palacios y D. Velázquez, coordinadores), Procuraduría General de la República, Caracas 2009, pp. 87-138; y "La ruptura Constitucional del Estado precario: los derechos sociales

2001 y 2008, tanto a la Presidencia de la República como a la Procuraduría General de la República cuando la doctoranda fue Procuradora General. En cuanto al Tribunal que analizó y aprobó la tesis, quedó conformado por los Sres. Manuel Ramírez Jiménez (Presidente), Andrés García Inda (Secretario), Juan Carlos Monedero Fernández-Gala (Vocal), José Asensi Sabater (Vocal) y José María Pérez Collados (Vocal). [9]

En todo caso, al enterarme que dicha Tesis "secreta" había sido defendida en Zaragoza, por el tema tratado, con la participación de las personas antes indicadas, y por la cual se le había conferido a su autora-magistrada antes mencionada el grado de Doctor, deduje que al menos, a través de su texto, a pesar de que no podía ser consultado por el público, la autora sí le habría llegado a explicar al Director de la Tesis y a los miembros del Tribunal de la misma, únicos que habían tenido acceso a la ella y que sí debían habérsela leído, de qué se trataba el tema del "nuevo paradigma constitucional latinoamericano," además de otros conceptos como la "dogmática social extensa" y la "nueva geometría del poder," y todo, con "especial mención a la Constitución de Venezuela (1999)."

Allí, pensé, quizás podría encontrar la base teórica de tanta destrucción causada desde la Jurisdicción Constitucional de la cual formaba parte su autora en el país, razón por la cual en abril de 2018 inicié un procedimiento administrativo conforme a los principios de transparencia aplicados en la Administración española, para que se me permitiera acceder a la consulta de la Tesis, lo cual fue autorizado, garantizándoseme en esa forma, en mi calidad de investigador-administrado, el derecho de acceso a la información administrativa, lo cual en este caso, en la Universidad de Zaragoza, funcionó a cabalidad. Con tal motivo me enteré, además, como antes se ha indicado, que la doctoranda, en sus estudios en España no acreditó haber seguido curso alguno de nivel de doctorado en materias de derecho público en general o de derecho constitucional en particular (solo se informó que siguió cursos en 2001 en materias relacionadas con medio ambiente y turismo), razón por la cual más me interesó poder estudiar la Tesis.

En la redacción de este estudio, por tanto, puede decirse que coincidieron dos factores fundamentales: primero, el análisis de todas las sentencias dictadas por el Juez Constitucional en Venezuela para demoler sucesivamente todas las bases y principios del Estado democrático de

---

en el nuevo constitucionalismo iberoamericano La especificidad del modelo venezolano," en *Agora. Revista de Ciencias Sociales*, vol. 14 (monográfico), Fundación C.E.P.S., 2006, pp. 85-124.

9   En la Universidad de Zaragoza presumimos que deben aplicarse las mismas reglas que existen en otras Universidades españolas en el sentido de exigir que en el proceso de tramitación de las tesis doctorales, alguna declaración formal de ausencia de conflictos de intereses entre el director de la tesis y el doctorando con los miembros del Tribunal, debe existir. En este caso de la Tesis "secreta" de Zaragoza, no sabemos cómo se resolvió la situación, con una doctoranda que había sido como Procuradora General de la República, la contratante directa del Director de la Tesis (Palacios) quien mediante contrato estuvo al servicio de la Procuraduría, e indirecta de uno de los miembros del Tribunal (Monedero, contratado por la Presidencia de la República, de la cual depende la procuraduría) quien mediante contrato estuvo al servicio de la Presidencia de la República de Venezuela; y entre ellos, ambos vinculados al mismo Centro de Estudios Políticos y Sociales que contrató con el Estado venezolano. Véase sobre ello la información en la "hoja de vida" del profesor Palacios R. publicada en: https://redestudioscomparadosdfshh.files.wordpress.com/2017/02/cv-francisco-palacios-romeo.pdf; en el reportaje de Maye Primera, "Asesores constituyentes. Juristas y politólogos españoles colaboraron con el Ejecutivo bolivariano de Venezuela," en *El País*, Madrid 17 de junio de 2014, en https://elpais.com/politica/2014/06/18/actualidad/1403055722_556213.html?rel=mas; y en el reportaje de Ester Blanco, "La huella de Podemos en Venezuela. La relación de la formación morada en el gobierno chavista incluye cobros de dinero público e influencia política," en *ABCEspaña*, 21 de febrero de 2018, en https://www.abc.es/espana/abci-huella-podemos-venezuela-201608111345_noticia.html.

derecho, en su gran mayoría con la participación de la magistrado doctoranda Gutiérrez Alvarado, lo cual había venido haciendo en las últimas décadas y que he resumido en las páginas que siguen de este trabajo (**Segunda, Tercera, Cuarta, Quinta, Sexta y Séptima Partes**); y segundo, el hecho de haber podido tener acceso a la Tesis "secreta" de doctorado antes mencionada, y haberla estudiado conforme a los métodos definidos por las normas de transparencia de la Universidad de Zaragoza, al cual me refiero más adelante (**Véase Primera Parte, III**).

Ello me permitió encontrar muchas respuestas explicativas sobre las sentencias dictadas por el Juez Constitucional bajo las orientaciones de los principios del "nuevo paradigma constitucional," así como infinidad de contradicciones entre lo expuesto en la Tesis "secreta" de la magistrada Gutiérrez, cuyo contenido analizo en la última parte de este trabajo (**Véase Octava Parte**), y sus ejecutorias como magistrada, plasmadas en las sentencias en las cuales participó.

Antes, sin embargo, paso a precisar el marco normativo que sobre la Justicia Constitucional se regula en la Constitución de 1999, y cómo en nombre del "nuevo constitucionalismo," esas mismas disposiciones fueron precisamente utilizadas para desmontar el Estado democrático de derecho y el propio texto constitucional; todo lo cual aparentemente se trató de fundamentar en la mencionada Tesis "secreta" de doctorado presentada por la ya mencionada magistrada del Tribunal Supremo de Justicia de Venezuela en la Universidad de Zaragoza.

PRIMERA PARTE

CONSTITUCIÓN, ESTADO DE DERECHO Y LOS EFECTOS DEVASTADORES DEL "NUEVO CONSTITUCIONALISMO" EN VENEZUELA DEFENDIDO EN UNA TESIS "SECRETA" DE DOCTORADO DE ZARAGOZA

I. LA CONSTITUCIÓN VENEZOLANA DE 1999 Y LA JUSTICIA CONSTITUCIONAL

La Constitución Venezolana de 1999 fue sancionada por una Asamblea Nacional Constituyente la cual aun cuando mal convocada y mal estructurada, después de una consulta popular y de haber sido electos sus miembros, sancionó el Texto constitucional, habiendo sido sometido a la aprobación del pueblo como poder constituyente originario, lo cual ocurrió mediante referendo del 15 de diciembre de 1999.[10]

La Constitución formuló la promesa de conformar un "Estado Democrático y Social de derecho y de Justicia, con forma Federal y descentralizada," sobre la base de tres pilares político-constitucionales fundamentales, sobre los cuales puede decirse retrospectivamente, que ninguno de ellos llegó a estructurarse realmente, [11] pues todos fueron traicionados: *primero*, un sistema de control del Poder Público mediante su separación horizontal y su distribución vertical;[12] *segundo*, un sistema político de gobierno democrático, de democracia representativa y participativa, que debía asegurar la legitimidad democrática de la elección directa e indirecta de los titulares de los órganos del Poder Público; [13] y *tercero*, un sistema económico de economía mixta conforme a princi-

---

10   Véase sobre la Constitución de 1999, Allan R. Brewer-Carías, *La Constitución de 1999. Derecho Constitucional Venezolano*, Editorial Jurídica Venezolana, Caracas 2004, 2 vols.

11   Véase sobre esto Allan R. Brewer-Carías, *Estado totalitario y desprecio a la ley. La desconstitucionalización, desjuridificación, desjudicialización y desdemocratización de Venezuela,* Fundación de Derecho Público, (Con prólogo de José Ignacio Hernández), Editorial Jurídica Venezolana, Caracas 2015, 542 pp;.

12   Véase sobre esto Allan R. Brewer-Carías, "Los problemas del control del poder y el autoritarismo en Venezuela", en Peter Häberle y Diego García Belaúnde (Coordinadores), *El control del poder. Homenaje a Diego Valadés,* Instituto de Investigaciones Jurídicas, Universidad Nacional Autónoma de México, Tomo I, México 2011, pp. 159-188.

13   Véase sobre esto Allan R. Brewer-Carías, "La necesaria revalorización de la democracia representativa ante los peligros del discurso autoritario sobre una supuesta "democracia participativa" sin representación," en *Derecho Electoral de Latinoamérica. Memoria del II Congreso Iberoamericano de Derecho*, Bogotá, 31 agosto-1 septiembre 2011, Consejo Superior de la Judicatura, ISBN 978-958-8331-93-5, Bogotá 2013, pp. 457-482. Véase además, el texto de la Ponencia: "La democracia representativa y la falacia de la llamada "democracia participativa," *Congreso Iberoamericano de Derecho Electoral*, Universidad de Nuevo León, Monterrey, 27 de noviembre 2010.

pios de justicia social, basado en el principio de la libertad como opuesto al de economía dirigida,[14] con la participación de la iniciativa privada y del propio Estado como promotor del desarrollo económico y regulador de la actividad económica.

Yo mismo contribuí a la redacción de aquella Constitución como miembro independiente que fui de la Asamblea, –formando junto con otros tres miembros la exigua minoría opositora de cuatro constituyentes en una Asamblea de 161 miembros, totalmente dominada por los seguidores del entonces Presidente Hugo Chávez–; y puedo afirmar que transcurridas ya dos décadas desde que se sancionó, las promesas básicas insertas en su texto no se han cumplido, ninguno de los derechos básicos respecto de la Constitución se han respetado, pudiendo considerársela hoy en día como la muestra más vívida en el constitucionalismo contemporáneo, de una Constitución que ha sido violada y vulnerada desde antes incluso de que fuera publicada. [15] Y lo más grave es que todos los temores que advertí sobre la misma, antes de su aprobación popular, lamentablemente se cumplieron, sucediendo lo que Roberto Viciano Pastor, sin quererlo, vaticinó en 2000 que podría ocurrir, que "la Constitución de 1999 será papel mojado y, como tal, inútil desde su primera frase."[16] Y así ha sido, lamentablemente.

En diciembre de 1999, en efecto, en la campaña del referendo aprobatorio de la Constitución, fundé mi propuesta por el voto "No," considerando que el proyecto de Constitución debía ser rechazado, "por estar concebido para el *autoritarismo, el paternalismo estatal, el populismo y el estatismo insolvente,*" expresando en un documento intitulado "Razones por el Voto No," de 30 de noviembre de 2018, lo siguiente:

"en cuanto a la *Constitución política* en el Proyecto de Constitución, cuando se analiza globalmente, particularmente en los elementos antes mencionados, pone en evidencia un esquema institucional para el autoritarismo, que deriva de la combinación del centralismo de Estado, del presidencialismo exacerbado, de la partidocracia y del militarismo que constituyen los elementos centrales diseñados para la organización del Poder del Estado.

Esa no es la Constitución política que la democracia requería para su perfeccionamiento, y que, al contrario, debía haber estado montada sobre la descentralización del poder, un presidencialismo controlado, la participación política y la sujeción de la autoridad militar a la civil. Con ese esquema no podemos estar de acuerdo, y de allí nuestro voto negativo el 15 de diciembre de 1999.

---

14   Véase sobre la Constitución Económica, lo que hemos expuesto en Allan R. Brewer-Carías, *La Constitución de 1999. Derecho Constitucional Venezolano,* Tomo II, Editorial Jurídica venezolana, Caracas 2004 pp. 53 ss.; y en "Reflexiones sobre la Constitución Económica" en *Estudios sobre la Constitución Española. Homenaje al Profesor Eduardo García de Enterría,* Madrid, 1991, pp. 3.839 a 3.853. Véase, además, Henrique Meier, "La Constitución económica", en *Revista de Derecho Corporativo,* Vol. 1, Nº 1. Caracas, 2001, pp. 9-74; Dagmar Albornoz, "Constitución económica, régimen tributario y tutela judicial efectiva", en *Revista de Derecho Constitucional,* Nº 5 (julio-diciembre), Editorial Sherwood, Caracas, 2001, pp. 7-20; Ana C. Núñez Machado, "Los principios económicos de la Constitución de 1999", en *Revista de Derecho Constitucional,* Nº 6 (enero-diciembre), Editorial Sherwood, Caracas, 2002, pp. 129-140; Claudia Briceño Aranguren y Ana C. Núñez Machado, "Aspectos económicos de la nueva Constitución", en *Comentarios a la Constitución de la República Bolivariana de Venezuela,* Vadell Hermanos, Editores, Caracas, 2000, pp. 177 y ss.

15   Véase lo que hemos expuesto en Allan R. Brewer-Carías, "La traición a la Constitución: el desmontaje del Estado de derecho por el Juez Constitucional en Venezuela," en *Revista de Derecho Público,* Nº 145-146, (enero-junio 2016), Editorial Jurídica Venezolana, Caracas 2016, pp. 23-48.

16   Véase Roberto Viciano Pastor, "Presentación," en Asdrúbal Aguiar, *Revisión Crítica de la Constitución Bolivariana,* Libros El Nacional, Caracas 2000, p. 6.

Por su parte, en cuanto a la *Constitución social*, en el Proyecto, al enumerar el elenco de derechos humanos y de garantías y obligaciones estatales, analizada globalmente, lo que muestra es un marginamiento de la sociedad y de las iniciativas particulares, haciendo recaer sobre el Estado todas las obligaciones imaginables, imposible de cumplir. Es una Constitución concebida para el paternalismo, lo que se traduce en populismo.

Esa no es la Constitución social que se requería para fundar una democracia social y participativa, para lo cual debió haber revalorizado la participación de todas las iniciativas privadas en los procesos educativos, de salud y de seguridad social, como actividades en las cuales tiene que existir una corresponsabilidad entre el Estado y la Sociedad.

Por último, el Proyecto de Constitución, en su componente de Constitución económica, completa el cuadro paternalista de la Constitución social, inclinando el régimen constitucional hacia el Estado en lugar de hacia la iniciativa privada, originando un estatismo exagerado, con el riesgo de multiplicación de una voracidad fiscal incontrolable concebida para aplastar al contribuyente, al cual no se protege constitucionalmente.

Esa no es la *Constitución económica* que se requería para fundar la política de desarrollo económico que requiere el país, que tiene que apuntar hacia la creación de riqueza y empleo y que el Estado es incapaz de lograr sin la decisiva participación de las iniciativas privadas, que lejos de ser perseguidas, deben ser protegidas e incentivadas."[17]

A mis advertencias sobre el sesgo autoritario de la Constitución, que había formulado desde 1998 cuando se pretendía convocar la Asamblea Constituyente violentando la Constitución de 1961,[18] es muy posible que haya sido a lo que se refirió el mismo Roberto Viciano Pastor en 2000, como "asesor" secreto que fue de la Asamblea Constituyente, en la Presentación que le hizo a un libro de Asdrúbal Aguiar, al advertir sobre "la voz de alarma acerca de un supuesto peligro que se cernía por el probable resultado autoritario de los trabajos de la Asamblea Constituyente," expresados según expresó, en "libelos que - dicho sea al margen - nadie ahora recuerda o quiere recordar."[19]

Lamentablemente, ante la tragedia que veinte años después resultó de aquél proceso constituyente de 1999, todos tendremos que recordar aquellos "libelos," y con más culpa, quienes no quisieron atenderlos ni entenderlos.

Y lo cierto fue que ni siquiera fue necesario esperar que la Constitución, una vez aprobada por el pueblo popularmente el 15 de diciembre de 1999, fuera publicada (lo que ocurrió el 30 de diciembre de 1999) cuando a los pocos días, precisamente el 20 de diciembre de 1999 comenzó a ser violada, al haber decretado la Asamblea Constituyente, la cual ya había concluido sus funciones, un supuesto "Régimen Transitorio" no aprobado por el pueblo el cual se aplicó por varios lustros, configurándose como un golpe de Estado contra la Constitución.[20]

---

17   Véase "Razones por el Voto NO" en el referéndum sobre la Constitución (texto de fecha 30-11-99)," publicado en Allan R. Brewer-Carías, *Debate Constituyente (*Aportes a la Asamblea Nacional Constituyente) Tomo III (18 octubre - 30 noviembre 1999), Fundación de Derecho Público, Editorial Jurídica Venezolana, Caracas 2011, pp. 340-341.

18   Véase Allan R. Brewer-Carías, *Asamblea Constituyente y ordenamiento constitucional,* Serie Estudios N° 53, Biblioteca de la Academia de Ciencias Políticas y Sociales, Caracas 1999, 328 pp.

19   Véase Roberto Viciano Pastor, "Presentación," en Asdrúbal Aguiar, *Revisión Crítica de la Constitución Bolivariana*, Libros El Nacional, Caracas 2000, p. 4.

20   Véase Allan R. Brewer-Carías, *Golpe de Estado y proceso constituyente en Venezuela*, Universidad nacional Autónoma de México, México 2002. A ello se sumaron diversas "modificaciones" o "reformas" al texto in-

Ese fue el origen de un régimen constitucional que en definitiva fue establecido para no ser cumplido, configurándose como una gran mentira desde su inicio,[21] en particular por lo que se refiere al establecimiento de un régimen político democrático representativo y participativo, que no ocurrió; al establecimiento de un Estado democrático de derecho y de justicia, fundamentado en el principio de la separación de poderes, lo cual no sucedió; a la consolidación de un Estado federal descentralizado, que al contrario fue una forma estatal que se abandonó; y al establecimiento de un Estado social, que no pasó de ser una vana ilusión propagandista, habiendo solo adquirido la deformada faz de un Estado populista para en definitiva empobrecer y hacer dependiente de una burocracia gigante e ineficiente a las personas de menos recursos, que hoy ya son casi todos los habitantes del país, que sufren las mismas carestías.[22]

La Constitución, sin embargo, en su texto, en contraste con lo que ocurrió, incorporó todos los principios imaginables del constitucionalismo democrático moderno, y entre todos, el de la supremacía constitucional formalmente expresado en su artículo 7 (*"La Constitución es la norma suprema y el fundamento del ordenamiento jurídico. Todas las personas y los órganos que ejercen el Poder Público están sujetos a esta Constitución"*), lo que implica que la Constitución debe prevalecer sobre la voluntad de todos los órganos constituidos del Estado, incluyendo el Juez Constitucional, por lo que su modificación sólo puede llevarse a cabo conforme se dispone en su propio texto, como expresión-imposición de la voluntad popular producto de ese poder constituyente originario.

La contrapartida de la obligación de los órganos constituidos de respetar la Constitución, de manera que el poder constituyente originario prevalezca sobre la voluntad de los órganos estatales constituidos, es el derecho constitucional que todos los ciudadanos tienen en un Estado Constitucional, a que se respete la voluntad popular expresada en la Constitución, es decir, *el derecho fundamental a la supremacía constitucional*.[23] Nada se ganaría con señalar que la Constitución, como manifestación de la voluntad del pueblo, debe prevalecer sobre la de los órganos del Estado, si no existiere el derecho de los integrantes del pueblo de exigir el respeto de esa Constitución, y además, la obligación de los órganos jurisdiccionales de velar por dicha supremacía.[24]

La supremacía de la Constitución, por otra parte, formalmente está asegurada en el propio texto constitucional al establecerse su carácter rígido, previéndose la necesaria e indispensable intervención popular para efectuar cualquier modificación o reforma a la Constitución;[25] y

troducidas con ocasión de "correcciones de estilo" para su publicación lo que ocurrió el 30 de diciembre de 1999. Véase Allan R. Brewer-Carías, "Comentarios sobre la ilegítima "Exposición de Motivos" de la Constitución de 1999 relativa al sistema de justicia constitucional", en la *Revista de Derecho Constitucional*, Nº 2, Enero-Junio 2000, Caracas 2000, pp. 47-59.

21   Véase sobre esto Allan R. Brewer-Carías, *La mentira como política de Estado. Crónica de una crisis política permanente. Venezuela 1999-2015* (Prólogo de Manuel Rachadell), Colección Estudios Políticos, Nº 10, Editorial Jurídica Venezolana, Caracas 2015, 478 pp.

22   Ello ya lo advertíamos en Allan R. Brewer-Carías, *Reflexiones sobre el constitucionalismo en América*, Editorial Jurídica Venezolana, Caracas 2001.

23   Véase Allan R. Brewer-Carías, "El amparo a los derechos y libertades constitucionales (una aproximación comparativa)" en Manuel José Cepeda (editor), *La Carta de Derechos. Su interpretación y sus implicaciones*, Editorial Temis, Bogotá 1993, pp. 21-81.

24   Véase por ejemplo, Jesús María Alvarado Andrade, Prólogo al libro de Allan R. Brewer-Carías, *Derecho Procesal Constitucional*, tercera edición, Editorial Jurídica Venezolana, Caracas, 2014. pp. 13-58.

25   En el texto se distinguen tres procedimientos diferentes para la reforma de la Constitución: la Reforma constitucional, la Enmienda constitucional y la Asamblea Nacional Constituyente. (artículo 340-47), correspon-

además, de todo un completísimo sistema de Justicia Constitucional para garantizar dicha supremacía, de carácter mixto o integral, que combina el llamado método difuso con el método concentrado de control de constitucionalidad.[26]

En esa forma, la garantía de la supremacía constitucional se consagró formalmente, en primer lugar, mediante la asignación a todos los jueces de la República, en el ámbito de sus respectivas competencias y conforme a lo previsto en la Constitución y en la ley, de la obligación "de asegurar la integridad de la Constitución" (art. 334); en segundo lugar, además, mediante la asignación al Tribunal Supremo de Justicia en Sala Constitucional, es decir, a la Jurisdicción Constitucional (arts. 266,1 y 336), de la tarea de garantizar como "máximo y último intérprete de la Constitución," la "supremacía y efectividad de las normas y principios constitucionales," así como de velar "por su uniforme interpretación y aplicación" (art. 335); asignándole en concreto el control concentrado de la constitucionalidad de las leyes y demás actos estatales de rango legal, con poderes para anularlos con efectos *erga omnes*, al decidir, entre otras, la acción popular de inconstitucionalidad (art. 336); y además, en habérsele otorgado a todos los jueces de la República el carácter de jueces constitucionales en materia de amparo a los derechos y garantías constitucionales (art. 27).

Conforme a estas previsiones,[27] que son difíciles de encontrar juntas en otros sistemas constitucionales, en cuanto a la Sala Constitucional del Tribunal Supremo de Justicia de Venezuela como Jurisdicción Constitucional, la misma es, sin duda, el instrumento más poderoso diseñado para garantizar la supremacía de la Constitución y el Estado de Derecho, estando ella misma, por

---

diendo al pueblo como "poder constituyente derivado" aprobar por referendo tanto la Enmienda como la Reforma Constitucional, o la convocatoria a Asamblea Nacional Constituyente. Véase Allan R. Brewer-Carías, "La intervención del pueblo en la revisión constitucional en América latina", en *El derecho público a los 100 números de la Revista de Derecho Público 1980-2005*, Editorial Jurídica Venezolana, Caracas 2006, pp. 41-52.

26 En cuanto a nuestros trabajos sobre el tema, véase Allan R. Brewer-Carías, véase Allan R. Brewer-Carías, *Judicial Review in Comparative Law*, Cambridge University Press, Cambridge, 1989; *El sistema mixto o integral de control de la constitucionalidad en Colombia y Venezuela*, Universidad Externado de Colombia (Temas de Derecho Público N° 39) y Pontificia Universidad Javeriana (*Quaestiones Juridicae* N° 5), Bogotá 1995; publicado también en *Revista Tachirense de Derecho*, Universidad Católica del Táchira, N° 5-6, San Cristóbal, enero-diciembre 1994, pp. 111-164; en *Anuario de Derecho Constitucional Latinoamericano*, Fundación Konrad Adenauer, Medellín-Colombia 1996, pp. 163-246; y en G. J. Bidart Campos y J. F. Palomino Manchego (Coordinadores), *Jurisdicción Militar y Constitución en Iberoamérica, Libro Homenaje a Domingo García Belaúnde*, Instituto Iberoamericano de Derecho Constitucional (Sección Peruana), Lima 1997, pp. 483-560; *El Sistema de Justicia Constitucional en la Constitución de 1999: Comentarios sobre su desarrollo jurisprudencial y su explicación a veces errada, en la Exposición de Motivos*, Editorial Jurídica Venezolana, Caracas, 2000; *Justicia Constitucional, Tomo VII, Instituciones Políticas y Constitucionales*, Editorial Jurídica Venezolana, Caracas, 1996; "La Justicia Constitucional en la Nueva Constitución" en *Revista de Derecho Constitucional*, N° 1, Septiembre-Diciembre 1999, Editorial Sherwood, Caracas, 1999, pp. 35-44; Allan R. Brewer-Carías, "La justicia constitucional en la Constitución de 1999", en *Derecho Procesal Constitucional*, Colegio de Secretarios de la Suprema Corte de Justicia de la Nación, A.C., Editorial Porrúa, México 2001, pp. 931-961; publicado también en *Reflexiones sobre el Constitucionalismo en América*, Editorial Jurídica Venezolana, Caracas, 2001, pp. 255-285; "Instrumentos de justicia constitucional en Venezuela (acción de inconstitucionalidad, controversia constitucional, protección constitucional frente a particulares)", en Juan Vega Gómez y Edgar Corzo Sosa (Coordinadores) *Instrumentos de tutela y justicia constitucional Memoria del VII Congreso Iberoamericano de Derecho Constitucional*, Instituto de Investigaciones Jurídicas, Serie Doctrina Jurídica, N° 99, México 2002, pp. 75-99.

27 Véase Allan R. Brewer-Carías, *El sistema de justicia constitucional en la Constitución de 1999 (Comentarios sobre su desarrollo jurisprudencial y su explicación, a veces errada, en la Exposición de Motivos)*, Editorial Jurídica Venezolana, Caracas 2000.

supuesto, como guardián de la Constitución, también sometida a sus normas. Como tal guardián, y como sucede en cualquier Estado de derecho, el sometimiento del tribunal constitucional a la Constitución es una preposición absolutamente sobreentendida y no sujeta a discusión, ya que sería inconcebible que el Juez Constitucional pueda violar la Constitución que precisamente está llamado a aplicar y garantizar.

Pero por supuesto, para garantizar que ello no ocurra, la Sala Constitucional, además de estar integrado por personas calificadas y juristas probos, debe gozar de absoluta independencia y autonomía, pues de lo contrario, si está sujeto a la voluntad del Poder, en lugar de ser el guardián de la Constitución se convierte en el instrumento más atroz para su destrucción.

Lamentablemente, esto ha sido lo que ha ocurrido en Venezuela en los últimos 20 años, durante los cuales la Sala Constitucional del Tribunal Supremo, lejos de haber actuado en el marco de las atribuciones expresas constitucionales antes indicadas, ampliado sus competencias al margen de la Constitución, particularmente por vía de un endémico "proceso de interpretación abstracta de la Constitución"[28] que le ha permitido administrar una "justicia constitucional a la carta" a solicitud del gobierno, en particular, del Procurador General de la República, mediante la cual ha modificado y mutado ilegítimamente el texto constitucional, legitimando y soportando la estructuración progresiva de un Estado autoritario; ha desarrollado una carrera de destrucción de todos los principios del Estado democrático de derecho, falseado en más de una ocasión el contenido de la Constitución, "mutándola" ilegítima y fraudulentamente,[29] usurpando así las potestades del poder constituyente originario.

Todo ello tuvo, por lo demás, su origen en el propio proceso constituyente de 1999, el cual fue precisamente concebido bajo la sombra del llamado "nuevo constitucionalismo."

II. EL ORIGEN DEL PROCESO DE DESMANTELAMIENTO DEL ESTADO DEMOCRÁTICO: EL "NUEVO CONSTITUCIONALISMO" Y EL ASALTO AL PODER POR UNA INCONSTITUCIONAL ASAMBLEA CONSTITUYENTE LEGITIMADA *EX POST FACTO* POR EL JUEZ CONSTITUCIONAL

En efecto, en Venezuela, el origen de ese proceso de desmantelamiento del Estado democrático de derecho y de todo el constitucionalismo que le da sustento, estuvo, como lo pregonaron

---

28   Véase Sentencia N° 1077 de la Sala Constitucional de 22 de septiembre de 2000, caso: *Servio Tulio León Briceño*. Véase en *Revista de Derecho Público,* N° 83, Caracas, 2000, pp. 247 y ss. Este criterio fue luego ratificado en sentencias de fecha 9 de noviembre de 2000 (N° 1347), 21 de noviembre de 2000 (N° 1387), y 5 de abril de 2001 (N° 457), entre otras. Así, por la vía de la interpretación abstracta, la Sala se ha auto-atribuido competencias no sólo en materia de interpretación constitucional; sino en relación con los poderes de revisión constitucional de cualquier sentencia dictada por cualquier tribunal, incluso por las otras Salas del Tribunal Supremo de Justicia; con los amplísimos poderes de avocamiento en cualquier causa; con los supuestos poderes de actuación de oficio no autorizados en la Constitución; con los poderes de solución de conflictos entre las Salas; con los poderes de control constitucional de las omisiones del Legislador; con la restricción del poder de los jueces de ejercer el control difuso de la constitucionalidad de las leyes; y con la asunción del monopolio de interpretar los casos de prevalencia en el orden interno de los tratados internacionales en materia de derechos humanos. Véase en general sobre ello, R. Brewer-Carías, "*Quis Custodiet Ipsos Custodes*: De la interpretación constitucional a la inconstitucionalidad de la interpretación," en *VIII Congreso Nacional de derecho Constitucional, Perú*, Fondo Editorial 2005, Colegio de Abogados de Arequipa, Arequipa, septiembre 2005, pp. 463-489; y en *Revista de Derecho Público*, N° 105, Editorial Jurídica Venezolana, Caracas 2006, pp. 7-27

29   Véase sobre la ilegítima mutación constitucional por el Juez: Néstor Pedro Sagües, *La interpretación judicial de la Constitución*, Buenos Aires 2006, pp. 56-59, 80-81, 165 ss.

los promotores españoles del "nuevo constitucionalismo" o nuevo "paradigma constitucional" latinoamericano,[30] en la antes mencionada convocatoria de la Asamblea Nacional Constituyente en 1999, que fue un proceso de origen conflictivo y truculento, desarrollado al margen de la Constitución de 1961 entonces vigente.

El mismo se detonó, no solo por la crisis política severa, terminal, que aquejaba al país y a los partidos políticos tradicionales sobre lo que tanto advertimos,[31] sino también por la "interpretación periodística" de una sentencia ambigua dictada por la entonces Corte Suprema de Justicia,[32] donde al resolver un recurso de interpretación sobre el alcance del poder constituyente y el derecho a la participación política, deliberadamente obvió decidir sobre lo que se le había pedido que era dilucidar si para convocar una Asamblea Constituyente en la forma voluntarista que le habían vendido a Hugo Chávez sus asesores españoles a partir de 1998, era o no necesaria regularla previamente en la Constitución.[33]

Dicha sentencia ambigua, a pesar de los esfuerzos posteriores de la Corte Suprema por corregir su propia imprecisión,[34] dio origen a la convocatoria y constitución de la Asamblea Constituyente conforme a un estatuto adoptado en referendo consultivo realizado en abril de 1999, en el cual se dispuso que la Constitución que se discutiera, luego de sancionada, tenía que someterse a aprobación popular. Y así fue como ocurrió con la Constitución de 1999, que fue aprobada mediante la realización del mencionado referendo realizado el 15 de diciembre de 1999, con lo cual debió haber concluido la misión de la Asamblea Nacional Constituyente.

Pero ello fue solo lo que creyó el país, e incluso, yo mismo como Constituyente, al estimar que con la sanción de la Constitución y su aprobación popular lo último que quedaba por realizar

---

30   Véase por todos: Roberto Viciano Pastor y Rubén Martínez Dalmau, "Los procesos constituyentes latinoamericanos y el nuevo paradigma constitucional," en *Revista del Instituto de Ciencias Jurídicas de Puebla, IUS*, N° 25, Verano 2010, Puebla, pp. 8-29.

31   Véase Allan R. Brewer-Carías, "Reflexiones sobre la crisis del sistema político, sus salidas democráticas y la convocatoria a una Constituyente", en Allan R. Brewer-Carías (Coord.), *Los Candidatos Presidenciales ante la Academia. Ciclo de Exposiciones 10-18 Agosto 1998,* Serie Eventos N° 12, Biblioteca de la Academia de Ciencias Políticas y Sociales, Caracas 1998, pp. 9-66; *Asamblea Constituyente y ordenamiento constitucional,* Serie Estudios N° 53, Biblioteca de la Academia de Ciencias Políticas y Sociales, Caracas 1999, 328 pp.; *Usurpación Constituyente 1999, 2017. La historia se repite: una vez como farsa y la otra como tragedia,* Colección Estudios Jurídicos No. 121, Editorial Jurídica Venezolana International 654 pp.; y "El suicidio de los partidos en Venezuela y dos libros," en *Revista IDEA,* No. 4, ¿Hacia la reinvención de los partidos políticos?, 2017/2018, Fundación IDEA-Democrática, Miami 2018 pp. 45-49.

32   Véase específicamente la referencia a esa prensa en Carlos García Soto, "La Asamblea Nacional Constituyente de 2017 en su contexto histórico," en Allan R. Brewer-Carías y Carlos García Soto (Compiladores), *Estudios sobre la Asamblea Nacional Constituyente y su inconstitucional convocatoria en 2017*, Editorial Jurídica Venezolana, Caracas 2017, pp. 87-92.

33   Véase Allan R. Brewer-Carías, *Poder constituyente originario y Asamblea Nacional Constituyente (Comentarios sobre la interpretación jurisprudencial relativa a la naturaleza, la misión y los límites de la Asamblea Nacional Constituyente),* Colección Estudios Jurídicos N° 72, Editorial Jurídica Venezolana, Caracas 1999, 296 pp. Roberto Viciano Pastor, como él mismo lo indicó en 2000, desde 1998 estuvo en Venezuela. Véase su "Presentación" en Asdrúbal Aguiar, *Revisión Crítica de la Constitución Bolivariana,* Libros El Nacional, Caracas 2000, p. 4.

34   Véase Allan R. Brewer-Carías, "La configuración judicial del proceso constituyente en Venezuela de 1999 o de cómo el guardián de la Constitución abrió el camino para su violación y para su propia extinción", en *Revista de Derecho Público,* N° 77-80, Editorial Jurídica Venezolana, Caracas 1999, pp. 453-514.

era la proclamación de su texto, lo que ocurrió efectivamente el 20 de diciembre de 1999 y su publicación, que se produjo el 30 de diciembre de 1999.[35]

Sin embargo ello no fue así. Por el contrario, teniendo los promotores del "nuevo constitucionalismo" – quienes ya asesoraban, aun cuando secretamente a la directiva de la Asamblea Constituyente – , otras ideas que no se atrevieron a someter siquiera a la discusión ante la propia Asamblea, una semana después del referendo aprobatorio, el 22 de diciembre de 1999, la Asamblea sin debate constitucional alguno, en lugar de disolverse, procedió a dar por sancionado un Decreto de rango constitucional sobre "Régimen de Transición del Poder Público"[36] que nunca fue sometido ni a discusión ni a aprobación popular.

Mediante dicho "decreto," la Asamblea decidió, con un supuesto "carácter supraconstitucional" que no tenía, pues ello no estaba en el mandato popular contenido en las bases comiciales que le dieron origen en abril de 1999, la cesación de todos los poderes constituidos, es decir, de todas las autoridades del Estado y así, supuestamente, "hacer efectivo el proceso de transición hacia el régimen establecido en la Constitución de 1999," que no fue otra cosa que materializar el asalto al poder que sus promotores, con Chávez a la cabeza, no habían logrado realizar por las armas y fuerza militar en los golpes de Estado frustrados de 1992.[37]

---

35 Véase Allan R. Brewer-Carías, *Debate constituyente (Aportes a la Asamblea Nacional Constituyente), Tomo III (18 octubre-30 noviembre 1999),* Fundación de Derecho Público-Editorial Jurídica Venezolana, Caracas 1999, 340 pp.

36 Véase en *Gaceta Oficial* N° 36.859 de 29 de diciembre de 1999

37 Desde el inicio me opuse a la tesis de hacer prevalecer una supuesta "supra-constitucionalidad" "popular" por encima de la Constitución para "justificar" el asalto al poder que llevó adelante Chávez y su grupo, en contra de lo que establecía la Constitución de 1961, y que luego, sus asesores españoles identificaron como el "nuevo constitucionalismo." Así lo expuse en mi libro: *Golpe de Estado y proceso constituyente en Venezuela,* Universidad Nacional Autónoma de México, México 2002; y luego en mi libro: *Dismantling Democracy. The Chávez Authoritarian Experiment,* Cambridge University Press, New York 2010. Ante ello, sin embargo, Francisco Toro, sin entender una línea del análisis constitucional hecho en esta última obra, al hacer una reseña del último libro señalado, se imitó a calificarme como "the epitome of a Venezuelan *ancien régime grandee"* y como uno de los *"ancien régime* dinosaurs," expresando que *"Dismantling Democracy in Venezuela* should be read not as constitutional analysis, but rather as a kind of archaeology of an entire displaced elite's wounded sense of entitlement." Véase Francisco Toro, "The Useless Old Gard,", 11 de enero de 2011, en https://newrepublic.com/article/79544/dismantling-democracy-venezuala-allan-brewer-carias. Unos años antes, alguien bastante mayor que Toro y que yo mismo, Luis Miquilena, entonces Presidente de la Asamblea Nacional Constituyente de 1999, ya nos había calificado a los cuatro opositores miembros de la misma como "vacas sagradas" (Sesión del 30 de octubre de 1999), y en alusión directa a mi persona expresó en la misma sesión de instalación de la Asamblea, lo siguiente: "Pero siguen ciegos nuestros enemigos, pretenden ahora refugiarse en una rebuscada hermenéutica jurídica para quitarle poder a la Asamblea Nacional Constituyente, pretenden que la Asamblea Nacional Constituyente sea un simple instrumento cualquiera para elaborar una Constitución; es decir, pretenden presentarle al país una Asamblea Constituyente chucuta, que no sea capaz de tener la soberanía suficiente *(aplausos),* pretendiendo las *vacas sagradas del derecho,* inventar que es una Asamblea Constituyente secundaria y no originaria. Nosotros declaramos, en mi carácter de Presidente de la Asamblea Nacional Constituyente en este acto, declaro solemnemente el carácter originario... *(aplausos y gritos prolongados)* y nadie podrá disminuir el carácter soberano de esta Asamblea y así será consagrada ante la historia de nuestra patria" (Sesión del 3 de agosto de 1999). En la misma línea, los defensores del "nuevo constitucionalismo" me han ubicado como formando parte del grupo "de analistas y juristas del viejo sistema." Así lo expresó tanto la autora de la Tesis "secreta de Zaragoza (p. 111) (**Véase Octava Parte, III**), como su Director de Tesis, Francisco Palacios (**Véase Sexta Parte, II**). Lo cierto es que veinte años después de destruido el "viejo sistema" y todo en nombre de una "supra-constitucionalidad" y un "nuevo constitucionalismo," les to-

La Asamblea, al margen del pueblo, para supuestamente "permitir la vigencia inmediata de la Constitución" (art. 1), procedió dictar normas constitucionales para "desarrollar y complementar las Disposiciones Transitorias" (art. 2) que sí tenía la nueva Constitución aprobada por el pueblo, procediendo a hacer lo que el pueblo no hizo en el referendo aprobatorio de la Constitución, que fue sustituir todos los Poderes Públicos constituidos del Estado y sus autoridades, y designando a dedo a sus sustitutos.

Para ello, la Asamblea inventó en sustitución del Congreso, una Comisión Legislativa Nacional no prevista en la Constitución, y en sustitución de las Asambleas Legislativas de los Estados, unas Comisiones Legislativas Estadales tampoco previstas en la Constitución; y además, procedió a intervenir las Alcaldías y Consejos Municipales; a eliminar la anterior Corte Suprema de Justicia, creando las Salas del Tribunal Supremo fijándoles el número de magistrados, lo que no estaba establecido en la Constitución, y nombrarlos sin cumplir lo que la propia Constitución exigía; a crear una Comisión de Reorganización y Funcionamiento del Poder Judicial para intervenirlo, destituyendo jueces sin debido proceso, la cual incluso convivió con el Tribunal Supremo, con su complicidad, durante más de una década; a designar a todos los altos funcionarios de los diversos Poderes del Estado; y a dictar un Estatuto Electoral sin potestad alguna para ello. [38]

Ninguna de las normas "constitucionales" dictadas por la Asamblea Constituyente fue aprobada por el pueblo, siendo inconstitucionales, por lo que fueron impugnados ante la Sala Constitucional por violación de la nueva Constitución que precisamente venía de ser aprobada. Pero resultó que la Sala Constitucional venía de ser precisamente uno de los engendros producto de la usurpación cometida con el Régimen de Transición inconstitucional, por lo que una vez que el mismo fue impugnado, los magistrados de la misma, en lugar de inhibirse, decidieron en causa propia (la impugnación de su propia existencia) dictando al efecto la sentencia N° 6 de fecha 27 de enero de 2000,[39] en la cual se estableció el criterio de que todo lo que había sido decidido por la Asamblea Nacional Constituyente tenía efectivamente rango "supraconstitucional," lo cual no era cierto.

A raíz de ello, por decisión del Juez Constitucional, a partir de 2000 comenzaron a regir en el país dos regímenes constitucionales de transición paralelos: el que estaba en las disposiciones Transitorias de la Constitución de 1999 aprobada por el pueblo mediante referendo; y las "sancionadas" en nombre del "nuevo constitucionalismo" por una Asamblea Nacional Constituyente fuera de sus funciones, antes incluso de que la Constitución se publicara, de manera que las mismas, según el Juez Constitucional, no estaban sujetas ni a la Constitución de 1999 ni a la Constitución de 1961. Eran "supraconstitucionales" siendo ello en definitiva el inicio del "nuevo paradigma constitucional."

Luego, en otra sentencia de 28 de marzo de 2000 dictada con motivo de declarar sin lugar la demanda de nulidad intentada contra el Estatuto Electoral del Poder Público sancionado por la

---

cará a los jóvenes buscar precisamente en los restos arqueológicos del constitucionalismo, las instituciones básicas del mismo para comenzar su reconstrucción.

38   Véase Allan R. Brewer-Carías, *Golpe de Estado y proceso constituyente en Venezuela,* Universidad Nacional Autónoma de México, México 2002, 405 pp.; y *Golpe de Estado Constituyente, Estado Constitucional y Democracia,* Colección Tratado de Derecho Constitucional, Tomo VIII, , Fundación de Derecho Público, Editorial Jurídica Venezolana, Caracas , 2015, 1018 pp

39   Véase en *Revista de Derecho Público,* N° 81, (enero-marzo), Editorial Jurídica Venezolana, Caracas, 2000, pp. 81 ss.

Asamblea Constituyente una vez publicada la nueva Constitución, el 30 de enero de 2000 (*caso: Allan R. Brewer-Carías y otros*),[40] el Juez Constitucional ratificó su tesis – origen primigenio del reino de la arbitrariedad – de que al margen de la Constitución aprobada por el pueblo, la Asamblea Constituyente tenía la potestad de dictar "actos constituyentes de valor y rango constitucional," que originarían un régimen transitorio constitucional paralelo, no aprobado por el pueblo.[41]

Con ello, en definitiva, se inició un largo período de "transitoriedad constitucional" con dos regímenes constitucionales, uno supuestamente rígido, contenido en la Constitución de 1999, y otro flexible, a discreción de los poderes constituidos, resultado del Decreto de Transición Constitucional, con una vigencia *sine díe*, -fenómeno que sería propio del "nuevo constitucionalismo"-, mediante el cual, específicamente se produjo la inmisericorde intervención y sometimiento del Poder Judicial, y con ello, la destrucción del Estado de derecho (**Véase Quinta Parte, I**).

En efecto, uno de los elementos más destacados y trágicos de la "transitoriedad constitucional" iniciada en 2000 y avalada por el Juez Constitucional, fue la supervivencia de la Comisión de Funcionamiento y Reestructuración del Sistema Judicial,[42] la cual, amparada por el Juez Constitucional, no solo dictó su propia "normativa," sino que con ella procedió definitivamente a "depurar"[43] el Poder Judicial de jueces no afectos al régimen; todo lo cual llevó por ejemplo, a la Comisión Interamericana de Derechos Humanos a decir, en el *Informe Anual* de 2009, que "en Venezuela los jueces y fiscales no gozan de la garantía de permanencia en su cargo necesaria para asegurar su independencia en relación con los cambios de políticas gubernamentales."[44]

Dicha Comisión de Funcionamiento y Reestructuración del Sistema Judicial, en efecto, durante más de diez años destituyó materialmente a casi todos los jueces del país, discrecionalmente y sin garantía alguna del debido proceso,[45] reemplazándolos por jueces provisorios o tempora-

---

40   Véase en *Gaceta Oficial* N° 36.884 de 3 de febrero de 2000.

41   La Sala Constitucional llegó a afirmar que "Tal disposición, emanada del poder constituyente *que podía lo más,* cual era la transformación del Estado, lo que iba a adelantar mediante la aprobación de una nueva Constitución y del régimen de transición, claro *que podía lo menos,* dentro de su cometido de transformación del Estado, cual era dictar las normas que permitirían la transición entre el sistema constitucional abrogado y el nuevo, que conforme al texto constitucional de 1999, no podía de inmediato constituirse en todas sus instituciones". Véase en *Revista de Derecho Público*, N° 81, (enero-marzo), Editorial Jurídica Venezolana, Caracas, 2000, p. 86.

42   Véase en *Gaceta Oficial* N° 37.080, de 17 de noviembre de 2000

43   Véase la expresión en la Decisión N° 1.939 de 18-12-2008 (Caso: *Abogados Gustavo Álvarez Arias y otros*), en la cual la Sala Constitucional decidió que una decisión de 05-08-2008 de la Corte Interamericana de Derechos Humanos es inejecutables en Venezuela (Caso: *Apitz Barbera y otros ["Corte Primera de lo Contencioso Administrativo"] vs. Venezuela [Corte IDH]*, Case: *Apitz Barbera y otros ["Corte Primera de lo Contencioso Administrativo"] vs. Venezuela*, Sentencia de 5 de agosto de 2008, Serie C, N° 182. Véase en en *Revista de Derecho Público*, N° 116, Editorial Jurídica Venezolana, Caracas, 2008, pp. 89-106. También en http://www.tsj.gov.ve/decisiones/scon/Diciembre/1939-18o208-2008-08-1572.html

44   Véase *Informe Anual de 2009*, parágrafo 480, en http://www.cidh.oas.org/annualrep/2009eng/Chap.-IV.f.eng.htm

45   La Comisión Interamericana de Derechos Humanos también lo registró en el Capítulo IV del *Informe* que rindió ante la Asamblea General de la OEA en 2006, que los "casos de destituciones, sustituciones y otro tipo de medidas que, en razón de la provisionalidad y los procesos de reforma, han generado dificultades para una plena vigencia de la independencia judicial en Venezuela" (párrafo 291); destacando aquellas "destituciones y sustituciones que son señaladas como represalias por la toma de decisiones contrarias al Gobierno" (párrafo 295 ss.); concluyendo que para 2005, según cifras oficiales, "el 18,30% de las juezas y jueces son titulares y 81,70% están en condiciones de provisionalidad" (párrafo 202).

les,[46] acabando así con la autonomía e independencia del Poder Judicial, convirtiéndolo en una organización subordinada al Poder Ejecutivo, con jueces sin garantía de estabilidad alguna, con la trágica "anuencia" del Juez Constitucional.

Luego, en 2004, a pesar de haberse sancionado ese año la Ley Orgánica del Tribunal Supremo de Justicia[47] que debió haber eliminado la referida Comisión de Funcionamiento y Reestructuración del Sistema Judicial, la misma, al contrario, en una Disposición Transitoria reguló su sobrevivencia con poderes omnímodos para destituir jueces, lo cual fue de nuevo avalado por la Sala Constitucional del Tribunal Supremo mediante sentencia No. 1057 de 1 de junio de 2005, al abstenerse de controlar la omisión legislativa en la aprobación de la Ley del Código de Ética del Juez que debía crear una Jurisdicción Disciplinaria. En esa ocasión, la Sala lo que hizo fue prorrogar la existencia de la mencionada Comisión de Funcionamiento y Reestructuración del Sistema Judicial, llegando incluso a designar y remover sus integrantes, sustituyendo así, la Sala Constitucional, al propio Tribunal Supremo de Justicia.[48]

Luego, después de que en 2010 se sancionara el Código de Ética del Juez, que regulaba la Jurisdicción Disciplinaria, la misma Sala Constitucional, de oficio, mediante sentencia No. 516 de 7 de mayo de 2013,[49] dictada esta vez con la participación de la magistrada Gladys Gutiérrez Alvarado, autora de la Tesis "secreta" de Zaragoza, acordó una medida cautelar suspendiendo los efectos de las normas del Código de Ética del Juez que extendían su aplicación garantista a los jueces temporales y provisorios, "por no tratarse de jueces o juezas que hayan ingresado a la carrera judicial, correspondiéndole a la Comisión Judicial la competencia para sancionarlos y excluirlos de la función jurisdiccional," quedando así completamente excluidos del ámbito de la Jurisdicción Disciplinaria, y a la merced, desde entonces, de la Comisión Judicial del Tribunal Supremo, que fue la sustituta de la longeva Comisión de Funcionamiento y Reestructuración del Sistema Judicial, y que la magistrado Gutiérrez presidió desde 2013.

La reacción contra la monstruosidad que significó esa sentencia, se puede captar de lo expresado por el exmagistrado de la Corte Primera de lo Contencioso Administrativo, Juan Carlos Apitz, según lo resumió la prensa:

"La estabilidad laboral de los jueces provisorios en Venezuela -que según cifras extraoficiales son 7 de cada 10- depende única y exclusivamente de la Comisión Judicial que encabeza la nueva presidenta del Tribunal Supremo de Justicia, Gladys Gutiérrez Alvarado. Lo anterior fue decidido por la Sala Constitucional, mediante sentencia dictada un día antes de que fuese nombrada la nueva junta directiva del máximo tribunal de la República. En el fallo se estableció que los jueces temporales, oca-

---

46   En el *Informe Especial* de la Comisión sobre Venezuela correspondiente al año 2003, la misma también expresó, que "un aspecto vinculado a la autonomía e independencia del Poder Judicial es el relativo al carácter provisorio de los jueces en el sistema judicial de Venezuela. Actualmente, la información proporcionada por las distintas fuentes indica que más del 80% de los jueces venezolanos son "provisionales". *Informe sobre la Situación de los Derechos Humanos en Venezuela 2003, cit.* párr. 161

47   Véase en *Gaceta Oficial* N° 37942 de 20-05-2004. Véase sobre dicha Ley, véase Allan R. Brewer-Carías, *Ley Orgánica del Tribunal Supremo de Justicia. Procesos y procedimientos constitucionales y contencioso-administrativos*, Editorial Jurídica Venezolana, Caracas 2004

48   Véase las referencias a esta sentencia, en la sentencia N° 1793 de 19 de junio de 2005 de la misma Sala Constitucional, *Caso: Henrique Iribarren Monteverde, (acción de inconstitucionalidad por omisión contra la Asamblea Nacional, en Revista de Derecho Público*, N° 103, Editorial Jurídica venezolana, Caracas 2005, pp. 165 ss.

49   Véase en http://www.tsj.gov.ve/decisiones/scon/Mayo/516-7513-2013-09-1038.html.

sionales, accidentales o provisorios no tienen derecho de ser llevados ante los tribunales disciplinarios previstos en el Código de Ética del Juez Venezolano, sino que en caso de que deba estudiarse su posible suspensión o destitución la misma será decida por la Comisión en cuestión, que está integrada por los magistrados que presiden cada una de las salas del TSJ. "Lo que hicieron fue darle revestimiento de jurisprudencia a lo que ya venía ocurriendo de hecho. Hasta ahora la remoción de estos jueces se hacía mediante oficios de cinco líneas, dictados por la Comisión Judicial. Los desmanes del TSJ tendrán ahora soporte mediante sentencia," aseveró el ex juez de la Corte Primera de lo Contencioso Administrativo Juan Carlos Apitz."[50]

Es decir, a los pocos días de dictarse la sentencia en mayo de 2013, en cuya confección participó la magistrada Gutiérrez Alvarado, precisamente la autora de la Tesis "secreta" de Zaragoza a cuyo contenido nos referimos al final de este trabajo (**Véase Octava Parte**), ella misma fue designada como Presidenta de la Sala Constitucional y del Tribunal Supremo de Justicia, y también como Presidenta de la Comisión Judicial de Tribunal Supremo de Justicia, quedando a su cargo, con toda discrecionalidad, el continuar con la remoción y destitución de jueces temporales y provisorios, que eran casi todos, sin tener éstos garantía alguna el debido proceso, con los efectos demoledores que ello ha tenido sobre el Estado de derecho.[51]

En todo caso, lo importante a destacar es que todo este descalabro del Poder Judicial se realizó por obra y gracia del Juez Constitucional (**Véase Quinta Parte, I**), el cual, primero, legitimó la usurpación de la voluntad popular que ocurrió de manos de la Asamblea Nacional Constituyente de 1999; luego avaló la supervivencia de la transitoriedad constitucional dictada en 2000 sin aprobación popular, y con ella, el instrumento para acabar con la autonomía e independencia de los jueces, que fue la Comisión de Funcionamiento y Reestructuración del Sistema Judicial; lo que continuó la Comisión Judicial del Tribunal Supremo, con el aval del Juez Constitucional, presidida como se dijo, a partir de 2013 por la magistrada Gutiérrez Alvarado.

Y en ese marco, como analizaremos a lo largo de este libro, el Juez Constitucional en Venezuela, con la participación en la mayoría de los casos de la magistrada autora de la Tesis "secreta" de Zaragoza, asumió el papel de demoler sistemáticamente todos los principios del Estado democrático, es decir, el principio democrático representativo, el principio democrático participativo, el principio del gobierno alternativo y electivo, el principio de la separación de poderes y el principio descentralizador del Estado federal (**Véase Segunda, Tercera, Cuarta, Quinta, Sexta y Séptima Partes**).

---

50   Véase en el reportaje "TSJ blindó mediante sentencia su poder sobre los jueces," en *El Nacional*, Caracas 14 de mayo de 2013, enhttp://www.el-nacional.com/noticias/politica/tsj-blindo-mediante-sentencia-poder-sobre-los-jueces_165423.

51   Sobre la intervención del Poder Judicial véase Allan R. Brewer-Carías, "La progresiva y sistemática demolición institucional de la autonomía e independencia del Poder Judicial en Venezuela 1999-2004", en *XXX Jornadas J.M Domínguez Escovar, Estado de derecho, Administración de justicia y derechos humanos*, Instituto de Estudios Jurídicos del Estado Lara, Barquisimeto, 2005, pp. 33-174; "La Justicia sometida al poder y la interminable emergencia del Poder Judicial (1999-2006)", en *Derecho y democracia. Cuadernos Universitarios*, Órgano de Divulgación Académica, Vicerrectorado Académico, Universidad Metropolitana, Año II, N° 11, Caracas, septiembre 2007, pp. 122-138; "Sobre la ausencia de carrera judicial en Venezuela: jueces provisorios y temporales y la irregular Jurisdicción Disciplinaria Judicial," en *Revista de Derecho Funcionarial*, Números 12-19, Mayo 2014 – Diciembre 2016, Edición especial, Centro para la Integración y el Derecho Público (CIDEP), Fundación de Estudios de Derecho Administrativo (FUNEDA), Caracas 2018, pp. 8-26.

III. LA DESTRUCCIÓN DE LA CONSTITUCIÓN POR PARTE DE UN TRIBUNAL CONSTITUCIONAL SOMETIDO AL PODER Y EL SIGNIFICADO, EN ESE PROCESO, DE LA TESIS "SECRETA" DE DOCTORADO DEFENDIDA EN ZARAGOZA, POR QUIEN HA SIDO MIEMBRO DE DICHO TRIBUNAL DESTRUCTIVO DESDE 2011 Y LO PRESIDIÓ ENTRE 2013 Y 2017

Con base en lo antes expuesto, en el caso de Venezuela, por tanto, en un *Seminario* como el que organizó la Universidad Carlos III de Madrid en octubre de 2018, como antes indiqué, yo no podía referirme al "papel de la Justicia constitucional en el proceso de asentamiento del Estado democrático de derecho" en Venezuela, sino al contrario, al rol que ha jugado el Juez Constitucional en el desmantelamiento de dicho Estado democrático, que es lo que ha ocurrido.

Ello es lo que resulta del estudio sistemático de las principales sentencias de la Sala Constitucional del Tribunal Supremo de Justicia, es decir, del Juez Constitucional, mediante las cuales como antes hemos dicho, ha demolido el principio democrático representativo, el principio democrático participativo, el principio del gobierno alternativo y electivo, el principio de la separación de poderes y la forma de Estado descentralizado, habiéndose conformado con sus ejecutorias como una dictadura o tiranía judicial.[52]

El reestudio de dichas sentencias de la Sala Constitucional a los efectos de preparar un resumen de las mismas para este trabajo, como dije, coincidió con el curso del extraño procedimiento administrativo que tuve que iniciar y desarrollar ante la Universidad de Zaragoza, para poder consultar la Tesis "secreta" de doctorado antes referida, presentada por la ya antes señalada magistrada de la Sala Constitucional del Tribunal Supremo de Justicia, la Sra. Gladys Gutiérrez Alvarado, y que como ya he dicho versaba sobre el llamado "nuevo paradigma constitucional latinoamericano." El hecho de que apareciera en el registro del Archivo de la Universidad como una tesis cuya consulta "no está autorizada," lo consideré como una contradicción académica, pues una tesis de doctorado es y tiene que ser esencialmente pública y consultable, salvo excepcionalmente en forma temporal, por ejemplo, mientras un editor la publica o una agencia de propiedad industrial concede una patente de invención.

La Tesis de marras, sin embargo, según se informaba en el registro del Archivo de la Universidad, no era sobre ningún invento o tema excepcional que en principio requiriera de reserva, sino que se trataba de una tesis sobre temas jurídicos y político-constitucionales con la característica de que había sido presentada en noviembre de 2011 por una magistrada activa de la Sala Consti-

---

[52] Véase Allan R. Brewer-Carías, *La dictadura judicial y la perversión del Estado de derecho. El Juez Constitucional y la destrucción de la democracia en Venezuela* (Prólogo de Santiago Muñoz Machado), Ediciones El Cronista, Fundación Alfonso Martín Escudero, Editorial Iustel, Madrid 2017, 608 pp.; *La consolidación de la tiranía judicial. El Juez Constitucional controlado por el Poder Ejecutivo, asumiendo el poder absoluto*, Colección Estudios Políticos, N° 15, Editorial Jurídica Venezolana International. Caracas / New York, 2017, 238 pp.; Carlos M. Ayala Corao y Rafael J. Chavero Gazdik, *El libro negro del TSJ de Venezuela: Del secuestro de la democracia y la usurpación de la soberanía popular a la ruptura del orden constitucional (2015-2017)*, Editorial Jurídica Venezolana, Caracas 2017, 394 pp.; *Memorial de agravios 2016 del Poder Judicial. Una recopilación de más de 100 sentencias del TSJ,* 155 pp., investigación preparada por las ONGs: Acceso a la Justicia, Transparencia Venezuela, Sinergia, espacio público, Provea, IPSS, Invesp, en https://www.scribd.com/document/336888955/Memorial-de-Agravios-del-Poder-Judicial-una-recopilacion-de-mas-de-100-sentencias-del-TSJ; y José Vicente Haro, "Las 111 decisiones inconstitucionales del TSJ ilegítimo desde el 6D-2015 contra la Asamblea Nacional, los partidos políticos, la soberanía popular y los DDHH," en *Buscando el Norte*, 10 de julio de 2017, en http://josevicenteharo-garcia.blogspot.com/2016/10/las-33-decisiones-del-tsj.html

tucional del Tribunal Supremo de Justicia, quien había sido nombrada en diciembre de 2010; momento a partir del cual, precisamente, se habían dictado la mayoría de las sentencias demoledoras del Estado democrático de derecho que había venido analizando, habiendo sido su autora, además, durante ese tiempo, Presidenta de dicha Sala Constitucional, y como tal, del propio Tribunal Supremo de Justicia (2013-2017).

La designación de la Sra. Gutiérrez como magistrada de la Sala Constitucional del Tribunal Supremo de Justicia en diciembre de 2010, después de una polémica "reforma" de la Ley Orgánica del Tribunal Supremo, puede decirse que se realizó violándose abiertamente las normas de la Constitución de 1999, la cual, en su artículo 263 exige que para ser magistrado, no sólo es necesario ser ciudadano venezolano "por nacimiento, y no poseer otra nacionalidad," "de reconocida honorabilidad," "jurista de reconocida competencia, gozar de buena reputación," sino obligatoriamente, además de no tener militancia política, cumplir con alguno de los siguientes tres requisitos: (i) "haber ejercido la abogacía durante un mínimo de quince años y tener título universitario de posgrado en materia jurídica;" (ii) "o haber sido profesor universitario o profesora universitaria en ciencia jurídica durante un mínimo de quince años y tener la categoría de profesor o profesora titular;" (iii) "o ser o haber sido juez o jueza superior en la especialidad correspondiente a la Sala para la cual se postula, con un mínimo de quince años en el ejercicio de la carrera judicial, y reconocido prestigio en el desempeño de sus funciones."

La Sra. Gutiérrez, al momento de ser designada por la Asamblea Nacional como magistrada del Tribunal Supremo en diciembre de 2010, un año antes de presentar su Tesis "secreta" en Zaragoza, como sucedió con la gran mayoría de los magistrados nombrados en esa ocasión, además de tener una clara militancia política, como lo destacó la Organización "acceso a la Justicia," no reunía ninguna de las tres condiciones para poder ser designada magistrada, pues no había ejercido la abogacía por 15 años y si lo había hecho no tenía título de postgrado; ni había sido profesora por 15 años; ni había sido juez por 15 años. [53]

En realidad, con esa elección de magistrados, puede decirse que se procedió a materializar el asalto final al Tribunal Supremo y llenarlo de Magistrados miembros del partido político oficial y que, además, para el momento de su elección, incluso muchos eran de los parlamentarios que estaban terminando su mandato por efecto de la elección parlamentaria, o eran funcionarios del Poder Ejecutivo (como el caso de la Procuradora General de la República), y que, por tanto, no cumplían con las condiciones para ser Magistrados que establece la Constitución.

Como lo señaló en su momento (2010) la ex magistrada de la antigua Corte Suprema de Justicia, Hildegard Rondón de Sansó:

"El mayor de los riesgos que plantea para el Estado la desacertada actuación de la Asamblea Nacional en la reciente designación de los Magistrados del Tribunal Supremo de Justicia, no está solo en la carencia, en la mayoría de los designados de los requisitos constitucionales, sino el haber llevado a la cúspide del Poder Judicial la decisiva influencia de un sector del Poder Legislativo, ya que para diferentes Salas, fueron elegidos cinco parlamentarios." [54]

---

53   Véase los estudios de Acceso a la Justicia: "Perfil de la Sala Constitucional," en *Acceso a la Justicia. El Observatorio venezolano de la Justicia*, 18 de agosto de 2016, en http://www.accesoalajusticia.org/perfil-de-la-sala-constitucional-del-tsj/; y "Los magistrados de la Revolución," en http://www.accesoalajusticia.org/wp-content/uploads/2017/03/Los-magistrados-de-la-revoluci%C3%B3n.pdf

54   En Hildegard Rondón de Sansó, "OBITER DICTA. En torno a una elección," en *La Voce d'Italia*, 14-12-2010.

Destacó además la profesora Sansó que "todo un sector fundamental del poder del Estado, va a estar en manos de un pequeño grupo de sujetos que no son juristas, sino políticos de profesión, y a quienes corresponderá, entre otras funciones el control de los actos normativos;" agregando que "Lo más grave es que los designantes, ni un solo momento se percataron de que estaban nombrando a los jueces máximos del sistema jurídico venezolano que, como tales, tenían que ser los más aptos, y de reconocido prestigio como lo exige la Constitución."

Concluyó la ex magistrada reconociendo entre "los graves errores" que incidieron sobre la elección, el hecho de:

"la configuración del Comité de Postulaciones Judiciales, al cual la Constitución creó como un organismo neutro, representante de los "diferentes sectores de la sociedad" (Art. 271), pero la Ley Orgánica del Tribunal Supremo de Justicia, lo convirtió en forma inconstitucional, en un apéndice del Poder Legislativo. La consecuencia de este grave error era inevitable: los electores eligieron a sus propios colegas, considerando que hacerlo era lo más natural de este mundo y, ejemplo de ello fueron los bochornosos aplausos con que se festejara cada nombramiento."[55]

En todo caso, en cuanto a la Sra. Gutiérrez, debe recordarse, además, que antes de comenzar a ejercer sus funciones judiciales había sido abogada del Poder Ejecutivo, es decir, Procuradora General de la República de Venezuela (2006-2010), oficina desde la cual se habían dirigido varias peticiones y recursos ante la misma Sala Constitucional y que también generaron otras sentencias demoledoras del Estado de derecho, entre ellas las que declararon inejecutables sentencias de la Corte Interamericana de Derechos Humanos en Venezuela que habían sido condenatorias contra el Estado (2008, 2011) (**Véase Octava Parte**), y la que mutó por ejemplo la forma federal del Estado (2008) (**Véase Sexta Parte, I**).

Fue, por tanto, casi un año después de haber sido nombrada inconstitucionalmente como magistrada del Tribunal Supremo, estando en ejercicio de su cargo, que el 8 de noviembre de 2011, la Sra. Gutiérrez presentó su Tesis "secreta" de doctorado en la Universidad de Zaragoza, la cual fue leída un mes después, el 21 de diciembre de 2011, fecha en la cual podría presumirse que habría poca audiencia en la Universidad. La Tesis, según se anuncia en el Sitio oficial de Tesis doctorales TESEO, del Ministerio de Educación, Cultura y Deportes de España (https://www.educacion.gob.es/teseo/mostrarRef.do?ref=953184), Universidad de Zaragoza, como antes se dijo, tiene por título: *El nuevo paradigma constitucional latinoamericano. Dogmática social extensa y nueva geometría del poder. Especial mención a la Constitución de Venezuela (1999)."*

Ante la mención que aparece sobre dicha Tesis en el TESEO, de la existencia de "copia en CD" pero al mismo tiempo, y en el epígrafe de "área de notas," señalándose que *"no autoriza la consulta,"* lo primero que me intrigó fue determinar *¿Qué podía haber escrito como Tesis doctoral la mencionada ciudadana, con ese título críptico, cuando ya formaba parte del Tribunal Supremo de Venezuela, donde ya había sido corresponsable y lo seguiría siendo de las principales sentencias emitidas por el Juez Constitucional, mediante las cuales se produjo la demolición del Estado democrático de derecho en Venezuela?*

Esa era la pregunta clave, lo que exigía, para poder intentar darle respuesta, poder tener acceso y leer la Tesis "secreta," y así, poder saber si en su texto había un hilo teórico conductor que pudiera haber justificado todas esas sentencias destructivas del constitucionalismo democrático, y

---

55   *Idem.*

todas las abstenciones del Juez Constitucional en impartir justicia; o si de su texto resultaba algo que pudiera contradecir, en la práctica judicial, lo que había escrito en teoría.

Y si lo había, la otra pregunta era *¿Qué era lo que había podido haber escrito la magistrada en el texto de su Tesis "secreta" de doctorado, que había conducido a que su autora y su Director de tesis, quisieran ocultar su contenido y exigieran que el documento no pudiera ser consultado?*

Y esta otra pregunta, por supuesto, sólo se podía llegar a intentar responder, de nuevo, si se llegaba a tener acceso al texto de la Tesis "secreta," y se la estudiaba a la luz de los principios del constitucionalismo moderno.

Y eso fue lo que formalmente resolvió la Universidad mediante Resolución de 14 de mayo de 2018 del Rectorado/Vicerrectorado de Prospectiva, de acuerdo con la Ley 19/2013, de 9 de diciembre, de transparencia, acceso a la información pública y buen gobierno, indicando que "no existe ninguna razón para limitar el acceso solicitado," autorizándome en consecuencia la consulta, en una decisión en la cual, por supuesto, se dilucidó el conflicto que podría existir entre el principio de la publicidad intrínseca de las tesis de doctorado, y el secretismo que envolvía esta Tesis en particular, propugnado por su autora y por el Director de la misma, profesor Francisco Palacios Romeo.

En la Resolución de la Universidad, en efecto, aparte de dejar a salvo el derecho de autor de la autora de la Tesis "secreta," y su derecho a decidir si la obra va a ser divulgada o no; en relación con el tema de la publicidad de las tesis doctorales se hicieron una serie de consideraciones de interés en la materia relativas a su "consulta y difusión," partiendo de la consideración de que la publicidad de las tesis es un hecho que acompaña todo el proceso de su elaboración, desde que se presenta el proyecto que "implica en todo caso el consentimiento a la divulgación de ese trabajo;" se da conocimiento de su existencia y características; se somete a un "proceso de publicidad para que cualquier doctor pueda formular consideraciones sobre la misma;" y finalmente, se defiende "en acto público, lo que ratifica y amplía la existencia de divulgación y consentimiento del autor, pasando desde ese momento al dominio público."

Todo ello implica conforme se argumentó en la Resolución, que desde el momento en el cual el doctorando "presta su consentimiento" para todo ese proceso, se debe considerar que "la obra doctoral ya ha sido divulgada," existiendo, además, una "obligación legal de depósito" de las tesis en determinadas "bibliotecas" no siendo necesaria "autorización del autor para la comunicación de obras o su puesta a disposición de personas concretas del público a efectos de investigación" en los locales determinados. Las excepciones normativas a lo anterior, como lo destacó la Resolución, se refieren a "aspectos concretos que reclaman declaración de confidencialidad, entre otros, la existencia de convenios de confidencialidad con empresas o por la posibilidad de generación de patentes que recaigan sobre el contenido de la tesis."

Los anteriores principios normativos, como se desarrolló en la Resolución, están contenidos, por lo que se refiere a la Universidad de Zaragoza, en el Acuerdo de 25 de junio de 2015 del Consejo de Gobierno de la Universidad que aprobó el "Reglamento sobre publicación en abierto de los resultados de investigación;" y por lo que se refiere a las tesis en la "Instrucción relativa a la publicación en abierto de Tesis Doctorales en el Repositorio Institucional de la Universidad de Zaragoza, aprobada en sesión del Consejo de Gobierno celebrada el 30 de mayo de 2017, en el cual se prevén:

"tres excepciones de publicidad (confidencialidad derivada de convenio con empresa, que la tesis recoja resultados susceptibles de ser patentados y la genérica de *"alguna otra circunstancia legal que impida su difusión completa en abierto"),* añadiendo una nueva cual es que los autores deseen aplazar la publicación en abierto de su trabajo."

La Universidad, incluso, con base en un precedente resuelto por el "Consejo de Transparencia, Acceso a la Información Pública y Buen Gobierno de la Comunidad Valenciana" de 28 de abril de 2016, dictada en expediente 9/2015, en la que igualmente se reconoció el derecho de acceso a una tesis doctoral, desechó los alegatos formulados por el Director de la Tesis de la Sra. Gutiérrez, profesor Francisco J. Palacios Romeo, quien solo transigía en su Alegato en el expediente, "en dar acceso puntual, presencial y excepcional a dicho documento," considerando en definitiva que debía "accederse" a mi "solicitud reconociendo el derecho a la consulta de la Tesis en cuanto la misma obedecería a fines estrictamente personales y de investigación, autorizándose se verifique en formato papel y en dependencias del archivo universitario," "sometido a los criterios de método del propio Archivo de la Universidad de Zaragoza," "con presencia del personal encargado para garantizar los derechos de la autora de integridad del soporte original y no difusión del mismo acotando el acceso a efectos de investigación sin que pueda mediar tipo alguno de comunicación pública y sin que sea susceptible de ser extendida a efectos de su traslado copista en cualesquiera de sus diferentes variantes."

Con base en dicha autorización, y dado que tenía programado viajar a España decidí entonces organizar el viaje a la Universidad de Zaragoza el día 28 de junio de 2018, donde acudí al despacho de la Directora del Archivo de la Universidad, Sra. Ana Garzón, para poder estudiar el documento en forma presencial, yo solo, pues le fue negado el acceso al profesor Libardo Rodríguez, Presidente del Instituto Internacional de Derecho Administrativo, quien muy amablemente me acompañó en el viaje a Zaragoza:

"Los criterios de método del propio Archivo de la Universidad de Zaragoza" a los cuales se refirió el Director de la Tesis de la Sra. Gutiérrez en su Alegato, tal como me lo indicó la Directora del Archivo, era poder leer y estudiar la Tesis, con la posibilidad de tomar nota *solo a mano* de todo lo que interesara respecto de su contenido, a cuyo efecto incluso se me suministró papel y pluma, indicándoseme que no podía sacar copia de las páginas por otros medios, lo que incluía el fotográfico.

El método manuscrito, por supuesto no me era ni es extraño; no sólo porque toda mi vida he trabajado tomando nota manuscrita de lo que leo, y expresando por escrito mis razonamientos, habiendo incluso escrito a mano todos mis libros y trabajos hasta 2002; sino porque no olvido el ejercicio que significó más recientemente, en 2005, el haber tenido que copiar íntegramente a mano un expediente penal de más de tres mil folios que había sido armado en mi contra por quien fue Fiscal General de la República durante el tiempo en el cual la Sra. Gutiérrez fue Procuradora General de la República y magistrada, a raíz de una injusta acusación que formuló en contra de un grupo de profesores de derecho público en el cual me incluyó, por "conspiración para cambiar violentamente la Constitución." En dicho proceso, el Ministerio Público simplemente negó a los imputados el derecho a que se suministrasen copias de las actas, las cuales tuve que copiar íntegramente a mano.[56]

---

56   Véase Allan R. Brewer-Carías, *En mi propia defensa. Respuesta preparada con la asistencia de mis defensores Rafael Odreman y León Henrique Cottin contra la infundada acusación fiscal por el supuesto delito de conspiración,* Colección Opiniones y Alegatos Jurídicos N° 13, Editorial Jurídica venezolana, Caracas 2006, 606 pp.

No me fue difícil, por tanto, en esta nueva experiencia que tuve en Zaragoza, de leer, estudiar y tomar las notas necesarias de la Tesis de marras, todo lo cual me confirmó las dudas que me habían surgido sobre las posibles "razones" que había alegado el profesor Palacios, Director de la Tesis, en el expediente, para finalmente "transigir" en la forma restrictiva que expresó mi consulta de la Tesis. Por ello, ese mismo día 28 de junio de 2018, en Zaragoza solicité copia del expediente administrativo que se había formado con mi petición para poder leer completamente el Alegato de Francisco Palacios, Director de la Tesis "secreta."

A los pocos días me llegó la copia del expediente por acuerdo expreso de la Universidad, en el cual efectivamente encontré dicho Alegato, en el cual, para argumentar en favor de restringir el acceso a la misma, el profesor Palacios señaló, entre otros factores, que:

> "la Sra. Gutiérrez Alvarado estuvo asumiendo en toda una década (2002-2011) las más altas responsabilidades institucionales que pueden llegar a asumirse (Embajadora, Procuradora General de la República, Presidenta de la Sala Constitucional TSJ). Incluyendo su presencia y pertenencia a supremos órganos colegiados en donde se daban procesos trascendentales en cuanto a toma de decisiones y consiguiente secreto requerido en la toma de las mismas. Resulta evidente que una tesis doctoral de muy explícito contenido jurídico-político puede albergar exposiciones, posiciones o giros sintácticos donde puedan atisbarse afirmaciones conexas a funciones de las altas responsabilidades institucionales que contrajo."

El argumento, de entrada, lo considero absurdo: si un funcionario público presenta una tesis de doctorado en una Universidad, ello implica que voluntariamente decide acceder al ámbito académico, y a la publicidad de las ideas, siendo su propia responsabilidad expresar en ella lo que pueda en relación a sus funciones. La Universidad no es un lugar para exponer secretos de Estado. Esos informes caben en las entrañas del Poder, en las barracas de hierro, pero no en la intemperie de la Academia, en la casa de cristal que debe ser la Administración en un Estado democrático, por lo que, todo aquello incluido e una tesis es para que sea conocido y estudiado sin que pueda pretenderse que en una tesis pueda haber secretos de Estado alguno. Se insiste, eso no es para tesis universitarias. Por lo demás, del estudio que hice de la Tesis "secreta," nada de sus páginas que se parecía a "secreto" alguno que pudiera justificar que hubiera reserva en su consulta.

En su Alegato, en todo caso, el Director de la Tesis comenzó su exposición haciendo referencia a determinadas circunstancias que rodearon la presentación de la Tesis en Zaragoza, sobre temas de Venezuela, pero con aderezos políticos españoles, haciendo la siguiente exposición:

> "2.1. En el año 2016 desde dos medios de comunicación españoles se sembraron dudas sobre la propia factura de la tesis y sobre la probidad de su tribunal; aunque, probablemente, sin albergar ninguna intención maliciosa al respecto. A partir de ahí la noticia tuvo su propio recorrido en la propia Venezuela en donde dichas afirmaciones sufrieron una severa mayor distorsión. Efecto que fue replicado en determinados canales de las redes sociales, en la vertiente más negativa de las mismas, como es la ahora denominada dinámica-cultura de la "post-verdad" o directamente en su versión más agravada de "*fake-news*."

Recordaba por supuesto los reportajes mencionados por el Director de la Tesis "secreta," en particular el publicado por los periodistas Rocío Galván y Mariza Recuero en el diario *El Mundo*, el día 23 de mayo de 2016,[57] pero no porque lo hubiese leído en Nueva York, sino en Madrid, el

---

57 Véase el reportaje de Rocío Galván y Mariza Recuero: "Profesores de Podemos doctoraron a la juez clave de Nicolás Maduro. La presidenta del Supremo venezolano no tenía el título de doctora para formar parte del

mismo día en que apareció publicado cuando precisamente me encontraba allí para dar una conferencia ese mismo día, en la *Real Academia de Jurisprudencia y Legislación* en esa ciudad, sobre el tema de "La Constitución como promesa incumplida. El caso de Venezuela,"[58] en la cual me referí, entre otras cosas, precisamente al rol jugado por el Tribunal Supremo de Justicia de Venezuela en la demolición del Estado de derecho y en el abandono de la Constitución.

El reportaje, por tanto, en aquel momento me resultó de grandísimo interés, como seguramente lo fue para cualquier persona vinculada a temas universitarios que pudiera pensar que la preparación y presentación de una Tesis doctoral es un asunto serio, y además, por estar vinculada con temas de derecho constitucional; destacándose de su lectura, entre las "sorpresas" que se expresaban en el mismo, las siguientes:

"Juan Carlos Monedero y otros dos miembros de Podemos avalaron la tesis doctoral que aupó a Gladys María Gutiérrez Alvarado a la Presidencia del Tribunal Supremo de Justicia de Venezuela.

Según ha podido averiguar este periódico y se puede comprobar en la base de datos de tesis doctorales del Ministerio de Educación, el 21 de diciembre de 2011 la juez venezolana leyó su tesis, titulada El nuevo paradigma constitucional latinoamericano. Dogmática social extensa y nueva geometría del poder, en la Universidad de Zaragoza, ante un tribunal compuesto por cinco profesores universitarios. Entre ellos se encontraba Monedero, uno de los principales fundadores de Podemos y número tres del partido en sus primeros tiempos.

Precisamente, Monedero fue apartado de la dirección de Podemos en 2015 tras descubrirse una transferencia de 425.150 euros procedentes del Banco del Tesoro de Venezuela a una empresa creada por él mismo para recibir ese dinero.

El artículo 37 de la Ley Orgánica del Tribunal Supremo de Justicia de Venezuela establece como uno de los requisitos para ser magistrado de esta institución «tener título universitario de especialización, maestría o doctorado en el área de ciencia jurídica». Gladys Gutiérrez optó por realizar su tesis doctoral en España, siendo elegida después para el puesto de presidenta del tribunal, que ostenta desde el año 2013 y para el que volvió a ser ratificada el año pasado hasta 2017.

La juez está vinculada al chavismo desde sus inicios. Llegó a España en el año 2000 como consejera del consulado venezolano. En apenas un año se convirtió en la Cónsul del país latinoamericano en Madrid y en 2003 se alzó como embajadora, cargo que mantuvo hasta 2005. En 2006 regresó a Caracas, donde fue nombrada procuradora general. En dicho cargo permaneció hasta 2010, cuando fue elegida juez de la Sala Constitucional del Tribunal Supremo.

Su gestión como juez siempre ha estado rodeada de polémica, al ser considerada por la oposición al chavismo una persona difícilmente objetiva, dada su vinculación política con el régimen. En este

---

Tribunal. Lo obtuvo en Zaragoza gracias a Monedero y a otros dos profesores que luego liderarían Podemos," en *El Mundo*, Madrid 23 de mayo de 2016, disponible enhttp://www.elmundo.es/espana/2016/05/23/574-2103422601d56508b4647.html. Véase igualmente el reportaje: "El 'brazo judicial' de Maduro se doctoró en tres visitas a Zaragoza," en *El Español*, 29 de mayo de 2018, en https://www.elespanol.com/reportajes/201-60528/128237338_0.htmln; y el reportaje: "Miembros del partido español Podemos doctoraron a la presidenta del TSJ de Venezuela. Gladys Gutiérrez, presidenta del Supremo de Venezuela, ha estado vinculada al chavismo desde sus inicios. Su gestión como juez siempre ha estado rodeada de polémica, al ser considerada por la oposición como una persona poco objetiva," en *Diario Las Américas*, 23 de mayo de 2016, en https://www.diariolasamericas.com/miembros-del-partido-espanol-podemos-doctoraron-la-presidenta-del-tsj-venezuela-n3830174

58 Véase el texto en http://allanbrewercarias.com/wp-content/uploads/2016/05/I-1-1122.-Brewer.-La-Constitucio%CC%81n-como-promesa-incumplida.-El-caso-de-Venezuela.-Discurso-Academia-Madrid-2016-1.pdf

contexto, fue por ejemplo magistrada ponente de la sentencia que rechazó la impugnación de las elecciones presidenciales del 14 de abril de 2013. Esta decisión fue casi paralela a su designación como máxima responsable del Tribunal Supremo.

En las elecciones parlamentarias venezolanas del pasado 6 de diciembre [2015], la opositora Mesa de Unidad Democrática obtuvo la mayoría de dos tercios de la Cámara. Tras la aplastante victoria, el chavismo aprovechó las vacaciones de Navidad para tomar una polémica decisión en sesión extraordinaria: nombrar a 13 nuevos magistrados del Tribunal Supremo presidido por Gladys Gutiérrez, muchos de ellos vinculados al régimen. Desde entonces, varias sentencias dictadas por el Tribunal han mermado la potestad del Parlamento para establecer cualquier control sobre el Ejecutivo, los militares y el poder judicial del país.

El Supremo tumbó la Ley de Amnistía de presos políticos y también declaró constitucional el estado de excepción decretado por Maduro, el pasado 13 de mayo [2016]. «Es la magistrada que tiene maniatado al Parlamento de Venezuela, las sentencias relativas a las decisiones de la Asamblea Nacional han sido emitidas por la Sala Constitucional, de la que ella también es presidenta. Recibe línea directa de Miraflores», aseguran fuentes de la oposición.

Esta misma semana, el Tribunal ha prohibido cualquier manifestación en los alrededores de las sedes del Consejo Nacional Electoral. «Ninguna decisión del Tribunal Supremo está por encima de la voluntad de cambio del pueblo. Seguiremos luchando por un revocatorio efectivo, y para eso debe darse este mismo año», manifestó el diputado de la Asamblea Nacional Freddy Guevara."

La Asamblea Nacional, maniatada

De esta manera, el Supremo venezolano mantiene maniatada a la Asamblea Nacional, cuyas decisiones son tumbadas sistemáticamente por el Alto Tribunal. Circunstancia que ha provocado un bloqueo institucional que ha sumido a Venezuela en la crisis política que padece.

Pues bien, el doctorado que abrió a Gladys Gutiérrez las puertas del máximo órgano judicial de Venezuela fue avalado por varios miembros de Podemos. Junto a Juan Carlos Monedero, hubo otras dos personas vinculadas al partido que dieron el visto bueno a la tesis doctoral de la juez venezolana. Se trata de Francisco Palacios Romeo, que fue el director del trabajo, y de José María Pérez Collados, vocal del tribunal.

Los dos son miembros de Podemos en Aragón y personas vinculadas a dirigentes del partido. Tanto Palacios como Pérez Collados formaron parte de las listas que se presentaron en 2015 para formar parte de la dirección de Podemos en Aragón.

Anteriormente, Palacios, el director de la tesis de Gladys Gutiérrez, había sido suplente en las listas electorales de IU en Zaragoza en las elecciones generales de 2011. En la actualidad, es profesor en la Facultad de Derecho de la Universidad de Zaragoza, doctor en Derecho Constitucional y coordinador de esta área.

Por su parte, Pérez Collados es catedrático de Historia del Derecho en la Universidad de Girona, aunque también fue profesor en la de Zaragoza. Su trayectoria universitaria está vinculada a centros latinoamericanos.

En el currículo de la juez también consta la realización -previa a la tesis- de una «especialización en Derecho Constitucional y Ciencia Política en el Centro de Estudios Políticos y Constitucionales del Ministerio de la Presidencia en España y la Universidad Menéndez Pelayo». Dicha especialización serviría para cubrir las exigencias de formación recogidas en la Ley del Tribunal Supremo para formar parte del organismo. Sin embargo, un portavoz de esta universidad explicó a este diario que Gladys Gutiérrez «no ha sido nunca alumna de la Universidad Menéndez Pelayo» y su nombre ni siquiera aparece en la base de datos de los alumnos que pasaron por el centro.

En este sentido, confirmó que en la UIMP se cursa un Máster de Derecho Constitucional, no una especialización, en colaboración con el Centro de Estudios Políticos y Constitucionales. Hace unos años, su nombre era Máster en Derecho Constitucional y Ciencia Política.

Este diario se puso en contacto también con el centro de estudios en cuestión para confirmar que esta institución imparte cursos de postgrado que respondan al nombre «especialización en Derecho Constitucional y Ciencia Política». Fuentes oficiales del centro explicaron que no imparten cursos de especialización. Es más, precisaron que la única formación que ofrece, sin contar el patrocinio de la UIMP, son «seminarios y cursos pequeños» a través de los cuales no se consiguen títulos de postgrado, sino certificados que se canjean por puntos para conseguir el nivel de postgrado."[59]

Estando todavía en Madrid tuve ocasión de leer otro reportaje de prensa publicado unos días después, el 29 de mayo de 2016, por los periodistas Carlos Larroy / Zaragoza y Pablo López Hurtado / Caracas, en *El Español*, [60] que contenía una especie de respuesta-aclaratoria del Director de la Tesis, profesor Francisco Palacios respecto de lo que había salido publicado en *El Mundo*, y que era, sin duda, un complemento de ello, destacándose, entre las "sorpresas" que también se expresaban en el mismo, las siguientes:

"Nadie recuerda haber coincidido con ella en la Facultad de Derecho de la Universidad de Zaragoza. Gladys María Gutiérrez Alvarado -actual presidenta del Tribunal Supremo de Venezuela- ha sido noticia esta semana al descubrirse que la lectura de su tesis en 2011 tuvo lugar en Zaragoza ante un tribunal que tenía entre sus miembros a dos profesores de Podemos. Uno de ellos fue Juan Carlos Monedero, profesor de la Universidad Complutense de Madrid y fundador del partido morado. "Me enteré de la noticia por la prensa. No sabía quién era ni que se había doctorado aquí", cuenta un veterano profesor zaragozano.

Es normal que nadie la recuerde: el periplo del 'brazo judicial' de Hugo Chávez y Nicolás Maduro por Zaragoza se limita a tan sólo tres visitas. Dos fueron para hablar con el director de su tesis, el profesor de Derecho Constitucional Francisco Palacios, y una última para defender su trabajo *El nuevo paradigma constitucional latinoamericano*. En sus dos primeros paseos por Zaragoza ni siquiera durmió en la ciudad: vino y se fue en AVE. Tiene casa en Madrid porque está casada con un español,

---

59   *Idem.* Sobre la relación entre el Sr. Monedero, Vocal del Tribunal de la Tesis "secreta" de Zaragoza y la Sra. Gutiérrez, autora de la Tesis, como se informó en varios reportajes de prensa, tiene que ver con su relación "con Venezuela y el socialismo del siglo XXI [que] comenzó, según su propio relato, a finales de 2002: cuando conoció a Chávez en España, meses después del golpe de Estado que lo derrocó durante 48 horas. Los presentó Gladys Gutiérrez Alvarado, entonces cónsul de Venezuela en Madrid y actual presidenta del Tribunal Supremo de Justicia venezolano." Véase en Maye Primera, "Asesores constituyentes. Juristas y politólogos españoles colaboraron con el Ejecutivo bolivariano de Venezuela," en *El País*, Madrid 17 de junio de 2014, en https://elpais.com/politica/2014/06/18/actualidad/1403055722_556213.html. Y asimismo con su relación con "Chávez [que] se remonta a mayo de 2002. Se habrían conocido en Madrid gracias a la actual presidenta del Poder Judicial, Gladys Gutiérrez. Como parte de la Cumbre Unión Europea-Iberoamérica, Gutiérrez, cónsul de Venezuela, organizó una reunión entre Chávez y Gaspar Llamazares, coordinador del partido Izquierda Unida. El asesor de Llamazares era el politólogo Monedero. En enero de 2003, Monedero suscribió el manifiesto "Defender la Constitución es defender la democracia," en apoyo al gobierno de Chávez. Desde 2005 y hasta 2010 Monedero lo asesoró políticamente." Véase el reportaje: "Juan Carlos Monedero se aleja de la controversia," en *El Nacional*, Caracas 30 de abril de 2015, en http://www.el-nacional.com/noticias/mundo/juan-carlos-monedero-aleja-controversia_59081.

60   Véase Carlos Larroy y Pablo López Hurtado, "El 'brazo judicial' de Maduro se doctoró en tres visitas a Zaragoza. El tribunal que juzgó la tesis de Gladys Gutiérrez, presidenta del Tribunal Supremo de Venezuela, contaba con dos profesores de Podemos. El director de su doctorado defiende que fue un tribunal plural porque también había profesores de derechas," en *El Español*, 29 de mayo de 2016, en https://www.elespanol.com/reportajes/20160528/128237338_0.html

hijo de padres inmigrantes, que vive en Venezuela y al que conoció allí. Sin embargo, en su tercera visita, el día que leyó su tesis, sí hizo noche en Zaragoza en uno de los hoteles con más renombre de la ciudad, el Palafox, un cinco estrellas con el que la Universidad tiene un convenio para este tipo de actos.

Bebiendo una Coca Cola Zero, Francisco Palacios dice estar abrumado por la noticia adelantada por El Mundo. Él fue el director de su tesis y también es de Podemos porque se presentó a las primarias de este partido en Aragón, aunque no consiguió los votos necesarios para entrar en el Consejo Ciudadano. Gladys le ha llamado por teléfono estos días:

-¿Qué le dijo?

-Me dijo que menudo follón que se había montado. Y me preguntó que qué podía hacer. Le dije que contara la verdad. Que ella estudió el Diploma de Estudios Avanzados en la Complutense y que luego se doctoró en Zaragoza ante un tribunal plural, que le concedió cum laude por unanimidad, con un tema que manejaba a la perfección porque ella misma había sido protagonista de la historia.

La Escuela de Doctorado de la Universidad de Zaragoza defiende que se siguió el proceso normal para seleccionar a los miembros del tribunal: el director de la tesis propuso sus nombres, su Departamento no puso reparos y la comisión valoró positivamente los currículos de todos los profesores al entender que eran expertos en el tema. "Podría haber traído a Pablo Iglesias o a otra gente. Pero propuse que el presidente del tribunal fuera Manuel Ramírez Jiménez", recuerda Palacios. Ramírez Jiménez falleció hace un año y fue un catedrático de Derecho Político de gran prestigio, cuyo pensamiento viró del PSOE a la derecha. "Sus ideas eran la antítesis del chavismo", señalan todos los profesores consultados por El Español. En el tribunal también estuvo Andrés García Inda, que ahora es el director del colegio de los Jesuitas de Zaragoza y al que tampoco se le relaciona con el partido de los círculos.

Sentencias polémicas

Gladys Gutiérrez, de 54 años, está siendo criticada por su supuesta falta de imparcialidad desde que se convirtió en presidenta del Tribunal Supremo en 2013, un mes después de que Nicolás Maduro fuera nombrado presidente. Su primera sentencia polémica fue declarar "inadmisibles" los diez recursos interpuestos por la oposición venezolana ante el presunto fraude cometido en las elecciones que Maduro ganó a Henrique Capriles en abril de 2013 por tan solo un 1,49% de los votos.

Desde que la oposición logró la mayoría en la Asamblea, Gutiérrez Alvarado se ha convertido en la punta de lanza de Maduro para neutralizar al Parlamento. En este sentido, ha ordenado cumplir el Decreto de Emergencia Económica pese a que había sido rechazado por la Asamblea, única institución con capacidad para validar este tipo de decisiones presidenciales, según la Constitución venezolana. También ha tumbado la promulgación de normas aprobadas por el Parlamento, como la Ley de Amnistía y Reconciliación.

Con Chávez desde el principio

La actual presidenta del Tribunal Supremo de Venezuela fue una de las manos derechas de Hugo Chávez incluso antes de que el exlíder bolivariano llegara al poder. De hecho, fue una de las abogadas que se encargó de defenderlo cuando fue juzgado en 1992 por el golpe de Estado frustrado contra Carlos Andrés Pérez. Acabó condenado por liderar el golpe militar aunque dos años después el presidente Rafael Caldera ordenó su liberación. Chávez residió después en un apartamento al sureste de Caracas que Gutiérrez Alvarado tenía en alquiler durante la intensa campaña electoral de 1998, en la que Chávez ganó por primera vez las elecciones.

A partir de entonces, el ascenso de esta abogada por la Administración venezolana fue meteórico. Recibió su primer encargo relevante en 1999, cuando trabajó de asesora en la redacción de la Constitución venezolana. En esta parte de la historia entra por primera vez la ya famosa y polémica Fundación CEPS (Centro de Estudios Políticos y Sociales), que se disolvió hace unos meses por la pérdida de clientes. Estaba compuesta por un nutrido grupo de profesores españoles de izquierdas -entre ellos los propios Monedero y Palacios-, a los que gobiernos latinoamericanos contrataban para que les asesoraran sobre todo en procesos constituyentes. De hecho, el propio Monedero tuvo problemas con Hacienda por un intento de fraude fiscal de 100.000 euros por sus trabajos de asesoramiento para el Gobierno venezolano. El entonces dirigente de Podemos resolvió la situación mediante la presentación de una complementaria y dando un peso atrás en la dirección del partido.

"La idea era dinamizar los movimientos alternativos en Sudamérica, es decir, ayudarles a organizarse de forma seria para que pudieran pasar del activismo a lo institucional", cuenta Francisco Palacios. CEPS participó en el proceso constituyente de 1999, aunque Palacios no formó parte de ese grupo. "Nadie podrá negar que estas constituciones son protransparencia, prosociales y procontrol. Otra cosa es la realidad, es decir, que se estén cumpliendo o no", señala.

Gladys fue enviada al año siguiente a España, donde ocupó diversos cargos como cónsul en Madrid y después como embajadora. Desde de esta posición, fue la encargada de que Chávez y Monedero se conocieran en persona en una visita del expresidente venezolano a España en 2002. Gutiérrez Alvarado se sacó durante su etapa diplomática un curso en el Centro de Estudios Políticos y Constitucionales, dependiente de la Presidencia del Gobierno de España, y el Diploma de Estudios Avanzados en la Universidad Complutense -que viene a ser como la antigua tesina o la suficiencia investigadora, que habilita para doctorarse-. Ya más tarde, en 2005, fue requerida en Caracas para convertirse en la procuradora general de la República, es decir, pasó a ser la principal asesora jurídica de Chávez.

En la reforma constitucional

En ese año sí andaba por allí Francisco Palacios, que a través de la Fundación CEPS estaba asesorando a la Asamblea de Venezuela -en esos momentos, de mayoría chavista- en diversas comisiones. Coincidieron varias veces. Pero no fue hasta 2007 cuando se conocieron realmente. Este profesor zaragozano de 57 años se había ido de vacaciones a Venezuela para estar con su exnovia venezolana Ingrid. Y, según cuenta, Gladys se enteró de que estaba en su país y le llamó para que participara en unos foros sobre la profunda reforma constitucional que estaba emprendiendo Chávez y les asesorara. "Hablé mucho con ella y le dije lo que pensaba. Que el espíritu de la reforma me parecía bueno; pero que tanto los términos como la redacción estaban confusos y desordenados", recuerda.

Esa reforma constitucional finalmente no se aprobó porque los venezolanos votaron 'no' en referéndum. No obstante, en 2008, se modificaron media docena de artículos y también se decidió eliminar la prohibición de que una misma persona solo pudiera ser presidente de Venezuela por un máximo de dos mandatos, de forma que Chávez logró seguir presentándose a las elecciones.

Gladys le comentó por esa época que quería doctorarse y Palacios aceptó ser el director de su tesis. Comenzó a prepararla en 2007 a distancia y a finales de 2011 acudió a Zaragoza para leerla. Un año antes, Gutiérrez había sido nombrada magistrada de la Sala Constitucional del Tribunal Supremo, todavía con Chávez en el poder, para ya después, en 2013, convertirse en su presidenta con Maduro gobernando.

Palacios y Gutiérrez Alvarado han quedado en volver a hablar en los próximos días. Durante su conversación telefónica, también comentaron la situación que vive Venezuela y su director de tesis le comentó brevemente su opinión. "La situación está muy complicada y lo peor es que puede seguir deteriorándose si no se le pone remedio -señala Palacios-. Hace falta alcanzar un consenso entre las dos partes. Lo que estamos viendo no es nada comparado con todo lo que puede ocurrir." [61]

---

61   *Idem.*

Por supuesto, con ocasión de leer estos dos reportajes, mi interés por conocer la Tesis "secreta" de Zaragoza se acrecentó, teniendo en cuenta, además, el aspecto mencionado de que el Director de la Tesis, Francisco Palacios también había sido parte del grupo de profesores españoles que había asesorado al gobierno de Venezuela desde 2001, y específicamente de la mano de quien luego sería la doctoranda, en el proceso de la fallida reforma constitucional de 2007,[62] lo que formalizó con sendos contratos celebrados con el "Despacho de la Presidencia de la República Bolivariana de Venezuela, por intermediación de la Fundación CEPS (Centro de Estudios Políticos y Sociales)" entre "1 enero de 2001-12 diciembre 2006," para "Asesoría general referente a elaboración, discusión y divulgación de materiales jurídicos relativos al bloque de constitucionalidad," y con la "Procuraduría General de la República de Venezuela," entre "1 diciembre 2007-12 diciembre 2008," para "Asesoría sobre materiales teóricos, redacción de articulado y participación en foros de discusión en el marco del Anteproyecto de Reforma Constitucional de 2007."[63]

El vínculo entre el Director de la Tesis "secreta" y su autora, en consecuencia, no podía ser más estrecho, quedando entonces por precisar cuán estrecha podía ser la relación entre los temas investigados y tratados por el Director de Tesis contratado por el Gobierno venezolano con ocasión de los antes mencionados contratos, y los temas tratados por la contratante autora de la Tesis, en su texto.

Para poder conocer la Tesis consulté informalmente con profesores españoles, entre ellos, con mi amigo, el profesor Luciano Parejo Alfonso de la Universidad Carlos III de Madrid, sobre cómo poder acceder, informándoseme que se trataba de un procedimiento sencillo de petición, que se hacía incluso a través del sitio web de las tesis de doctorado del Ministerio de Educación. Pero no!! En este caso, todas las gestiones se encontraron con el escollo de que la Tesis aparecía en el registro de las Tesis de doctorado de la Universidad de Zaragoza como de *consulta no autorizada.*"

Pasaron varios meses sin que nadie creyera que fuese posible que existiera una tesis que fuera secreta u oculta, que no se pudiera consultar; hasta que en junio de 2017, cuando en el Almuerzo anual de ese año de los profesores de la Escuela de Eduardo García de Enterría, el profesor José María Gimeno Feliú de la Universidad de Zaragoza, director del Observatorio de Contratación Pública, me aseguró que por la vía de la Comisión de Transparencia a la cual estaba vinculado, podía tener la seguridad de que podía llegar a acceder a consultar la Tesis. Varios meses largos pasaron, hasta que en abril de 2018, con la asistencia del profesor Parejo Alfonso, introduje for-

---

62   El mismo profesor Palacios declaró a la prensa que había asesorado a Hugo Chávez en su propuesta de reforma constitucional de 2007, en particular la propuesta de la reelección presidencial indefinida expresando que "no apoyar esta reforma hubiera sido dar paso a "una democracia tutelada". Esta iniciativa, calificada por Palacios como "un ejercicio de amplitud democrática", eliminó la limitación que imponía la Constitución a los mandatos presidenciales, permitiendo al presidente de turno que pudiera volver a presentarse a nuevas elecciones." Véase en Mariza Recuero, "El 'profesor' de la juez de Nicolás Maduro asesoró la reelección de Hugo Chávez," en *El Mundo*, Madrid 25 de mayo de 2016, disponible en http://www.elmundo.es/espana/2016/05/25/5744b9aa46163f3d0b8b45b4.html. Efectivamente el profesor Palacios estuvo contratado por la Procuraduría General de Venezuela para trabajar en dos proyectos: "investigación / asesoramiento: "Proyecto de reforma constitucional (2007)" y "Ley habilitante (2007)." Véase en la "hoja de vida" publicada en: https://redestudioscomparadosdfshh.files.wordpress.com/2017/02/cv-francisco-palacios-romeo.pdf

63   Véase la información en la "hoja de vida" del profesor Francisco Palacios Romeo publicada en: https://redestudioscomparadosdfshh.files.wordpress.com/2017/02/cv-francisco-palacios-romeo.pdf

malmente la petición para que se me permitiese acceder a consultar la Tesis, que fue la petición que se respondió con toda diligencia el 14 de mayo de 2018, de la cual el profesor Gimeno estuvo atento, habiéndosela notificado al profesor Parejo, para que a la vez me la remitiera; lo cual hizo en víspera de un viaje que tenía programado para España en junio de 2018, para participar en un evento académico en la Universidad de Salamanca organizado por el Instituto Internacional de Derecho Administrativo, auspiciado por el Rector Magnífico de la misma, nuestro amigo Ricardo Rivero, y para asistir al Almuerzo anual de 2018 de los profesores de Derecho Administrativo de la Escuela de García de Enterría en Madrid; y para Italia, para participar en un Seminario en Roma sobre *The Common Core of European Administrative Law*; todo lo cual me permitió entonces organizar mi visita a Zaragoza.

De ello informé a mis amigos los profesores de derecho administrativo de la Universidad de Zaragoza, José Bermejo Vera, Presidente del Consejo Consultivo de Aragón, y Fernando López Ramón, Presidente de la Asociación Española de profesores de Derecho Administrativo, quienes me ayudaron a organizar mi visita al Archivo de la Universidad el 28 de junio de 2018, donde me atendió muy amablemente su Directora, la Sra. Ana Garzón.

Y allí entonces pude estudiar la Tesis "secreta," en cuya Carátula constaté que efectivamente aparecía haber sido registrada el 8 de noviembre de 2011 (cuatro días después que el Consejo de Gobierno de la Universidad hubiera aprobado el 4 de noviembre de 2011, el "Reglamento de organización y estructura de los estudios de Doctorado" el cual sin embargo solo fue publicado en el Boletín Oficial de la Universidad en 14 de noviembre de 2011[64]), teniendo el volumen un papel en blanco que antecedía la Carátula con la frase en letras grandes: "NO AUTORIZA LA CONSULTA."

La Directora del Archivo, quien estuvo presente durante las varias horas que le dediqué a la lectura y estudio de la Tesis, como antes indiqué, me precisó que solo podía leerla y tomar todas las notas que quisiera a mano, pero que no podía fotocopiar las páginas. Me senté entonces con toda la paciencia necesaria, como en los buenos tiempos, y fui tomando nota de lo que estimaba de mayor interés.

Así pude entonces calibrar de qué se trataba la Tesis "secreta," particularmente al poner su contenido en contraste con el cúmulo de sentencias que su autora había firmado como magistrado de la Sala Constitucional a partir de la presentación de la misma en noviembre de 2011 y de las que había firmado durante el año precedente; de las abstenciones de juzgar que habían ocurrido, particularmente desde cuando presentó la Tesis "secreta;" e, incluso, de las sentencias que habían sido emitidas por la Sala Constitucional respondiendo a peticiones formuladas por ella misma como Procuraduría General de la República durante los años en los cuales había ocupado dicho cargo (2006-2011); sentencias todas que yo había venido estudiado durante años, y mediante las cuales se había venido desmoronando el Estado democrático de derecho y la propia Constitución de 1999.[65]

---

64 Véase   en
    https://escueladoctorado.unizar.es/sites/escueladoctorado.unizar.es/files/users/docto/docs/rgltodocto.pdf

65 Véanse todos los estudios sobre las sentencias de la Sala Constitucional desde 2000, en mis libros: Alan R. Brewer-Carías, *Crónica sobre la "in" justicia constitucional. La Sala Constitucional y el autoritarismo en Venezuela*, Colección Instituto de Derecho Público, Universidad Central de Venezuela, N° 2, Caracas 2007, 702 pp.; *Reforma constitucional y fraude a la Constitución (1999-2009)*, Academia de Ciencias Políticas y Sociales, Caracas 2009, 278 pp.; *Práctica y distorsión de la Justicia Constitucional en Venezuela (2008-2012)*, Co-

La verdad, como antes dije, fue que nada encontré en la Tesis "secreta," siguiendo el razonamiento del Director de la misma, que en razón de las funciones que había ejercido la Sra. Gutiérrez con anterioridad a su presentación pudiera "albergar exposiciones, posiciones o giros sintácticos donde puedan atisbarse afirmaciones conexas a funciones de las altas responsabilidades institucionales que contrajo." La Tesis cuyo contenido analizo al final de este estudio (**Véase Octava Parte**), en realidad, y a pesar de la defensa y apología que en ella se hace del proyecto de Reforma Constitucional presentado por el Presidente Chávez en 2007, en cuya confección la doctorando como Procuradora General de la República, el propio Director de la Tesis y uno de los miembros del Tribunal, contratados por el gobierno y la Procuraduría habían participado (documento que era público), y que fue rechazado por el pueblo mediante referendo realizado ese año; e igualmente de la defensa y apología de las Leyes del Poder Popular de diciembre de 2010 (que también eran públicas), y que implementaron inconstitucionalmente la reforma constitucional rechazada; nada se mencionaba en la Tesis de lo que podrían haber sido las funciones públicas de la Sra. Gutiérrez, cumplidas con anterioridad a su presentación, ni a proceso alguno de "toma de decisiones y consiguiente secreto requerido en la toma de decisiones" en los cuales hubiese intervenido; y si bien en la Tesis "secreta" hay consideraciones y comentarios sobre los asuntos constitucionales mencionados acaecidos en el país con anterioridad a 2011, como son los comentarios al proceso constituyente en Venezuela de 1999, a la reforma constitucional de 2007 y a su inconstitucional implementación mediante leyes, en su texto no se encuentra atisbo alguno sobre temas que pudieran considerarse confidenciales o secretos en razón de los cargos que su autora ocupó con anterioridad. Ni siquiera en la Tesis "secreta," la autora hace mención alguna a su participación como funcionaria, y de la participación del Director de su Tesis y de uno de los miembros del Tribunal, en los procesos de los cuales hizo apología.

lección Justicia N° 3, Acceso a la Justicia, Academia de Ciencias Políticas y Sociales, Universidad Metropolitana, Editorial Jurídica Venezolana, Caracas 2012, 520 pp.; *El golpe a la democracia dado por la Sala Constitucional (De cómo la Sala Constitucional del Tribunal Supremo de Justicia de Venezuela impuso un gobierno sin legitimidad democrática, revocó mandatos populares de diputada y alcaldes, impidió el derecho a ser electo, restringió el derecho a manifestar, y eliminó el derecho a la participación política, todo en contra de la Constitución),* Colección Estudios Políticos N° 8, Editorial Jurídica venezolana, Caracas 2014, 354 pp.; segunda edición, (Con prólogo de Francisco Fernández Segado), 2015, 426 pp.; *La patología de la Justicia Constitucional,* Tercera edición ampliada, Fundación de Derecho Público, Editorial Jurídica Venezolana, 2014, 666 pp.; *La ruina de la democracia. Algunas consecuencias. Venezuela 2015,* (Prólogo de Asdrúbal Aguiar), Colección Estudios Políticos, N° 12, Editorial Jurídica Venezolana, Caracas 2015, 694 pp.; *La dictadura judicial y la perversión del Estado de derecho. El Juez Constitucional y la destrucción de la democracia en Venezuela* (Prólogo de Santiago Muñoz Machado), Ediciones El Cronista, Fundación Alfonso Martín Escudero, Editorial Iustel, Madrid 2017, 608 pp..; *La consolidación de la tiranía judicial. El Juez Constitucional controlado por el Poder Ejecutivo, asumiendo el poder absoluto,* Colección Estudios Políticos, N° 15, Editorial Jurídica Venezolana International. Caracas / New York, 2017, 238 pp. Para el período 2015-2017, véase: : Carlos M. Ayala Corao y Rafael J. Chavero Gazdik, *El libro negro del TSJ de Venezuela: Del secuestro de la democracia y la usurpación de la soberanía popular a la ruptura del orden constitucional (2015-2017),* Editorial Jurídica Venezolana, Caracas 2017, 394 pp.; *Memorial de agravios 2016 del Poder Judicial. Una recopilación de más de 100 sentencias del TSJ,* 155 pp., investigación preparada por las ONGs: Acceso a la Justicia, Transparencia Venezuela, Sinergia, espacio público, Provea, IPSS, Invesp, en https://www.scribd.com/document/336888955/Memorial-de-Agravios-del-Poder-Judicial-una-recopilacion-de-mas-de-100-sentencias-del-TSJ; y José Vicente Haro, "Las 111 decisiones inconstitucionales del TSJ ilegítimo desde el 6D-2015 contra la Asamblea Nacional, los partidos políticos, la soberanía popular y los DDHH," en *Buscando el Norte,* 10 de julio de 2017, disponible en http://josevicenteharogarcia.blogspot.com/2016/10/las-33-decisiones-del-tsj.html

Lo que sí es cierto, en cambio, es que las consideraciones y análisis constitucionales que la Sra. Gutiérrez hizo en su Tesis "secreta" de noviembre de 2011, en mi criterio, sí sirven para entender, sobre todo a partir de esa fecha, los fundamentos de algunas sentencias que se analizan en este estudio dictadas por la Sala Constitucional del Tribunal, y de las cuales fue corresponsable, mediante las cuales se han aniquilado los principios de la democracia representativa (**Véase Segunda Parte**). Las consideraciones de la Tesis "secreta" también sirven para entender cómo la magistrada Gutiérrez, en otros casos, puede decirse que "lo que hizo con las manos lo destruyó con los pies," es decir, lo que pregonó en su Tesis "secreta" como innovaciones del "nuevo paradigma constitucional," lo destruyó con las sentencias en las cuales participó, como sucedió con las que demolieron todos los principios de la democracia participativa (**Véase Tercera Parte**), y del gobierno representativo, electivo y alternativo (**Véase Cuarta Parte**). Esto también habría ocurrido, si se le da veracidad a lo informado por quien fue Fiscal General de la República entre 2008 y 2017, luego de haber abandonado el país perseguida por sus correligionarios, en el hecho de haber sido copartícipe junto con los altos funcionarios del Estado en el ocultamiento del fallecimiento del Presidente de la República Hugo Chávez que según dicha Fiscal General habría ocurrido en diciembre de 2012 y no en marzo de 2013;[66] y en haber instalado en la Presidencia de la República, como consecuencia de ese ocultamiento, mediante sentencias en cuya emisión participó, a un gobernante no electo popularmente (**Véase Cuarta Parte, I**); sentencias, todas, que se analizan en este estudio, y que contradicen abiertamente lo que la autora de la Tesis "secreta" pregonó en la misma.

Por otra parte, otros de los aspectos que pregonó en su Tesis "secreta" la Sra. Gutiérrez, fueron algunos que pueden servir para encontrar una explicación sobre el por qué el Juez Constitucional se abstuvo de impartir justicia constitucional en muchos casos, cuando fueron impugnadas leyes y actuaciones estatales inconstitucionales, como sucedió con el caso ya mencionado de las acciones de inconstitucionalidad intentadas contra las Leyes Orgánicas del Poder Popular de 2010, cuya defensa asumió en la Tesis, las cuales a la fecha, después de ocho años, ni siquiera han sido admitidas (**Véase Sexta Parte, II**).

Por ello, antes de exponer los aspectos centrales de la Tesis "secreta" de doctorado de la magistrada Gutiérrez, que pude captar con la lectura y estudio de la misma, y las notas manuscritas tomadas, de acuerdo al método de consulta autorizado por la Universidad de Zaragoza, a pesar del breve tiempo dispuesto para ello, antes de referirme siquiera su contenido, a cuyo análisis dedico la última parte de este estudio (**Véase Octava Parte**), paso a resumir el contenido y senti-

---

66   En julio de 2018, quien para el momento en el cual se dictaron las sentencias que se comentan era la Fiscal General de la República, confirmó lo que siempre se sospechó, y es que el Chávez habría fallecido en La Habana en diciembre de 2012, y no en marzo de 2013 cuando se anunció tal hecho. Véase Ludmila Vinogradoff, "La exfiscal Ortega confirma que Chávez murió dos meses antes de la fecha anunciada," en *ABC International*, 16 de julio de 2018, en https://www.abc.es/internacional/abci-confirman-chavez-murio-meses-antes-fecha-anunciada-201807132021_noticia.html. Véase igualmente: Angélica Mora, "Engaño macabro: la muerte de Hugo Chávez," en *Martinoticias.com*, 16 de julio de 2018, en https://www.martinoticias.com/a/enga%C3%B1o-macabro-la-muerte-de-hugo-chavez-/189839.html. El ministro de Energía de entonces, Rafael Ramírez, sin embargo, en agosto de 2018 confirmó la versión oficial de que en Caracas en 2013 "estuvimos trabajando con él [Chávez] cinco horas." Véase en "Entrevista a Rafael Ramírez: "El Madurismo Hizo Un Cerco Alrededor De Chávez," Primera Parte Redacción César Batiz Y Andrea Tosta, en *El Pitazo*, 5 de agosto de 2018, en https://elpitazo.com/reportajes/entrevista-a-rafael-ramirez-el-madurismo-hizo-un-cerco-alrededor-de-chavez-primera-parte/

do de las sentencias del Tribunal Supremo de Justicia, destructivas del Estado democrático de derecho.

Solo así se podrá entender de qué se trataba una Tesis "secreta" sobre un supuesto "nuevo paradigma constitucional latinoamericano," fenómeno que no fue más que un gran fraude constitucional desarrollado de la mano de Hugo Chávez Frías en Venezuela, de Rafael Correa en Ecuador y de Evo Morales en Bolivia,[67] a quienes unos asesores que llegaron del otro lado del Atlántico,[68] los engatusaron, regalándoles los mismos "espejitos" de siempre (los mismos, *mutatis mutandis*, que los españoles llevaron a América hace quinientos años), pero en este caso para convencerlos, primero, de que por la vía de la convocatoria al margen de las Constituciones de "asambleas constituyentes transformadoras, directamente activadas por el pueblo"[69] era más fácil asaltar el poder impunemente - lo que no habían podido hacer mediante un golpe de Estado militar - , destruir el Estado de derecho, la separación de poderes y la democracia representativa que tanto les estorbaba (**Véase Segunda, Cuarta y Quinta Partes**); y segundo que así podían introducir rápidamente los cambios políticos que estimaran necesarios con la engañosa "banderita" de la "participación popular" controlada desde el centro del Poder blandida en nombre de un llamado "Socialismo del Siglo XXI" montado sobre unos Consejos Comunales[70] sin autonomía alguna

---

67   Véase, por ejemplo, lo que expresamos cuando se pretendió aplicar el mismo esquema en Honduras: Allan R. Brewer-Carías, *Reforma Constitucional, Asamblea Constituyente, y control judicial: Honduras (2009), Ecuador (2007) y Venezuela (1999),* Serie Derecho Administrativo Nº 7, Universidad Externado de Colombia, Bogotá 2009, 144 pp.

68   La periodista Maye Primera, en su reportaje "Asesores constituyentes. Juristas y politólogos españoles colaboraron con el Ejecutivo bolivariano de Venezuela," publicado en *El País*, el 17 de junio de 2014, expresaba entre otras cosas que " Los juristas y politólogos españoles que desde hace casi tres lustros han asesorado a las Asambleas Constituyentes y a los Gobiernos de Venezuela, Ecuador y Bolivia son ahora el músculo intelectual de Podemos [...] "en Venezuela, la idea original de llamar a una constituyente para refundar el Estado es de Chávez. Y Viciano [Pastor} y Martínez Dalmau dieron cierto apoyo y mucha asesoría. Llegaron a Caracas en 1999, en pleno debate constituyente y no fueron los ideólogos del proceso, pero sí aportaron muchas ideas que fueron incluidas en la Constitución", afirma a *El País* un abogado venezolano que trabajó con ambos durante la Asamblea Nacional Constituyente. Una vez vencido el mandato constituyente, los catedráticos de la Universidad de Valencia se convirtieron en asesores de la bancada *chavista* que aún domina el poder legislativo venezolano y en 2007, aconsejaron a Hugo Chávez cuando intentó llevar adelante un primer intento de reforma constitucional, que fue negada en un referéndum." Véase en *El País*, el 17 de junio de 2014, en https://elpais.com/politica/2014/06/18/actualidad/1403055722_556213.html. Véase además, el reportaje: "Profesores españoles diseñan en la sombra la Venezuela de Chávez," en *PeriodistaLatino*, 25 de noviembre de 2007, en http://blogs.periodistadigital.com/periodistalatino.php/2007/11/25/profesores-espanoles-disenan-en-la-sombr; y el reportaje de Javier Chicote: "Chávez pagaba 7.000 euros al mes por cada asesor de la fundación CEPS. La ONG de Iglesias, Errejón, Monedero, Bescansa y Alegre gastaba en Caracas el 25 por ciento de los fondos," en *ABC.España,* actualizado 17 de febrero de 2015, disponible en https://www.abc.es/espana/20150217/abci-chavez-dinero-asesor-podemos-201502162145.html

69   Véase por ejemplo, Roberto Viciano Pastor y Rubén Martínez Dalmau, "Los procesos constituyentes latinoamericanos y el nuevo paradigma constitucional," en *Revista del Instituto de Ciencias Jurídicas de Puebla, IUS*, Nº 25, Verano 2010, Puebla, pp. 8-29. Los autores, en su análisis – que la Sra. Gutiérrez en su Tesis de Zaragoza sigue muy de cerca, en muchos casos, casi textualmente - , me ubican en el "sector más conservador de la doctrina," por considerar, como en efecto considero que "las asambleas constituyentes no están legitimadas para actuar contra la Constitución dada, con la que conviven" (Nota 16, p 15). Véase, en todo caso, sobre ello el ultimo de mis trabajos: Allan R. Brewer-Carías, *Usurpación Constituyente 1999, 2017. La historia se repite: unas veces como comedia y otras como tragedia,* Editorial Jurídica Venezolana, Caracas 2018.

70   Véase por ejemplo, Juan Carlos Monedero, "Hacia una filosofía política del socialismo en el Siglo XXI," en *Cuadernos del CENDES,* Nº 68, Año 25, mayo-junio 2008, pp. 71-106; "La reinvención de la Venezuela revolucionaria y los fantasmas del pasado," en *Revista Comuna. Pensamiento Crítico en la Revolución,* núm. 1,

(**Véase Tercera Parte**), demoliendo toda forma de descentralización o distribución territorial del poder (**Véase Sexta Parte**).

De eso se trató el "nuevo constitucionalismo" y el "Estado Comunal" que vendieron en América Latina, que es de lo que trata la Tesis "secreta" de Zaragoza (**Véase Octava Parte**), y que, por supuesto, nada tiene que ver con el contenido de los textos constitucionales sino con la práctica política, basada en la mentira, diseñada para disfrazar regímenes autoritarios de "democracia participativa," todo lo cual en definitiva no pasó de ser pura charlatanería, que causó una debacle en el constitucionalismo de algunos países de América Latina, de la cual ahora solo parece recuperarse Ecuador (2018). En Bolivia a lo que ha conducido es a la instalación de una especie de "nueva monarquía," [71] y en Venezuela, a lo que ha conducido es a la dictadura que padecemos, que incluso pasó de ser una dictadura judicial que comandó el Juez Constitucional,[72] a una dictadura constituyente instaurada a partir de 2017 también avalada por el Juez Constitucional.[73]

Caracas, 2009; y "Socialismo y Consejos Comunales: La Filosofía Política del Socialismo en el Siglo XXI," en *Comuna. Pensamiento Crítico en la Revolución*, N° 4: Del Estado Heredado al Nuevo Estado, primer trimestre de 2011, pp. 97-142 en http://www.juancarlosmonedero.org/wp-content/uploads/2012/12/Socialismo-y-Consejos-Comunales-La-Filosof%C3%ADa-Pol%C3%ADtica-del-Socialismo-en-el-Siglo-XXI.pdf

71   Véase Allan R. Brewer-Carías, "Las nuevas "monarquías hereditarias" latinoamericanas, la democracia como disfraz y la reelección indefinida de los gobernantes. El caso de la sentencia 084 del Tribunal Constitucional Plurinacional de Bolivia de 28 de Noviembre de 2017," 2 diciembre de 2017, en http://allanbrewer-carias.net/site/wp-content/uploads/2017/12/180.-Brewer.doc-Sentencia-No.-84-Bolivia-y-las-nuevas-monarquias.pdf

72   Véase Allan R. Brewer-Carías, *La dictadura judicial y la perversión del Estado de derecho. El Juez Constitucional y la destrucción de la democracia en Venezuela* (Prólogo de Santiago Muñoz Machado), Ediciones El Cronista, Fundación Alfonso Martín Escudero, Editorial Iustel, Madrid 2017, 608 pp.; Carlos M. Ayala Corao a y Rafael J. Chavero Gazdik, *El libro negro del TSJ de Venezuela: Del secuestro de la democracia y la usurpación de la soberanía popular a la ruptura del orden constitucional (2015-2017)*, Editorial Jurídica Venezolana, Caracas 2017, 394 pp.; *Memorial de agravios 2016 del Poder Judicial. Una recopilación de más de 100 sentencias del TSJ,* 155 pp., investigación preparada por las ONGs: Acceso a la Justicia, Transparencia Venezuela, Sinergia, espacio público, Provea, IPSS, Invesp, en https://www.scribd.com/document/336-888955/Memorial-de-Agravios-del-Poder-Judicial-una-recopilacion-de-mas-de-100-sentencias-del-TSJ;   y José Vicente Haro, "Las 111 decisiones inconstitucionales del TSJ ilegítimo desde el 6D-2015 contra la Asamblea Nacional, los partidos políticos, la soberanía popular y los DDHH," en *Buscando el Norte*, 10 de julio de 2017, en http://josevicenteharogarcia.blogspot.com/2016/10/las-33-decisiones-del-tsj.html

73   Véase Allan R. Brewer-Carías, *Usurpación Constituyente 1999, 2017. La historia se repite: unas veces como comedia y otras como tragedia*, Editorial Jurídica Venezolana, Caracas 2018. Cuán equivocado estaba Juan Carlos Monedero cuando al insistir que para implantar el "Socialismo del Siglo XXI," era necesaria "la figura del liderazgo fuerte […] - no a un dictador, ni siquiera amable–," llegó a afirmar con toda ingenuidad que ello era algo "impensable en términos reales gracias a las actuales Constituciones vigentes." Falso. La Constitución de 1999, contenía el germen del autoritarismo como lo denuncié en ese mismo año al propugnar el voto No en el referendo aprobatorio de la Constitución. La realidad demostró, además, que no era cierto lo afirmado por Monedero, en el sentido de que supuestamente "la politización que ha vivido el pueblo venezolano en los últimos diez años permite inferir una evolución claramente democrática que, además, solvente los problemas de participación de las democracias parlamentarias de baja intensidad." Nada de ello se logró, siendo nada más que una ingenuidad afirmar, como también lo hizo Monedero, que Chávez había "optado por crear un partido, no un movimiento que responda a su voluntad," cuando fue todo lo contrario; y que habría "apostado por el socialismo [pero no] por el "chavismo," cuando eso precisamente fue lo que ocurrió. Como el mismo Monedero lo confesó en uno de sus trabajos, efectivamente "la realidad es más compleja que la teoría," habiendo resultado de todo el "experimento" del "Socialismo del siglo XXI" que tanto apoyó, el desarrollo de una dictadura cleptocrática, con un partido oficial que de "socialismo" tiene solo el nombre; o como el propio

Como lo resumió Asdrúbal Aguiar, exjuez de la Corte Interamericana de Derechos Humanos, en un reciente artículo:

"El daño vertebral que el Socialismo del siglo XXI le inflige a la democracia es judicializar la política. La experiencia la inauguran, a mediados del siglo XX, los cubanos. No por azar, todo disidente político es considerado criminal, sometido a la Justicia, llevado a la cárcel sin más.

Alcanzado el siglo XXI, Hugo Chávez, coludido con profesores de Valencia, España, visitantes de la Universidad de La Habana y dentro de cuyo seno surge Podemos, afina la experiencia y la extiende a la Bolivia de Evo Morales y al Ecuador de Rafael Correa, instalando en la región, bajo inspiración del Foro de Sao Paolo, "regímenes de la mentira."

Sobre el pecado original de la Constituyente venezolana de 1999, ésta trastoca sus límites y al efecto remueve, sin fórmula de juicio ni derecho a la defensa, los integrantes del Poder Judicial. Los jueces son transformados en provisorios, para sujetarlos, y a los magistrados de la antigua Corte Suprema de Justicia les cancela sus períodos de elección, los manda a casa, dado que, en lo adelante, nace el actual e inconstitucional Tribunal Supremo de Justicia revolucionario.

Lo que sigue es bochornoso y se olvida. Los jueces provisorios del novísimo TSJ, como jueces en causa propia y en Sala Constitucional, deciden que no están sujetos al cumplimiento de los requisitos de la nueva Constitución para ejercer como tales. Allí se quedan, justamente, para judicializar la política.

Morales y Correa no se quedan atrás con sus Constituyentes, una que escribe el texto fundamental del país dentro de un cuartel y finge debatirla en la sede de la Lotería Nacional, y la otra desde Montecristi; todas subvirtiendo los procesos correspondientes y mirando el objetivo, controlar el poder para siempre.

El denominador común es la forja de amanuenses, de escribidores al servicio de las narco-logias que secuestran a dichos Estados, para que, en función de sus crímenes e ilegalidades desde el poder se encarguen de purificarlos; y, si fuese el caso, interpreten a conveniencia la Constitución para que diga lo que no dice, sin necesidad de enmiendas o reformas.

En el caso venezolano es voluminosa la memoria escrita por Allan R. Brewer Carías.

La mentira constitucional se hace moneda de curso corriente. La describe, premonitoriamente, el maestro italiano fallecido Piero Calamandrei, al dar cuenta del fascismo que lo persigue: "Es algo más complicado y turbio que la ilegalidad: es la simulación de la legalidad, el fraude, legalmente organizado, a la legalidad… La corrupción y degeneración… es el instrumento normal y fisiológico del gobierno [que se funda en la mentira legalizada]."

[…] El engendro de una justicia venal y arrodillada ha hecho posible el absurdo de la muerte de la democracia a fuerza de votos, en América Latina, un contrasentido. Ella desconoce la soberanía popular a conveniencia y afirma como soberanos los atentados a la constitución por los dictadores de nuevo cuño."[74]

Quizás por ello, el profesor Francisco Palacios, Director de la Tesis "secreta" de Zaragoza presentada por la magistrado Gutiérrez, afirmó en una entrevista en mayo de 2016, al referirse a las "nuevas" Constituciones de Venezuela, Ecuador y Bolivia, que:

Monedero lo reconoció, "de un sector cortesano que juega al autoritarismo mientras se enriquece con prácticas corruptas.". Véase en "Hacia una filosofía política del socialismo en el Siglo XXI," en *Cuadernos del CENDES*, N° 68, Año 25, mayo-junio 2008, pp. 84-86.

74   Véase Asdrúbal Aguiar, "La judicialización de la Política, *El Nacional*, 7 de agosto de 2018, en http://www.el-nacional.com/noticias/columnista/judicializacion-politica_246719.

"Nadie podrá negar que estas constituciones son protransparencia, prosociales y procontrol. Otra cosa es la realidad, es decir, que se estén cumpliendo o no."[75]

Y esto último, por lo visto, para un profesor de derecho constitucional parecería que no tiene mayor importancia, sobre todo cuando se está bien lejos de la tragedia causada por el "nuevo constitucionalismo" que propugnó tan vehementemente; y en cambio está sin sobresaltos, salvo los de la conciencia, a orillas del Ebro, en la magnífica y quieta ciudad que alguna vez fue la colonia inmune romana *Caesaraugusta*, fundada en el año 14 a. C. con ocasión de la reorganización de las provincias de *Hispania* por Cesar Augusto, sita en la provincia *Tarraconense*, sobre la antigua ciudad ibérica de *Salduie*. [76]

Allí, ciertamente, que poco importa que las Constituciones allende el mar se estén cumpliendo o no, sobre todo cuando por las informaciones que se pueden leer en los medios, ha habido otros intereses de por medio.[77] Desde allí, además, poco le importará a un profesor en su cómodo cubículo, que por las ejecutorias del Estado fallido que resultó de los despojos de la destrucción del Estado democrático que tanto ayudó a ejecutar junto con sus otros colegas, con la ayuda de doctorandas como la Sra. Gutiérrez Alvarado, basándose en sus teorías "participativas" del "nuevo constitucionalismo" que en triste hora "experimentaron" en Venezuela, se haya producido, como lo calificó el Secretario General de la Organización de Estados Americanos Luis Almagro, "el éxodo más grande que ha existido en la historia del hemisferio occidental."[78] Y no precisamente porque se viva bien en el país.

Pero como dijimos, por lo visto, eso no importa; como tampoco importa que en Venezuela, desde el punto de vista constitucional, como lo observó Piero Calamandrei sobre el régimen fas-

---

75   Véase en Carlos Larroy y Pablo López Hurtado, "El 'brazo judicial' de Maduro se doctoró en tres visitas a Zaragoza. El tribunal que juzgó la tesis de Gladys Gutiérrez, presidenta del Tribunal Supremo de Venezuela, contaba con dos profesores de Podemos. El director de su doctorado defiende que fue un tribunal plural porque también había profesores de derechas," en *El Español*, 29 de mayo de 2016, en https://www.elespanol.com/reportajes/20160528/128237338_0.html

76   La ciudad de Zaragoza es de las que mejor conserva en la Península Ibérica, en su centro histórico, la traza de la retícula del *castro* romano, con su *Decumano* (calles Mayor, Espoz y Mina, y Manifestación), y *Cardo* (calle Don Jaime I). Véase sobre ello: en Allan R. Brewer-Carías, *La Ciudad Ordenada*, Thomson Aranzadi, Navarra, 2008, pp. 57 y 261.

77   Particularmente si el trabajo que se hizo entre 2001 y 2008, a través de la Fundación CEPS (Centro de Estudios Políticos y Sociales), mediante contratos firmados con el Estado venezolano, fue bien remunerado (Véase la información en: https://redestudioscomparadosdfshh.files.wordpress.com/2017/02/cv-francisco-palacios-romeo.pdf), propiciando, además, que a partir de 2008, el propio gobierno de Venezuela continuara financiando directamente a la misma Fundación CEPS (Centro de Estudios Políticos y Sociales) pero para sus actividades en España. Véase el reportaje de Javier Chicote, "Fundación CEPS, El Germen de Podemos. Chávez pagó 7 millones de euros para «crear en España fuerzas políticas bolivarianas». El «comandante» firmó la entrega de fondos a la fundación de Iglesias, Monedero y Errejón para propiciar en nuestro país «cambios políticos afines al Gobierno bolivariano»," en *ABCEspaña*, 17 de abril de 2016, en https://www.abc.es/espana/abci-chavez-pago-7-millones-euros-para-crear-espana-fuerzas-politicas-bolivarianas-201604050224_noticia.html; y el reportaje "Un socio de Iglesias le acusa de fundar Podemos con dinero de Venezuela e Irán. "Creo que los cinco europarlamentarios no serían posibles sin el dinero personal recibido del extranjero por Monedero e Iglesias", ha señalado Enrique Riobóo," en *ElConfidencial*, 13 de noviembre de 2017, en https://www.elconfidencial.com/espana/2017-11-13/un-socio-de-iglesias-le-acusa-de-fundar-podemos-con-dinero-de-venezuela-e-iran_1476597/?utm_campaign=BotoneraWebapp

78   Véase el reportaje: "Almagro: Crisis migratoria venezolana es el éxodo más grande del hemisferio," en *Noticierodigital.com*, Santo Domingo, EFE, 29 de agosto de 2018, en http://www.noticierodigital.com/2018/08/almagro-proxima-semana-se-hara-reunion-abordar-la-crisis-migratoria-sufre-venezuela/

cista – citado por el Asdrúbal Aguiar en su *Liminar* –, lo que se originó fue un *regime della menzogna,* que es "algo más profundo y complicado que una oscura ilegalidad: Fue la simulación de la ilegalidad, el fraude, legalmente organizado, a la legalidad. [Un] gobierno de la indisciplina autoritaria, de la legalidad adulterada, de la ilegalidad legalizada, del fraude constitucional."[79]

Pero, nada de eso importa; sino según las propias palabras del propio Sr. Palacios, lo que importaría fue que colaboraron en "redactar" unas constituciones que supuestamente "son protransparencia, prosociales y procontrol," así todo ello no sea sino una gran mentira.

---

79 Véase Piero Calamandrei, *Il fascismo, come regime della menzogna*, Laterza, 2014. Véase sobre Venezuela, Allan R. Brewer-Carías, *La Mentira como política de Estado. Crónica de una crisis política permanente. Venezuela 1999-2015*, (Prólogo de Manuel Rachadell), Colección Estudios Políticos, No. 10, Editorial Jurídica Venezolana, Caracas, 2015. 478 pp.

SEGUNDA PARTE

LA DEMOLICIÓN DEL PRINCIPIO DEMOCRÁTICO REPRESENTATIVO POR EL JUEZ CONSTITUCIONAL

Si algo caracteriza a la Constitución venezolana de 1999, al menos formalmente, es el haberse configurado en su texto, a un Estado social y democrático de derecho y de justicia, (art. 2) montado sobre principios de democracia representativa y participativa, para garantizar, entre otros elementos, el funcionamiento de un gobierno basado en la elección de representantes, la alternabilidad republicana, la revocatoria de mandatos, y la participación ciudadana en la conducción del Estado (art. 6).

A tal efecto, en cuanto a la elección popular de los representantes, la Constitución organizó los Poderes del Estado conforme al principio de la separación de poderes, dividiendo el Poder Público no solo entre los tres Poderes públicos tradicionales (Ejecutivo, Legislativo y Judicial), sino entre cinco poderes, agregándose a los anteriores al Poder Electoral, con la autoridad electoral, y al Poder Ciudadano, con los órganos constitucionales de control; pero con la característica fundamental de que todos los titulares de todos esos poderes deben ser electos por votación popular, en forma directa o indirecta, conforme a los principios de la democracia representativa. Es decir, conforme a la Constitución, puede decirse que todos los titulares de todos los órganos de los poderes públicos deben ser electos popularmente en forma democrática y participativa.

La diferencia en la elección popular de los titulares de los órganos del Estado está en la forma de la misma, en el sentido de que en algunos casos la elección popular es directa por el pueblo mediante sufragio universal y secreto, es decir, en primer grado, como es el caso de la elección del Presidente de la República (art. 228) y de los diputados a la Asamblea Nacional (art. 186); y en otros casos, la elección popular es indirecta, en segundo grado, mediante elección realizada en nombre del pueblo por sus representantes electos (diputados) que integran la Asamblea Nacional, como es el caso de los Magistrados del Tribunal Supremo de Justicia (art. 264, 265), del Contralor General de la República, del Fiscal General de la República y del Defensor del Pueblo (art. 279), y de los miembros del Consejo Nacional Electoral (art. 296).

Ello implica que en ambos casos, conforme a las previsiones constitucionales, todos los titulares de los órganos de los poderes públicos tienen origen representativo y tienen que ser electos popularmente, sea en forma directa o sea indirectamente, de manera que nadie que no sea electo directamente por el pueblo puede ejercer el cargo de Presidente de la República o de diputado a la Asamblea Nacional; y nadie que no sea electo indirectamente por el pueblo a través de una mayoría calificada de diputados a la Asamblea Nacional, puede ejercer los altos cargos en los Poderes Ciudadano, Electoral y Judicial.

En el segundo caso de elección popular indirecta, por tanto, solo la Asamblea Nacional actuando como cuerpo elector, puede designar a los titulares de los órganos de los Poderes Ciudadano, Electoral y Judicial, y ello exclusivamente por el voto de la mayoría calificada de las 2/3 partes de los diputados.

En Venezuela, sin embargo, todos esos principios fueron sucesivamente demolidos por el Juez Constitucional, a partir del secuestro que se efectuó desde el inicio del Poder Electoral, el cual fue sometido a control perdiendo su autonomía e independencia, y con ello, eliminándose la posibilidad real de que se puedan efectuar elecciones libres y justas en el país (**Véase Quinta Parte, II**), mediante sentencias (en la mayoría de las cuales participó la magistrada Gutiérrez Alvarado) a través de las cuales se distorsionó el principio de la representación proporcional, se afectó el derecho constitucional de los ciudadanos a ser electos, al admitirse inhabilitaciones políticas administrativas, y se le arrebató a una diputada y a unos Alcaldes su derecho a ejercer los cargos para los cuales fueron electos, revocándoseles inconstitucionalmente su mandato.

I. EL FRAUDE A LA REPRESENTACIÓN PROPORCIONAL AVALADO POR EL JUEZ CONSTITUCIONAL QUE DISTORSIONÓ EL DERECHO A ELEGIR REPRESENTANTES (2006)

Entre los primeros atentados contra la democracia representativa perpetrados por el Juez Constitucional, figura el realizado en relación con la elección directa de los representantes para integrar los órganos del Poder Legislativo, que como dice la Constitución, debe realizarse "mediante votaciones libres, universales, directas y secretas" a través de un sistema mixto en el cual se debe garantizar "el principio de la personalización del sufragio y la representación proporcional" (lo que se ratifica en los artículos 186 y 293), lo que debe permitir que un porcentaje de los representantes se elijan en circunscripciones uninominales y otro porcentaje en circunscripciones plurinominales, por listas cerradas y bloqueadas.

A tal efecto, desde la sanción de la Ley Orgánica del Sufragio y Participación Política de 1989 y del Estatuto Electoral del Poder Público de 2000, se había establecido un complejo sistema de escrutinio denominado "sistema nominal, con representación proporcional," sistema "proporcional personalizado" o "sistema de personalización y de representación proporcional" que comenzaba mediante la adjudicación de los puestos electos por representación proporcional en las circunscripciones plurinominales, para posteriormente sustraer de los puestos adjudicados en esa forma a los partidos, los que obtuvieran por mayoría de votos en las circunscripciones uninominales y, en esa forma, poder mantener el grado requerido de proporcionalidad entre los votos obtenidos y los puestos adjudicados. El sistema, por supuesto, opera cuando los candidatos son de un mismo partido postulados para la elección mayoritaria en los circuitos uninominales y para la elección por lista en las circunscripciones plurinominales, por lo que si un partido sólo postulaba para elecciones uninominales o para las elecciones en las circunscripciones por lista, no había deducción alguna que hacer.

Una forma de burlar la Constitución y la Ley y eliminar la proporcionalidad era, por tanto, que unos partidos se pusieran de acuerdo electoralmente, de manera que conforme al mismo objetivo electoral, unos presentasen candidatos solo en las circunscripciones uninominales y otros solo en las circunscripciones plurinominales, de manera que no se tuvieran que producir las sustracciones mencionadas; y esa fue la práctica política para burlar la Constitución que se desarrolló en Venezuela en 2005, aplicada por los partidos que apoyaban al gobierno de Hugo Chávez, denominada como el método de "las morochas."

Dicho mecanismo, que distorsionó fraudulentamente el principio de la representación proporcional, sin embargo, en lugar de haber sido corregido por el Juez Constitucional, fue avalado por la Sala Constitucional del Tribunal Supremo de Justicia, mediante sentencia Nº 74 (Caso: *Acción Democrática vs. Consejo Nacional Electoral y demás autoridades electorales*) de 25 de enero de 2006,[80] en la cual la Sala no sólo permitió la burla del principio constitucional de la representación proporcional, sino que violó el texto Constitucional al abstenerse de impartir la justicia constitucional que le fue requerida y de controlar las actuaciones del Consejo Nacional Electoral.

La Sala Constitucional, simplemente, en la sentencia, "luego de un profundo análisis" consideró que la práctica "al no estar prohibida" en la ley, entonces automáticamente:

"encuadra dentro del orden jurídico; y aun cuando pudiere afirmarse que no toda conducta permitida resulta *per se* ajustada a la Constitución, en el presente caso, tampoco encuentra la Sala afectación alguna al principio de representación proporcional, habida cuenta que el mecanismo de postulación adoptado y bajo el cual se inscribieron los candidatos a diputados para las elecciones del mes de diciembre de 2005 (incluso los del partido político accionante), no proscribe, rechaza, ni niega la representación proporcional."

La Sala Constitucional, además, para abstenerse de ejercer la justicia constitucional al conocer de una acción de amparo que había sido ejercida contra el Consejo Nacional Electoral por violación del derecho constitucional al sufragio, argumentó que supuestamente "el desarrollo de las garantías de la personalización del sufragio y la representación proporcional" debía hacerse, "a través de la reserva legal" y que "la intangibilidad de la técnica de la reserva legal *limita la actuación del Poder Judicial en esta materia*, en acatamiento del principio de la división del poder y la distribución de funciones;" – lo que equivalía al abandono pleno del ejercicio de sus funciones de control - agregando, además, que teniendo el Poder Electoral a su cargo garantizar el derecho al sufragio en la forma prevista en la Constitución, la Sala no podía "inmiscuirse en el ámbito de competencias de los órganos del Poder Público Nacional, determinado mediante la reserva legal." Mayor denegación de justicia constitucional es imposible encontrar, concluyendo la Sala con la afirmación reiterativa de que:

"La cuestión del método matemático para la adjudicación de escaños o curules corresponden fundamentalmente a la competencia exclusiva del Poder Electoral y la regulación de la garantía de la personalización del sufragio y el sistema proporcional corresponden a la Asamblea Nacional, en cuanto técnica de la reserva legal a que alude la propia Constitución en su artículo 63."

Es decir, pura y simplemente, por conveniencia política, la Sala Constitucional, con graves errores jurídicos por ejemplo al referirse a la "reserva legal," incurrió en denegación de justicia supuestamente porque no tenía competencia para controlar la constitucionalidad de los actos de los otros poderes del Estado, particularmente los del Consejo Nacional Electoral, lo que no es otra cosa que la negación misma de la Justicia Constitucional y de los poderes de la Jurisdicción Constitucional.

---

80   Véase en *Revista de Derecho Público*, Nº 105, Editorial Jurídica Venezolana, Caracas 2006, pp. 122-144. Véanse los comentarios a la sentencia en Allan R. Brewer-Carías, "El Juez Constitucional vs. el derecho al sufragio mediante la representación proporcional," en el libro Allan R. Brewer-Carías, *Crónica sobre la "in" justicia constitucional. La Sala Constitucional y el autoritarismo en Venezuela*, Colección Instituto de Derecho Público, Universidad Central de Venezuela, Nº 2. Editorial Jurídica Venezolana, Caracas 2007, pp. 337-348.

Con esta sentencia, la Sala Constitucional violó el derecho constitucional a la representación proporcional en las elecciones de cuerpos representativos o deliberantes, pues como lo afirmó el Magistrado Pedro Rafael Rondón Haaz – cuando todavía había sentencias en el Tribunal Supremo con votos salvados - , al contrario de lo afirmado en la misma:

> [...] "el mecanismo electoral que se denunció en este proceso, y que coloquialmente se conoce como "las morochas", sí es *contrario al principio de representación proporcional, sí es contrario al derecho al sufragio y sí es contrario al derecho a la participación en los asuntos públicos*".

> [...] "se traduce en *un fraude a la Ley y más grave aún, en un fraude a la Constitución*, a través de un evidente *abuso de las formas jurídicas* en pro de conseguir una finalidad distinta a la que las normas constitucional y legal establecieron respecto del método de elecciones mixtas uninominal-lista y a través de un evidente *abuso de derecho* de las organizaciones con fines políticos a postular candidatos."

El tema fue incluso analizado por Dieter Nohlen, apreciado amigo y destacado experto en derecho electoral comparado, advirtiendo que "el efecto anticonstitucional del mecanismo de "las morochas" va mucho más lejos" pues "infringe el principio de la igualdad del sufragio, o sea, uno de los principios fundamentales de la democracia moderna."[81] En definitiva, coincidiendo con el Voto salvado del magistrado Rondón Haaz, puede decirse que es lamentable que en este caso, "la Sala Constitucional, órgano rector de la justicia constitucional en nuestro ordenamiento jurídico, no haya optado por la protección de los derechos fundamentales de toda la colectividad que fueron lesionados, no haya dado justa interpretación a los principios constitucionales que rigen nuestro sistema electoral ni haya encauzado debidamente la relación esencial y recíproca entre la democracia y la Ley."

II. LAS INCONSTITUCIONALES INHABILITACIONES POLÍTICAS AVALADAS POR EL JUEZ CONSTITUCIONAL QUE AFECTARON EL DERECHO POLÍTICO A SER ELECTO (2008, 2011)

La Constitución venezolana de 1999 dispone expresamente que los derechos políticos corresponden a los ciudadanos, es decir, a los venezolanos que no estén sujetos a inhabilitación política ni a interdicción civil, y en las condiciones de edad previstas en Constitución (art. 39), agregando como principio general que su ejercicio "sólo puede ser suspendido por sentencia judicial firme en los casos que determine la ley" (art. 42).[82]

El régimen de los derechos políticos de los ciudadanos, conforme a los artículos 63 y siguientes de la Constitución es una materia de reserva constitucional, en el sentido de que la Constitución es la que puede establecer las restricciones y limitaciones a los mismos, no pudiendo el legislador disponer limitaciones no autorizadas en la Constitución. En consecuencia, aparte de las condiciones de edad, nacionalidad, residencia y de revocación de mandato que la Constitución regula, la misma establece que sólo pueden ser excluidos del ejercicio de los derechos políticos

---

81 Véase Dieter Nohlen y Nicolás Nohlen, "El sistema electoral alemán y el Tribunal Constitucional Federal. La igualdad electoral en debate – con una mirada a Venezuela", en *Revista de Derecho Público*, N° 109, Editorial Jurídica Venezolana, Caracas 2007.

82 Véase en general, nuestra propuesta sobre el régimen de los derechos políticos en el proyecto de Constitución de 1999, "Principios generales sobre derechos políticos" y "Derecho a la participación política," en Allan R. Brewer-Carías, *Debate Constituyente (Aportes a la Asamblea Nacional Constituyente), Tomo II (9 septiembre-17 octubre 1999)*, Fundación de Derecho Público-Editorial Jurídica Venezolana, Caracas 1999, pp. 119-142.

quienes hayan sido declarados entredichos, lo que en Venezuela puede ocurrir conforme a las previsiones de la legislación civil, solo mediante sentencia judicial dictada en un proceso de interdicción civil; así como quienes hayan sido declarados inhabilitados políticamente, lo que en Venezuela puede ocurrir conforme a las previsiones de la legislación penal, solo mediante condena judicial penal que la establezca como pena accesoria a una pena principal (art. 64), y, en general, a quienes hubiesen sido condenados "por delitos cometidos durante el ejercicio de sus funciones y otros que afecten el patrimonio público" (art. 65).

Entre los derechos políticos que garantiza la Constitución, se destaca con preeminencia el derecho de los ciudadanos a ser electos para cargos representativos, que en una sociedad democrática corresponde a todo ciudadano hábil políticamente, es decir, no sujeto a interdicción civil o a inhabilitación política, pudiendo sólo ser excluidos de su ejercicio aquellos que pierden la ciudadanía, lo cual como principio sólo puede ocurrir mediante decisión judicial adoptada por los tribunales de justicia en procesos generalmente penales, en los cuales esté garantizado el debido proceso.

Son incompatibles con una sociedad democrática, por tanto, las inhabilitaciones políticas impuestas a los ciudadanos por autoridades administrativas, es decir, por órganos del Estado que no sean tribunales judiciales y menos aún en procedimientos administrativos en los que no se respeten las debidas garantías del debido proceso. Lo contrario significaría que estaría en manos del gobierno de turno excluir a ciudadanos de su derecho a ser electos para cargos representativos, lesionándose así el desarrollo de una democracia pluralista, pues se podría excluir de su derecho a la participación política, al antojo gubernamental, a los miembros de la oposición democrática.

Y eso fue precisamente lo que ha ocurrido en Venezuela en los últimos lustros, donde una de las armas políticas más arteras utilizadas contra la oposición política democrática por el régimen autoritario instalado en el país en fraude a la Constitución y a la democracia, ha sido recurrir al expediente de la inhabilitación política impuesta mediante decisiones administrativas dictadas por el Contralor General de la República, a líderes de la oposición para excluirlos del ejercicio democrático, y por tanto, de la posibilidad de ser electos para cargos representativos, todo lo cual ha sido lamentablemente avalado por el Juez Constitucional en forma expresa.

Ello es completamente inconstitucional, pues como se ha dicho, el derecho a ser electo en Venezuela es un derecho político que sólo puede restringirse de acuerdo con la Constitución de 1999 mediante sentencia judicial dictada en un proceso penal conforme a las normas del Código Orgánico Procesal Penal, cuando un juez impone a un condenado la pena de inhabilitación política, que es siempre una pena accesoria a la pena principal de prisión o presidio.[83] Por ello es rigurosamente falso lo que afirmó la Sala Constitucional del Tribunal Supremo de Venezuela en sentencia N° 1265 de 5 de agosto de 2008, en el sentido de que el artículo 65 de la Constitución, al disponer que "no podrán optar a cargo alguno de elección popular quienes hayan sido condenados o condenadas por delitos cometidos durante el ejercicio de sus funciones," supuestamente "no excluye la posibilidad de que tal inhabilitación pueda ser establecida, bien por un órgano

---

83   Véase Allan R. Brewer-Carías, "El derecho político de los ciudadanos a ser electos para cargos de representación popular y el alcance de su exclusión judicial en un régimen democrático" (O de cómo la Contraloría General de la República de Venezuela incurre en inconstitucionalidad e inconvencionalidad al imponer sanciones administrativas de inhabilitación política a los ciudadanos), en *Derechos Fundamentales: Libro homenaje a Francisco Cumplido Cereceda*, Asociación Chilena de Derecho Constitucional, Santiago de Chile, 2011..

administrativo *stricto sensu* o por un órgano con autonomía funcional, como es, en este caso, la Contraloría General de la República," agregando además, erradamente, que:

> "la norma, si bien plantea que la prohibición de optar a un cargo público surge como consecuencia de una condena judicial por la comisión de un delito, tampoco impide que tal prohibición pueda tener un origen distinto; la norma sólo plantea una hipótesis, no niega otros supuestos análogos."[84]

Al afirmar esto, la Sala Constitucional olvidó su propia afirmación expresada unos años antes en la sentencia Nº 2444 de 20 de octubre de 2004 (caso: *Tulio Rafael Gudiño Chiraspo*) en el sentido de que:

> "en materia de ejercicio de derechos, en este caso políticos, muy vinculados al carácter participativo del gobierno del Estado venezolano, las excepciones y/o restricciones son de derecho constitucional estricto y nuestra Constitución sólo dispone de dos medios para terminar anticipadamente el mandato o representación (salvo, por supuesto, la muerte o la renuncia). Estos son: el enjuiciamiento por delitos comunes o políticos -artículo 266- y la revocatoria del mandato -artículo 72-, una de las innovaciones de la nueva Carta Magna que confiere, precisamente, el carácter participativo a nuestra democracia."[85]

El mismo razonamiento de derecho constitucional estricto que se aplica a los casos de terminación de mandatos de elección popular, por supuesto se aplica a los casos de inhabilitación para el ejercicio del derecho político a ser electo, de la esencia del régimen democrático.

Ahora bien, en cuanto a las competencias de la Contraloría General de la República, efectivamente la Ley Orgánica de ese organismo (art. 105) le atribuyó directamente al Contralor "de manera exclusiva y excluyente, la potestad de decidir la "destitución" del funcionario responsable y además, de imponerle la sanción de "la inhabilitación para el ejercicio de sunciones públicas" por un tiempo determinado; tratándose como es obvio, de una sanción disciplinaria destinada a ser aplicada a funcionarios de nombramiento o designación, es decir, que ejerzan cargos públicos mediante designación o nombramiento por las autoridades administrativas (no aquellos electos por voto popular).

Por tanto, en Venezuela no hay fundamento constitucional o legal alguno para que se pueda considerar que el ejercicio de un derecho político esencial al principio democrático representativo como es el derecho a ser elegido para cargos de representación popular, pueda ser suspendido por una decisión administrativa de la Contraloría General de la República, que no tiene competencia para imponer la sanción de inhabilitación política. Ésta sólo la pueden imponer los jueces penales competentes, mediante una condena penal resultado de un proceso penal, estando referida la potestad sancionatoria atribuida a la Contraloría General de la República conforme a la Ley Orgánica (art. 105) que rige sus funciones en materia de inhabilitación para ejercer cargos públicos, a aquellos funcionarios públicos de la Administración que pueden ser "destituidos," y que son sólo los que pueden ser designados o nombrados por otras autoridades administrativas, lo que es completamente inaplicable a los funcionarios electos por sufragio universal y secreto como representantes populares.[86]

---

84   Véase en http://www.tsj.gov.ve:80/decisiones/scon/Agosto/1265-050808-05-1853.htm

85   Véase en http://www.tsj.gov.ve/decisiones/scon/Octubre/2444-201004-04-0425%20.htm

86   Véase Allan R. Brewer-Carías, "La incompetencia de la Administración Contralora para dictar actos administrativos de inhabilitación política restrictiva del derecho a ser electo y ocupar cargos públicos (La protección del derecho a ser electo por la Corte Interamericana de Derechos Humanos en 2012, y su violación por la Sala

El tema, por lo demás, fue resuelto al plantearse ante la Comisión Interamericana de Derechos Humanos una denuncia de violación a su derecho político a ser electo por un ex Alcalde (Sr. Leopoldo López) al haberle impuesto la Contraloría General de la República la sanción administrativa de inhabilitación política por 15 años. El denunciante invocó la Convención Americana de Derechos Humanos, la cual también garantiza que dicho derecho solo puede ser restringido por decisión judicial, habiendo concluido el proceso con sentencia de la Corte Interamericana de Derechos Humanos de 1° de septiembre de 2011 (caso *Leopoldo López vs. Estado de Venezuela),* en la cual se condenó al Estado porque conforme a la Convención Americana de Derechos Humanos (art. 32.2), la restricción al derecho pasivo al sufragio (derecho a ser elegido) que se le había impuesto al Sr. Leopoldo López por la Contraloría General de la República de Venezuela mediante una decisión administrativa, no judicial, violaba la Convención. Como lo dijo la Corte Interamericana en su sentencia, una inhabilitación política solo podría tener origen en una "condena, por juez competente, en proceso penal," estimando que en el caso:

"ninguno de esos requisitos se ha cumplido, pues el órgano que impuso dichas sanciones no era un "juez competente", no hubo "condena" y las sanciones no se aplicaron como resultado de un "proceso penal," en el que tendrían que haberse respetado las garantías judiciales consagradas en el artículo 8 de la Convención Americana" (Párr. 107).

La condena contra el Estado venezolano, sin embargo, fue cuestionada por la Procuraduría General de la República, habiendo llegado a presentar ante la Sala Constitucional del Tribunal Supremo de Justicia una bizarra "acción innominada de control de constitucionalidad" contra la sentencia de la Corte Interamericana; acción que insólitamente fue decidida por el Juez Constitucional, con la participación de la magistrada Gutiérrez Alvarado, mediante sentencia N° 1547 de fecha 17 de octubre de 2011 (Caso *Estado Venezolano vs. Corte Interamericana de Derechos Humanos),*[87] declarando simplemente que la sentencia de la Corte Interamericana era inejecutable en Venezuela, ratificando así la violación del derecho constitucional a ser electo del Sr. López.

La Sala Constitucional, en esta forma, con la participación de la magistrada Gutiérrez Alvarado, ratificó en esta sentencia lo que había resuelto unos años antes, a través de la sentencia N° 1.939 de 18 de diciembre de 2008 (Caso *Gustavo Álvarez Arias y otros),*[88] en aquel momento a

Constitucional del Tribunal Supremo al declarar la sentencia de la Corte Interamericana como "inejecutable"), en Alejandro Canónico Sarabia (Coord.), *El Control y la responsabilidad en la Administración Pública, IV Congreso Internacional de Derecho Administrativo, Margarita 2012,* Centro de Adiestramiento Jurídico, Editorial Jurídica Venezolana, Caracas, 2012, pp. 293-371.

87   Véase en http://www.tsj.gov.ve/decisiones/scon/Octubre/1547-171011-2011-11-1130.htmll. Véase sobre la sentencia, Allan R. Brewer-Carías, "El ilegítimo "control de constitucionalidad" de las sentencias de la Corte Interamericana de Derechos Humanos por parte la Sala Constitucional del Tribunal Supremo de Justicia de Venezuela: el caso de la sentencia *Leopoldo López vs. Venezuela, 2011,*" en Libro Homenaje Antonio Torres del Moral: *Constitución y democracia: ayer y hoy. Libro homenaje a Antonio Torres del Moral.* Editorial Universitas, Vol. I, Madrid, 2013, pp. 1.095-1124; en *Anuario Iberoamericano de Justicia Constitucional,* N° 16, Madrid (2012), pp. 355-387; y en la *Revista de Derecho Público,* N° 128 (octubre-diciembre 2011), Editorial Jurídica Venezolana, Caracas 2011, pp. 227-250

88   Véase en http://www.tsj.gov.ve/decisiones/scon/Diciembre/1939-181208-2008-08-1572.html. En sobre la sentencia, véase Allan R. Brewer-Caías, "La interrelación entre los Tribunales Constitucionales de América Latina y la Corte Interamericana de Derechos Humanos, y la cuestión de la inejecutabilidad de sus decisiones en Venezuela," en *Gaceta Constitucional. Análisis multidisciplinario de la jurisprudencia del Tribunal Constitucional,* Gaceta Jurídica, Tomo 16 Año 2009, Lima 2009, pp. 17-48; en *Anuario Iberoamericano de Justicia Constitucional,* Centro de Estudios Políticos y Constitucionales, N° 13, Madrid 2009, pp. 99-136; y en Armin von Bogdandy, Flavia Piovesan y Mariela Morales Antonorzi (Coodinadores), Direitos Humanos,

petición de los abogados subalternos de la misma Sra. Gutiérrez Alvarado cuando era Procuradora General de la República, al declarar inejecutable en Venezuela otra sentencia de la Corte Interamericana de Derechos Humanos, dictada el 5 de agosto de 2008 (Caso: *ex-magistrados de la Corte Primera de lo Contencioso Administrativo, Apitz Barbera y otros vs. Venezuela*),[89] en la cual se condenaba al Estado venezolano por la inconstitucional e inconvencional destitución de los magistrados de la Corte Primera de lo Contencioso Administrativo (**Véase Octava Parte**).

Por último, en cuanto al tema de las decisiones de inhabilitación impuestas por la Contraloría General de la República, debe mencionarse adicionalmente que la Sala Constitucional del Tribunal Supremo, con anterioridad, y en franca violación de la Constitución, ya se había pronunciado en su sentencia Nº 1265 de 5 de agosto de 2008 (caso *Ziomara Del Socorro Lucena Guédez vs. Contralor General de la República*),[90] resolviendo que el artículo 105 de la Ley Orgánica de la Contraloría General de la República no era violatorio de la Constitución ni de la Convención Americana de Derechos Humanos, admitiendo que mediante ley se podían establecer sanciones administrativas de inhabilitación política contra ex funcionarios, impidiéndoles ejercer su derecho político a ser electos, como era el caso de las decisiones dictadas por la Contraloría General de la República.

III. EL ARREBATO POR EL JUEZ CONSTITUCIONAL DEL DERECHO DE LOS REPRESENTANTES ELECTOS A EJERCER SUS FUNCIONES: EL CASO DE UNA DIPUTADA A LA ASAMBLEA NACIONAL (2014)

El principio democrático representativo, por otra parte, impone la necesidad de respetar la voluntad popular de manera que los funcionarios electos puedan ejercer su cargo, no pudiendo ser removidos del mismo salvo por la propia voluntad popular expresada para revocarle el mandato, como se prevé en la Constitución (art. 72), o salvo mediante un juicio penal que se les siga cuya pena implique la inhabilitación política dictada con todas las garantías del debido proceso.

En Venezuela, sin embargo, ha sido el Juez Constitucional el que ha arrebatado a los funcionarios electos no solo su derecho a ser electos, sino además su derecho a ejercer los cargos para los que fueron electos, lo que ha ocurrido respecto de un diputado y unos alcaldes, sin tener competencia constitucional alguna para ello.

En efecto, conforme a lo establecido en la Constitución, los diputados que integran la Asamblea Nacional, quienes son electos por el pueblo mediante sufragio universal directo y secreto conforme a sus artículos 63 y 186 de la Constitución, "son representantes del pueblo y de los Estados en su conjunto, no sujetos a mandatos ni instrucciones, sino sólo a su conciencia" (art. 201), por lo que su voto en la Asamblea "es personal" (art. 201). Dado su origen popular, su mandato sólo puede ser revocado por el mismo pueblo que lo eligió en la "circunscripción" respectiva, como también lo indica el artículo 197 de la Constitución, siguiendo para ello las previsiones del

---

Democracia e Integracao Jurídica na América do Sul, Lumen Juris Editora, Rio de Janeiro 2010, pp. 661-701. Véase la sentencia también en *Revista de Derecho Público*, Nº 116, Editorial Jurídica venezolana, Caracas 2008, pp. 88 ss.; y otros comentarios en Allan R. Brewer-Carías, "El juez constitucional vs. La justicia internacional en materia de derechos humanos," en *Revista de Derecho Público*, Nº 116, (julio-septiembre 2008), Editorial Jurídica Venezolana, Caracas 2008, pp. 249-260;

89 Ver página www.corteidh.or.cr. Excepción Preliminar, Fondo, Reparaciones y Costas, Serie C Nº 182.

90 Véase en http://www.tsj.gov.ve:80/decisiones/scon/Agosto/1265-050808-05-1853.htm

artículo 72 de la misma, donde se regulan los referendos revocatorios de mandatos de elección popular.

Estas disposiciones constitucionales fueron desconocidas por la Sala Constitucional del Tribunal Supremo de Justicia, en sentencia N° 207 de 31 de marzo de 2014[91] dictada con la participación de la magistrada Presidenta Gutiérrez Alvarado, a través de la cual declaró inadmisible una demanda intentada por dos concejales del Municipio Baruta del Estado Miranda (José Alberto Zambrano García y David Ascensión) contra el entonces Presidente de la Asamblea Nacional Sr. Diosdado Cabello, por la usurpación de funciones y vías de hecho en que había incurrido al eliminarle el día 24 de marzo de 2014 sin tener competencia para ello, el carácter de diputado a la diputada María Corina Machado, porque ésta habría acudido en tal carácter de diputada a la reunión del Consejo Permanente de la Organización de Estados Americanos del día 21 de marzo de 2014, a exponer sobre la situación política de Venezuela, como su conciencia le exigía en representación del pueblo que la eligió, siendo para ello acreditada por la representación de Panamá.

En efecto, la Sala, después de desestimar la demanda por considerar que los concejales que la habían intentado carecían de la legitimación o cualidad necesaria para accionar, en lugar archivar el expediente (que era lo que correspondía), "aprovechó la ocasión" para, de oficio, –es decir, sin que nadie se lo pidiera–, "interpretar" el artículo 191 de la Constitución –mal interpretado, por cierto–, y de paso, pronunciarse (pero cuidándose de no "decidir") sobre la pérdida de la investidura de la diputada María Corina Machado, considerando que su mandato popular había quedado revocado "de pleno derecho."

Lo insólito es que la decisión del Juez Constitucional se pronunció en un juicio que había concluido por haberse declarado inadmisible la acción; en un *obiter dictum*, (literalmente: "dicho de paso" o "dicho de pasada,") sin garantía alguna del debido proceso, es decir, sin juicio ni pruebas, y sin siquiera oír a la diputada a quien se le había revocado su mandato para garantizarle su derecho a la defensa.

Como si ello no fuera suficiente, la Sala Constitucional no decidió lo que realmente le habían requerido los concejales demandantes y que era que el Diputado Cabello había incurrido "en usurpación de funciones, la violación del debido proceso y el menoscabo de los derechos políticos de los ciudadanos del Municipio Baruta y de todos los ciudadanos venezolanos," al haber anunciado "el día 24 de marzo al país, que haría cesar en sus funciones a la Diputada María Corina Machado por su participación en la Organización de Estados Americanos, lo cual fue ratificado en el día de ayer 25 de marzo, retirándola de la nómina de parlamentarios." Más bien, al declarar la inadmisibilidad de la acción propuesta, la Sala "decidió" en sentido contrario de lo solicitado, fuera de juicio, y en lugar de declarar que el Presidente de la Asamblea Nacional había incu-

---

91 Véase en http://www.tsj.gov.ve/decisiones/scon/marzo/162546-207-31314-2014-14-0286.HTML Véase además en *Gaceta Oficial* N° 40385 de 2 de abril de 2014. Véanse los comentarios en Allan R. Brewer-Carías, "La revocación del mandato popular de una diputada a la Asamblea Nacional por la Sala Constitucional del Tribunal Supremo de oficio, sin juicio ni proceso alguno (El caso de la Diputada María Corina Machado)," en *Revista de Derecho Público*, N° 137 (Primer Trimestre 2014, Editorial Jurídica Venezolana, Caracas 2014, pp. 165- 189; y en el libro: *El golpe a la democracia dado por la Sala Constitucional, (De cómo la Sala Constitucional del Tribunal Supremo de Justicia de Venezuela impuso un gobierno sin legitimidad democrática, revocó mandatos populares de diputada y alcaldes, impidió el derecho a ser electo, restringió el derecho a manifestar, y eliminó el derecho a la participación política, todo en contra de la Constitución)*, Colección Estudios Políticos N° 8, Editorial Jurídica Venezolana, segunda edición, (Con prólogo de Francisco Fernández Segado), Caracas 2015, pp. 235-275

rrido en arbitrariedad y abuso de poder y proteger al mandato popular de la diputada María Corina Machado, lo que hizo fue avalar lo que aquél había dicho para despojar a la diputada Machado de su curul de parlamentaria, afirmando, cínicamente, que actuaba "como máxima autoridad de la Jurisdicción Constitucional," y que:

> "si bien puede declarar inadmisible una demanda como la planteada en el caso de autos, también puede, para cumplir su función tuitiva y garantista de la Constitución, como norma suprema conforme lo expresa su artículo 7, analizar de oficio la situación de trascendencia nacional planteada, que tal y como se ha indicado, y así fue planteado en el escrito "afecta la institucionalidad democrática."

Lo cierto es que la Sala Constitucional, si bien podría entrar a analizar de oficio una "situación de trascendencia nacional" e interpretar la Constitución en el curso de un juicio, no tenía ni tiene competencia alguna para iniciar de oficio un proceso constitucional de interpretación de la Constitución,[92] fuera de un proceso en curso o que ya ha concluido, con la excusa de analizar una "situación de trascendencia nacional." Los procesos constitucionales sólo pueden iniciarse a petición de parte interesada, como la propia Sala lo tiene establecido, por lo que no fue más que un artilugio o subterfugio, para pretender revestir de "legalidad" su actuación, el que la Sala "aprovechara" el "expediente" de un proceso terminado formalmente (al haberse declarado inadmisible la demanda que había sido intentada), para entonces pasar con la excusa de interpretar el artículo 191 de la Constitución, a avalar la revocatoria del mandato popular a una diputada para lo que no tiene competencia, y menos sin siquiera oír a la interesada.

En realidad, con la sentencia, dictada como lo indicó su texto, como una "interpretación en beneficio de la Constitución" (sin que se sepa en el mundo del control de la constitucionalidad en el derecho comparado, qué puede entenderse por ello (pues no puede haber interpretación válida "en perjuicio" de la Constitución), lo que se puso en evidencia fue que la Sala Constitucional ya tenía instrucciones o sugerencias para confirmar la revocatoria del mandato a la diputada Machado, de inmediato, con o sin proceso, antes del día martes 1° de abril de 2014, para cuando estaba anunciada una movilización en Caracas a los efectos de acompañarla a la Asamblea Nacional a incorporarse en sus sesiones, a los efectos de que para ese momento la diputada Machado ya no fuera "formalmente" diputado. El Presidente de la Asamblea Nacional ya la había despojado de hecho de su mandato popular;[93] mientras que el Presidente de la República la había calificado

---

92   Véase sobre los poderes de actuación de oficio del Tribunal Supremo de Justicia, en Allan R. Brewer-Carías, "Régimen y alcance de la actuación judicial de oficio en materia de justicia constitucional en Venezuela", en *Estudios Constitucionales. Revista Semestral del Centro de Estudios Constitucionales*, Año 4, N° 2, Universidad de Talca, Santiago, Chile 2006, pp. 221-250. Publicado también en *Crónica sobre la "In" Justicia Constitucional. La Sala Constitucional y el autoritarismo en Venezuela*, Colección Instituto de Derecho Público. Universidad Central de Venezuela, N° 2, Editorial Jurídica Venezolana, Caracas 2007, pp. 129-159

93   Como en efecto lo reportó la agencia EFE sobre lo dicho por Cabello: "Caracas. EFE.- El presidente de la Asamblea Nacional (Congreso unicameral) de Venezuela, Diosdado Cabello, informó este lunes que se le retiró la inmunidad parlamentaria a la diputada opositora María Corina Machado y que pedirá que sea juzgada por traición a la patria. Cabello dijo a periodistas que solicitará el Ministerio Público investigar si Machado cometió el delito de traición a la patria, por su participación en una sesión de embajadores de la Organización de Estados Americanos (OEA)." En efecto, el Presidente de la Asamblea Nacional, expresó según fue reseñado por Globovisión: "Cabello explicó que Machado violó el artículo 191 y el 149 de la Carta Magna, este último se refiere a la autorización a funcionarios públicos para aceptar cargos, honores o recompensas de gobiernos extranjeros..", "Hay que sumarle la investigación (el delito de) tradición a la patria", dijo Cabello, / Aclaró que ya no hace falta allanarle la inmunidad parlamentaria a Machado "porque según el artículo 191, según este nombramiento (por parte de Panamá), y según sus actuaciones y acciones la señora Machado dejó de ser diputada"./ El presidente del Parlamento anunció que Machado no tendrá más acceso al Hemiciclo "por

como "ex diputada,"[94] y la propia Presidenta del Tribunal Supremo Sra. Gutiérrez Alvarado la había anunciado formalmente por dónde vendría la actuación de la Sala Constitucional, al declarar en la televisión el domingo 30 de marzo de 2014, que:

"obviamente tiene consecuencias jurídicas" que la parlamentaria María Corina Machado haya "aceptado un destino diplomático en un país extranjero" pero indicó que era necesario esperar el pronunciamiento del Máximo Tribunal sobre ese tema.

Hemos tenido noticia por la prensa en el sentido de que ella en la condición de diputada habría aceptado un destino diplomático en un país extranjero. Obviamente tiene consecuencias jurídicas pero preferimos hacer el estudio, y de manera formal pronunciarnos en el Tribunal Supremo, esto no es una conclusión, es necesario esperar el pronunciamiento del Tribunal Supremo de Justicia."[95]

Las "consecuencias jurídicas," por supuesto ya estaban establecidas, de manera que al día siguiente se publicó la sentencia que comentamos, con ponencia conjunta de todos los magistrados para que no hubiera duda de su colusión, pero no sin antes aclarar la propia Presidenta del Tribunal Supremo, magistrado Gutiérrez Alvarado en el mismo programa de televisión donde ya anunciaba la "justicia" que iba a impartir, que en Venezuela:

"Hoy en día contamos con un Poder Judicial autónomo, independiente, apegado en sus actuaciones a la Constitución y a las leyes de manera irrestricta y haciendo cumplir la voluntad del pueblo; es al pueblo al que nos debemos, estamos allí haciéndole llegar al colectivo la seguridad que cuenta con un Poder Judicial cuyas decisiones dependen solamente del bien común, de lo que les beneficie, por cuanto esa es la misión, ese es el mandato que tenemos constitucional y legalmente."[96]

---

lo menos, en este periodo". "No tienen acceso porque ella ya no es diputada", recalcó." Véase "Cabello: Por el artículo 191 de la Constitución, María Corina machado "dejó de ser diputada", *Globovisión*, 24 de marzo de 2014, en http://globov-ision.com/articulo/junta-directiva-de-la-an-anuncia-rueda-de-prensa

94   Véase lo expresado por Nicolás Maduro: Primero: "El Presidente calificó a María Corina Machado de "exdiputada" y rechazó las intenciones de la parlamentaria de presentarse en la reunión de la Organización de Estados Americanos (OEA) que se realizó este viernes en Washington," en reseña de Alicia de la Rosa, El Universal, 23 de marzo de 2014, en http://www.eluniversal.com/nacional-y-politica/140323/maduro-califico-a-maria-corina-machado-de-exdiputada. Segundo: "Exdiputada", la llamó el presidente Nicolás Maduro el sábado, pero ayer el coordinador de la fracción del PSUV, Pedro Carreño, citó la Constitución para argumentar que Machado estaría fuera del Parlamento. "El Artículo 191 de la Constitución señala: 'Los diputados o diputadas a la AN no podrán aceptar o ejercer cargos públicos sin perder su investidura'. Machado es delegada de Panamá en OEA," en la reseña sobre "Presumen despojo de inmunidad de Machado", *La Verdad*, 24 de marzo de 2014, en http://www.laverdaddemonagas.com/noti-cia.php?ide=25132. Tercero: "Nicolás Maduro, indicó que "la exdiputada María Corina Machado la nombraron embajadora de la Organización de Estados Americanos, de un gobierno extranjero, se convirtió en funcionaria para ir a mal poner a Venezuela, a pedir la intervención", Reseña de M.C. Henríquez, ""Maduro: "La exdiputada de la AN, María Corina Machado fue a mal poner a Venezuela," 22 de marzo de 2014, en http://noti-cias24carabobo.com/actualidad/noticia/38925/maduro-la-exdiputada-de-la-an-maria-corina-machado-fue-a-mal-poner-a-venezuela/

95   Véase la reseña de lo que la magistrada Gutiérrez Alvarado expresó durante el programa José Vicente Hoy, transmitido por Televen, publicado por @*Infocifras*, 31 de marzo de 2014, en http://cifrasonlinecomve.wordpress.com/2014/03/30/presidenta-del-tsj-actuacion-de-machado-tiene-consecuencias-juridicas/

96   Véase la "Nota de Prensa" del Tribunal Supremo de Justicia: "Aseguró la Presidenta del Tribunal Supremo de Justicia: Contamos con un Poder Judicial autónomo, independiente y apegado a la Constitución y las leyes," 30 de marzo de 2014, disponible en http://www.tsj.gov.ve/informacion/notasde-prensa/no-tasdeprensa.asp?codigo=11797. Debe destacarse que la Presidenta del Tribunal, Gladys Gutiérrez, afirmó que el Poder Judicial era una institución que supuestamente tiene la misión de "cumplir la voluntad del pueblo,"

Pero no!! En este caso, como resulta de las propias expresiones públicas de la Presidenta del Tribunal Supremo de Justicia el día antes de tomar la decisión revocándole inconstitucionalmente el mandato a la diputada Machado, en lugar de quedar "patente" que el Tribunal actuaría con independencia (teniendo en cuenta que la independencia judicial es cuando un tribunal actúa sólo sometido a la Constitución y a la ley), lo que quedó "patente" fue lo que la misma funcionaria dijo en el antes indicado programa de televisión, en el sentido de que el Tribunal actuaría:

"dando cumplimiento al principio de colaboración entre los Poderes, abogamos por los fines esenciales del Estado trabajando de manera coordinada, de manera armónica, con los demás Poderes del Estado."[97]

Es decir, había una decisión tomada entre todos los poderes del Estado para actuar de manera coordinada y en colaboración, de manera de arrebatarle en breve tiempo y sin debido proceso, pero con apariencia de legalidad (es decir, con auxilio de una decisión judicial), el mandato popular a una diputada a la Asamblea Nacional (que si es representante del pueblo). Esa era la "consecuencia jurídica" de la aplicación del artículo 191 de la Constitución a las actuaciones de la Diputado Machado, que la Presidenta del Tribunal Supremo Sra. Gutiérrez Alvarado había anunciado, y que operaba –dijo-:

"de pleno derecho, ante la aceptación de una representación alterna de un país, indistintamente a su tiempo de duración, ante un órgano internacional por parte de la ciudadana María Corina Machado, quien estaba desempeñando su cargo de diputada a la Asamblea Nacional, lo cual constituye una actividad incompatible durante la vigencia de su función legislativa en el período para el cual fue electa, pues esa función diplomática no solo va en desmedro de la función legislativa para la cual fue previamente electo o electa, sino en franca contradicción con los deberes como venezolana (artículo 130 constitucional) y como Diputada a la Asamblea Nacional (artículo 201 *eiusdem*)."[98]

Esto, que se anunció en la "Nota de Prensa" del Tribunal Supremo, fue precisamente el texto del párrafo final de la sentencia dictada en el "caso," Nº 207 de 31 de marzo de 2014, la cual, sin duda, quedará en los anales infames de la justicia, o de la "in" justicia en Venezuela.[99]

En todo caso, en cuanto a los Alcaldes demandantes en la acción intentada, hay que imaginarse la tremenda sorpresa que debieron haberse llevado, cuando al ir a clamar justicia ante el máximo Tribunal de la República en defensa de intereses colectivos y difusos como electores, contra la arbitrariedad del Presidente de la Asamblea Nacional y en defensa del mandato popular de la diputada María Corina Machado, electa con abrumadora mayoría en el Municipio Baruta, donde los concejales demandantes actuaban; se encontraron con que ese Tribunal no sólo declaró inadmisible su demanda, sino que con la sentencia dictada produjo el efecto que los demandantes

---

como si se tratase de un órgano electo popularmente, lo cual no es cierto. El Poder Judicial y el Tribunal Supremo imparten justicia, y actúan "en nombre de la República y por autoridad de la ley" como lo expresa el artículo 253 de la Constitución, siendo su misión la de impartir justicia, única y exclusivamente aplicando la Constitución y las leyes de la República.

97 *Idem.*

98 Véase la Nota de Prensa del Tribunal Supremo de Justicia, de 31 de marzo de 2014: "Operó de pleno derecho. Tribunal Supremo de Justicia se pronuncia sobre la pérdida de la Investidura de la diputada María Corina Machado," en http://www.tsj.gov.ve/informacion/notasdeprensa/notasdeprensa.asp?co-digo=11799.

99 Véase los antecedentes en Allan R. Brewer-Carías, *Crónica Sobre La "In" Justicia Constitucional. La Sala Constitucional y el autoritarismo en Venezuela*, Colección Instituto de Derecho Público, Universidad Central de Venezuela, Nº 2 Caracas, 2007. 702 pp.

buscaban evitar, ahorrándole al Presidente de la Asamblea Nacional la necesidad de incurrir en una inconstitucionalidad más, al decidir además, el propio Tribunal, la revocación del mandato de la diputada Machado, con la excusa de que "de pleno derecho," es decir, supuestamente sin que nadie tenga que resolverlo, había perdido su investidura, por haber aceptado que se la acreditara en la OEA, en la representación de Panamá, para hablar como diputada venezolana, sobre la situación política venezolana.

La Sala, para ello, hizo mención al artículo 191 de la misma Constitución que dispone que "los diputados a la Asamblea Nacional no podrán aceptar o ejercer cargos públicos sin perder su investidura, salvo en actividades docentes, académicas, accidentales o asistenciales, siempre que no supongan dedicación exclusiva" y sin más, concluyó que conforme al mismo, "de pleno derecho" la diputada Machado había "perdido su investidura" de diputado. La Sala Constitucional aplicó incorrecta e indebidamente dicha norma al caso de la diputada Machado, pues para que su texto tuviese "consecuencias jurídicas" habría sido necesario que un diputado aceptase o ejerciera "cargos públicos," se entiende, dentro del Estado venezolano,[100] a dedicación exclusiva, y en cualquiera de los órganos de los poderes del Estado.

El sentido de la norma, en el sistema de separación de poderes que regula la Constitución, en particular, en las relaciones entre el Poder Legislativo y el Poder Ejecutivo en el marco del sistema presidencial de gobierno, es evitar que se produzca una *turbatio* de funciones entre ambos poderes del Estado, evitando que los diputados electos a la Asamblea Nacional puedan ser nombrados para desempeñar cargos ejecutivos, que están sometidos al control del Poder Ejecutivo, y que luego de cesar en el ejercicio de éstos, puedan volver a realizar funciones legislativas y de control político desde la Asamblea, precisamente en relación con los órganos del Poder Ejecutivo del cual habrían formado parte.

Como lo decidió la propia Sala Constitucional en la sentencia N° 698 de 29 de abril de 2005, citada en la sentencia que comentamos:

> "un segundo destino público para un Diputado casi de seguro será en una rama distinta del Poder Público, con lo que se generaría una situación que debe siempre ser tratada con cuidado: la posible interferencia –y no colaboración– de una rama en otra. No puede olvidarse que el Poder Legislativo es contralor del Ejecutivo y a su vez controlado, de diferente manera, por el Judicial y por el Ciudadano. Una indefinición de roles pone en riesgo el principio de separación en el ejercicio del poder."[101]

Ese es el sentido y no otro, de la norma del artículo 191, por lo que conforme a ella, por tanto, para preservar la separación de poderes en el régimen presidencial de gobierno, un diputado, primero, no puede aceptar o ejercer un "cargo público" en cualquier otro órgano del Estado, y si lo hace pierde su investidura; segundo, puede ejercer un "cargo público" en actividades docentes, académicas, accidentales o asistenciales, siempre que no supongan dedicación exclusiva, en cuyo caso no pierde su investidura; y tercero, no puede ejercer "cargos públicos" en dichas actividades si ello supone dedicación exclusiva, y si lo hace, pierde su investidura..

---

100   José Ignacio Hernández interpretó con razón, que la referencia a cargo público en el artículo 191 de la Constitución es a "cargo público" como sinónimo de "cargo dentro del Estado". Véase en su trabajo: ¿María Corina Machado dejó de ser diputada?, publicado en *Prodavinci.com*, 24 de marzo de 2014, en http://noticias24carabobo.com/actualidad/noticia/38925/maduro-la-exdiputada-de-la-an-maria-corina-machado-fue-a-mal-poner-a-venezuela/

101   Véase la sentencia en http://www.tsj.gov.ve/decisiones/scon/abril/698-290405-03-1305.HTM

De ello deriva que la aplicación de la norma, es decir, la "consecuencia jurídica" que se deriva de la misma, que es la posible "pérdida de investidura" del diputado, nunca es automática, es decir, no puede operar "de pleno derecho;" y ello, primero, porque si se trata de la aceptación o ejercicio de un "cargo público," no basta ni siquiera con que por ejemplo aparezca publicado el nombramiento en *Gaceta Oficial*, o que el mismo esté plasmado en una comunicación oficial, para que la "consecuencia jurídica" de la norma se produzca, sino que el "cargo público" de que se trate tiene que ser "aceptado" o debe ser "ejercido," y todo ello requiere ser probado. Segundo, porque si se trata del ejercicio de un cargo público en actividades docentes, académicas, accidentales o asistenciales, es necesario determinar si dicho ejercicio del cargo supone o no dedicación exclusiva, lo que de nuevo es casuístico y requiere de prueba.

Sin embargo, ignorando completamente el origen, el sentido, y el mismo texto de la norma que habla de "cargos públicos," y no de "actividades" la Sala Constitucional pasó a interpretarla incurriendo, de entrada, en un error de lectura y apreciación, al referirse a que la salvedad que hace el artículo es respecto de "otras actividades" que puede realizar el diputado "que no generan la pérdida de su investidura, señalando actividades docentes, académicas, accidentales o asistenciales, cuando el desempeño de las mismas no supongan dedicación exclusiva o desmedro de las funciones que ya ejerza." Esa errada interpretación aparentemente inadvertida, fue sin duda deliberada, para terminar "mutando" la Constitución, como ya lo ha hecho en otras ocasiones.[102] En todo caso, dicha interpretación es errada: la norma no establece excepciones respecto de "actividades" que pueden o no ejercerse por los diputados sin perder su investidura.

Esta norma nada tiene que ver con alguna supuesta "ética parlamentaria o legislativa," sino con la preservación de la separación de poderes y persigue evitar que con el vaso comunicante que se pueda establecer con diputados que pasen al Ejecutivo y luego vuelvan a la Asamblea, se pueda empeñar la función de control y balance entre los poderes, es decir, evitar que los diputados pasen a ocupar cargos públicos en el Ejecutivo Nacional, a dedicación exclusiva, y luego pretendan volver a su curul en el parlamento, al cesar en el ejercicio de esos cargos. Si hay algún hecho público y notorio en el caso que fue sometido al Tribunal Supremo al demandarse la conducta de hecho y usurpadora del Presidente de la Asamblea, fue que María Corina Machado como diputada de la Asamblea Nacional, nunca aceptó ni ejerció "cargo público" alguno en el Ejecutivo Nacional, ni en la Administración Pública, ni en general, en ninguno de los otros órganos de los Poderes del Estado, por lo que la norma era completamente inaplicable a la situación generada por el hecho de haber sido acreditada, en su carácter de diputada a la Asamblea Nacional de Venezuela, en forma *ad hoc* y *ad tempore* en la representación de Panamá ante la OEA, para precisamente hablar en tal carácter de diputada a la Asamblea Nacional de Venezuela, sobre la crisis política y sobre la situación en el país.

Como lo expresó el propio Secretario General de la OEA, José Miguel Insulza, "la Diputada María Corina Machado intervino ante el Consejo Permanente de dicha Organización, en calidad de parlamentaria venezolana y que sólo a tal fin, la República de Panamá solicitó su acreditación en calidad de Representante Alterna," ratificando "que es una práctica usual de esta institución aceptar y permitir "la participación y uso de la palabra en sesiones de los órganos políticos de la OEA de representantes que no necesariamente tenían la nacionalidad del Estado miembro al que

---

102   Véase Allan R. Brewer-Carías, "El juez constitucional al servicio del autoritarismo y la ilegítima mutación de la Constitución: el caso de la Sala Constitucional del Tribunal Supremo de Justicia de Venezuela (1999-2009)", en *Revista de Administración Pública*, N° 180, Madrid 2009, pp. 383-418.

representaban", tal y como ocurrió en 2009, cuando la ex canciller hondureña, Patricia Rodas, se dirigió al Consejo Permanente como representante de Venezuela."[103]

Por lo demás, tampoco podía aplicarse al caso lo previsto en el artículo 149 de la Constitución, que dispone que "los funcionarios públicos no podrán aceptar cargos, honores o recompensas de gobiernos extranjeros sin la autorización de la Asamblea Nacional" (no del "Presidente de la Asamblea" como lo interpretó la Sala), pues además de que la norma sólo tiene como propósito regular un mecanismo de control político por parte del órgano representativo nacional en relación con las relaciones o vínculos que existan o se establezcan entre los funcionarios públicos y los gobiernos extranjeros, en la misma no se establece cuál pudiera ser la "consecuencia jurídica" de la aceptación "cargos, honores o recompensas de gobiernos extranjeros" sin haber obtenido autorización de la Asamblea Nacional.[104]

Respecto del caso decidido por el Juez Constitucional, era obvio que la diputada Machado, al haber sido acreditada en la representación de Panamá ante el Consejo Permanente de la OEA fue para hablar como diputada de la Asamblea Nacional de Venezuela y no como "representante" de Panamá, lo que no pudo nunca significar que habría "aceptado" un cargo de un gobierno extranjero, y menos que esa actuación pudiera producir en forma alguna la pérdida de su investidura.[105]

El verdadero propósito de la Sala Constitucional al haber procedido a decidir en la sentencia Nº 270, de oficio, sin proceso, torciendo la interpretación del artículo 191 de la constitución, para revocarle su mandato popular a la diputada María Corina Machado, fue en realidad seguir el lineamiento fijado por los otros Poderes del Estado, atendiendo a la "coordinación, "cooperación" y "colaboración" entre los mismos a lo cual hizo referencia la propia Presidente de la Sala Constitucional magistrada Gutiérrez Alvarado, la víspera de la decisión; y era que:

> "la aceptación de una representación (sea permanente o alterna), indistintamente a su tiempo de duración, ante un órgano internacional por parte de un Diputado o Diputada a la Asamblea Nacional que está desempeñando su cargo durante la vigencia del período para el cual fue electo o electa, constituye una actividad a todas luces incompatible, y no puede considerarse como actividad accidental o asistencial, pues esa función diplomática va en desmedro de la función legislativa para la cual fue previamente electo o electa."

Esta "interpretación," por supuesto, se insiste, es totalmente errada, pues que un diputado venezolano sea acreditado por la representación de un país que lo invite a asistir a una sesión de la OEA en el que se trataría el tema de Venezuela, para que hable en tal carácter de diputado de la Asamblea Nacional venezolana; no es aceptar o ejercer ningún "cargo público" –única posibilidad de que se aplique la incompatibilidad– en los términos de la Constitución. Por el contrario,

103   Véase "Insulza: Machado habló en la OEA en su condición de diputada venezolana," en *El Universal*, 28 de marzo de 2014, en http://www.eluniversal.com/nacional-y-politica/protestas-en-venezuela/140328/insulza-machado-hablo-en-la-oea-en-su-condicion-de-diputada-venezolana

104   La única consecuencia jurídica vinculada a la norma, en todo caso, es la previsión del artículo 142 del Código Penal que sanciona, no sólo a los funcionarios sino en general a cualquier venezolano "que acepte honores, pensiones u otras dádivas de alguna nación que se halle en guerra con Venezuela" en cuyo caso se prevé un castigo de seis a doce años de presidio.

105   Para que pueda aplicarse alguna sanción a un diputado en tal caso, se requeriría de una regulación legal que prevea dicha conducta como delito, en cuyo caso, se le tendría que aplicar la pena que se establezca mediante un proceso penal con las garantías debidas. Véase Claudia Nikken, "Notas sobre el artículo 187.20 de la Constitución," en *Revista de Derecho Público*, Editorial Jurídica Venezolana, Nº 137 (enero-marzo 2014).

tal "actividad" es completamente compatible con las funciones de diputado; es de la esencia de dicha función teniendo en cuenta, como lo dice la Constitución, que los diputados "son representantes del pueblo, no sujetos a mandatos ni instrucciones, sino a su conciencia" (art. 201), por lo que de su actuación sólo tienen que dar cuenta a sus electores (art. 197).

Sin embargo, con base en todas las distorsiones del texto, letra, espíritu y razón de la norma a las cuales hemos hecho referencia, la Sala concluyó con que:

> "Esa es la interpretación que debe dársele al artículo 191 de la Constitución concatenadamente a otras disposiciones como el artículo 149 eiusdem, en aras de preservar la ética como valor superior del ordenamiento jurídico, el respeto a las instituciones del Estado Venezolano y el deber de cumplir de acatar la Constitución, las leyes y las normas del ordenamiento jurídico de la República Bolivariana de Venezuela. Así se declara."

Después de esta "declaración," que no es otra que considerar que el artículo 191 de la Constitución no establece una incompatibilidad de la situación de diputado con el ejercicio o aceptación de un "cargo público," sino que establece otra cosa –que no es la que establece–, como es una supuesta incompatibilidad de la función legislativa con otras "actividades" que la Sala evaluó libremente, pasando entonces la Sala a arrebatarle el mandato popular a la diputada Machado, tal como la Presidenta del Tribunal Supremo magistrada Gutiérrez Alvarado lo había anunciado el día antes de que se dictara la sentencia.[106]

Lo cierto fue que como la decisión de arrebatarle la investidura parlamentaria a la diputada Machado, o sea, su mandato popular, estaba tomada, porque así lo querían todos los órganos de los Poderes del Estado, tal y como todos lo habían manifestado públicamente,[107] la Sala Constitucional concluyó la "causa" que no existía, y que había inventado, de oficio, siendo juez y parte, pero sin que la afectada pudiera participar, alegar o defenderse, afirmando impropiamente que la "aplicación de la consecuencia jurídica prevista en el artículo 191 de la Constitución resultaba ajustada al caso planteado, al operar de pleno derecho." La verdad es que nadie había planteado eso y en el expediente, en realidad, el único "caso planteado" había sido la denuncia de usurpación de funciones formulada mediante una acción de amparo por unos Concejales del Municipio Baruta contra el Presidente de la Asamblea Nacional, que la Sala declaró inadmisible, con lo cual el proceso o "caso" había quedado concluido.

La decisión de la Sala Constitucional de darle efectos "de pleno derecho," es decir, sin formula de juicio, a la consecuencia jurídica del artículo 191, que es la pérdida de la investidura de un diputado por aceptar o ejercer un "cargo público," aplicada a la diputada Machado, violó la misma norma que se quiso aplicar, pues como se dijo anteriormente, nunca dicha norma podría

---

106 Véase la reseña de lo que expresó durante el programa José Vicente Hoy, transmitido por Televen, publicado por @*Infocifras*, 31 de marzo de 2014, en http://cifrasonlinecomve.wordpress.com/-2014/03/30/presidenta-del-tsj-actuacion-de-machado-tiene-consecuencias-juridicas/.

107 Véase "Cabello: Por el artículo 191 de la Constitución, María Corina Machado "dejó de ser diputada", *Globovisión*, 24 de marzo de 2014, en http://globovision.com/articulo/junta-directiva-de-la-an-anuncia-rueda-de-prensa; y "Nicolás Maduro, indicó que "la exdiputada María Corina Machado la nombraron embajadora de la Organización de Estados Americanos, de un gobierno extranjero, se convirtió en funcionaria para ir a mal poner a Venezuela, a pedir la intervención", Reseña de M.C. Henríquez, "Maduro: "La exdiputada de la AN, María Corina Machado fue a mal poner a Venezuela," *Noticias24*, 22 de marzo de 2014, en http://noticias24ca-rabobo.com/actualidad/noticia/38925/maduro-la-exdiputada-de-la-an-maria-corina-machado-fue-a-mal-poner-a-venezuela/.

"operar de pleno derecho," requiriéndose que exista previamente una actividad probatoria en un juicio contradictorio, con partes, y respetándose las garantías judiciales debidas, primero, de la existencia de un "cargo público" determinado; segundo, de que dicho cargo público hubiera sido "aceptado o ejercido" efectivamente por el diputado; y tercero, que el mencionado "cargo público" supusiera "dedicación exclusiva." Sólo probando esos tres supuestos, es que la consecuencia jurídica de la aplicación de la norma podría aplicarse por el juez competente, en un proceso judicial.[108]

La Sala Constitucional no probó nada de eso, y solo afirmó que la Diputado María Corina Machado había aceptado "una representación alterna de un país, [...] ante un órgano internacional," considerando sin fundamentación o prueba alguna, que ello "constituye una actividad a todas luces incompatible durante la vigencia de su función legislativa," calificando falsamente dicha "actividad," es decir, el hecho de que hablara por Venezuela, como diputada venezolana, en una sesión del Consejo permanente de la OEA sobre Venezuela, como una "función diplomática," y estimando de nuevo sin fundamentación ni pruebas, que ello no sólo iba "en desmedro de la función legislativa para la cual fue previamente electa", sino, y es lo grave de la conclusión de la Sala, que su actuación fue "en franca contradicción con los deberes como venezolana (artículo 130 constitucional) y como Diputada a la Asamblea Nacional (artículo 201 *eiusdem*)." Y así de simple, concluyó "Así se declara."

Esta consideración final, además de inconstitucional, fue una infamia imperdonable en la cual incurrieron los magistrados de la Sala Constitucional, contra una diputada que lo que hizo fue cumplir su misión de representar al pueblo, sin sujeción a mandatos ni instrucciones sino conforme a su conciencia, como se lo mandaba precisamente el artículo 201 de la Constitución –y no en contra del mismo como maliciosamente lo indicó la Sala en su sentencia–, y en tal carácter, juzgó conforme su conciencia, que debía hablar ante la OEA como diputada venezolana, sobre Venezuela, en una sesión donde se discutiría la situación política del país.

La Sala Constitucional violó además el principio de separación de poderes al pretender juzgar, "sin juicio," la actuación de una diputada electa en representación del pueblo, y se dio el lujo de concluir una decisión, afirmando –condenándola–, que la Diputada con su actuación había contradicho sus "deberes como venezolana." Éstos deberes están indicados en el artículo 130 de la Constitución, y muy por el contrario, todos fueron cumplidos por ella al acudir ante la OEA: "honrar y defender a la patria, sus símbolos y valores culturales, resguardar y proteger la soberanía, la nacionalidad, la integridad territorial, la autodeterminación y los intereses de la Nación." Paradójicamente, todos esos deberes fueron violados y violentados por los que ejercen el poder en Venezuela bien "coordinadamente," en "cooperación" estrecha, en el marco del régimen autoritario que se ha establecido en los últimos veinte años.[109]

---

108 Véase sobre esto lo expuesto por Carlos J. Sarmiento Sosa, "La investidura parlamentaria y su pérdida," en *El Universal*, Caracas 27 de marzo de 2014, disponible en http://www.eluniversal.com/opi-nion/140327/la-investidura-parlamentaria-y-su-perdida.

109 Véase Allan R. Brewer-Carías, *Authoritarian Government v. The Rule of Law. Lectures and Essays (1999-2014) on the Venezuelan Authoritarian Regime Established in Contempt of the Constitution*, Fundación de Derecho Público, Editorial Jurídica Venezolana, Caracas 2014.

Sobre esta sentencia, propia de lo que en otros tiempos se denominaron los "jueces del horror,"[110] el Editorial de Analítica.com, del 2 de abril de 2014, titulado "El tribunal Supremo del mal," indicó con razón que:

"En la Venezuela actual una sala parecida es la Sala Constitucional del Tribunal Supremo, que se ha caracterizado por ser el instrumento más dócil y más veloz en cumplir los requerimientos del régimen. Una de esas sentencias sumarias fue precisamente la que el Juez Constitucional dictó, entre gallos y medianoche, el lunes 31 de marzo de 2014, mediante la cual, sin un debido proceso, le arrebató de un solo plumazo la inmunidad parlamentaria a la diputada María Corina Machado. Esta acción de la Sala Constitucional entrará en los libros de derecho constitucional como un ejemplo aberrante de extra limitación de atribuciones para cometer una violación contra la letra de la Constitución que prevé taxativamente las únicas causas mediante las cuales se le puede quitar la inmunidad y revocarle el mandato a un diputado que, no olvidemos, es el representante de la voluntad popular."[111]

Sn embargo, luego de esta decisión, y ante la pregunta de si el Tribunal Supremo respondía órdenes del Poder Ejecutivo, la magistrada Gutiérrez Alvarado, declarando como Presidenta del Tribunal Supremo de Justicia, señaló con todo cinismo:

"En el pasado se tomaban decisiones de acuerdo con invitaciones que recibían de otros poderes, hoy en día contamos con un Poder Judicial autónomo, independiente, apegado en sus actuaciones a la Constitución y las leyes de manera irrestricta. Y haciendo cumplir la voluntad del pueblo, es al pueblo al que nos debemos. Estamos haciendo llegar al colectivo la seguridad de que cuenta con un Poder Judicial cuyas decisiones dependen solamente del bien común."

Gutiérrez agregó que toman decisiones conforme a las necesidades del pueblo venezolano y que la tarea del Tribunal Supremo de Justicia es "ponernos a la altura de las transformaciones que ha vivido nuestro país en los últimos tres lustros en dónde se ha avanzado en todos los ámbitos. La justicia no solo es clave jurídica sino clave social, es de todos conocido cómo se ha avanzado en la justicia desde lo social, cuando se atiende la educación, la alimentación, su seguridad, su salud y desde el Poder Judicial vamos acompañando esos esfuerzos (…) cumplimos con el mandato que el pueblo nos asigna."[112]

---

110 La expresión es una derivación del título del libro de Ingo Müller, *Furchtbare Juristen. Die unbewältigte Vergangenheit unserer Justiz*, con traducción de Carlos Armando Figueredo bajo el título: *Los Juristas del Horror. La justicia de Hitler: El pasado que Alemania no puede dejar atrás*, Caracas 2006. El libro, como se nos dice acertadamente en su Prólogo, es una obra: "que todo ser humano debería leer con cuidado y atención, para evitar que la perversión de la justicia se repita. Que nunca más la justicia se politice y se coloque en posición de servilismos frente a un Poder Ejecutivo intransigente y antidemocrático. No hay justificación alguna para que en nombre de una revolución se le haga tanto daño a pueblo alguno." Esos "los juristas del horror, como más recientemente nos lo ha recordado el propio traductor de la obra, "fueron todos aquellos catedráticos del derecho, abogados, jueces, fiscales y filósofos que se prestaron para darle una supuesta armazón jurídica a una de las peores dictaduras que ha conocido la humanidad como fue la de Adolf Hitler." Véase Carlos Armando Figueredo, "Venezuela también tiene sus 'Juristas del Horror,'" en *Analitica.com*, 3 de abril de 2009, en http://www.analitica.com/va/po-litica/opinion/7272707.asp.

111 Véase en http://www.analitica.com/va/editorial/8282103.asp.

112 Véase en "Presidenta del TSJ: actuación de Machado tiene consecuencias jurídicas," en *InfoCifras*, 30 de marzo de 017, en https://infocifras.org/2014/03/30/presidenta-del-tsj-actuacion-de-machado-tiene-consecuencias-juridicas/.

Simplemente, al dar esta declaración, a la magistrada Gutiérrez se le olvidó que conforme al artículo 252 de la Constitución, la justicia solo se puede impartir en nombre de a República y por autoridad de la ley, y no para cumplir supuestos "mandatos del pueblo."

IV. LA ILEGÍTIMA E INCONSTITUCIONAL REVOCACIÓN DEL MANDATO POPULAR DE ALCALDES POR EL JUEZ CONSTITUCIONAL, USURPANDO COMPETENCIAS DE LA JURISDICCIÓN PENAL (2014)

El Juez Constitucional en Venezuela, igualmente con la participación de la magistrada Gutiérrez Alvarado, autora de la Tesis "secreta" de Zaragoza, como Presidenta de la sala Constitucional y del Tribunal Supremo de Justicia, también lesionó el principio democrático, al revocar sin competencia alguna para ello el mandato de Acaldes, utilizando para ello el subterfugio de generar un incumplimiento de mandamientos genéricos de amparo en relación con el cumplimiento de sus funciones municipales.

En efecto, la Ley Orgánica de Amparo sobre Derechos y Garantías Constitucionales de 1988, dispone en su artículo 29, lo que es una característica de toda decisión judicial y es la obligatoriedad de los fallos en materia de amparo, precisando que los jueces que las dicten, deben ordenar "que el mandamiento sea acatado por todas las autoridades de la República, so pena de incurrir en desobediencia a la autoridad" (art. 29). La Ley, sin embargo, en materia de desacato a los mandamientos de amparo, lo único que prevé es un tipo delictivo, disponiendo su artículo 31 que "quien incumpliere el mandamiento de amparo constitucional dictado por el Juez, será castigado con prisión de seis (6) a quince (15) meses." Ello implica que la Ley Orgánica de 1988, como sucede en general en América Latina,[113] no le otorgó al juez de amparo potestad sancionatoria directa alguna frente al desacato respecto de sus decisiones, teniendo el juez de amparo limitada su actuación en los casos de incumplimiento de las sentencias de amparo, a procurar el inicio de un proceso penal ante la jurisdicción penal ordinaria, a cuyo efecto debe poner en conocimiento del asunto al Ministerio Público para que sea éste el que dé inicio al proceso penal correspondiente ante los tribunales de la Jurisdicción Penal, tendiente a comprobar (o no) la existencia del delito y a imponer (de ser el caso) la sanción penal legalmente establecida, a que ya se ha hecho referencia.

Este régimen, sin embargo fue trastocado por la Sala Constitucional del Tribunal Supremo de Justicia, mediante sentencia Nº 138 de 17 de marzo de 2014,[114] dictada durante la presidencia de la magistrada Gutiérrez Alvarado tanto del Tribunal Supremo como de dicha Sala Constitucional.

---

113 Véase lo expuesto en Allan R. Brewer-Carías, *El proceso de amparo en el derecho constitucional comparado de América Latina* (edición mexicana), Colección Biblioteca Porrúa de Derecho Procesal Constitucional, Ed. Porrúa, México, 2016. 226 pp.; (edición peruana), Ed. Gaceta Jurídica, Lima 2016, 230 pp.

114 Véase en http://www.tsj.gov.ve/decisiones/scon/marzo/162025-138-17314-2014-14-0205.HTML. Véanse los comentarios en: Véase Allan R. Brewer-Carías, "La ilegítima e inconstitucional revocación del mandato popular de alcaldes por la Sala Constitucional del Tribunal Supremo, usurpando competencias de la jurisdicción penal, mediante un procedimiento "sumario" de condena y encarcelamiento (el caso de los Alcaldes Vicencio Scarano Spisso y Daniel Ceballo)," en *Revista de Derecho Público* Nº 138, Editorial Jurídica Venezolana, Caracas, 2014, pp. 176 y ss.; .y en el libro: *El golpe a la democracia dado por la Sala Constitucional, (De cómo la Sala Constitucional del Tribunal Supremo de Justicia de Venezuela impuso un gobierno sin legitimidad democrática, revocó mandatos populares de diputada y alcaldes, impidió el derecho a ser electo, restringió el derecho a manifestar, y eliminó el derecho a la participación política, todo en contra de la Constitución)*, segunda edición, (Con prólogo de Francisco Fernández Segado), Caracas 2015, 426-pp. Editorial Jurídica Venezolana, segunda edición, Caracas 2015, pp. 175-234.

En este fallo, usurpando las competencias de la Jurisdicción Penal, el Juez Constitucional se arrogó la potestad sancionatoria penal en materia de desacato a sus decisiones de amparo; y al hacerlo, violó todas las garantías más elementales del debido proceso, entre las cuales están, que nadie puede ser condenado penalmente sino mediante un proceso penal ("instrumento fundamental para la realización de la justicia" - art. 257 de la Constitución -), en el cual deben respetarse el derecho a la defensa, el derecho a la presunción de inocencia, el derecho al juez natural (art. 49 de la Constitución), y la independencia e imparcialidad del juez (arts. 254 y 256 de la Constitución); juez que en ningún caso puede ser juez y parte, es decir, decidir en causa en la cual tiene interés.

En efecto, con ocasión de una acción de amparo interpuesta por un conjunto de asociaciones y cooperativas de comerciantes en representación de "derechos e intereses colectivos o difusos," conjuntamente con una petición de medida cautelar innominada, contra el Alcalde Vicencio Scarano Spisso y el Director de la Policía Municipal Salvatore Lucchese Scaletta del Municipio San Diego del Estado Carabobo,[115] para que removieran supuestas obstrucciones en las vías públicas del Municipio que se habían producido por protestas populares contra las políticas del Gobierno, la Sala Constitucional, mediante sentencia Nº 136 de 12 de marzo de 2014, que les "fue notificada vía telefónica" a dichos funcionarios, acordó el amparo constitucional cautelar solicitado, y en líneas generales ordenó a los Alcaldes, entre múltiples actividades de tipo administrativo que son propias de la autoridad municipal, como son las de velar por la ordenación de la circulación, la protección del ambiente, el saneamiento ambiental, la prevención y control del delito, y en particular que debían realizar acciones y utilizar los recursos materiales y humanos necesarios:

> "a fin de evitar que se coloquen obstáculos en la vía pública que impidan, perjudiquen o alteren el libre tránsito de las personas y vehículos; se proceda a la inmediata remoción de tales obstáculos que hayan sido colocados en esas vías, y se mantengan las rutas y zonas adyacentes a éstas libres de basura, residuos y escombros, así como de cualquier otro elemento que pueda ser utilizado para obstaculizar la vialidad urbana y, en fin, se evite la obstrucción de las vías públicas del referido municipio."[116]

---

115 Una demanda similar se intentó simultáneamente ante la Sala Constitucional por un abogado a título personal contra los Alcaldes de los Municipios Baruta y El Hatillo, originando una medida de amparo cautelar (sentencia Nº 135 de 12 de marzo de 2014, en http://www.tsj.gov.ve/decisiones/scon/mar-zo/161913-135-12314-2014-14-0194.HTML); la cual, a petición del mismo abogado formulada a título personal, originó una decisión judicial de aplicación por efectos extensivos de la anterior medida judicial de amparo cautelar contra los Alcaldes de los Municipios Chacao, Lechería, Maracaibo y San Cristóbal (sentencia 137 de 17 de marzo de 2014 en http://www.tsj.gov.ve/decisiones/scon/mar-zo/162024-137-17314-2014-14-0194.HTML). Ello se anunció en la Nota de Prensa del Tribunal Supremo de Justicia de 24 de marzo de 2014. Véase en http://www.tsj.gov.ve/informa-cion/notasdeprensa/notasde-prensa.asp?codigo=11777. debe destacarse, sin embargo, que en la Nota de Prensa oficial del Tribunal Supremo informando sobre la primera decisión de detención del Alcalde del Municipio San Diego, se afirmó, que "Los alcaldes a quienes se sancionan son de los municipios donde presuntamente se han cometido mayor número de hechos delictivos como homicidios, destrucción de organismos públicos y privados, destrucción del ambiente, incendio de vehículos y cierre de vías, desde que se iniciaron las manifestaciones violentas en el país." Véase en http://www.tsj.gov.ve/informacion/notasde-prensa/notasdeprensa.asp?codigo=11768. Con ello, el Tribunal Supremo expresó claramente el propósito de su sentencia de amparo, que en definitiva no era el de proteger algún derecho ciudadano, sino el de sancionar a los Alcaldes de oposición, precisamente por ser de oposición

116 Contra esta decisión de mandamiento de amparo cautelar el Alcalde del Municipio se opuso a la misma mediante escrito de 18 de marzo de 2014, y al día siguiente, el día 19 de marzo de 2014, la Sala Constitucional con base en el argumento de que en el procedimiento de amparo no debe haber incidencias, declaró como *"Improponible* en derecho la oposición al mandamiento de amparo constitucional cautelar planteada por el

Cinco días después de dictada la referida sentencia acordando la medida de amparo cautelar, la Sala Constitucional, en sentencia N° 138 de 17 de marzo de 2014, sin que nadie se lo solicitara ni advirtiera, es decir, actuando de oficio, y con el propósito de sancionar directamente a los destinatarios de la medida cautelar por presunto desacato a la medida cautelar decretada, procedió a fijar un procedimiento *ad hoc* para ello, a los efectos de determinar "el presunto incumplimiento al mandamiento de amparo," identificando a su vez a la persona que habría incurrido en delito, anunciando además que "en caso de quedar verificado el desacato" (verificación procesal que la propia Sala haría en sustitución del juez penal), contrariamente a lo dispuesto en la Ley Orgánica de Amparo, la misma Sala impondría:

> "la sanción conforme a lo previsto en el artículo 31 de la Ley Orgánica de Amparo sobre Derechos y Garantías Constitucionales y remitirá la decisión para su ejecución a un juez de primera instancia en lo penal en funciones de ejecución del Circuito Judicial Penal correspondiente."

Es decir, la Sala Constitucional resolvió usurpar la competencia de la Jurisdicción Penal y anunció que verificaría la comisión del delito de desacato del mandamiento de amparo, identificando a los autores a quienes les impondría directamente la pena de prisión de seis (6) a quince (15) meses, prevista en el mencionado artículo 31 de la Ley Orgánica. Ni más ni menos, el Juez Constitucional se erigió en el perseguidor de los funcionarios públicos electos, responsables de los gobiernos municipales en los Municipios donde la oposición había tenido un voto mayoritario.

Al incurrir en este abuso de poder y usurpación de competencias exclusivas de los jueces de la Jurisdicción Penal, la Sala Constitucional, por supuesto, violó todos los principios más elementales de la garantía del debido proceso enumerados en el artículo 49 de la Constitución, entre ellos, el derecho de toda persona a ser juzgado a través de un proceso penal desarrollado ante jueces penales, que son el juez natural en la materia; el derecho a la defensa y el derecho a la presunción de inocencia.

En efecto, la Sala comenzó violando el derecho a la defensa y a la presunción de inocencia al fundamentar su decisión en el simple "dicho" de que:

> "por la prensa se ha difundido información de la que pudiera denotarse el presunto incumplimiento del mandato constitucional librado en la sentencia N° 136 de 12 de marzo de 2014, lo cual esta Sala califica como un hecho notorio y comunicacional (vid. Sentencia N° 98 del 15 de marzo de 2000).

Esta supuesta motivación inicial, por supuesto, fue absolutamente violatoria al debido proceso legal, pues implicó que la Sala pasó a tomar una decisión judicial sin desarrollar actividad probatoria alguna, lo que resulta de los siguientes hechos: primero, no indicó qué era lo que "la prensa" supuestamente había "difundido;" segundo, no identificó a qué "prensa" se refería, es decir, cuál o cuáles periódicos o medios de comunicación, y en qué fecha, habrían sido publicados; tercero, no hizo mención a la existencia de una supuesta "noticia" de hechos que hubieran acaecido que habría sido publicada; y cuarto, no precisó por qué, de lo que supuestamente se "difundió" en la "prensa," que no dijo, podía "denotarse el presunto incumplimiento" de un mandato de amparo constitucional.

---

ciudadano Vicencio Scarano Spisso." Véase la sentencia N° 139 de 19 de marzo de 2014 en http://www.tsj.gov.ve/decisiones/scon/marzo/162073-139-19314-2014-14-0205.HTML

Todo ello pone en evidencia, no sólo la violación del debido proceso legal, por violación al derecho a la defensa, sino además, el grave vicio de inmotivación de la sentencia, que la hace nula en los términos del Código de Procedimiento Civil.

Pero, además, por el hecho de calificar un "dicho" como "hecho notorio y comunicacional" en ese caso, lo que pretendió la Sala Constitucional fue dar por probados unos inexistentes "hechos" publicitados que no mencionó, pretendiendo invertir la carga de la prueba y violando con ello la presunción de inocencia al compelir a los Alcaldes que "probaran" lo contrario a algo que ni siquiera se decía que era. En el caso de la sentencia Nº 136 de 12 de marzo de 2014, la "calificación" como un "hecho notorio y comunicacional" al dicho de que "por la prensa se ha difundido información de la que pudiera denotarse el presunto incumplimiento del mandato constitucional" equivale a considerar como un "hecho," a nada, y de la nada, como una grotesca burla al derecho y a la propia doctrina sobre el "hecho notorio público y comunicacional" contenida en la sentencia citada Nº 98 del 15 de marzo de 2000 de la misma Sala. [117]

La consecuencia directa de la declaratoria de la Sala fue dar por probado, no un "hecho," sino un "dicho" y, por tanto, que los Alcaldes supuestamente debían entonces tratar de "desvirtuar" el "dicho" ya que no había ningún "hecho," todo lo cual significó una grave violación al derecho a la defensa, pues equivalió a compelir a alguien a "defenderse" de un "hecho" que ni siquiera se identificó.

Después del desaguisado cometido, la Sala Constitucional ,bajo la presidencia de la magistrado Gutiérrez Alvarado, pasó a constatar que en la Ley Orgánica de Amparo de 1988 no estaba contemplado "procedimiento alguno para la valoración preliminar del posible incumplimiento de un mandamiento de amparo a efectos de su remisión al órgano competente," por lo que convocó al Alcalde y al Director General de la Policía Municipal del Municipio San Diego del Estado Carabobo, a una audiencia pública a realizarse dentro de las 96 horas siguientes (20 de mayo de 2014), para que expusieran "los argumentos que a bien tuvieren en su defensa," pero sin indicarles de qué es que tenían que defenderse, o cuáles eran los "hechos" que tenían que desvirtuar, violando de nuevo el derecho a la defensa de los Alcaldes notificados, y lo más grave, afirmando que conforme al artículo 23 de la Ley Orgánica, la falta de comparecencia de los citados "funcionarios municipales a la audiencia pública se tendría como aceptación de los hechos." Se insiste, no se indicó cuáles eran los supuestos hechos que se les "imputaban," que debían supuestamente contradecir, y respecto de los cuales debían "defenderse," de manera que si no acudían a la audiencia se daban por aceptados por ellos.

Mayor arbitrariedad, realmente, es imposible encontrar en una sentencia: que se ordene citar a alguien para que bajo la presunción de certeza de un "dicho", que se califica como "hecho notorio y comunicacional" y que por tanto no requiere prueba, comparezca ante el tribunal a defenderse y desvirtuar el supuesto "hecho", pero sin saber exactamente de qué deben defenderse, y

---

117   Sobre el tema véase Allan R. Brewer-Carías, "Sobre el tema del "hecho notorio" me he referido al comentar la doctrina jurisprudencial en la materia sentada por el Tribunal Supremo de Justicia de Venezuela, en los trabajos: "Consideraciones sobre el 'hecho comunicacional' como especie del 'hecho notorio' en la doctrina de la Sala Constitucional del Tribunal Supremo," en *Revista de Derecho Público*, Nº 101, enero-marzo 2005, Editorial Jurídica Venezolana, Caracas 2005, pp. 225-232; y "Sobre el llamado 'hecho comunicacional' como fundamento de una acusación penal", en *Temas de Derecho Penal Económico, Homenaje a Alberto Arteaga Sánchez* (Compiladora Carmen Luisa Borges Vegas), Fondo Editorial AVDT, Obras colectivas OC Nº 2, Caracas 2007, pp. 787-816.

todo bajo la amenaza de que si no comparece, se debe tener como que acepta los "hechos" que no conoce.

Por lo demás, la Ley Orgánica de Amparo (art. 31) solo establece un tipo delictivo en relación con el incumplimiento de un mandamiento de amparo constitucional dictado por el Juez, previendo en tal caso una sanción de prisión de seis (6) a quince (15) meses, correspondiendo su determinación exclusivamente a la Jurisdicción penal. Le está vedado al juez de amparo siquiera apreciar y hacer una calificación del delito al remitir los autos al juez penal; todo lo cual había sido establecido con criterio invariable de la propia Sala Constitucional del Tribunal Supremo de Justicia.[118] En este caso, sin embargo, fue la Sala Constitucional la que asumió inconstitucionalmente la competencia de la Jurisdicción Penal para, actuando como juez y parte, resolver sobre el desacato, violando las garantías de la presunción de inocencia, al juez natural y a la doble instancia.[119]

Todo, por supuesto, estaba preparado y preestablecido, para desarrollar, violando la más elemental de las garantías al derecho proceso, un proceso sumario, teniendo la Sala como único objetivo, el encarcelar rápidamente a quienes "incumplieran" sus propias decisiones, sin prueba alguna del supuesto incumplimiento, invirtiendo la carga de la prueba y la presunción de inocencia, e incluso, con la posibilidad de condenar en ausencia, al "presumir" la culpabilidad del supuestamente "imputado" cuando no compareciera a una audiencia fijada.

Mayor aberración jurídica que la antes reseñada es inconcebible, y más aún, proviniendo del Juez Constitucional el cual debería ser el garante de la supremacía e integridad de la Constitución.

Con ella, además, se abrió la puerta a la criminalización del ejercicio de la función administrativa al permitirse que cualquiera pueda acudir ante la Sala Constitucional y demandar a un fun-

---

118   Véase sentencia de 31 de mayo de 2001 (Caso: *Aracelis del Valle Urdaneta*), citada en sentencia N° 74 de enero de 2003, en http://www.tsj.gov.ve/deci-siones/scon/enero/74-240102-01-0934.HTM. Véase Sentencia N° 74 del 24 de enero de 2002. Véase en http://www.tsj.gov.ve/decisiones/scon/enero/74-240102-01-0934.HTM. Véase la reseña sobre las sentencias en Juan Francisco Alonso, "Con caso Scarano TSJ echó a la basura 12 años de jurisprudencia. Juristas alertan que Sala Constitucional no puede condenar a nadie", en *El Universal,* viernes 21 de marzo de 2014 12:00 AM, en http://www.eluniversal.com/nacional-y-politica/140321/con-caso-scarano-tsj-echo-a-la-basura-12-anos-de-jurisprudencia

119   La Sala Constitucional incluso, en la sentencia N° 138 de 17 de marzo de 2014, decidió que "en caso de quedar verificado el desacato, impondrá la sanción conforme a lo previsto en el artículo 31 de la Ley Orgánica de Amparo sobre Derechos y Garantías Constitucionales y remitirá la decisión para su ejecución a un juez de primera instancia en lo penal en funciones de ejecución del Circuito Judicial Penal correspondiente.. Por ello, con razón, Juan Manuel Raffalli consideró que "este 'precedente' no solo supone el fin de un criterio reiterado sino que representa "una violación a la doble instancia, porque si el TSJ ya tomó una decisión ante quién puede apelar el Alcalde". Véase en Juan Francisco Alonso, "Con caso Scarano TSJ echó a la basura 12 años de jurisprudencia. Juristas alertan que Sala Constitucional no puede condenar a nadie", en *El Universal,* viernes 21 de marzo de 2014 12:00 AM, en http://www.eluniversal.com/nacional-y-politica/140321/con-caso-scarano-tsj-echo-a-la-basura-12-anos-de-jurisprudencia. Por todo ello, también con razón, el profesor Alberto Arteaga explicó que lo decidido "no tiene precedentes en el país. Es tan absurdo como una condena a pena de muerte. Si lo hizo la sala Constitucional, cuyas sentencias tienen carácter vinculante, cualquier tribunal que conozca de un procedimiento de amparo puede hacer lo mismo. Si damos por buena esta decisión cualquier alcalde puede ser destituido sin formula de juicio, como ocurrió con Scarano." Véase Edgard López, "Cualquier alcalde puede ser destituido como Scarano. Los penalistas Alberto Arteaga y José Luis Tamayo consideran que la Sala Constitucional violó la carta magna," en *El Nacional,* Caracas 21 de marzo de 2014, 12.01am, en http://www.el-nacional.com/poli-tica/Cualquier-alcalde-puede-destituido-Scarano_0_376162596.html

cionario administrativo basado en la protección de "derechos e intereses colectivos o difusos" para que ejerza sus funciones propias como lo pautan las leyes, provocándose con ello que el Juez Constitucional, inventando un desacato y mediante un procedimiento breve y sumario, invierta la carga de la prueba, para rápidamente sancionar por desacato y encarcelar a cualquier funcionario por el mal ejercicio de sus funciones. Y si se trata de un funcionario electo, como fue el caso de los alcaldes, la Sala, sin ser juez penal, llegó a declarar la inhabilitación política del funcionario, al encarcelarlo y separarlo de su cargo, es decir, revocarle en definitiva su mandato, violando el principio democrático representativo.

Y eso fue lo que ocurrió, como estaba anunciado, en el caso del Alcalde y del Director de la Policía Municipal del Municipio San Diego, luego de efectuada la audiencia que la sentencia N° 138 de la Sala Constitucional había inconstitucionalmente fijado para el día 19 de marzo de 2014. La misma, en efecto, se realizó ante la Sala Constitucional presidida por la magistrada Gutiérrez Alvarado, con una duración de más de ocho horas, y al final de la noche del mismo día 19 de marzo de 2014, según se informó oficialmente en la Nota de Prensa difundida por el Tribunal Supremo,[120] como había sido anunciado, la Sala Constitucional sancionó al Alcalde Vicencio Scarano Spisso y al Director de la Policía Municipal Salvatore Lucchese Scaletta, a cumplir diez meses y quince días de prisión, más las accesorias de Ley. Como si eso no hubiera sido suficiente, no sólo le impuso al Alcalde la "pena" accesoria de separarlo del ejercicio de su cargo por ese tiempo, sino más grave, de "cesarlo" definitivamente "en el ejercicio de sus funciones en el cargo de Alcalde del municipio San Diego del estado Carabobo," sin que existiera ley alguna que autorizara a la Sala Constitucional a "revocarle" el mandato a un Acalde como funcionario electo popularmente.

Esta decisión, por supuesto fue violatoria del principio establecido en el artículo 23.1 de la Convención Americana de Derechos Humanos (que conforme al artículo 23 de la Constitución tiene jerarquía constitucional en el país, a pesar de que -violando la propia Constitución-, el gobierno hubiera denunciado la Convención en 2013), que garantiza que toda restricción al ejercicio de derechos políticos debe estar basada en una "condena, por juez competente, en proceso penal." Pues lo que ocurrió en este caso fue que la Sala Constitucional usurpó las potestades de la Jurisdicción penal ordinaria, y procedió ella misma, directamente, a condenar penalmente a unos funcionarios, aun cuando sin seguir proceso penal alguno, a una pena de prisión; la pena accesoria que podía dictar sólo podía ser la "inhabilitación política" establecida en el artículo 24 del Código Penal, que establece que la misma "no podrá imponerse como pena principal, sino como accesoria a las de presidio o prisión y produce como efecto la privación de los cargos o empleos públicos o políticos que tengan el penado y la incapacidad, durante la condena, para obtener otros y para el goce del derecho activo y pasivo del sufragio."

Pero no. En este caso, la Sala ni siquiera aplicó esta pena accesoria de suspensión del ejercicio de sus funciones durante la condena (10 meses), sino que procedió a despojar al funcionario electo de su cargo, el cual, como consecuencia de la cesación decidida, no podía volver a ejercerlo. Ello por supuesto fue inconstitucional, pues la Sala Constitucional no tiene competencia para declarar la "falta absoluta" del Alcalde, es decir, revocarle en este caso su mandato.[121] Ello inclu-

---

120   Véase en http://www.tsj.gov.ve/informacion/notasdeprensa/notasdepren-sa.asp?codigo=11771.

121   Sobre esto, José Ignacio Hernández ha señalado con razón, que "al margen de las irregularidades del proceso que condujo a la detención del Alcalde Scarano, lo cierto es que él sigue siendo Alcalde, pues el mandato popular no se extingue por la sola detención judicial. Tanto más, acoto, cuando esa detención fue producto de un proceso violatorio derechos fundamentales. Al pretender convocar a elecciones en el Municipio San Diego, se

so llevó perentoriamente al Consejo Nacional Electoral a organizar a la carrera una elección municipal para elegir el nuevo alcalde,[122] en violación, por lo demás, de lo establecido en el artículo 87 de la ley Orgánica del Poder Público Municipal de 2010 que establece expresamente que "cuando la falta del alcalde se deba a detención judicial, la suplencia la ejercerá el funcionario designado por el Concejo Municipal, dentro del alto nivel de dirección ejecutiva," agregando que es el Consejo Municipal el que puede decidir convertir la falta temporal en absoluta cuando la "falta temporal se prolonga por más de noventa días consecutivos."[123]

Sobre esta masiva violación de los derechos civiles políticos del Alcalde revocado y encarcelado, la Defensora del Pueblo se limitó a afirmar que "Es imposible que con la presencia de todos los poderes públicos (en la audiencia contra Scarano) se cometa una ilegalidad;"[124] lo que equivale a decir que en un régimen autoritario las violaciones al ordenamiento jurídico son "legales" cuando se cometen – como en Venezuela – por todos los órganos del Estado.[125]

En todo caso, con el Tribunal Supremo y la Defensora del Pueblo como instrumentos para someter y encarcelar los alcaldes de oposición, el Presidente de la República (N. Maduro) al día siguiente de la sentencia del Juez Constitucional, y antes de que su texto se hubiese publicado, el día 20 de marzo de 2014 ya había comenzado a amenazar directamente a los demás Alcaldes, de

---

está violando, por ello, el mandato popular, al crearse una ausencia absoluta que no está indicada expresamente. Ni el TSJ ni el CNE pueden crear nuevas causales de ausencia absoluta distintas a las establecidas en la Ley, pues ello implicaría desconocer, ilegítimamente, ese mandato popular. Eso es lo que está sucediendo, precisamente, con el Alcalde Scarano." Véase en José Ignacio Hernández, "¿Es constitucional que el CNE convoque elecciones en el Municipio San Diego?, en *Prodavinci,* 20 de marzo de 2014, en http://prodavinci.com/blogs/es-constitucional-que-el-cne-convoque-elecciones-en-el-municipio-san-diego-jose-ignacio-hernandez/.

122 Véase en Eugenio Martínez, "CNE prepara comicios para elegir sustituto en San Diego," en El Universal, 21 de marzo de 2014, Como lo escribió el periodista en la reseña de la rueda de prensa que se hizo sin preguntas: "La ausencia de preguntas no permitió aclarar interrogantes técnicas y legales sobre este proceso [...] Desde la perspectiva legal no fue posible precisar por qué el CNE admite la ausencia absoluta de Scarano cuando esta no fue dictada por un juez penal o por qué se avala la inhabilitación política del alcalde a través de un procedimiento especial no previsto taxativamente en las leyes." Véase en http://www.eluniversal.com/nacional-y-politica/140321/cne-prepara-comicios-para-elegir-sustituto-en-san-diego

123 Véase la Ley Orgánica del Poder Público Municipal en *Gaceta Oficial* N° 6.015 Extra. del 28 de diciembre de 2010

124 "La defensora del Pueblo, Gabriela Ramírez, le salió al paso a las críticas que desde distintos sectores se le han formulado al procedimiento realizado por la Sala Constitucional contra Scarano y defendió su legalidad," limitándose dicha funcionara a decir que "Es imposible que con la presencia de todos los poderes públicos se cometa una ilegalidad", afirmó, al tiempo que aseguró que el hoy exalcalde tuvo la oportunidad de defenderse de los señalamientos en una "audiencia muy larga". Véase en Juan Francisco Alonso, "Con caso Scarano TSJ echó a la basura 12 años de jurisprudencia. Juristas alertan que Sala Constitucional no puede condenar a nadie", en El Universal viernes 21 de marzo de 2014 12:00 AM, en http://www.eluniversal.com/nacional-y-politica/140321/con-caso-scarano-tsj-echo-a-la-basura-12-anos-de-jurisprudencia

125 Era como para recordarle a la defensora del Pueblo lo que el político español Iñaki Ianasagasti, destacaba en su comentario a la traducción del profesor Carlos Armando Figueredo del libro de Ingo Müller, Los Juristas del Horror, (1987) sobre el comportamiento de los jueces durante el nazismo en Alemania, en el sentido de que "la terrible conclusión que saca del libro es que los atropellos, las prisiones, las torturas y aún el exterminio en masa se hicieron de manera legal y apegada a la norma."

que usaría al Tribunal Supremo para eliminarlos,[126] y lo mismo hizo dos días más tarde el Gobernador del Estado Barinas en relación con Alcaldes de esa entidad.[127]

Las amenazas se comenzaron a concretar de inmediato, y así, la Sala Constitucional del Tribunal Supremo de Justicia presidida por la magistrado Gutiérrez Alvarado, muy obediente y diligentemente, mediante sentencia N° 150 de ese mismo día 20 de marzo de 2014, con base en las mismas solicitudes de "demandas de protección por intereses colectivos o difusos," y en vista de la extensión de la medida cautelar de amparo dictada por la sentencia N° 135 de 12 de marzo de 2014 respecto del Alcalde del Municipio San Cristóbal del Estado Táchira, Sr. Daniel Ceballos, resolvió mediante sentencia N° 137 de 17 de marzo de 2014, con la misma motivación de que "por la prensa se ha difundido información de la que pudiera denotarse el presunto incumplimiento del mandato de amparo constitucional" mencionado, lo cual la Sala igualmente lo calificó "como un hecho notorio y comunicacional," convocar a dicho Alcalde, a quien además se había detenido acusado de rebelión,[128] a que concurriera a la misma y famosa "audiencia oral" preconstituida[129] para en todo caso considerarlo culpable de desacato, condenarlo sin juicio penal en violación de todas las garantías del debido proceso, encarcelarlo y revocarle inconstitucionalmente su mandato popular. La audiencia tuvo lugar el 25 de marzo de 2014, y en ella, como lo anunció la Nota de Prensa del Tribunal Supremo, "se sancionó a Daniel Ceballos a cumplir 12 meses de prisión," decidiéndose además que "cesa en el ejercicio del cargo de alcalde del municipio San Cristóbal del Estado Táchira."[130]

---

126 El día 20 de marzo de 2014, a las pocas horas de haber la Sala Constitucional dictado su decisión encarcelando al Alcalde del Municipio San Diego del Estrado Carabobo, Nicolás Maduro como Presidente de la República, refiriéndose al Alcalde del Municipio Chacao del Estado Miranda, le dijo: "Ramón Muchacho póngase las pilas, porque si el Tribunal Supremo de Justicia (TSJ) toma acciones con estas pruebas, usted se va de esa alcaldía ¿oyó? llamaríamos a elecciones, para que el pueblo de Chacao tenga un alcalde o una alcaldesa que de verdad lo represente"[…] Alertó que los manifestantes pueden protestar "todos los días que quieran, pero no pueden trancar las vías. En lo que lo hagan, entraremos y formará parte del expediente de desacato de Ramón Muchacho. Mírese en el espejo". Véase en "Maduro amenaza con elecciones en el municipio Chacao", en *El Universal*, jueves 20 de marzo de 2014 05:53 PM, en http://www.eluniversal.com/nacional-y-politica/140320/maduro-amenaza-con-elecciones-en-el-municipio-chacao

127 Véase en Walter Obregón, "Adán Chávez amenazó con poner presos a dos alcaldes de Barinas. En un acto, el gobernador de Barinas advirtió al alcalde José Luis Machín (Barinas) y Ronald Aguilar (Sucre) que "podrían acabar como Scarano y Ceballos," en *El Universal*, viernes 21 de marzo de 2014 12:31 pm, en http://www.eluniversal.com/nacional-y-politica/protestas-en-venezuela/140321/adan-chavez-amenazo-con-poner-presos-a-dos-alcaldes-de-barinas

128 El día 19 de marzo de 2013 oficialmente se informó de la detención del Alcalde Daniel Ceballos por parte del Servicio Bolivariano de Inteligencia (Sebin) por supuesta decisión del Tribunal 1ro de Control de Táchira, el cual había ordenado su captura para juzgarlo por rebelión civil, en la cárcel militar de Ramo Verde (Caracas). Véase en http://www.vtv.gob.ve/ar-ticulos/2014/03/19/detenido-alcalde-de-san-cristobal-daniel-ceballos-por-rebelion-civil-y-agavillamiento-2064.html y en http://www.el-na-cional.com/politica/Detenidos-Sebin-Daniel-Ceballos-Scarano_0_376162385.html. El 22 de marzo, incluso, se anunciaba en los medios que sería presentado ante dicho juez penal de San Cristóbal

129 Véase en http://www.tsj.gov.ve/decisiones/scon/marzo/162286-150-20314-2014-14-0194.HTML

130 Véase en http://www.tsj.gov.ve/informacion/notasdeprensa/notasde-prensa.asp?codigo=11784. En la Nota de Prensa se informa que se habría dado "estricto cumplimiento al debido proceso" por el hecho de que se oyó al encausado y a la Asociación Civil que accionó contra él. Se le olvidó a la Sala Constitucional que conforme al artículo 49 de la Constitución, el debido proceso no se agota en el derecho a ser oído, sino a la defensa, a la presunción de inocencia, al juez natural, a la doble instancia entre otros, todos violados en dicha audiencia

El Alcalde Ceballos, en todo caso, en esa audiencia del 25 de marzo de 2014 presidida por la magistrado Gutiérrez Alvarado le expresó a todos los magistrados directamente, entre otras cosas, que estaba allí "porque no existe Estado de derecho y justicia," que del Juez Constitucional, no esperaba justicia, y que estaba "preparado para recibir una sentencia de unos verdugos que están a punto de consumar un Golpe de Estado contra el Pueblo de San Cristóbal." Se identificó como "un civil secuestrado en una prisión militar que comparte celdas con Enzo Scarano, un alcalde legítimo y depuesto y Leopoldo López, el hombre que con dignidad y valentía despertó al pueblo. Soy perfectamente consciente de por qué estoy aquí. Tengo muy claro las razones que me traen a este patíbulo." Y dichas razones, las resumió en la siguiente forma:

"Estoy aquí porque el 8 de diciembre, los dignos ciudadanos de San Cristóbal me dieron el honor y el privilegio de gobernar a la capital del Táchira, otorgándome un mandato incuestionable: me eligieron con el 70% de los votos.

Estoy aquí, porque durante 77 días he trabajado sin descanso durante día y noche, para ser digno de ese mandato que el pueblo me confirió: El de acatar las leyes y llevar a mi ciudad hacia un camino de prosperidad. Han sido los mejores 77 días de mi vida: gobernar a un pueblo valiente y libre que se resiste ante todas las dificultades.

Estoy aquí porque he manifestado públicamente mi rechazo frente a un régimen que ha empobrecido a mi patria, que ha desfalcado sus arcas, que ha encarcelado a inocentes, que ha torturado a estudiantes, que ha asesinado a mis compatriotas. Es un régimen que no merece estar un minuto más en el Poder y contra el que siempre me opondré.

Estoy aquí porque he defendido la Constitución que ha sido violentada en sus principios por una tiranía que ha burlado el sagrado principio de la separación de poderes."[131]

Lamentablemente, sin embargo, el texto de la sentencia adoptada en la audiencia del día 25 de marzo de 2014, y publicada con el Nº 263 el 11 de abril de 2014,[132] no recogió todo lo expresado por el Alcalde, y lo que hizo fue aplicar la "doctrina vinculante" que se había establecido antes, con lo cual igualmente, se lo enjuició, condenó penalmente, encarceló y se le revocó su mandato popular en contra de todos los principios del debido proceso; procediendo en este caso la Sala Constitucional, además, a "reformar" la Ley Orgánica de Amparo para tratar de justificar la usurpación que hizo de la competencia de la Jurisdicción penal,[133] concluyendo así su arremetida contra el mandato popular de Alcaldes. Por ello, con razón, al conocerse la sentencia, los profesores Alonso Medina, Alberto Arteaga y José Luis Tamayo expresaron, en rueda de prensa transmitida por el canal de internet de *El Nacional*:

"su estupor frente a un acto de la Sala Constitucional que consideran "incalificable", porque a su ver y entender no respeta ninguna regla constitucional ni derecho a la defensa. Coinciden en señalar que en este día el Tribunal Constitucional abre una nueva etapa en la administración de la justicia en Venezuela al asumir ilegalmente una parodia de juicio penal, sin acusación por delante, actuando co-

---

131 Véase en http://cifrasonlinecomve.wordpress.com/2014/03/28/alcalde-daniel-ceballos-le-da-hasta-por-la-cedula-a-los-magistrados-del-tsj/.

132 Véase en http://www.tsj.gov.ve/decisiones/scon/abril/162992-263-10414-2014-14-0194.HTML

133 Véase los comentarios a esta sentencia en "El fallido intento de la Sala Constitucional de justificar lo injustificable: la violación masiva de todos los principios del debido proceso en el caso de las sentencias no. 245 y 263 de 9 y 11 de abril de 2014, de revocación del mandato popular de Alcaldes," 11 de abril 2014, en http://allanbrewercarias.com/wp-content/uploads/2014/04/100.-Brewer.-sobre-las-sentencias-del-caso-de-los-Alcaldes-de-San-Diego-y-San-Crist%C3%B3bal.-EL-FALLIDO-INTENTO-DE-JUSTIFICAR-L.pdf

mo juez de instrucción (no vigente en el ordenamiento jurídico venezolano actual), y dictando una condena que viola flagrantemente normas procesales y el principio de libertad. En este acto sin nombre, indican que se viola todo principio constitucional comenzando (1) por el Principio fundamental de la Competencia, que es de materia de orden público, y pasando por (2) el Principio de Juez Natural; (3) el Principio del Derecho a la Defensa; y (4) el principio del Debido Proceso. Además de que viola completamente el Código Orgánico Procesal Penal."[134]

---

134   Véase en "La anti justicia", *VenEconomia.com*, 10 de abril de 2014, en http://www.veneco-nomia.com/site/modulos/m_visor.asp?pub=4228

TERCERA PARTE

LA DEMOLICIÓN DEL PRINCIPIO DEMOCRÁTICO PARTICIPATIVO POR EL JUEZ CONSTITUCIONAL

Pero no sólo el principio democrático representativo fue demolido a su discreción por la Sala Constitucional del Tribunal Supremo, sino que también lo fue el propio principio democrático participativo al cual tanta importancia se le pretendió dar en la nueva Constitución de 1999, y tan ampulosa pero falsamente se propagandeó con el llamado "nuevo constitucionalismo," cuya aplicación fue neutralizada por el Juez Constitucional precisamente en los tres únicos supuestos en los cuales la Constitución de 1999 prescribió directamente mecanismos de participación ciudadana. Se trata de (i) la necesaria participación de los representantes de la sociedad civil en los comités de postulaciones de los altos funcionarios de los Poderes Públicos; (ii) la iniciativa popular para la revocación de mandatos; y (iii) la necesaria consulta popular a las organizaciones de la sociedad en el proceso de formación de leyes y normas de validez general.

Además, el Juez Constitucional atentó contra la participación ciudadana a través de los partidos políticos al secuestrar su autonomía, los cuales además quedaron excluidos de poder participar en procesos electorales; mutó la Constitución en materia de financiamiento público a los partidos políticos y en materia de proselitismo en las Fuerzas Armadas; y restringió totalmente el derecho político de los ciudadanos a manifestar.

I. EL FRAUDE CONSTITUCIONAL A LA PARTICIPACIÓN CIUDADANA EN LA ELECCIÓN EN SEGUNDO GRADO DE LOS TITULARES DE LOS PODERES PÚBLICOS CON EL AVAL DEL JUEZ CONSTITUCIONAL (2000-2015)

La Constitución de 1999 estableció el principio general de la elección popular de todos los altos cargos de los poderes públicos, en unos casos, mediante la elección directa como es el caso de la elección del Presidente de la República y de los diputados a la Asamblea Nacional; y en otros casos mediante elección popular indirecta, en segundo grado, a través de la Asamblea Nacional, como es el caso de los magistrados del Tribunal Supremo de Justicia, de los rectores del Consejo Nacional Electoral, del Contralor General de la República, del Fiscal General de la República y del Defensor del Pueblo.

Sin embargo, en esta materia, puede decirse que la regulación constitucional nunca se ha aplicado en Venezuela, pues la Asamblea Nacional actuando como Cuerpo elector de segundo grado ha violado la Constitución en forma sistemática desde 2000, y lo más grave, con la anuencia del Juez Constitucional, que se abstuvo de juzgar la inconstitucionalidad cometida con la sanción de la Ley Especial para la designación de los Titulares de los Poderes Públicos de 2000.[135] Con dicha abstención de decidir sobre la inconstitucionalidad de esa Ley en una acción intentada por la Defensora del Pueblo, recién sancionada la Constitución, se inició el proceso de "elección" de segundo de los dichos altos funcionarios del Estado, sin asegurarse el cumplimiento con los requisitos para ser electos, en particular, en lo que atañe a los magistrados del Tribunal Supremo; sin cumplirse con la mayoría calificada exigida para el voto de los diputados, y fundamentalmente, sin garantizarse la participación ciudadana en la postulación de los nominados,[136] pues nunca los Comités de Postulaciones se han conformado con "representantes de los diversos sectores de la sociedad" como lo manda la Constitución, habiéndose configurado pura y simplemente como comisiones parlamentarias con mayoría de diputados.

El texto constitucional, en este campo, como se dijo, se violó desde el inicio, y con ello, se sembró el virus que afectó la separación de poderes en el país, al incluirse en el antes mencionado "régimen transitorio" para-constitucional de 1999, un procedimiento conforme al cual se comenzaron a designar a esos altos funcionarios apartándose de lo exigido en la Constitución, cuyas normas en la materia siguieron violándose sucesiva y posteriormente mediante leyes dictadas en 2001 y 2004, respecto del Poder Ciudadano y Electoral,[137] y a partir de 2004, e incluso en 2010 y 2015, respecto del Tribunal Supremo de Justicia.[138]

Esta deformación legislativa inconstitucional que el Tribunal Supremo se negó a controlar, condujo a la también inconstitucional designación desde 2004, de los titulares del Consejo Nacional Electoral,[139] no por la Asamblea Nacional como lo impone la Constitución, sino por el propio Juez Constitucional una vez que el mismo cayó bajo el control del Poder Ejecutivo, lo que ocurrió de nuevo en diciembre de 2014,[140] con lo que puede decirse que desde 2004 los miembros

---

135 Ley Especial para la designación de los Titulares de los Poderes Públicos. *Gaceta Oficial* N° 37.077 de 14 de noviembre de 2000. La impugnación por inconstitucional de dicha Ley en 2000, hay que recordarlo, le costó el cargo a la primera Defensora del Pueblo que había electo la Asamblea Constituyente en 1999.

136 Véase los comentarios sobre la inconstitucional práctica legislativa reguladora de los Comités de Postulaciones integradas, cada uno, con una mayoría de diputados, convirtiéndolas en simples "comisiones parlamentarias ampliadas, en Allan R. Brewer-Carías, "La participación ciudadana en la designación de los titulares de los órganos no electos de los Poderes públicos en Venezuela y sus vicisitudes políticas, en la *Revista Iberoamericana de Derecho Público y Administrativo,* Año 5, N° 5-205, San José, Costa Rica, 2005, pp. 76-95; y "La participación ciudadana en la designación de los titulares de los órganos no electos de los Poderes Públicos en Venezuela y sus vicisitudes políticas", en *Revista Iberoamericana de Derecho Público y Administrativo*, Año 5, N° 5-2005, San José, Costa Rica 2005, pp. 76-95.

137 Ley Orgánica del Poder Ciudadano, *Gaceta Oficial* N° 37.310 de 25 de octubre de 2001; y Ley Orgánica del Poder Electoral, *Gaceta Oficial* N° 37.573 de 19 de noviembre de 2002.

138 Ley Orgánica del Tribunal Supremo de Justicia, *Gaceta Oficial* N° 37.942 del 19 de mayo de 2004.

139 Véase sentencia N° 2073 de 4 de agosto de 2003 (Caso: *Hermánn Escarrá Malaver y otros*), en http://historico.tsj.gov.ve/decisiones/scon/agosto/2073-040803-03-1254%20Y%201308.HTM. Véanse los comentarios en Allan R. Brewer-Carías, "El control de la constitucionalidad de la omisión legislativa y la sustitución del Legislador por el Juez Constitucional: el caso del nombramiento de los titulares del Poder Electoral en Venezuela," en *Revista Iberoamericana de Derecho Procesal Constitucional*, N° 10 Julio-Diciembre 2008, Editorial Porrúa, Instituto Iberoamericano de Derecho Procesal Constitucional, México 2008, pp. 271-286

140 Véase Allan R. Brewer-Carías, "El golpe de Estado dado en diciembre de 2014 en Venezuela con la inconstitucional designación de las altas autoridades del Poder Público," en *El Cronista del Estado Social y Democrático de Derecho,* N° 52, Madrid 2015, pp. 18-33; José Ignacio Hernández, "La designación del Poder Ciudadano: fraude a la Constitución en 6 actos;" en *Prodavinci,* 22 de diciembre, 2014, en http://prodavinci.com/blogs/la-designacion-del-poder-ciudadano-fraude-a-la-constitucion-en-6-actos-por-jose-i-hernandez/.

del Poder Electoral no tienen legitimidad democrática alguna al no haber sido electos en segundo grado por los representantes populares, ni con la participación de los representantes de la sociedad civil como lo manda la Constitución.

A ello se suman las designaciones de los magistrados del Tribunal Supremo realizadas en diciembre de 2015[141] por la anterior Asamblea Nacional, sin la mayoría calificada exigida, que es la garantía de su representatividad, y sin que se hubiese asegurado la participación de los diversos sectores de la sociedad como lo exige la Constitución. [142]

II. LA ANIQUILACIÓN POR EL JUEZ CONSTITUCIONAL DEL DERECHO POLÍTICO A LA PARTICIPACIÓN CIUDADANA MEDIANTE LA REVOCACIÓN DE MANDATOS POPULARES (2003)

En contraste con el activismo judicial demostrado por el Juez Constitucional al revocarle directamente el mandato popular a quienes no se lo podía revocar (una diputado a la Asamblea Nacional y a unos Alcaldes, y otros funcionarios), en violación del principio democrático que impone que solo el pueblo que los eligió puede revocárselos; ha sido precisamente el Juez Constitucional el que ha impedido al pueblo el ejercicio efectivo del derecho político constitucionalmente consagrado como un mecanismo para su participación directa, para por su propia iniciativa, promover la revocación del mandato de funcionarios electos y específicamente del Presidente de la Republica.

En efecto, el artículo 72 de la Constitución de 1999 estableció el derecho político de los ciudadano a tomar la iniciativa (respaldada por no menos del 20% de los electores inscritos en el registro electoral de la correspondiente circunscripción) de solicitar la revocatoria de mandatos de los cargos de elección popular, transcurrida la mitad del período para el cual fue elegido el funcionario en cuestión, disponiendo que "*cuando igual o mayor número de electores o electoras que eligieron al funcionario o funcionaria hubieren votado a favor de la revocación, siempre que haya concurrido al referendo un número de electores o electoras igual o superior al 25 % de los electores o electoras inscritos, se considerará revocado su mandato y se procederá de inmediato a cubrir la falta absoluta conforme a lo dispuesto en esta Constitución y en la ley.*"[143] Ningún efecto tendría, por tanto, que en el referendo votasen más electores por la "no revocación," si los votos a

---

141   Véase Allan R. Brewer-Carías, "El golpe de Estado dado en diciembre de 2014, con la inconstitucional designación de las altas autoridades del Poder Público," en *Revista de Derecho Público,* N° 140, Cuarto Trimestre 2014, Editorial Jurídica Venezolana, Caracas 2014, pp. 495-518.

142   Como se dijo, los mecanismos de participación ciudadana directamente previstos en la Constitución le fueron arrebatados al pueblo, al distorsionarse en la legislación la integración de los Comités de Postulaciones Judiciales, Electorales y del Poder Ciudadano, que quedaron bajo el control político de la mayoría oficialista de la Asamblea Nacional sin que el ciudadano y sus organizaciones pueda participar Véase Allan R. Brewer-Carías, "La participación ciudadana en la designación de los titulares de los órganos no electos de los Poderes Públicos en Venezuela y sus vicisitudes políticas", en *Revista Iberoamericana de Derecho Público y Administrativo*, Año 5, N° 5-2005, San José, Costa Rica 2005, pp. 76-95.

143   Como incluso lo ratificó la Sala Constitucional en varias sentencias: Sentencia N° 2750 de 21 de octubre de 2003, Caso: *Carlos Enrique Herrera Mendoza, (Interpretación del artículo 72 de la Constitución (Exp. 03-1989). Sentencia* N° 1139 de 5 de junio de 2002 (Caso: *Sergio Omar Calderón Duque y William Dávila Barrios)* Véase en *Revista de Derecho Público,* N° 89-92, Editorial Jurídica Venezolana, Caracas 2002, p. 171. Criterio seguido en la sentencia N° 137 de 13-02-2003 (Caso: *Freddy Lepage Scribani y otros)* (Exp. 03-0287).

favor de la revocación fueran más que los que eligieron al funcionario, en cuyo caso quedaría revocado *ex constitutione*, de pleno derecho, en su mandato.

En efecto, en cuanto a los votos necesarios para que se produzca la revocatoria del mandato, la Sala Constitucional del Tribunal Supremo de Justicia mediante N° 2750 de 21 de octubre de 2003,[144] reconoció que según la norma del artículo 72 de la Constitución:

> "sólo se revocará el mandato del funcionario *si votan a favor* de ello al menos una cantidad de personas igual al número de quienes lo eligieron en su momento, como una manera de impedir que funcionarios que alcanzaron su puesto con altos porcentajes de apoyo popular puedan perderlo por simple mayoría."[145]

Es decir, a efectos de que se produzca la revocatoria del mandato, se requiere, en *primer lugar*, que haya un quórum de asistencia que consiste en que concurran al referendo un número de electores igual o superior al 25% de aquellos que estén inscritos en el registro civil y electoral;[146] y en *segundo lugar*, que voten a favor de la revocatoria un número de electores igual o mayor de los que eligieron al funcionario.

De acuerdo con ello, en el caso del referendo revocatorio del mandato del Presidente de la República Hugo Chávez ocurrido el 15 de agosto de 2004, bastaba que votaran a favor de la revocación de su mandato un número de electores igual o mayor a 3.757.774, que había sido el número de votantes que lo habían elegido en agosto de 2000, para que se produjera la revocación del mismo.

Lo regulado en la Constitución es, en efecto, un referendo revocatorio de mandatos de elección popular y no un referendo "ratificatorio" de tales mandatos, pues éste último no existe en el texto constitucional. La Constitución de 1999 no regula plebiscito alguno, sino un referendo revocatorio de mandatos. Se trata de figuras distintas, y precisamente por ello, nada indica la Constitución para el caso de que si bien voten a favor de la revocatoria de un mandato un número de electores superior al número de votos que obtuvo el funcionario cuando fue electo, paralelamente, se pronunciaren por la "no revocación," un número mayor de votantes. Ello podría ocurrir, pero

---

144 Dictada al decidir un recurso de interpretación abstracta de la Constitución (Caso: *Carlos E. Herrera Mendoza, Interpretación del artículo 72 de la Constitución*), en la cual señaló que: Se trata de una especie de relegitimación del funcionario y en ese proceso democrático de mayorías, incluso, *si en el referendo obtuviese más votos la opción de su permanencia, debería seguir en él,* aunque voten en su contra el número suficiente de personas para revocarle el mandato. Exp. 03-1989. Véase los comentarios al caso en Allan R. Brewer-Carías, "La Sala Constitucional vs. El derecho ciudadano a la revocatoria de mandatos populares o de cómo un referendo revocatorio fue inconstitucionalmente convertido en un "refrendo ratificatorio," en *Crónica sobre la "in" justicia constitucional. La Sala Constitucional y el autoritarismo en Venezuela,* Colección Instituto de Derecho Público, Universidad Central de Venezuela, N° 2, Editorial Jurídica Venezolana, Caracas 2007, pp. 350 ss.

145 Caso: *Carlos E. Herrera Mendoza, Interpretación del artículo 72 de la Constitución,* en *Revista de Derecho Público,* N° 93-96, Editorial Jurídica Venezolana, Caracas 2003.

146 Sobre esto, la Sala Constitucional en la antes referida sentencia n° 1139 de 5 de junio de 2002 (Caso: *Sergio Omar Calderón Duque y William Dávila Barrios)* ha interpretado: "Que el quórum mínimo de participación efectiva en el referéndum revocatorio, debe estar representado necesariamente –por lo menos-, por el 25% de los electores inscritos en el Registro Electoral de la circunscripción correspondiente para el momento de la celebración de los comicios referendario. En *Revista de Derecho Público,* N° 89-92, Editorial Jurídica Venezolana, Caracas 2002, pp. 165 y ss. Este criterio fue rectificado en la sentencia N° 137 de 13-02-2003 (Caso: *Freddy Lepage y otros),* en *Revista de Derecho Público,* N° 93-96, Editorial Jurídica Venezolana, Caracas 2003.

la Constitución no le atribuye a ese hecho efecto jurídico constitucional alguno, limitándose a regular los efectos revocatorios del referendo, y nada más: basta que la votación a favor de la revocación del mandato sea igual o mayor que la que el funcionario obtuvo cuando fue electo, para que quede el mandato revocado. Y ello es así, incluso a pesar de que el Registro Electoral haya variado con el transcurso del tiempo.

Sin embargo, de manera evidentemente inconstitucional, en las *Normas para regular los procesos de Referendos Revocatorias de mandatos de Elección Popular* dictadas por el Consejo Nacional Electoral mediante acto administrativo de 25 de septiembre de 2003,[147] se estableció que se considera revocado el mandato "si el número de votos a favor de la revocatoria es igual o superior al número de los electores que eligieron al funcionario," pero agregándose la frase: "*y no resulte inferior al número de electores que votaron en contra de la revocatoria*" (Art. 60). Con este agregado, en una norma contenida en un acto administrativo que por tanto es de rango sub-legal, se restringió el derecho ciudadano a la participación mediante la revocatoria de mandatos populares, al establecerse un elemento que no está en la Constitución relativo a los efectos del voto por la "no revocación." En esta forma se trastocó la naturaleza "revocatoria" del referendo que regula el artículo 72 de la Constitución, y se convirtió por vía sub-legal en un referendo "ratificatorio" de mandatos de elección popular. Ello fue inmediatamente avalado por el Juez Constitucional.

En efecto, lo inaudito de ese fraude constitucional, es que dicho criterio luego sería efectivamente avalado por la propia Sala Constitucional del Tribunal Supremo a través de una mención realizada en la sentencia N° 2750 de 21 de octubre de 2003 (Caso: *Carlos E. Herrera Mendoza, Interpretación del artículo 72 de la Constitución*), en la cual señaló que:

"Se trata de una especie de relegitimación del funcionario y en ese proceso democrático de mayorías, incluso, si en el referendo obtuviese más votos la opción de su permanencia, debería seguir en él, aunque voten en su contra el número suficiente de personas para revocarle el mandato."[148]

Con esa simple "apreciación" de la Sala Constitucional, y sin que el texto de la sentencia dijera nada en relación con alguna "interpretación vinculante" de la Constitución, cambió la naturaleza de la revocación del mandato establecida constitucionalmente, convirtiéndola en un mecanismo para "relegitimar" o para "ratificar" mandatos de elección popular, cuando ello no fue la intención del Constituyente. En un referendo revocatorio no puede haber votos "por la permanencia" del funcionario en el cargo; lo que hay son votos por la revocatoria o por la no revocatoria del mandato; es decir, hay votos SI o votos NO. Los votos por la "no revocatoria" del mandato son votos negativos (NO); y un voto negativo "por la no revocatoria" del mandato no puede ser convertido en un voto positivo (SI) "por la permanencia" del funcionario en su cargo o por la "ratificación del mandato." Ello es una mutación de la naturaleza del referendo revocatorio, lo que efectivamente ocurrió en Venezuela en agosto de 2004.

En efecto, con ocasión de la realización del referendo revocatorio del mandato del Presidente de la República que se efectuó el 15 de agosto de 2004, e independientemente de las denuncias que se formularon ante el Consejo Nacional Electoral en relación a los manejos fraudulentos que acompañaron el proceso de votación, este órgano, mediante Resolución N° 040826-1118 de 26 de agosto de 2004, no sólo dio lo que en su criterio fueron los datos definitivos de la votación efec-

---

147   Véase Resolución N° 030925-465 de 25-09-2003.

148   Véase en *Revista de Derecho Público*, N° 93-96. Editorial Jurídica Venezolana, Caracas 2003.

tuada en el referendo revocatorio, sino que acordó "ratificar" al Presidente de la República en su cargo en "acto solemne", hasta la terminación del período constitucional en enero de 2007.[149]

Así, en la *página web* del Consejo Nacional Electoral del día 27 de agosto de 2004, apareció una nota en la cual se informaba que:

"El Presidente del Consejo Nacional Electoral, Francisco Carrasquero López,[150] se dirigió al país en cadena nacional para anunciar las cifras definitivas y oficiales del evento electoral celebrado el pasado 15 de agosto [2004], *las cuales dan como ratificado en su cargo al Presidente de la República,* Hugo Rafael Chávez Frías, con un total de 5 millones 800 mil 629 votos a favor de la opción "No"

En la contienda electoral participaron 9 millones 815 mil 631 electores, de los cuales 3.989.008 se inclinaron por la opción "Sí" para revocar el mandato del Presidente Chávez. La totalización arrojó que la opción "No" alcanzó el 59,25% de los votos, mientras el "Sí" logró el 40,74% del total general, y la abstención fue del 30,02%.

Vale destacar que para estos comicios el Registro Electoral se incrementó significativamente, alcanzando un universo de 14.027.607 de electores con derecho a sufragar en el RR.

Con base en la expresión de la voluntad popular, el Consejo Nacional Electoral, este viernes 27 de agosto, ratificará en la Presidencia de la República Bolivariana de Venezuela a Hugo Chávez Frías, quien culminará su período constitucional en el año 2006."

De la información contenida en dicha nota, resultaba claro que los electores que votaron por la revocatoria del mandato del Presidente, que fueron 3.989.008, constituían un número mayor que el de los electores que en su momento lo habían elegido, que fueron 3.757.774, lo que conforme al texto expreso del artículo 72 de la Constitución bastaba para que se considerara revocado el mandato. Sin embargo, en la misma nota, y al contrario de lo que se establecía en la Constitución, se consideraba que con la referida votación el Presidente de la República habría sido "ratificado" en su cargo.

Sin embargo, el Consejo Nacional Electoral en la mencionada Resolución de 26 de agosto de 2004, señaló que vistos los resultados de la votación señalados:

"Con fundamento en el artículo 20 de las Normas para la Totalización y Proclamación de los Resultados del Referendo Revocatorio Presidencial del 15 de agosto de 2004 y *especialmente, con atención a lo dispuesto en la doctrina vinculante con el artículo 72 de la Constitución de la República establecida por la Sala Constitucional del Tribunal Supremo de Justicia en su sentencia de fecha 21 de octubre de 2001,* el Consejo Nacional Electoral *hace constar que el mandato* popular del ciudadano Hugo Rafael Chávez Frías, titular de la cédula de identidad n° 4.258.228, como Presidente de la República de la República, *ha sido ratificado por el pueblo venezolano en la jornada electoral del 15 de agosto pasado [2004] y, por consiguiente, el mencionado ciudadano tiene derecho a ocupar y ejercer el señalado cargo público, hasta la culminación del actual período constitucional".*

Con esta Resolución, puede decirse que se consolidó el fraude constitucional que había ido configurándose, al trastocarse una "revocación de mandato" en una inexistente "ratificación de mandato" de un funcionario que había quedado constitucionalmente revocado.

Como si ello no bastare, la Asamblea Nacional también participó en la configuración del fraude constitucional, y en la misma fecha 27 de agosto de 2004 realizó una sesión solemne para

---

149   *Gaceta Electoral* N° 210 de 30-08-2004.

150   Quien luego sería designado magistrado de la sala Constitucional del Tribunal Supremo.

entregarle al Presidente de la República, un "Acuerdo de la Asamblea Nacional *sobre ratificación del Presidente de la República*", en uno de cuyos Considerandos se afirmó:

> "Que el resultado del proceso refrendario ha expresado de manera clara e inequívoca *la ratificación del mandato* del Presidente Constitucional Hugo Chávez Frías, representando una incuestionable victoria democrática de la voluntad mayoritaria del pueblo heroico del Libertador Simón Bolívar, en el esfuerzo colectivo para consolidar y profundizar la revolución democrática, pacífica, la justicia social y la autodeterminación nacional, proceso y proyecto político comprometido con el logro de los fines y propósitos contenidos en la Constitución de la Republica Bolivariana de Venezuela."

En todo caso, la secuela de este proceso fue que el gobierno pasó a desarrollar la estrategia de discriminación política más masiva que se ha producido en toda la historia de América Latina, al publicar una llamada *"lista Tascón,"* con los nombres de los peticionarios del referendo revocatorio (no de los votantes, solo de los que ejercieron el derecho constitucional de petición –más de tres millones –) quienes inmediatamente quedaron excluidos de toda posibilidad de entrar en contacto con la Administración del Estado, e incluso en algunos casos, ni siquiera poder obtener el documento de identidad. El caso fue denunciado ante la Comisión Interamericana de Derechos Humanos por algunos agraviados, y al final, la Corte Interamericana de Derechos Humanos dictó sentencia condenatoria al Estado venezolano con fecha 8 de febrero de 2018 (*Caso Rocío San Miguel Sosa, Magally Chang Girón y Thais Coromoto Peña vs. Venezuela*), por violación a a los derechos políticos y libertad de pensamiento y expresión de las denunciantes, encontrando responsable a Venezuela por la desviación de poder y discriminación política.[151]

Similares trabas para impedir la participación ciudadana mediante la revocatoria de mandatos se produjeron en 2016 luego de que se presentara una petición popular para iniciar el proceso de convocatoria del referendo revocatorio para el mandato del presidente Nicolás Maduro, respaldada por más de dos millones de firmas. Por orden del gobierno, el Consejo Nacional Electoral inició el proceso de entrabamiento de la manifestación legitima de la voluntad popular, calificando la petición como un golpe de Estado, a lo que el Secretario General de la Organización de Estados Americanos, Luis Almagro, en su comunicación al Consejo Permanente de la Organización, el 30 de mayo de 2016, sobre la situación de Venezuela a la luz de la Carta Democrática Interamericana, indicó que

> "El hecho de llamar a un revocatorio conforme a la Constitución no es ser golpista; ser golpista es anular esa posibilidad constitucional de que el pueblo se exprese. O diferirla. O ponerle obstáculos. O proponer fórmulas insanas políticamente ..."[152]

Como no hubo tiempo de llevar el asunto para obtener una decisión de "justicia constitucional a la carta" de parte del Juez Constitucional, el gobierna a través de gobernadores de Estado oficialistas, se las arregló para que al unísono formularan peticiones ante jueces penales, que dictaron medidas cautelares suspendiendo el proceso de recolección de firmas para la iniciativa del referendo revocatorio, que el Poder Electoral controlado, de inmediato "acató", suspendien-

---

151 Véase la información en "Comunicado" de la Corte Interamericana: "Venezuela es responsable por la desviación de poder y la discriminación política en contra de funcionarias que aparecían en la ''Lista Tascón," en http://www.corteidh.or.cr/docs/comunicados/c_20_18.pdf. Véase el texto íntegro de la sentencia en http://www.corteidh.or.cr/docs/casos/articulos/seriec_348_esp.pdf

152 Véase la comunicación del Secretario General de la OEA de 30 de mayo de 2016 con el Informe sobre la situación en Venezuela en relación con el cumplimiento de la Carta Democrática Interamericana, p. 88. Disponible en oas.org/documents/spa/press/OSG-243.es.pdf.

do el proceso *sine die*.[153] Todo ello lo que puso en evidencia es que la democracia de mandatos revocables regulada en la Constitución, que tanta importancia se le da en el "nuevo paradigma constitucional" no ha pasado de ser otra gran mentira.

III. EL FRAUDE A LA CONSTITUCIÓN COMETIDO POR EL JUEZ CONSTITUCIONAL CONTRA EL DERECHO A LA PARTICIPACIÓN CIUDADANA EN LA CONSULTA DE LEYES (2014, 2017)

La Constitución de 1999, además establece en forma general que la Asamblea Nacional o las Comisiones Permanentes, *durante el procedimiento de discusión y aprobación de los proyectos* de leyes, deben consultar a los ciudadanos y a la sociedad organizada para oír su opinión sobre los mismos, teniendo derecho de palabra en su discusión los representantes de la sociedad organizada, "en los términos que establezca el reglamento de la Asamblea Nacional" (art. 211).

Sin embargo, esta previsión, propia de la llamada "democracia participativa," puede decirse que nunca se ha cumplido a cabalidad, por no haberse realizado en el país consulta popular efectiva alguna sobre los proyectos de ley sancionadas en los últimos lustros en la forma prescrita en la Constitución.[154] Además, la posibilidad de participación popular se disipó totalmente en virtud de que hasta 2016, la Asamblea Nacional simplemente dejó de legislar y delegó en el Poder Ejecutivo la legislación básica del país, al punto de que más del 90% de las leyes vigentes en Venezuela en un régimen que se había proclamado como democrático, fueron dictadas mediante decretos leyes mediante legislación delegada por el Presidente de la república, los cuales, por supuesto, nunca fueron consultados al pueblo.

Tal ha sido el descaro de violación de la Constitución en esta materia, que por ejemplo, en solo dos días de diciembre de 2015, entre el 28 y 29, y en plenas fiestas navideñas y de fin de año, la Asamblea Nacional que terminaba su período durante sesiones extraordinarias, al unísono con el Presidente de la República, con el objeto de privar de poderes a la nueva Asamblea que iba a tomar posesión el 5 de enero de 2016, dictaron más de 30 leyes –en sólo dos días– cuyo contenido y propósito solo fue conocido cuando salieron publicadas en la *Gaceta Oficial*.[155] Lo mismo ya había pasado en diciembre de 2010 cuando la Asamblea Nacional que entonces también estaba terminando su período constitucional, a la carrera e igualmente durante sesiones extraordinarias, sancionó todas las leyes Orgánicas del Poder Popular, las cuales no fueron tampoco objeto de consulta popular en la forma prescrita en la Constitución, y solo fueron conocidas a aparecer publicadas en la *Gaceta Oficial*.[156]

---

153 Véase Allan R. Brewer-Carías, "El nuevo secuestro del derecho del pueblo a la realización del referendo revocatorio presidencial perpetrado por la Sala Electoral, algunos tribunales penales y el Poder Electoral", en *Revista de Derecho Público*, N° 147-148, julio-diciembre 2016, Caracas 2016, pp. 384-406.

154 Véase por ejemplo, "Apreciación general sobre los vicios de inconstitucionalidad que afectan los Decretos Leyes Habilitados" en *Ley Habilitante del 13-11-2000 y sus Decretos Leyes*, Academia de Ciencias Políticas y Sociales, Serie Eventos N° 17, Caracas 2002, pp. 63-103; y "El derecho ciudadano a la participación popular y la inconstitucionalidad generalizada de los decretos leyes 2010-2012, por su carácter inconsulto," en *Revista de Derecho Público*, N° 130, (abril-junio 2012), Editorial Jurídica Venezolana, Caracas 2012, pp. 85-88.

155 Además, finalmente, basta solo constatar que durante las sesiones extraordinarias celebradas entre el 23 y el 30 de diciembre de 2015, en plena fiestas navideñas, la Asamblea "discutió" y sancionó 20 leyes, sin que se hubiese hecho consulta popular alguna. Véase por ejemplo *Gaceta Oficial* N° 40.819 de diciembre de 2015.

156 Véase por ejemplo *Gaceta Oficial* N° 6.011 Extra. de 21 de diciembre de 2010.

Y lo peor de ello, es que de nuevo, fue el Juez Constitucional, es decir, la Sala Constitucional del Tribunal Supremo, actuando completamente bajo control del Poder Ejecutivo, el que en 2014 cohonestó, en fraude a la Constitución,[157] el incumplimiento de la exigencia constitucional de participación popular, estableciendo sin razón alguna que el principio participativo solo se aplicaba cuando la Asamblea Nacional era la que legislara, pero no cuando el Ejecutivo lo hiciera; y luego en 2017, el mismo Juez Constitucional se encargó de interpretar que la "consulta popular" respecto de las leyes que regula expresamente la Constitución se podía realizar al margen de la misma, no por la Asamblea Nacional o las Comisiones Permanentes *durante el procedimiento de discusión y aprobación de los proyectos* como lo prevé el artículo 211, sino fuera del proceso legislativo sin control alguno.

La "eliminación" de la consulta pública respecto de los decretos leyes dispuesta por el Juez Constitucional (2014)

Durante los últimos lustros, en distintas oportunidades se impugnaron diversos decretos leyes precisamente por violación del derecho constitucional a la participación política consagrado en el mencionado artículo 211 de la Constitución, pero la Sala Constitucional nunca se pronunció sobre dichas denuncias formuladas en sucesivas acciones populares de inconstitucionalidad. Solo fue mediante sentencia N° 203 de 25 de marzo de 2014 (Caso *Síndica Procuradora Municipal del Municipio Chacao del Estado Miranda, impugnación del Decreto Ley de Ley Orgánica de la Administración Pública de 2008*),[158] dictada con la participación de la magistrada Gutiérrez Alvarado autora de la tesis "secreta" de Zaragoza, y en contra de lo que propugnó en ella (**Véase Octava Parte**) cuando por primera vez la Sala Constitucional entró a conocer de la denuncia de inconstitucionalidad formulada, pero sin embargo declarándola sin lugar, por considerar simplemente que como la legislación no había sido sancionada por la Asamblea Nacional sino por el Poder Ejecutivo, entonces, en fraude a la Constitución, decidiendo que dichas leyes dictadas mediante decretos leyes no exigían la previa consulta popular.

---

157 La Sala Constitucional del Tribunal Supremo de Justicia en la sentencia N° 74 de 25-01-2006 señaló que un *fraude a la Constitución* ocurre cuando se destruyen las teorías democráticas "mediante el procedimiento de cambio en las instituciones existentes aparentando respetar las formas y procedimientos constitucionales", o cuando se utiliza "del procedimiento de reforma constitucional para proceder a la creación de un nuevo régimen político, de un nuevo ordenamiento constitucional, sin alterar el sistema de legalidad establecido, como ocurrió con el *uso fraudulento de los poderes* conferidos por la ley marcial en la Alemania de la Constitución de *Weimar*, forzando al Parlamento a conceder a los líderes fascistas, en términos de dudosa legitimidad, la plenitud del poder constituyente, otorgando un poder legislativo ilimitado"; y que un *falseamiento de la Constitución* ocurre cuando se otorga "a las normas constitucionales una interpretación y un sentido distinto del que realmente tienen, que es en realidad una modificación no formal de la Constitución misma", concluyendo con la afirmación de que "*Una reforma constitucional sin ningún tipo de límites, constituiría un fraude constitucional*". Véase en *Revista de Derecho Público,* Editorial Jurídica Venezolana, N° 105, Caracas 2006, pp. 76 ss. Véase Néstor Pedro Sagües, *La interpretación judicial de la Constitución*, Buenos Aires 2006, pp. 56-59, 80-81, 165 ss.

158 Véase sentencia N° 203 de 25 de marzo de 2014. Caso *Síndica Procuradora Municipal del Municipio Chacao del Estado Miranda, impugnación del Decreto Ley de Ley Orgánica de la Administración Pública de 2008,* en http://www.tsj.gov.ve/decisiones/scon/marzo/162349-203-25314-2014-09-0456.HTML. La Ley impugnada fue publicada en *Gaceta Oficial* N° 5.890 Extra. de 31 de julio de 2008. Véase Allan Brewer-Carías, "El fin de la llamada "democracia participativa y protagónica" dispuesto por la Sala Constitucional en fraude a la Constitución, al justificar la emisión de legislación inconsulta en violación al derecho a la participación política," en *Revista de Derecho Público*, N° 137 (Primer Trimestre 2014, Editorial Jurídica Venezolana, Caracas 2014, pp. 157-164.

Es decir, en definitiva, la Sala admitió una forma de "evadir" la obligación del Estado de asegurar la participación popular, y de burlarse del derecho ciudadano a la participación; todo, sin embargo, en una supuesta "democracia participativa y protagónica" supuestamente derivada de un "nuevo paradigma constitucional," que tanto se pregona, pero que quedó extinguida con dicha sentencia.

Ignoró la Sala que lo importante de la norma contenida en el artículo 211 de la Constitución, no es su aspecto formal de regulación de un "procedimiento legislativo" específico y, en el mismo, la identificación de cuál órgano del Estado es el que debe cumplir específicamente con la obligación de consultar al pueblo la legislación que se proyecta; sino su aspecto sustantivo, en cuanto a la regulación en el propio texto constitucional de un derecho constitucional de los ciudadanos y de la sociedad organizada a ser consultados en el proceso de formación de las leyes que se proyecta para regirlos, que es un derecho correlativo a la obligación impuesta a los órganos que ejercen la función normativa de rango legal de consultar al pueblo sobre los proyectos de leyes antes de su sanción.

Bajo este ángulo sustantivo del derecho y de la obligación establecidos en el artículo 211 constitucional, lo importante, por tanto, no es cuál órgano específico del Estado sanciona la ley, y a través de cuál procedimiento, sino el derecho constitucional a la participación ciudadana que establece la norma y la obligación de los órganos del Estado de asegurar dicha participación, en este caso, mediante consulta pública de los proyectos de leyes.

La ley, como se ha dicho, puede sancionarse por la Asamblea Nacional en ejercicio del Poder Legislativo, cumpliendo la función normativa como "función propia" de la misma; o por el Presidente de la República en ejercicio del Poder Ejecutivo, cumpliendo la función normativa en virtud de delegación legislativa; en ambos casos, la obligación constitucional establecida en el artículo 211 de la Constitución, al margen de las normas generales que garantizan el derecho a la participación ciudadana (art. 62 y 70), originan un correlativo derecho constitucional específico de los ciudadanos y de la sociedad organizada a ser consultada no sólo sobre las políticas públicas, sino especialmente sobre los proyectos de leyes con las cuales van a regularlos, antes de que se sancionen, independientemente de que tengan la "forma" de ley o de decreto ley. Lo contrario significaría sostener que el derecho ciudadano a la participación política consagrado constitucionalmente, sólo estaría garantizado en el caso de leyes dictadas por la Asamblea Nacional pero no de leyes dictadas por el Poder Ejecutivo a través de decretos leyes, lo que por supuesto no tendría sentido alguno.

Al contrario, el sentido del derecho constitucional consagrado en el artículo 211 de la Constitución implica que cuando la Asamblea Nacional, en ejercicio del Poder Legislativo y de la función normativa, sanciona una ley, o cuando el Presidente de la República en ejercicio del Poder Ejecutivo y de la función normativa derivada de una delegación legislativa, dicta decretos leyes, en todo caso, se debe siempre consultar a los ciudadanos antes de la sanción definitiva del texto legal, de manera que si esta se produce sin someter el proyecto de ley previamente a consulta pública, en particular, a los ciudadanos y a la sociedad organizada, se viola el derecho a la participación establecido en el artículo 211 de la Constitución y además, por derivación, se violan las previsiones generales que establecen el derecho político a la participación que están en los artículos 62 y 70 de la Constitución.

Sin embargo, como ya he señalado, el Juez Constitucional, en la mencionada sentencia N° 203 de 25 de marzo de 2014, bajo la presidencia de la magistrado Gutiérrez Alvarado, al declarar sin lugar la acción de inconstitucionalidad intentada por la Síndica Procuradora Municipal del Municipio Chacao del Estado Miranda contra el Decreto Ley de Ley Orgánica de la Administración Pública de 2008, en la cual se denunció que el mencionado decreto ley no había sido sometido al procedimiento de consulta popular que exigía el artículo 211 de la Constitución, consideró que los ciudadanos tenían derecho constitucional a participar solo en el proceso de formación de las leyes cuando las mismas las dictase la Asamblea Nacional, pero no existe cuando fueran dictadas por el Poder Ejecutivo mediante una delegación legislativa.

En esa forma, la Sala Constitucional no hizo otra cosa que asegurar cómo burlar el derecho ciudadano a la participación política mediante consulta popular de las leyes en una "democracia participativa y protagónica," lo que se logra cuando el Poder legislativo simplemente delegue la legislación al Poder Ejecutivo, obviándose de esa manera la obligación de consultar. Ello, se insiste, no es más que un fraude a la Constitución.

Pero lo más insólito de la sentencia es que, contradictoriamente, para configurar este fraude, la Sala Constitucional procedió a constatar con lujo de detalles, lo contrario, es decir, que el derecho a la participación política se encuentra establecido dentro de los derechos políticos de los ciudadanos, de lo cual cualquier lector habría sacado la conclusión de que el resultado de la argumentación y de la doctrina citada conduciría a declarar que la falta de consulta pública de las leyes dictadas mediante decretos leyes, en el marco de la "democracia participativa y protagónica" prevista en la Constitución, violaba el derecho ciudadano a la participación política.

Pero no!! La conclusión a la que llegó la Sala Constitucional, al contrario y contradictoriamente a los postulados y doctrina que citó, fue que en Venezuela se puede impunemente violar el derecho ciudadano a la participación política que garantiza la consulta pública de los proyectos de leyes, si estos se dictan mediante decretos leyes.

Para llegar a esta conclusión, la Sala Constitucional utilizó dos argumentos: Primero, al "descubrir" que el ejercicio del derecho a participar por parte de los ciudadanos es de: "ejercicio facultativo de los ciudadanos en la presentación de las observaciones al igual a lo que ocurre en la iniciativa legislativa, por ende su falta de ejercicio no acarrea sanción alguna por su inejecución por parte de los ciudadanos." Este argumento, por supuesto, no tiene lógica ni consecuencia jurídica algunas, pues el ejercicio de los derechos por los ciudadanos cuando implica el goce de la libertad en la realización de una actividad si bien son de ejercicio facultativo, ello no implica que por ese "ejercicio facultativo" dejen de ser derechos ni ello excluye la obligación del Estado de garantizar y asegurar su ejercicio. La falta de aseguramiento y garantía por parte del Estado es la que acarrea una sanción, y es la nulidad de la acción u omisión del Estado, y nada tiene que ver eso con la falta de ejercicio por parte del ciudadano que efectivamente es libre.

Pero la Sala Constitucional para formalizar el fraude a la Constitución y a la democracia "participativa y protagónica" que se pregona, recurrió a un segundo argumento, aún más absurdo y es el hecho de que supuestamente el "procedimiento legislativo" establecido en el artículo 211 del Texto Constitucional, y el "procedimiento legislativo" para la emisión de decretos leyes, serían distintos, por lo que "el supuesto fáctico de la aplicación de la norma así como el sujeto pasivo difieren palmariamente entre ambos." Lo cierto, sin embargo es que como se ha dicho, lo esencial de la norma no es el aspecto formal o procedimental sino el sustantivo relativo al derecho constitucional que consagra.

Con base en esa distinción formal, la Sala Constitucional, presidida por la magistrada Gutiérrez Alvarado autora de la Tesis "secreta" de Zaragoza, consideró que la obligación establecida en el artículo 211 de la Constitución, supuestamente contiene un "imperativo" "dirigido al órgano legislativo de acuerdo con sus funciones naturales –formación de leyes–" siendo que en cambio, "el supuesto de la ley habilitante es un supuesto excepcional en el proceso legislativo."

Se olvidó así, sin embargo, la Sala Constitucional, de nuevo, que el texto del artículo 211 lo que establece en realidad es un derecho específico a la participación política de los ciudadanos en el proceso de formación de las leyes, siendo su esencia, por supuesto, el de la "participación" sea cual fuere la forma de emisión de las leyes, si mediante sanción parlamentaria o mediante emisión de un decreto ley. Lo importante y esencial en una democracia "participativa y protagónica" es el derecho a la participación, no los aspectos procedimentales que se regulen.

Pero lo más insólito de la sentencia, fue la conclusión a la cual llegó la Sala después de argumentar erradamente que los ciudadanos supuestamente tienen derecho de participar en el procedimiento de formación de las leyes sólo cuando la ley la dicta la Asamblea Nacional, pero no cuando la dicta el Poder Ejecutivo mediante decreto ley, expresando, como lo hubiera hecho el personaje "Cantinflas," que:

"Lo anterior, no implica como erradamente se podría pretender que el Presidente de la República no está sujeto a la apertura de los mecanismos de participación cuando hace uso de las potestades legislativas previamente aprobadas, sino que en virtud de la excepcionalidad que implica la habilitación legislativa, el procedimiento de formación difiere estructural y funcionalmente del procedimiento en el órgano legislativo por lo que su incidencia varía en cuanto a su formación, no solo en cuanto a la representatividad de los funcionarios encargados de su discusión y aprobación sino en cuanto a los lapsos para su ejercicio; por lo que el ejercicio de dicho derecho se desarrolla en atención a uno de los principios fundamentales que rige el sistema democrático como es la publicidad."

¿Qué dijo o quiso decir la Sala Constitucional en este párrafo?, realmente es indescifrable, pero no así la conclusión rotunda a la cual llegó a renglón seguido de dicho párrafo, sin fundamento alguno, en el sentido de que:

"visto que el procedimiento establecido en el artículo 211 de la Constitución de la República Bolivariana de Venezuela, *no podría ser exigido al Presidente de la República por carecer de especificidad el procedimiento de formación de leyes dentro del marco de una ley habilitante*".

O sea, que cuando se dictan leyes mediante decretos leyes en ejecución de una ley habilitante no hay "procedimiento de formación de las leyes," es decir, supuestamente se estaría dentro del "reino de la arbitrariedad," y los ciudadanos en "democracia participativa y protagónica" no podrían gozar ni ejercer su derecho constitucional de participar en el proceso de formación de la ley que los va a regir.

Ello, por supuesto, no tiene sentido alguno, pues el derecho a la participación ciudadana en materia de formación de las leyes es absoluto, sea cual fuere el procedimiento de formación de las mismas; de lo contrario, bastaría acudir a una ley habilitante y dictar decretos leyes para, en fraude a la Constitución, quitarle al ciudadano su derecho a participar.

La Sala Constitucional, sin embargo, en la sentencia, trató de seguir justificando el fraude a la Constitución, expresando que la "inaplicación" del derecho a la participación previsto en el artículo 211 de la Constitución, supuestamente:

"deviene igualmente en cuanto al procedimiento de discusión ante la Cámara en el cual se maneja un proyecto legislativo, a diferencia de la presentación y promulgación de Decretos los cuales responden a una excepcionalidad o a una urgencia en cuanto a su realización, por ende, se aprecia que mal puede exigirse la aplicación del artículo 211 de la Constitución de la República Bolivariana de Venezuela" en el caso [del decreto ley impugnado de la Ley Orgánica de la Administración Pública].

Ello, por supuesto, no tiene fundamento alguno en el texto de la Constitución de 1999, donde se reguló la delegación legislativa en sentido amplio, sin que necesariamente exista excepcionalidad, extraordinariedad o urgencia alguna en la sanción de una ley habilitante (arts. 203 y 236.8),[159] lo cual, por lo demás, nunca se ha invocado en la sanción de las múltiples leyes habilitantes que se han sancionado a lo largo de los últimos veinte años.

Pero, además, al tratar de justificar lo injustificable, al Sala Constitucional llegó a argumentar que a pesar de que el decreto ley impugnado no se sometió a consulta popular como lo imponía el artículo 211 de la Constitución, violándose el derecho constitucional a la participación política, sin embargo, tal:

"derecho a la participación política no se vio conculcado o restringido en virtud que en función del conocimiento público y notorio de la promulgación de la Ley Habilitante los ciudadanos pueden presentar o formular proyectos sobre la discusión de las materias delegadas al Ejecutivo Nacional, para garantizar el ejercicio del derecho a la participación política."

El mismo errado y falso razonamiento lo repitió la sentencia al indicar que "cuando se promulga dicha habilitación existe una notoriedad en cuanto a la potestad conferida" en razón de lo cual dijo la Sala, "la participación puede ser realizada por parte de las comunidades organizadas con la finalidad de formular propuestas y opiniones".

O sea, que sin que se lleguen a conocer por los ciudadanos los proyectos de decretos leyes a ser dictados en forma clandestina e inconsulta en ejecución de la ley habilitante, supuestamente el derecho a la participación política quedaría asegurado, según la Sala, por el hecho de que al conocerse la sanción de una ley habilitante cualquiera puede presentar al Ejecutivo algún proyecto de ley para su aprobación. El argumento, por supuesto, no soporta análisis alguno, porque simplemente, el proyecto de ley emitido mediante decreto ley en ejecución de la ley habilitante nunca fue del conocimiento de los ciudadanos o de la sociedad organizada.

Por último, debe mencionarse que en materia de derecho ciudadano a la participación política en relación con el ejercicio de potestades normativas por parte del Poder Ejecutivo, la obligación de consulta pública no sólo está establecida en el mencionado artículo 211 de la Constitución, que fue violado abiertamente en el caso del decreto ley impugnado en este caso de Ley Orgánica de la Administración Pública de 2008, sino en la propia Ley Orgánica de la Administración Pública desde que fue sancionada inicialmente en 2001. En el artículo 130 de dicha Ley se dispone que para la adopción de "normas reglamentarias o de otra jerarquía" por los órganos del Poder Ejecutivo, entre las cuales sin duda están los decretos leyes, éstos están obligados a "iniciar un proceso de consulta pública y remitir el anteproyecto a las comunidades organizadas," de tal

---

159 Véase Allan R. Brewer-Carias, "El régimen constitucional de los Decretos Leyes y de los actos de gobierno" en *Bases y Principios del Sistema Constitucional Venezolano* (Ponencias del VII Congreso Venezolano de Derecho Constitucional realizado en San Cristóbal del 21 al 23 de noviembre de 2001), Asociación Venezolana de Derecho Constitucional, Universidad Católica del Táchira, San Cristóbal, 2002, pp. 25-74; y Las potestades normativas del Presidente de la República: los actos ejecutivos de orden normativo", en *Tendencias Actuales del Derecho Constitucional, Homenaje a: Jesús María Casal Montbrun* (Coordinadores: Jesús María Casal, Alfredo Arismendi A. y Carlos Luis Carrillo), Tomo I, Caracas 2007.

importancia desde el punto de vista de la "democracia participativa y protagónica" que se pregona, al punto de que el artículo 140 de la misma Ley Orgánica dispone no sólo que el respectivo órgano del Poder Ejecutivo "no podrá aprobar normas para cuya resolución sea competente, ni remitir a otra instancia proyectos normativos que no sean consultados," sino que "las normas que sean aprobadas por los órganos o entes públicos o propuestas por éstos a otras instancias serán nulas de nulidad absoluta si no han sido consultadas según el procedimiento previsto" en la propia Ley Orgánica.

Esta obligación por supuesto, se aplicaba al decreto ley de reforma de la Ley Orgánica de la Administración Pública, pues estaba prevista en su texto desde 2001, razón por la cual es incomprensible que la Sala Constitucional haya considerado en su sentencia que habría "imposibilidad de aplicar el procedimiento establecido en la Ley Orgánica de la Administración Pública, por ser ésta la ley impugnada" cuando dicho procedimiento era obligatorio y estaba incluido en el texto de la Ley Orgánica desde 2001, siendo el decreto ley impugnado de 2008 sólo una reforma de dicha Ley.

En definitiva, la Sala Constitucional al concluir en su sentencia resolvió que el decreto ley que había sido impugnado, supuestamente no habría contrariado "elementos esenciales de validez formal" previstos en la Constitución "referente a la violación del derecho a la participación política," a pesar de que no había sido sometido a consulta pública para asegurar la participación de los ciudadanos y de la sociedad organizada en el procedimiento de formación del mismo, como le exige la Constitución y la Ley Orgánica de la Administración Pública. Con esta sentencia de muerte a la llamada "democracia participativa y protagónica," en definitiva, lo que hizo la Sala Constitucional presidida por la magistrado Gutiérrez Alvarado fue formalizar el fraude a la Constitución, para eludir la obligación de garantizar la participación política, sujetando a dicha consulta solamente a las leyes sancionadas por la Asamblea Nacional, y excluyendo de la misma a leyes sancionadas por el Poder Ejecutivo en ejecución de una delegación legislativa, incluso si en la práctica, estas últimas han sido las más numerosas en los últimos casi veinte años de vigencia de la Constitución.

La burla a la participación ciudadana por el Juez Constitucional al eliminar la obligación constitucional de la consulta pública de los proyectos de ley durante el proceso de su formación (2017)

Pero no quedó allí la burla a la "democracia participativa y protagónica" por parte de la Sala Constitucional, pues posteriormente procedió a eliminar la consulta popular respecto de las propias leyes aprobadas por la Asamblea Nacional.

En efecto, hemos señalado que una de las pocas regulaciones sobre participación ciudadana directamente previstas en la Constitución (artículo 211) es la obligación directamente impuesta a "la Asamblea Nacional o las Comisiones Permanentes," para que "durante el procedimiento de discusión y aprobación de los proyectos de leyes," consulten dichos proyectos no sólo "a los otros órganos del Estado," sino "a los ciudadanos y ciudadanas y a la sociedad organizada para oír su opinión sobre los mismos." Más clara no puede ser la Constitución en la previsión sobre esta obligación en cuanto a los *sujetos obligados* (la Asamblea Nacional o las Comisiones Permanentes); la *oportunidad de cumplimiento de la obligación* (durante el procedimiento de discusión y aprobación de los proyectos de leyes); los *sujetos a ser consultados* (los ciudadanos y la sociedad organizada); y el *objeto de la consulta* (oír su opinión sobre los proyectos).

Sin embargo, en esta materia ha sido la propia Sala Constitucional del Tribunal Supremo, con la participación de la magistrada Gladys Gutiérrez Alvarado, autora de la Tesis "secreta" de Zaragoza, la que simplemente eliminó esta obligación, en la forma como fue establecida constitucionalmente, mediante sentencia No. 355 de 16 de mayo de 2017 (Caso: *impugnación de la Ley de reforma de la Ley Orgánica del Poder Público Municipal*).[160]

Dicha Ley de reforma de la Ley Orgánica del Poder Público Municipal de 2010[161] fue de las leyes orgánicas sancionadas a la carrera junto con el conjunto de Leyes Orgánicas del Poder Popular (**Véase Sexta Parte, II; Octava Parte, IV**), en unas breves sesiones extraordinarias celebradas en diciembre de ese año por la Asamblea Nacional que estaba concluyendo su mandato (2015-2010). La misma fue objeto de cinco demandas de nulidad por inconstitucionalidad intentadas por diversos Alcaldes, Síndicos, funcionarios y ciudadanos residentes de varios Municipios del país, por diversos motivos, entre ellos, precisamente por el hecho de que el proyecto de ley no fue sometido a la consulta popular que establece el artículo 211 de la Constitución, máxime cuando por "los lapsos en que se llevó a cabo la reforma de la ley impedían a todo evento la realización de la consulta" (fines de diciembre de 2010). La única información recibida en juicio sobre la materia según informó la sentencia, fue la contenida en un "Informe" sin fecha elaborado por el Presidente de la Comisión Permanente del Poder Popular y Comunicación de la Asamblea, indicando que entre julio y septiembre de 2010 se habían realizado unas "jornadas del proceso de consulta con las comunidades, organizaciones sociales e instituciones del Estado" de los proyectos de leyes del Poder Popular, reconociendo el Informe que "la propuesta de la reforma de la Ley Orgánica del Poder Público Municipal se originó a partir de la consulta popular del bloque de Leyes del Poder Popular," y que "en este caso [...] el *objeto de la consulta no fue directamente la Ley reformada.*"

Mas clara confesión de la violación de la Constitución era imposible. Sin embargo, el Juez Constitucional pasó a "revisar" la "estructura" del artículo 211, buscar en el diccionario de la real Academia de la Lengua Española el significado de las palabras "consultarán" y "oír," para concluir en que la obligación constitucional impuesta al "cuerpo legislativo" se reduce a "que lleve a cabo de la mejor manera la solicitud de opiniones a los posibles interesados," aceptando, en contra de la Constitución, que:

> "también se cumple con este extremo constitucional cuando el proceso de apropiación del fin y de los medios normativos para alcanzarlo, opera en una fase previa a la instancia legislativa, esto es, cuando como manifestación de su consciencia política, son los colectivos sociales los que diagnostican la necesidad de reformar artículos de leyes ya existentes para la coherencia en la mejor configuración del cuerpo social, que fue precisamente lo que ocurrió en el caso de autos, dando fundamento a la desestimación de la denuncia planteada en este aspecto, aun cuando la consulta, desde la perspectiva jurídica –ya no política- sea un mecanismo auxiliar de consulta conexo al proceso legislativo, pero que no se mimetiza con la función legislativa."

---

160 Véase en http://historico.tsj.gob.ve/decisiones/scon/mayo/199013-355-16517-2017-11-0120.HTML . Véase los comentarios a esta sentencia en Emilio J. Urbina Mendoza, "Todas las asambleas son sufragios, y muchos sufragios también son asambleas. La confusión lógica de la sentencia 355/2017 de la Sala Constitucional del Tribunal Supremo de Justicia y la incompatibilidad entre los conceptos de sufragio y voto asambleario," y José Ignacio Hernández G., "Sala Constitucional convalida la desnaturalización del Municipio. Notas sobre la sentencia N° 355/2017 de 16 de mayo," en *Revista de Derecho Público*, No. 150-151 (enero-junio 2017), Editorial Jurídica Venezolana, Caracas 2017, pp. 107-116 y 349-352.

161 Véase en *Gaceta Oficial* Extra. 6.015 del 28 de diciembre de 2010.

O sea, pura retórica con referencias dispersas sobre temas como la "conciencia política," los "colectivos sociales," y la "configuración del cuerpo social" para terminar la Sala Constitucional apreciando en este caso, "que la sociedad tuvo oportunidad de participar en la elaboración y corrección del proyecto de ley correspondiente," eliminando así la obligación constitucional tan precisamente establecida en el artículo 211 sobre la forma y modo de la consulta popular de los proyectos de leyes, que no admite excepción y menos su relajamiento total al reducirla a que no se sabe quién, en el aparato del Estado, "lleve a cabo de la mejor manera la solicitud de opiniones."

IV. LA CONFISCACIÓN DE LA AUTONOMÍA DE LOS PARTIDOS POLÍTICOS POR OBRA DEL JUEZ CONSTITUCIONAL (2015, 2017, 2018)

Otro golpe certero a la democracia participativa dado también por el Juez Constitucional fue el proferido mediante sentencia de la Sala Constitucional del Tribunal Supremo N° 1023 de 30 de julio de 2015,[162] también bajo la Presidencia de la Sra. Gutiérrez Alvarado, autora de la Tesis "secreta" de Zaragoza, en este caso contra la actuación libre de los partidos políticos como mecanismos institucionales de asociación política e instrumentos para la libre participación de los ciudadanos en la vida política del país; confiscado el derecho de los mismos a ser conducidos por sus autoridades electas.

Los partidos políticos, en efecto, son esencialmente organizaciones de creación libre en el marco del pluralismo político, destinadas a asegurar mediante métodos democráticos de organización, funcionamiento y dirección, la participación política de los ciudadanos en el proceso político y en particular, en los procesos electorales tendientes a conformar las instituciones representativas del Estado. En cumplimiento de dichos fines, en general, contribuyen a la conducción de la política nacional y a la formación y orientación de la voluntad política de sus afiliados y de los ciudadanos en general, mediante la formulación de programas, la presentación y apoyo de candidatos en las correspondientes elecciones, y la realización de actividades de proselitismo y orientación política. [163]

En Venezuela, su existencia deriva constitucionalmente, por una parte, del derecho constitucional de "toda persona" de "asociarse con fines lícitos, de conformidad con la ley," estando obligado el Estado, específicamente, "a facilitar el ejercicio de este derecho" tal como lo dispone el artículo 52 de la Constitución; y por la otra, del derecho que todos los ciudadanos tienen "de asociarse con fines políticos, mediante métodos democráticos de organización, funcionamiento y dirección," tal como lo garantiza el artículo 67 de la Constitución.

De acuerdo con la Constitución, y esta es la única previsión expresa en la materia del funcionamiento de los partidos, "sus organismos de dirección y sus candidatos a cargos de elección popular serán seleccionados en elecciones internas con la participación de sus integrantes," las

---

162 Véase en http://historico.tsj.gob.ve/decisiones/scon/julio/180187-1023-30715-2015-15-0860.HTML. Véase los comentarios en Allan R. Brewer-Carías, "Un nuevo golpe a la democracia. La confiscación de la autonomía de los partidos políticos decretada por el Juez Constitucional," en *Revista de Derecho Público,* N° 143-144 (julio- diciembre 2015), Editorial Jurídica Venezolana, Caracas, 2015, pp. 460-467.

163 Véase sobre el régimen de los partidos políticos en Venezuela, véase Allan R. Brewer-Carías, "Regulación jurídica de los partidos políticos en Venezuela", en Daniel Zovatto (Coordinador), *Regulación jurídica de los partidos políticos en América Latina,* Universidad nacional Autónoma de México, International IDEA, México 2006, pp. 893-937; "Algunas notas sobre el régimen jurídico-administrativo de los partidos políticos en el derecho venezolano" en *Revista de Derecho Español y Americano,* Instituto de Cultura Hispánica, N° 8, Año X, Madrid, abril-junio 1965, pp. 27-46.

cuales, además, conforme al artículo 293.6 constitucional, le corresponde organizar al Consejo Nacional Electoral. Este cuerpo, además, conforme al artículo 193.8, tiene competencia para "organizar la inscripción y registro" de los partidos políticos "y velar porque cumplan las disposiciones sobre su régimen establecidas en la Constitución y en la ley," con la potestad de decidir "sobre las solicitudes de constitución, renovación y cancelación de organizaciones con fines políticos, la determinación de sus autoridades legítimas y sus denominaciones provisionales, colores y símbolos."

Estas son competencias de rango constitucional que solo el Consejo Nacional Electoral, como órgano del Poder Electoral, tiene y puede ejercer, en particular, en lo que se refiere a los conflictos que puedan surgir en cuanto a la "determinación de las autoridades legítimas" de los partidos políticos. El Tribunal Supremo de Justicia también está sujeto a la Constitución, y no puede ejercer dicha competencia,[164] y si acaso podría llegar a conocer de esa materia ello sería exclusivamente a través de la Sala Electoral, al ejercer su competencia contencioso electoral de control de constitucionalidad y legalidad de las decisiones que pudiera adoptar el Consejo Nacional Electoral. La Sala Constitucional, en ningún caso tiene competencia para decidir en esa materia.

Sin embargo, sin competencia alguna para ello, y además, violando el derecho a la defensa que de acuerdo con la Constitución es "inviolable" en todo estado y grado de todas las actuaciones judiciales y administrativas (art. 49), en la sentencia mencionada, la Sala Constitucional, sin audiencia dada a la directiva del partido Copei Partido Popular, la removió de sus cargos, y nombró unas nuevas autoridades del Partido, confiscando el derecho ciudadano a la participación política, y el derecho de los partidos a dirigirse por las autoridades electas en los procesos organizados por el Consejo Nacional Electoral. Eso fue lo que hizo la Sala Constitucional al decidir de un plumazo, exactamente como lo pidieron los accionantes, ordenando al Consejo Nacional Electoral "abstenerse de aceptar cualquier postulación que no sean de las acordadas conforme a los procedimientos establecidos por la Mesa Directiva *ad hoc.*"

Para llegar a esta absurda, inconstitucional y abusiva decisión, la Sala Constitucional ni siquiera conoció de alguna acción de amparo buscando reconocer o desconocer autoridades del partido cuya elección hubiese sido cuestionada, sino pura y simplemente inventó que habría una cuestión de protección de derechos e intereses difusos o colectivos del país, por la queja de algunos miembros del partido de unos pocos Estados de no estar de acuerdo con las decisiones adoptadas por la directiva legítimamente electa del mismo, que buscaban evitar que pudiera conducir el proceso de selección y postulación de candidatos a las elecciones parlamentarias. Ello, por lo visto, para la Sala Constitucional era una cuestión "*de evidente trascendencia nacional.*"

Es decir, que la discrepancia interna entre militantes de un partido político sobre la conducción política del mismo, a partir de esta decisión no se resuelve en elecciones internas del partido, sino que fue la Sala Constitucional la que se arrogó la competencia para decidir cuál es o debe ser la política que debe desarrollar un partido político, que la Sala considere adecuada conforme a su conveniencia como agente del Estado, al punto de llegar a remover la directiva del mismo si le

---

164   No era la primera vez que la Sala Constitucional interfería en el funcionamiento de los partidos políticos. Véase Allan R. Brewer-Carías, "El juez constitucional usurpando, de oficio, funciones del Poder Electoral en materia de control de partidos políticos y de respaldo de candidaturas presidenciales," en *Revista de Derecho Público*, N° 132 (octubre- diciembre 2012), Editorial Jurídica Venezolana, Caracas 2012, pp. 195-200; y "El juez constitucional como constituyente: el caso del financiamiento de las campañas electorales de los partidos políticos en Venezuela," en *Revista de Derecho Público*, N° 117, (enero-marzo 2009), Caracas, 2009, pp. 195-203.

parece que no tiene una línea de conducción ajustada a lo que sus Magistrados piensen. En el caso, la acción que dio origen a la sentencia, la misma se intentó el día lunes 27 de julio de 2015 y la decisión se adoptó tres días después, el día jueves 30 de julio de 2015, el mismo día que se designó a la magistrada Ponente de la sentencia, lo que evidentemente sugería que para ese momento ya la Ponencia de la sentencia estaba preparada.

Y así, sin mayor razonamiento, solo con lo narrado por los accionantes, la Sala Constitucional afirmó que se desprendía "un conjunto de elementos que permiten advertir la *existencia de una potencial lesión a una serie de derechos de significativo carácter constitucional, además de evidente trascendencia nacional,*" razón por la cual, declaró que existían "elementos suficientes para declarar *de oficio* la urgencia de la presente solicitud de amparo," y para el otorgamiento de las antes mencionadas medidas cautelares en los mismos términos exactos a como se solicitaron, nombrando a los propios accionantes como los nuevos miembros de la "Mesa Directiva Nacional, y por tanto, a la Dirección Política Nacional de "Copei Partido Popular;" y todo ello, no porque la directiva suspendida hubiera sido electa en violación de la Ley, en cuyo caso podría haberse hablado de que habría una cuestión constitucional vulnerada, sino porque simplemente los accionantes, como militantes del propio partido, no estaban de acuerdo con la conducción política del Partido que realizaba dicha directiva nacional.

Con esta sentencia, en definitiva, la Sala Constitucional trastocó el régimen de los partidos políticos, y considerándolos –aun cuando sin decirlo – como simples apéndices del Estado, se arrogó el poder de juzgar sobre la forma de conducción de los mismos, sobre las políticas conducidas por la directiva de los partidos, de manera que los militantes de los mismos, antes que buscar las soluciones por las vías estatutarias, ahora pueden acudir ante la Sala Constitucional, para que esta resuelva conforme le interese al Estado y no a la militancia misma del partido en cuestión.

En fin, del texto de la sentencia, lo que se aprecia es que fue una decisión que en realidad no fue dictada por un "órgano judicial" imparcial, sino más bien por un operador político del Estado, con el objeto de impedir que los partidos políticos, a través de sus directivas electas legítimamente, pudieran decidir la política que mejor juzgasen que podía interesar al partido en cuestión, como fue por ejemplo, la firma de alguna declaración política (por ejemplo la llamada "Declaración sobre la transición,"), e impedir, además igualmente que los partidos pudieran postular libremente sus candidatos para las elecciones parlamentarias, cuando en definitiva pudieran representar alguna posición de oposición al gobierno.

De esta manera, como dijimos, se lesionó el derecho constitucional de asociación, y se confiscó el derecho a la participación política a través de partidos políticos que pudieran actuar libremente, como partidos de oposición. Con esta decisión, esos partidos comenzaron a estar proscritos, pues no interesaban al Estado, escudándose el mismo, para lograrlo, en una supuesta decisión de carácter "judicial," pero que en definitiva no es otra que eliminar cualquier manifestación de oposición al gobierno.

Y así, la Sala Constitucional le dio otro golpe a la democracia participativa, en este caso, al derecho político a asociarse en partidos políticos, y al derecho a que los mismos se conduzcan por sus autoridades electas.[165]

V. LA INCONSTITUCIONAL LIMITACIÓN DEL DERECHO DE LOS PARTIDOS POLÍTICOS A PARTICIPAR EN LOS PROCESOS ELECTORALES CON MOTIVO DEL PROCESO CONSTITUYENTE DE 2017 (2017-2018)

Las violaciones a derecho ciudadano de participar en los procesos electorales a través de los partidos políticos continuaron en el país, también con la participación activa y pasiva del Juez Constitucional, con motivo de los procesos electorales que se efectuaron a raíz del proceso constituyente desarrollado en 2017 tras la inconstitucional y fraudulenta convocatoria de una Asamblea Nacional Constituyente en 2017 mediante sentencia N° 2.830 de 1 de mayo de 2017[166] (**Véase Parte Séptima**).

La primera violación al derecho ciudadano de participar a través de los partidos políticos en los procesos electorales ocurrió al ser excluidos, desde el inicio, de toda posibilidad de tener la iniciativa para postular candidatos a Constituyentes para conformar la Asamblea Nacional Constituyente, lo que resultó de la imposición contenida en el Decreto N° 2.878 de 23 de mayo de 2017,[167] que limitó la postulación de los candidatos a ser presentada solo "1. Por iniciativa propia. 2. Por Iniciativa de grupos de electores y electoras. 3. Por iniciativa de los sectores antes mencionados" (Base comicial sexta). Se violaba de esta manera el derecho de los partidos de participar en la conducción de la vida política del país y de postular candidatos (art. 68), siendo además violatorio de la garantía del pluralismo político que también garantiza expresamente la Constitución (arts. 2 y 5). El Juez Constitucional, sin embargo, en la sentencia N° 378 de 31 de

---

165   Por ello, hay que saludar la respuesta dada a la sentencia por las autoridades regionales del partido Copei, en Consejo Federal, según reseña de prensa del día 31 de agosto de 2015, que "acudieron a la sede nacional de la tolda socialcristiana para asumir la conducción del partido," haciendo referencia a un "documento que refleja los acuerdos de la máxima autoridad estatuaria" que son los siguientes: "Solicitar al Tribunal Supremo de Justicia darle carácter de urgencia a este caso para que se concluya esta causa, y se respeten nuestros derechos políticos. / Desconocer a la junta ad hoc, y declaramos espuria cualquier actuación que la misma haga. / Declaramos que la junta ad hoc designada por el Tribunal Supremo de Justicia NO REPRESENTA A COPEI. / Ordenamos a la junta ad hoc abstenerse de declarar y actuar en representación política de nuestro partido Copei y sus regiones. / Declaramos que solo reconocemos como autoridades de Copei a la Junta Directiva y Dirección Política Nacional electa el mes de junio del año 2012. / Ordenamos a los militantes y compañeros de todos los estados incorporarse a la respectiva Mesa de la Unidad Democrática para garantizar el triunfo de la Unidad." Finalmente, indica la nota de prensa que "el presidente del consejo federal copeyano, Rogelio Boscán, denunció que la junta provisional ha "violentado todos nuestros derechos y ha desacatado el mandato recibido por el Tribunal Supremo de Justicia de hacer las consultas para las candidaturas parlamentarias "con el carácter de urgencia, de acuerdo al lapso del cronograma realizado por el Consejo Nacional Electoral." Véase "Restituyen autoridades electas de Copei," en *La Patilla.com*, 31 de agosto de 2015. en http://www.lapati-lla.com/site/2015/08/31/res-tituyen-autoridades-electas-de-copei/.

166   Véase en *Gaceta Oficial* N° 6.295 Extra de 1° de mayo de 2017. Véase Allan R. Brewer-Carías,"La inconstitucional convocatoria de una Asamblea Nacional Constituyente en 2017 como una muestra más de desprecio a la Constitución," en Allan R. Brewer-Carías y Carlos García Soto (Coordinadores), *Estudios sobre la Asamblea Nacional Constituyente y su inconstitucional convocatoria en 2017*, Colección Estudios Jurídicos N° 119, Editorial Jurídica Venezolana, Caracas 2017, pp. 27-40.

167   Véase en *Gaceta Oficial* N° 41.186 de 23 de mayo de 2017.

mayo de 2017,[168] en cuya emisión participo la magistrada Gutiérrez, se inhibió de impartir justicia al abstenerse de decidir sobre los vicios de inconstitucionalidad denunciados en la Convocatoria de la Asamblea Constituyente.

La segunda violación al derecho de los partidos políticos de participar en los procesos electorales se produjo por obra de la propia Asamblea Nacional Constituyente al sujetar "la participación electoral de partidos políticos de oposición a la voluntad de la Asamblea Nacional Constituyente y del Consejo Nacional Electoral,"[169] lo que ocurrió con la sanción de "Ley constitucional contra el odio, por la convivencia pacífica y la tolerancia" de 8 de noviembre de 2017,[170] la cual prohibió la inscripción de los partidos políticos cuyas declaraciones de principios o actividades se funden o promuevan el fascismo, la intolerancia o el odio nacional, racial, étnico, religioso, político, social, ideológico, de género, orientación sexual, identidad de género, expresión de género y de cualquier otra naturaleza que constituya incitación a la discriminación y la violencia, obligándolos a expulsar de su seno a quienes contravengan la Ley (art. 11), dejando en manos del Consejo Nacional Electoral decidir en la materia; lo que se completó con el "Decreto Constituyente para la participación en procesos electorales," de 27 de diciembre de 2017,[171] mediante el cual la Asamblea Nacional Constituyente, sin competencia alguna para ello y en abierta violación de la Constitución, procedió a reformar de hecho la Ley de Partidos Políticos, Reuniones Públicas y Manifestaciones de 1965, al disponer que:

> "Las organizaciones con fines políticos para participar en los procesos electorales nacionales, regionales o municipales deberán haber participado en las elecciones del periodo constitucional de ámbito nacional, regional o municipal inmediatamente anterior, además de cumplir con los demás requisitos previstos en la Ley de Partidos Políticos, Reuniones Públicas y Manifestaciones."

Con ello, la Asamblea Nacional Constituyente lo que hizo fue formalizar la amenaza que el gobierno había formulado, de "castigar" a los partidos políticos que habían promovido la abstención en la irregular elección de Alcaldes que la propia Asamblea Constituyente había convocado inconstitucionalmente meses antes, eliminándoles la capacidad de actuar como tales, haciendo

---

168 Véase en http://historico.tsj.gob.ve/decisiones/scon/mayo/199490-378-315-17-2017-17-0519.HTML. Véase sobre esto el documento: "El Juez Constitucional vs. el pueblo, como poder constituyente originario," (Sentencias de la Sala Constitucional N° 378 de 31 de mayo de 2017 y N° 455 de 12 de junio de 2017), en *Revista de Derecho Público,* N° 149-150, (enero-junio 2017), Editorial Jurídica Venezolana, Caracas 2017, pp. 353-363; y en Emilio J. Urbina, "La jurisprudencia del horror: Las posturas argumentales de la Sala Constitucional ante el tema constituyente (marzo-mayo 2017)," en *Revista de Derecho Público,* N° 149-150, (enero-junio 2017), Editorial Jurídica Venezolana, Caracas 2017, pp. 364 ss. Véase además en Allan R. Brewer-Carías, *La inconstitucional convocatoria de una Asamblea Nacional Constituyente en mayo de 2017 Un nuevo fraude a la Constitución y a la voluntad popular,* Colección Textos Legislativos, N° 56, Editorial Jurídica Venezolana, Caracas 2017, pp. 123 ss.

169 Véase Carlos García Soto, "Quinto mes de la ANC: un cierre de año con impacto en 2018," en *Prodavinci,* 3 de enero de 2018, en http://proda-vinci.com/quinto-mes-de-la-anc-un-cierre-de-ano-con-impacto-en-2018/.

170 Véase en *Gaceta Oficial* N° 41.274 de 8 de noviembre de 2017. Véase el comentario de Badell & Grau, "Asamblea Nacional Constituyente dictó Ley Constitucional Contra el Odio, por la Convivencia Pacífica y la Tolerancia," en http://www.badellgrau.com/?pag=230&ct=2260. Véase el Acuerdo de rechazo de la Asamblea Nacional sobre este instrumento "legal", en http://www.asambleanacional.gob.ve/documentos_archivos/acuerdo-en-rechazo-al-instrumento-generador-de-odio-e-intolerancia-promovido-por-nicolas-maduro-y-la-fraudulenta-constituyente-119.pdf. Véase igualmente el artículo de *Acceso a la Justicia*: "La ANC legalizó la persecución política y la arbitrariedad," noviembre de 2017, en http://www.accesoalajusticia.org/wp/infojusticia/noticias/la-anc-legalizo-la-persecucion-politica-y-la-arbitrariedad/.

171 Véase *Gaceta Oficial* N° 41.308 de 27 de diciembre de 2017.

caso omiso de la norma contenida en el artículo 47 de la Ley Orgánica de Procesos Electorales, conforme a la cual la postulación de candidatos por los partidos es un derecho de los mismos, y no una obligación que éstos deban cumplir.

Con la reforma a la Ley, la Asamblea Nacional Constituyente modificó ilegítimamente lo dispuesto en el artículo 25 de la Ley de Partidos Políticos, Reuniones Públicas y Manifestaciones, que lo único que estipula es la necesidad de que los partidos políticos pasen por un proceso de renovación de su nómina, pero solamente "en el primer año del período constitucional, siempre y cuando no hubiesen obtenido en elecciones *nacionales* el 1% de los votos." En cambio, con esta "reforma de la Ley" lo que hizo la Asamblea Constituyente fue imponerle a los partidos una obligación que no tienen, que es la de renovación de su nómina simplemente por haber ejercido el partido su derecho a no participar en un proceso electoral.

Agregó además el Decreto Constituyente, en violación adicional al principio democrático, que los partidos que no habían postulado candidatos en las elecciones de gobernadores o alcaldes de 2017, "no podrán postular candidatos hasta tanto no renueven su nómina," con lo cual, como lo observó José Ignacio Hernández, "de hecho, se ilegalizó a los partidos políticos que no participaron en las elecciones municipales, hasta tanto no cumplan con el trámite de renovación de nómina," y en esa forma, adicionalmente, se "censura una legítima decisión política cual es la no participación en eventos comiciales considerados arbitrarios e injustos."[172]

En todo caso, la primera aplicación incidental de esta Ley ocurrió de la mano del Juez Constitucional, mediante sentencia No. 53 de 25 de enero de 2018 de la Sala Constitucional del Tribunal Supremo de Justicia, con la participación de la magistrada Gutiérrez Alvarado, autora de la Tesis "secreta" de Zaragoza. A través de dicho fallo, la Sala excluyó al partido político *Mesa de la Unidad Democrática* (MUD) del proceso de renovación de inscripción de los partidos políticos convocados por el Consejo Nacional Electoral, "en razón de que su conformación obedece a la agrupación de diversas organizaciones políticas ya renovadas y otras pendientes de renovación que podrán participar en el proceso electoral de carácter nacional, lo cual contraría abiertamente la prohibición de la doble militancia."[173] Así, también, la Sala aplicó su interpretación previa respecto de la prohibición de la doble militancia en los partidos políticos en el proceso de renovación de su inscripción, la cual había establecido mediante sentencia interpretativa precedente de No 1 de 5 de enero de 2016, que se cita en dicha sentencia.

VI. LA MUTACIÓN CONSTITUCIONAL EFECTUADA ILEGÍTIMAMENTE POR EL JUEZ CONSTITUCIONAL EN MATERIA DE PFOHIBICIÓN DEL FINANCIAMIENTO PÚBLICO DE LOS PARTIDOS POLÍTICOS (2008)

El artículo 67 de la Constitución de 1999 expresamente prohibió "el financiamiento de las asociaciones con fines políticos con fondos provenientes del Estado," al establecer enfáticamente

---

172 Véase José Ignacio Hernández, "¿Qué decidió la "ANC" en relación con los partidos políticos?," en *Prodavinci,* 30 de diciembre de 2017, en http://prodavinci.com/que-decidio-la-anc-en-relacion-con-los-partidos-politicos/.

173 Véase en http://historico.tsj.gob.ve/decisiones/scon/enero/207132-0053-25118-2018-15-0638.HTML. Véase además el texto de la sentencia en el reportaje "TSJ ordena al CNE excluir a la MUD del proceso de validación, en La Patilla, 25 de enero de 2018, en https://www.lapatilla.com/2018/01/25/tsj-ordena-al-cne-excluir-a-la-mud-del-proceso-de-validacion-sentencia/

que el mismo "no se permitirá",[174] cambiando así, radicalmente, el régimen de financiamiento público a los partidos políticos que se había previsto en el artículo 230 de la Ley Orgánica del Sufragio y Participación Política de 1998.

En dicha Ley se había buscado establecer un mayor equilibrio y equidad para la participación de los partidos en la vida democrática y en especial en las campañas electorales, tratando de mitigar los desequilibrios y perversiones que podían producirse con el solo financiamiento privado a los partidos, con el riesgo de presencia de "narcofinanciamiento" por ejemplo, y el eventual financiamiento público indirecto, irregular y corrupto, sólo para los partidos de gobierno,[175] que en un sistema donde no existe control fiscal ni parlamentario del ejercicio del poder, puede magnificarse. Con la prohibición constitucional, al derogarse este artículo de la Ley Orgánica, quedó derogado el régimen de financiamiento público a los partidos políticos, abandonándose la tendencia inversa que predomina en el derecho comparado.

Esta prohibición constitucional expresa sobre el financiamiento público de los partidos políticos, fue uno de los temas a los que se refirió la reforma constitucional que a iniciativa del entonces Presidente de la República,[176] se pretendió aprobar durante el año 2007; con la cual expresamente se buscaba modificar esa prohibición constitucional del artículo 67, proponiéndose al contrario, que "el Estado podrá financiar las actividades electorales", pero sin indicarse si se trataba de un financiamiento a los partidos políticos en general. Esa propuesta de Reforma Constitucional de 2007 fue rechazada por voluntad popular expresada abrumadoramente contra su aprobación mediante referendo del 2 de diciembre de 2007,[177] con lo que el régimen de financiamiento público a los partidos políticos, a su funcionamiento interno y a sus actividades electorales continuó prohibido.

A pesar de ello, la Sala Constitucional del Tribunal Supremo de Justicia, actuando como Jurisdicción Constitucional, mediante sentencia No. 780 de 8 de mayo de 2008 (Exp. n° 06-0785), estableció una interpretación constitucional vinculante, a través de la cual mutó la Constitución, sustituyéndose a la voluntad popular y al poder constituyente originario, disponiendo que "en lo que respecta al alcance de la prohibición de financiamiento público de asociaciones políticas" contenida en la mencionada norma, la misma:

---

174 Véase sobre la versión inicial de esta norma y sobre nuestra propuesta para su redacción en Allan R. Brewer-Carías *Debate Constituyente (Aportes a la Asamblea Nacional Constituyente),* Tomo II (9 septiembre - 17 octubre 1999). Fundación de Derecho Público - Editorial Jurídica Venezolana. Caracas, 1999. p. 129.

175 Véase en general sobre el tema, Allan R. Brewer-Carías, "Consideraciones sobre el financiamiento de los partidos políticos en Venezuela" en *Financiamiento y democratización interna de partidos políticos. Memoria del IV Curso Anual Interamericano de Elecciones,* San José, Costa Rica, 1991, pp. 121 a 139..

176 Véase el documento *Proyecto de Exposición de Motivos para la Reforma Constitucional, Presidencia de la República, Proyecto Reforma Constitucional. Propuesta del presidente Hugo Chávez Agosto 2007; y la publicación: Proyecto de Reforma Constitucional. Elaborado por el ciudadano Presidente de la República Bolivariana de Venezuela, Hugo Chávez Frías* Editorial Atenea, Caracas agosto 2007, p. 19

177 Véase Allan R. Brewer-Carías, "La proyectada reforma constitucional de 2007", rechazada por el poder constituyente originario", en *Anuario de Derecho Público 2007,* Universidad Monteavila, Caracas 2008.

"se circunscribe a la imposibilidad de aportar fondos a los gastos corrientes e internos de las distintas formas de asociaciones políticas, pero dicha limitación, no resulta extensiva a la campaña electoral, como etapa fundamental del proceso electoral."[178]

Es decir, ante una norma tan clara e igualmente tan criticable como la contenida en el artículo 67 de la Constitución, cuya reforma se había intentado hacer en 2007 pero sin lograrse por ser rechazada por la voluntad popular, la Sala Constitucional a través de esta sentencia se erigió en poder constituyente, sustituyendo al pueblo, y dispuso la reforma de la norma, vía su interpretación, en el mismo sentido que se pretendía en la rechazada reforma constitucional, disponiendo en definitiva que la prohibición constitucional "no limita que en el marco del proceso electoral y como gasto inherente a una fase esencial del mismo, el Estado destine fondos con el objeto de financiar el desarrollo de las campañas electorales, de los partidos y asociaciones políticas," es decir, lo contrario de lo que dispone la Constitución.

Es evidente que siendo el financiamiento de las campañas electorales la motivación fundamental del financiamiento de los partidos políticos, pues los mismos tienen por objeto conducir a la ciudadanía en las opciones democráticas que necesariamente desembocan en elecciones, la Ley Orgánica del Sufragio y Participación Política había dispuesto el financiamiento de los partidos políticos; y ello fue lo que sin embargo, se eliminó expresamente en la Constitución de 1999. Por ello, en la misma en su clara concepción anti partidos, entre otras normas dispuso precisamente la prohibición constitucional del financiamiento público a los partidos políticos (art. 67) lo cual lamentablemente provocó la posibilidad no sólo al financiamiento privado ilegítimo (narcotráfico, comisiones de partidos), sino al financiamiento público irregular.[179]

Pero la Sala Constitucional, sin límite alguno, se sustituyó al pueblo y asumió el rol de poder constituyente originario, disponiendo que lo que la Constitución prohíbe cuando establece en el artículo 67 que no se permite "el financiamiento de las asociaciones con fines políticos con fondos provenientes del Estado," es sólo una prohibición al financiamiento por el Estado de "los gastos corrientes e internos de las distintas formas de asociaciones políticas", pero no de la "campaña electoral, como etapa fundamental del proceso electoral."

Es decir, el Juez Constitucional, simplemente, dispuso que la Constitución no dice lo que dice, sino todo lo contrario; que cuando dice que no se permite "el financiamiento de las asociaciones con fines políticos con fondos provenientes del Estado," no es eso lo que establece, sino lo que prohíbe es solamente "el financiamiento de los gastos corrientes e internos de las asociaciones con fines políticos con fondos provenientes del Estado;" y que los gastos de las campañas electorales de dichas asociaciones con fines políticas, en cambio, si pueden ser financiadas con fondos provenientes del Estado.

Y para llegar a esta conclusión, en una sentencia innecesariamente atiborrada de citas de autores sobre las técnicas de interpretación y la noción de democracia, y sobre las bondades del financiamiento público de las campañas electorales de los partidos políticos, concluyó en la men-

---

178   Véanse los comentarios en Allan R. Brewer-Carías, "El juez constitucional como constituyente: el caso del financiamiento de las campañas electorales de los partidos políticos en Venezuela," en *Revista de Derecho Público*, N° 117, (enero-marzo 2009), Editorial Jurídica Venezolana, Caracas 2009, pp. 195-203

179   Véase en Allan R. Brewer-Carías, "Regulación jurídica de los partidos políticos en Venezuela" en *Estudios sobre el Estado Constitucional (2005-2006)*, Cuadernos de la Cátedra Fundacional Allan R. Brewer Carías de Derecho Público, Universidad Católica del Táchira, N° 9, Editorial Jurídica Venezolana. Caracas, 2007, pp. 655-686

cionada distinción, de que una cosa es que el Estado financie "los gastos corrientes e internos" de los partidos políticos y otra cosa es que financie "sus campañas electorales," deduciendo sin fundamento alguno que lo que la Constitución prohíbe es lo primero y no lo segundo.

Se trata de una conclusión absurda, la cual, contra toda lógica democrática, se deriva de una premisa falsa, y es que en sistemas democráticos supuestamente podría ocurrir que el Estado financie los gastos corrientes e internos de los partidos. Ello no se concibe en las democracias, por lo que no requiere de prohibición alguna. En democracias lo que se financia es el funcionamiento de los partidos, pero con miras siempre a las campañas electorales, al punto de que este se suspende si los mismos no llegan a obtener un determinado porcentaje de votación en las elecciones.

Habiendo sido prohibida en la Constitución el financiamiento de las campañas electorales de los partidos políticos con fondos provenientes del Estado[180] (ya que no tiene lógica afirmar que lo que se prohíbe es lo que nunca se ha permitido: el financiamiento de los gastos corrientes e internos de los partidos), sólo reformándola es que se podría lograr lo contrario. Y ello fue lo que en este caso hizo el Juez Constitucional en Venezuela: reformar la Constitución, usurpando el poder constituyente originario que es del pueblo e, incluso contra su propia voluntad expresada cinco meses antes al rechazar precisamente esa reforma constitucional en igual sentido, estableció la posibilidad de financiar las campañas electorales de los partidos políticos.

VII. EL SECUESTRO DEL DERECHO POLÍTICO A MANIFESTAR MEDIANTE UNA ILEGÍTIMA "REFORMA LEGAL" EFECTUADA POR EL JUEZ CONSTITUCIONAL (2014)

Conforme a la Constitución, todos los ciudadanos tienen "derecho a manifestar, pacíficamente y sin armas, sin otros requisitos que los que establezca la ley," que en esta materia es la Ley de Partidos Políticos, Reuniones Públicas y Manifestaciones de 2010,[181] la cual reformó la Ley del mismo nombre de 1964,[182] en la cual sólo se establecen los siguientes dos requisitos para ejercer dicho derecho:

Primero, conforme al artículo 43 de la Ley, el requisito de la "participación" previa (con 24 horas de anticipación) que los organizadores de manifestaciones deben formular ante la primera autoridad civil de la jurisdicción "con indicación del lugar o itinerario escogido, día, hora y objeto general que se persiga," a cuyo efecto "las autoridades en el mismo acto del recibo de la participación deberán estampar en el ejemplar que entregan a los organizadores, la aceptación del sitio o itinerario y hora." (art. 43).

En caso de haber "razones fundadas para temer que la celebración simultánea de manifestaciones en la misma localidad pueda provocar trastornos del orden público," la autoridad ante quien deba hacerse la participación puede disponer, "de acuerdo con los organizadores, que aquellos actos se celebren en sitios suficientemente distantes o en horas distantes." En estos casos la

---

180   Por ello fue, incluso, que entre otros aspectos salvamos nuestro voto en relación con dicha norma. Véase Allan R. Brewer-Carías, *Debate Constituyente (Aportes a la Asamblea Nacional Constituyente)*, Tomo III (18 octubre-30 noviembre 1999). Fundación de Derecho Público - Editorial Jurídica Venezolana. Caracas, 1999. pp. 239, 259.

181   Véase en *Gaceta Oficial* N° 6.013 Extra. de 23 de diciembre de 2010. El principio de la reserva legal se ratifica en el Artículo 41 de la Ley, en el cual se dispone que *Todos los habitantes de la República tienen el derecho de reunirse en lugares públicos o de manifestar, sin más limitaciones que las que establezcan las leyes*".

182   Véase en *Gaceta Oficial* N° 27.620 de 16 de diciembre de 1964.

autoridad civil debe dar "preferencia para la elección del sitio y la hora quienes hayan hecho la participación con anterioridad" (art. 44).

Segundo, el requisito de la "autorización" previa que las asociaciones políticas deben solicitar ante la misma autoridad civil (primera autoridad civil de la jurisdicción) para la realización de manifestaciones en "sitios prohibidos" que "no afecten el orden público, el libre tránsito u otros derechos ciudadanos" (art. 46). La determinación de esos "sitios prohibidos" para manifestaciones, corresponde hacerla a los gobernadores de estado y los alcaldes de municipios o de distritos metropolitanos, quienes deben fijar "periódicamente mediante resoluciones publicadas en las respectivas Gacetas, los sitios donde no podrán realizarse reuniones públicas o manifestaciones, oyendo previamente la opinión de los partidos" (art. 46).[183]

La clara distinción, antes comentada, establecida en la Ley desde 1964, y el claro régimen general de la sola exigencia de una "participación previa" ante la autoridad civil para la realización de manifestaciones, fue radicalmente modificado por el Juez Constitucional, supuestamente actuando como "máxima y última intérprete del Texto Fundamental," mediante sentencia de la

---

183   Ese régimen de restricciones al derecho a manifestar que está en la Ley de 2010, se estableció con la misma redacción en la Ley de 1964, en la cual estaba la misma distinción entre una "participación" y una "autorización" para supuestos distintos, como incluso lo advertimos hace ya cincuenta años, cuando recién se sancionó la Ley de 1964. En 1965, expresamos lo siguiente: "-La participación previa. "La ley, a pesar de que ha podido someter la realización de manifestaciones públicas al requisito de autorización o permiso previo por parte de la autoridad administrativa, sólo ha establecido la obligación para los organizadores de manifestaciones de *participar,* con veinticuatro horas de anticipación por lo menos, la realización de la manifestación, a la primera autoridad civil de la jurisdicción (Artículo 38 de la Ley de Partidos Políticos y artículo 129 de la Ley Electoral). Esta participación debe hacerse por escrito duplicado, donde debe indicarse el lugar o itinerario escogido para la manifestación, además del día, hora y objeto general que se persiga. // La primera autoridad civil de la jurisdicción en el mismo acto del recibo de la participación deberá estampar en el ejemplar que entregará a los organizadores, la *aceptación* del sitio o itinerario y hora. // Esta necesaria aceptación del lugar o itinerario y hora de la manifestación que se proyecta, implica la facultad de la Administración de objetarlos. Y en efecto, el artículo 39 de la ley establece que cuando hubiere razones fundadas para temer que la celebración simultánea de manifestaciones en la misma localidad pueda provocar trastornos del orden público, la autoridad ante quien deba hacerse la participación previa, podrá disponer, de acuerdo con los organizadores de las manifestaciones, que aquéllas se realicen en sitios suficientemente distantes o en horas distintas. En este caso, consagra el artículo 39 de la Ley de Partidos Políticos, "tendrán preferencia para la elección del sitio y la hora quienes hayan hecho la participación con anterioridad." Para ello el artículo 40 de la Ley de Partidos Políticos prevé que la autoridad civil llevará un libro en el cual irá anotando, en riguroso orden cronológico, las participaciones de reuniones públicas y manifestaciones que vaya recibiendo. // En todo caso, la ley autoriza a las autoridades de policía para tomar todas las medidas preventivas, tendientes a evitar las manifestaciones para las cuales no se haya hecho la debida participación o las que pretendan realizarse en contravención de las disposiciones de la ley (art. 44). // - Limitaciones. La Ley consagra determinadas limitaciones a la realización de manifestaciones. Así, el artículo 43 de la misma prohíbe las manifestaciones de carácter político con uso de uniformes, estableciendo, además, que los infractores serán sancionados con arresto de quince a treinta días, sin perjuicio de las acciones a que dichos actos pudieren dar lugar. // Por otra parte se autoriza expresamente a los Gobernadores de la entidad política respectiva, para fijar periódicamente, mediante resoluciones publicadas en las respectivas Gacetas, y oyendo previamente la opinión de los partidos, los sitios donde no podrán realizarse manifestaciones (art. 41). Sin embargo, a solicitud de las asociaciones políticas, la autoridad civil podrá autorizar manifestaciones en aquellos sitios prohibidos, cuando no afecten el orden público, el libre tránsito u otros derechos ciudadanos." Véase en Allan R. Brewer-Carías, *El régimen jurídico de la nacionalidad y ciudadanía venezolanas*, Publicaciones del Instituto de Derecho Público, Universidad Central de Venezuela, Caracas 1965, pp. 104 ss. Véase igualmente Allan R. Brewer-Carías, "Sobre las manifestaciones públicas", en *El Universal*, Caracas 17 de septiembre de 2000, pp. 1-1 y 1-14, donde denunciábamos la conducta autoritaria de funcionarios del Estado al desconocer lo regulado en el artículo 68 de la Constitución.

Sala Constitucional del Tribunal Supremo Nº 276 de 23 de abril de 2014,[184] en cuya emisión también participó la magistrada Presidenta Gutiérrez Alvarado, autora de la Tesis "secreta" de Zaragoza, dictada a solicitud del Alcalde del Municipio Guácara del Estado Carabobo, miembro del partido político oficial.

En dicha sentencia, la Sala procedió a realizar una supuesta "interpretación abstracta" del artículo 68 de la Constitución, [185] que es evidente que no requiere de interpretación –basta leer su texto-, solo para trastocar o mutar lo establecido en el artículo 43 de la Ley de Partidos Políticos, Reuniones Públicas y Manifestaciones, ejerciendo como legislador positivo. Para ello, la Sala Constitucional procedió, inconstitucional e ilegítimamente, a "reformar" dicho artículo, estableciendo, como lo anunció el propio Tribunal Supremo en la "Nota de Prensa" que se publicó a raíz de la decisión adoptada, al contrario de lo que dice la norma, que:

> "resulta obligatorio para las organizaciones políticas así como para todos los ciudadanos, agotar el procedimiento administrativo de autorización ante la primera autoridad civil de la jurisdicción correspondiente, para poder ejercer cabalmente su derecho constitucional a la manifestación pacífica."[186]

Ello, por supuesto no es lo que establece el artículo 43 de la Ley, que fue cambiado por el Juez Constitucional ilegítimamente y sin que se tratase de interpretación alguna de la Constitución.

En efecto, en este caso, el Alcalde recurrente lo que solicitó de la Sala Constitucional –como una especie de procedimiento de interpretación a la carta - fue que mediante el conocimiento de un "recurso de interpretación de la Constitución," le precisara si, conforme al artículo 43 de la Ley de Partidos Políticos, el sello que debía ponerle la autoridad municipal a la participación de realización de una manifestación como *"aceptación del sitio o itinerario y hora" de la misma*, significaba que el Alcalde podía o no negar la realización de la manifestación, como si se tratase de una solicitud de "autorización previa" que debía otorgar la autoridad municipal para la realización de cualquier manifestación, y no de tomar conocimiento de una participación, como lo dispone la Ley.

En definitiva, el Alcalde, en su recurso de interpretación de la Constitución, lo que destacó fue que del artículo 43 de la Ley y de todas las otras normas legales citadas, le surgía una supuesta "duda" en cuanto a la "posibilidad autorizatoria" establecida en los artículos 41, 43, 44, 46, 50 de la Ley de Partidos Políticos, Reuniones Públicas y Manifestaciones." No había por tanto nada dudoso en el artículo 68 de la Constitución, habiendo el Alcalde solicitado solo la interpretación de normas legales. Por ello la cita del artículo 68 no fue más que una simple excusa para que la Sala conociera del asunto y procediera, ilegítima e inconstitucionalmente, a "legislar," con el pretexto de interpretar los artículos 41, 43, 44, 46 y 50 de la Ley de Partidos Políticos, Reuniones Públicas y Manifestaciones, considerando que "a pesar de tener tales disposiciones rango legal,

---

184 Véase en http://www.tsj.gov.ve/decisiones/scon/abril/163222-276-24414-2014-14-0277.HTML Véanse los comentarios en Allan R. Brewer-Carías, "Un atentado contra la democracia: el secuestro del derecho político a manifestar mediante una ilegítima "reforma" legal efectuada por la Sala Constitucional del Tribunal Supremo" en *Revista de Derecho Público,* Nº 138 (2do. Trimestre 2014, EJV, Caracas, 2014, pp. 157-169.

185 Artículo 68. Los ciudadanos y ciudadanas tienen derecho a manifestar, pacíficamente y sin armas, sin otros requisitos que los que establezca la ley […].

186 Véase Nota de Prensa de 24 de abril de 2014 en http://www.tsj.gov.ve/informacion/notasde prensa/notasdeprensa.asp?codigo=11828

ellas guardan una estrecha vinculación con la norma constitucional." Usurpó así la Sala las competencias y funciones del legislador.

Para supuestamente "determinar el alcance y el contenido del artículo 68 de la Constitución" que en realidad resultó ser una mutación, no del texto constitucional, sino del artículo 44 y siguientes de la Ley de Partidos Políticos, Reuniones Públicas y Manifestaciones en cuanto a "la actuación de los Alcaldes como primeras autoridades político territoriales frente al requerimiento de manifestaciones públicas dentro de sus referidos Municipios"; la Sala sobre el derecho a la manifestación pacífica, como uno de los derechos políticos de los ciudadanos, afirmó que el mismo "no es un derecho absoluto," sino que "admite válidamente restricciones para su ejercicio… al limitar su ejercicio a las previsiones que establezca la Ley." Dicho esto, pasó luego a hacer una "verificación del contenido" de los artículos 41, 43, 44, 46 y 50 de la Ley de Partidos Políticos, Reuniones Públicas y Manifestaciones, "descubriendo" que efectivamente regulan el "ejercicio del derecho a la protesta pacífica de una manera pormenorizada," previendo "las pautas adecuadas para el ejercicio cabal y efectivo del derecho a la manifestación pacífica sin que ello implique en modo alguno una limitación total y absoluta de su ejercicio."

La Sala expresó esto solo para *reformar* la ley en forma ilegítima e inconstitucional, al "verificar" de manera completamente errada la supuesta previsión de: "el lapso del cual disponen los organizadores *para solicitar autorización para realizar la reunión pública o manifestación (veinticuatro horas de anticipación a la actividad)*." Con esta sola "verificación" inicial, la Sala Constitucional trastocó la normativa legal, y "convirtió" una "participación" que debe ser hecha a la autoridad civil por los organizadores de una manifestación, que es lo previsto en el artículo 43 de la Ley, en una supuesta solicitud de "autorización" por parte de los mismos ante dicha autoridad, que no está regulada en el artículo 43 de la Ley, cambiando de raíz el régimen legal para el ejercicio del derecho político a manifestar.

En su ilegítima "verificación" del contenido de las normas legales citadas, la Sala Constitucional, por supuesto, se cuidó de no "verificar" que al contrario del artículo 43 de la Ley que solo prevé un "participación," en el artículo 46 de la misma Ley sí se establece un régimen de "autorización" de manifestaciones cuando se prevea realizarlas en sitios prohibidos. Es decir, la Sala en su ilegítima "verificación" del contenido de las normas que pretendió "interpretar," no hizo la distinción que sí hizo el legislador entre una "participación" a la autoridad para ejercer un derecho y una "solicitud de autorización" previa para poder ejercer un derecho. La distinción es abismal, pero la Sala se cuidó de no darse cuenta de ella, y convirtió la "participación" en una solicitud de autorización, ignorando el texto expreso de la Ley.

Luego, después de supuestamente "verificar" el contenido del artículo 43 de la Ley de Partidos Políticos, Reuniones Públicas y Manifestaciones, trastocando su contenido y reformándolo, la Sala pasó en su sentencia a supuestamente "aclarar las dudas que tiene el accionante sobre el procedimiento pautado" en la Ley, que desde el comienzo calificó erradamente como "procedimiento de autorización," ignorando deliberadamente que era una simple notificación o participación.

Así, frente a la supuesta primera "duda" del Alcalde recurrente y su abogado, sobre si "para ejercer el derecho a manifestar, en los términos previstos en el artículo 68 de la Constitución de la República Bolivariana de Venezuela, debe el o los manifestantes solicitar autorización," la Sala Constitucional concluyó pura y simplemente, como lo anunció en su "Nota de Prensa" sobre la sentencia, antes indicada, que supuestamente de acuerdo con la Ley:

"resulta obligatorio para los partidos y/o organizaciones políticas así como para todos los ciudadanos, -cuando estos decidan efectuar reuniones públicas o manifestaciones- *agotar el procedimiento administrativo de autorización ante la primera autoridad civil de la jurisdicción correspondiente, para de esta manera poder ejercer cabalmente su derecho constitucional a la manifestación pacífica*".

Es decir, una técnica de notificación o participación para establecer el lugar o itinerario y hora del ejercicio de un derecho constitucional, lo convirtió la Sala en una técnica autorizatoria para el ejercicio del derecho que no está establecida legalmente

En la misma línea de distorsión y reforma de la Ley, frente a la segunda "duda" del Alcalde recurrente y su abogado, sobre si "constituye la *autorización* -de ser necesaria- un requisito legal o limitación legal al derecho a manifestar al que hace referencia tanto el artículo 68 de la Constitución de la República Bolivariana de Venezuela como el artículo 41 de la Ley de Partidos Políticos, Reuniones Públicas y Manifestaciones, respectivamente," la Sala sostuvo que

> "*la autorización* emanada de la primera autoridad civil de la jurisdicción de acuerdo a los términos de la Ley de Partidos Políticos, Reuniones Públicas y Manifestaciones, constituye un requisito de carácter legal, cuyo incumplimiento limita de forma absoluta el derecho a la manifestación pacífica, impidiendo así la realización de cualquier tipo de reunión o manifestación."

Es decir, una simple "notificación" o "participación" previa como requisito para el ejercicio de un derecho constitucional, lo convirtió la Sala en una "limitación absoluta" al derecho mismo a la manifestación pacífica, "regulando" *contra legem* que el mismo simplemente no puede ejercerse sin dicha autorización, "impidiendo así la realización de cualquier tipo de reunión o manifestación" sin la obtención de la misma.

De allí, la conclusión a la cual llegó la Sala, de que "*cualquier concentración*, manifestación o *reunión* pública que no cuente con el *aval previo de la autorización por parte de la respectiva autoridad competente* para ello, podrá dar lugar a que los cuerpos policiales y de seguridad en el control del orden público a los fines de asegurar el derecho al libre tránsito y otros derechos constitucionales (como por ejemplo, el derecho al acceso a un instituto de salud, derecho a la vida e integridad física), actúen dispersando dichas concentraciones con el uso de los mecanismos más adecuados para ello, en el marco de los dispuesto en la Constitución y el orden jurídico".

El Juez Constitucional le dio pues carta blanca a la represión de las manifestaciones, violando no sólo el contenido del artículo 68 de la Constitución,[187] sino además, el derecho constitucional de reunión, ya que en su sentencia no sólo se refirió a manifestaciones, sino a "cualquier concentración" o "reunión," con lo cual la Sala también violó el artículo 53 de la Constitución Nacional, que garantiza el derecho de "toda persona […] de *reunirse, pública* o privadamente, *sin permiso previo*, con fines lícitos y sin armas. Las reuniones en lugares públicos se regirán por la ley".

En cuanto a la tercera "duda" del Alcalde recurrente, sobre si "el órgano administrativo que actúe en el marco de la Ley de Partidos Políticos, Reuniones Públicas y Manifestaciones, específicamente con base en los artículos 43, 44, 46 y 50 de esa ley, puede denegar, modificar o aprobar

---

187   Como lo destacó el Programa Venezolano de Educación Acción en Derechos Humanos (Provea): "con esta decisión, el máximo Tribunal del país avala la represión por parte de los cuerpos armados del Estado contra los ciudadanos." Véase Nota de Prensa, "La Sala Constitucional del Tribunal Supremo de Justicia suprimió, mediante una sentencia publicada ayer, las garantías para el ejercicio del derecho a la manifestación pacífica, tal como lo consagra la Constitución Nacional y la Ley de Partidos Políticos, Reuniones Públicas y Manifestaciones," en *el nacional web* 25 de abril 2014.

esa autorización mediante acto administrativo expreso," la Sala, siguiendo el "nuevo régimen legal" que estableció en su sentencia, concluyó que "la primera autoridad civil de la jurisdicción - donde se desee realizar la concentración, manifestación o reunión pública- no se encuentra limitada a los términos en que se efectúe la solicitud, pudiendo no sólo negar la autorización, sino también modificarla en caso de acordarla o autorizarla en cuanto a la indicación del lugar y el itinerario escogido (el día y hora)".

En cuanto a la cuarta "duda" del Alcalde recurrente sobre si la autorización en materia de manifestaciones públicas "tiene como finalidad autorizar o no la manifestación pública o versa solamente acerca de la posibilidad que tiene la autoridad de señalar el sitio donde deba realizarse la reunión o manifestación pública," de nuevo, violentando lo dispuesto en el artículo 44 de la Ley de Partidos Políticos, Reuniones Públicas y Manifestaciones, la Sala Constitucional le precisó al Alcalde recurrente que la supuesta "autorización "prevista en la Ley" –que como resulta de la norma no está prevista-, comprendería "dos aspectos importantes" que son: primero, el "relacionado con la habilitación propiamente dicha para permitir la concentración, reunión pública o manifestación y el segundo, vinculado con las condiciones de modo, tiempo y lugar en que se podrá llevar a cabo dicha actividad."

Con ello, la Sala, usurpando de nuevo la función legislativa, reguló en contra de lo dispuesto en el texto del artículo 43 de la Ley, amplios poderes de limitación del derecho constitucional por parte de la autoridad municipal no previstos en ley alguna.

En cuanto a la quinta "duda" del Alcalde recurrente sobre las "facultades que en materia de orden público posee el órgano competente si fuesen desobedecidas las limitaciones o condiciones al derecho de manifestar," la Sala Constitucional se refirió a la previsión constitucional que atribuye a los Municipios competencia en materia de policía (art. 178.7), y a las previsiones de la Ley Orgánica del Servicio de Policía y del Cuerpo de Policía Nacional Bolivariana de 2009 (artículos 34.4, 44 y 46), sobre los servicios de policía municipal para el mantenimiento del orden público en materias propias del municipio y de protección vecinal; imponiéndole de paso, a las policías municipales," la "obligación de coadyuvar con el resto de los cuerpos de seguridad (policías estadales, Policía Nacional Bolivariana y Guardia Nacional Bolivariana) en el control del orden público que resulte alterado con ocasión del ejercicio ilegal del derecho a la manifestación." Con ello, en definitiva, la Sala lo que hizo fue "legalizar" un Estado represivo que es contrario a la Constitución, que fue el que se quiso incorporar en la reforma constitucional de 2007, que fue rechazada por el pueblo.[188]

En cuanto a la sexta "duda" del Alcalde recurrente sobre las "facultades sancionatorias que posee el órgano competente si fuesen desobedecidas las limitaciones o condiciones al derecho a manifestar," la Sala Constitucional le indicó que:

"ante la desobediencia de la decisión tomada por la primera autoridad civil de la jurisdicción, bien por el hecho de haberse efectuado la manifestación o reunión pública a pesar de haber sido negada expresamente o por haber modificado las condiciones de tiempo, modo y lugar que fueron autorizadas previamente, la referida autoridad deberá remitir al Ministerio Público, a la mayor brevedad posible toda la información atinente a las personas que presentaron la solicitud de manifestación pacífica, ello a los fines de que determine su responsabilidad penal por la comisión del delito de desobediencia a la

---

188   Véase Allan R. Brewer-Carías, *Hacia la consolidación de un Estado Socialista, Centralizado, Policial y Militarista. Comentarios sobre el sentido y alcance de las propuestas de reforma constitucional 2007*, Colección Textos Legislativos, N° 42, Editorial Jurídica Venezolana, Caracas 2007.

autoridad previsto en el artículo 483 del Código Penal, además de la responsabilidad penal y jurídica que pudiera tener por las conductas al margen del Derecho, desplegadas durante o con relación a esas manifestaciones o reuniones públicas."

Con ello, lo que logró la Sala Constitucional fue, ni más ni menos, que "regularizar" la criminalización de la protesta,[189] para justificar la represión, haciendo de los Acaldes cómplices obligatorios de tácticas persecutorias; y siempre con la "espada de Damocles" establecida por la propia Sala en las decisiones de marzo de 2014, de los casos de revocación del mandato de los Alcaldes de San Diego y San Cristóbal por supuesto desacato, de que ante cualquier acción de amparo que se intente contra ellos porque no persiguen y denuncian penalmente, suficientemente, a los manifestantes "desobedientes," entonces ellos mismos pueden ser encarcelados y despojados de su investidura popular en un juicio sumario por la propia Sala Constitucional.

Como puede derivarse de lo anteriormente señalado, y de cómo la Sala Constitucional, al resolver el "recurso de interpretación" intentado (sin decir si era de la Constitución o de la Ley), y que buscaba una "reforma" o "mutación" legal "a la carta"; en una forma evidentemente regresiva y limitante, al supuestamente precisar "el contenido y alcance del artículo 68 de la Constitución [...], así como las dudas generadas con ocasión de la aplicación de los artículos 41, 43, 44, 46 y 50 de la Ley de Partidos Políticos, Reuniones Públicas y Manifestaciones," en realidad, además de usurpar las funciones del Legislador, asumiendo ilegítimamente una función de "legislador positivo" que no tiene, lo que hizo fue violar el artículo 19 de la Constitución, que al contrario garantiza el principio de la progresividad en materia de derechos humanos.[190]

Como Juez Constitucional, la Sala en ningún caso podía mutar las disposiciones legales en detrimento del contenido y atributos de los derechos, como al contario ha ocurrido en este caso con el derecho a manifestar,[191] en el cual "la Sala Constitucional creó una prohibición que impide el derecho a manifestar sin autorización. Además, advirtió que obviar esa autorización implica un delito penal. Es decir, los ciudadanos pueden ir presos por manifestar sin autorización de los Alcaldes."[192]

---

189 Al contrario, como con razón ha señalado Provea que "Los derechos consagrados en nuestra Carta Magna no pueden ser convertidos en delitos por la acción arbitraria de las instituciones del Estado, la protesta es un mecanismo legítimo que tienen los ciudadanos en las sociedades democráticas para reclamar y conquistar derechos o para defenderse frente a los posibles abusos de poder." Véase Nota de Prensa, "La Sala Constitucional del Tribunal Supremo de Justicia suprimió, mediante una sentencia publicada ayer, las garantías para el ejercicio del derecho a la manifestación pacífica, tal como lo consagra la Constitución Nacional y la Ley de Partidos Políticos, Reuniones Públicas y Manifestaciones," en el nacional web 25 de abril 2014-.

190 Véase sentencia N° 1114 de 25-5-2006, Caso: *Lisandro Heriberto Fandiña Campos*, en *Revista de Derecho Público* N° 106, Caracas 2006, pp. 138 ss.

191 ¿Cuán diferente fue, por ejemplo, la posición del Tribunal Constitucional Español, cuando en sentencia STC 36?1982, al interpretar la Ley 17/1976 sobre reuniones en lugares de tránsito público, que establecía el requisito de autorización, a la luz del artículo 21 de la Constitución de 1978 que nada disponía en tal sentido; interpretó conforme al principio de la progresividad, que de lo que se trataba era sólo de una "comunicación". Véase las referencias en José Luis López González, "El derecho de reunión y manifestación en a jurisprudencia del Tribunal Constitucional," en *Revista de Estudios Políticos* (Nueva Etapa), N° 96, Madrid 1997, pp. 179 ss.

192 Véase José Ignacio Hernández, "Sobre la decisión del TSJ y el derecho a la protesta, "en Prodavinci, abril 2014, en http://prodavinci.com/blogs/sobre-la-decision-de-la-sala-constitucional-y-el-dere-cho-a-la-protesta-por-jose-ignacio-hernandez/ En el mismo sentido, el Colegio de Abogados del Distrito Federal expresó que con "esta decisión, la Sala Constitucional cre

Este inconstitucional proceder de la Sala Constitucional, al secuestrar dicho derecho constitucional, imponiendo requisitos y limitaciones para su ejercicio que no están previstos en la ley, vicia de ilegitimidad dicha sentencia N° 257 de 25 de abril de 2014, y como cualquier otro acto legítimo de cualquier órgano del Estado, los ciudadanos tienen el derecho a desconocerlo en los términos del artículo 350 de la Constitución,[193] sobre todo porque la Sala, en su actuación, no tiene quien la controle. Es por ello que solo el pueblo puede hacerlo.

VIII. LA ILEGÍTIMA MUTACIÓN CONSTITUCIONAL DISPUESTA POR EL JUEZ CONSTITUCIONAL PARA PERMITIR EL PROSELITISMO POLÍTICO EN LA FUERZA ARMADA (2014)

A pesar del acentuado cuadro militarista de la Constitución de 1999 que denunciamos en su momento,[194] en el texto constitucional se logró preservar en forma expresa, en relación con la participación de la Fuerza Armada Nacional y sus integrantes en actividades políticas, lo siguiente: primero, que "la Fuerza Armada Nacional constituye una institución esencialmente profesional, sin militancia política, organizada por el Estado para garantizar la independencia y soberanía de la Nación y asegurar la integridad del espacio geográfico" (Artículo 328.); segundo, que "en el cumplimiento de sus funciones, está al servicio exclusivo de la Nación y en ningún caso al de

---

implica un delito penal, lo cual a su vez es inconstitucional, por cuanto viola la reserva legal para los delitos al crear un delito que no existe en la legislación venezolana vigente. Es decir: los ciudadanos pueden ir presos por manifestar sin autorización de la Primera Autoridad Civil del Municipio." Concluye el Colegio observando que: "En consecuencia, estamos en presencia de una sentencia radicalmente nula por mandato de los artículos 25 y 350 constitucionales, ya que entre otros graves vicios: a) conculca de hecho el derecho a la protesta cívica pacifica, b) suspende garantías constitucionales ad infinitum y viola convenios internacionales vinculantes c) crea un delito penal que no existe, d) somete a la libre voluntad del funcionario competente no solo el ejercicio del derecho a la protesta, sino también el lugar y tiempo para su realización, además, e) ordena a las policías municipales a violar la propia Constitución al imponerles el deber de disolver manifestaciones sin poder legalmente tener los equipos necesarios para ellos." Véase "Pronunciamiento del Ilustre Colegio de Abogados de Caracas sobre la sentencia de la Sala Constitucional del Tribunal Supremo de Justicia que interpreta el derecho a manifestar", Caracas 26 de abril de 2014.

193 Es en definitiva lo planteado por Cipriano Heredia, Diputado al Consejo Legislativo del Estado Miranda: "A los venezolanos lo único que nos queda es aplicar por la vía de los hechos la Constitución y continuar manifestando con la simple notificación que es lo que exige la Ley, amparados en el artículo 68 de nuestra Carta magna", en "Heredia: Sentencia del TSJ apuntala talante dictatorial del Gobierno," en *El Universal*, Caracas 28 de abril de 2014.

194 Véase Allan R. Brewer-Carías, "Reflexiones críticas sobre la Constitución de Venezuela de 1999", en Diego Valadés, Miguel Carbonell (Coordinadores), *Constitucionalismo Iberoamericano del Siglo XXI*, Cámara de Diputados. LVII Legislatura, Universidad Nacional Autónoma de México, México 2000, pp. 171-193; en *Revista de Derecho Público*, N° 81, Editorial Jurídica Venezolana, Caracas, enero-marzo 2000, pp. 7-21; en *Revista Facultad de Derecho, Derechos y Valores*, Volumen III N° 5, Universidad Militar Nueva Granada, Santafé de Bogotá, D.C., Colombia, Julio 2000, pp. 9-26; y en el libro *La Constitución de 1999*, Biblioteca de la Academia de Ciencias Políticas y Sociales, Serie Eventos 14, Caracas 2000, pp. 63-88. Ya en nuestro pronunciamiento sobre las "Razones del voto "NO" en el referéndum sobre la Constitución," que publicamos el 30 de noviembre de 1999, expresamos: "en cuanto a la *Constitución política* en el Proyecto de Constitución, cuando se analiza globalmente, particularmente en los elementos antes mencionados, pone en evidencia un esquema institucional para el autoritarismo, que deriva de la combinación del centralismo de Estado, del presidencialismo exacerbado, de la partidocracia y del militarismo que constituyen los elementos centrales diseñados para la organización del Poder del Estado." Véase en Allan R. Brewer-Carías, *Debate Constituyente (Aportes a la Asamblea Nacional Constituyente), Tomo III (18 octubre-30 noviembre 1999)*, Fundación de Derecho Público-Editorial Jurídica Venezolana, Caracas 1999, p. 325.

persona o parcialidad política alguna" (Artículo 328.); tercero, que a los integrantes de la Fuerza Armada Nacional no "les esté permitido optar a cargo de elección popular (Artículo 330); y cuarto, que a los integrantes de la Fuerza Armada Nacional, tampoco les está permitido "participar en actos de propaganda, militancia o proselitismo político" (Artículo 330).

Estos postulados esenciales, por supuesto, sólo podrían cambiarse mediante una reforma del texto constitucional, como se pretendió hacer con la rechazada reforma constitucional de 2007, cuando por ejemplo, respecto de la norma del artículo 328, en primer lugar, se buscaba eliminar la previsión constitucional de que la Fuerza Armada es "institución esencialmente profesional, sin militancia política", y en su lugar se proponía establecer que constituye "un cuerpo esencialmente patriótico popular y antiimperialista". Con ello, hubiera desaparecido la institución militar como institución profesional, y desaparecido la prohibición de que la misma no tenga militancia política, definiéndosela como "patriótico popular y antiimperialista," lo que buscaba abrir como lo expresamos en 2007, "el camino constitucional para la integración de la Fuerza Armada Bolivariana en el partido político de su Comandante en Jefe, quien ejerce la Suprema Autoridad Jerárquica en todos sus Cuerpos, Componentes y Unidades, como se propuso en la reforma del artículo 236,6 de la Constitución." [195]

Sin embargo, como ya ha ocurrido con tantos otros aspectos de la fallida rechazada reforma de 2007, fue la Sala Constitucional del Tribunal Supremo de Justicia presidida por la magistrada Gutiérrez Alvarado, autora de la Tesis "secreta" de Zaragoza, el órgano del Estado encargado de implementar dicha reforma en fraude a la Constitución y a la voluntad popular, en esta ocasión mediante sentencia No. 651 de 11 de junio de 2014 (Caso *Rafael Huizi Clavier y otros*),[196] y particularmente en un *obiter dictum* pronunciado con ocasión de negar la homologación de un desistimiento y de declarar la improcedencia *in limene lítis* de una acción de amparo que habían intentado en 28 de marzo de 2014 un grupo de militares retirados, alegando la violación por parte de la Ministro de Defensa, de los derechos de los militares en servicio activo de "mantenerse al margen de participar en actos de propaganda, militancia o proselitismo político," garantizados entre otros en los artículos citados 328 y 330 de la Constitución. Se denunció que habían sido obligados a:

> "participar uniformados en marchas partidistas (15 de marzo de 2014), confeccionar pancartas con mensajes políticos y ordenarles mediante comunicación escrita hacerse acompañar con sus familiares a tales actos; a proferir como mensajes institucionales, expresiones tales como *"patria, socialismo o muerte"*, *"Chávez vive"*, *"la lucha sigue"*, *"hasta la victoria siempre"*, y *"plagar"* las instalaciones operacionales, administrativas y sociales militares, con innumerables expresiones escritas y gráficas de proselitismo del partido político *"PSUV"* y de quien fuera Presidente de la República y presidente fundador del mencionado partido político; así como, de igual forma, que ordenen a los subalternos

---

195   Véase Allan R. Brewer-Carías, *Hacia la Consolidación de un Estado Socialista, Centralizado, Policial y Militarista. Comentarios sobre el sentido y alcance de las propuestas de reforma constitucional 2007*, Colección Textos Legislativos, N° 42, Editorial Jurídica Venezolana, Caracas 2007, p. 94; y en *La reforma constitucional de 2007 (Comentarios al Proyecto inconstitucionalmente sancionado por la Asamblea Nacional el 2 de noviembre de 2007*), Colección Textos Legislativos, No.43, Editorial Jurídica Venezolana, Caracas 2007, p. 150.

196   Véase en http://www.tsj.gov.ve/decisiones/scon/junio/165491-651-11614-2014-14-0313.HTML. Véanse los comentarios a dicha sentencia en Allan R. Brewer-Carías, "Una nueva mutación constitucional: el fin de la prohibición de la militancia política de la Fuerza Armada Nacional, y el reconocimiento del derecho de los militares activos de participar en la actividad política, incluso en cumplimiento de las órdenes de la superioridad jerárquica," en *Revista de Derecho Público*, N° 138 (Segundo Trimestre 2014), Editorial Jurídica Venezolana, Caracas 2014, pp. 170-175

izar en cuarteles y dependencias militares la bandera de la República de Cuba y difundir, publicar y exhibir en cuarteles y otras instalaciones fotografías del *"dictador cubano Fidel Castro y del reconocido asesino internacional el 'che' Guevara, lo que configura una burla al honor del militar venezolano y la una* (sic) *violación a la nacionalidad, que podría calificarse como traición a la patria."*

Frente a estos alegatos, la Sala Constitucional después de recordar que "en todos los ejércitos del mundo existe el saludo militar, cuya manifestación responde a la idiosincrasia o cultura del país o al momento histórico, social y político por las que hayan atravesado," indicando "una muestra simbólica, profesional e institucional, de respeto, disciplina, obediencia y subordinación ante la superioridad jerárquica y a la comandancia en jefe a la cual responde," argumentó que los accionantes no sólo no habían probado – cuando no era necesario por ser público y notorio y además, comunicacional en los términos de la doctrina judicial de la Sala válida para otros casos - que lo denunciado implicara "un fin de propaganda o de proselitismo político," sino que declaró, en contra lo que dispone la Constitución, que supuestamente "la participación de los integrantes de la Fuerza Armada Nacional Bolivariana en actos con fines políticos no constituye un menoscabo a su profesionalidad," y que más bien es "un baluarte de participación democrática y protagónica" derivado del derecho a la participación sin discriminación que tiene todo ciudadano, incluyendo los militares en situación de actividad. Estos, afirmó la Sala, tendrían el derecho, como cualquier ciudadano, "de participar libremente en los asuntos políticos y en la formación, ejecución y control de la gestión pública," al punto de considerar que el "ejercicio de este derecho se erige como un acto progresivo de consolidación de la unión cívico-militar, máxime cuando su participación se encuentra debidamente autorizada por la superioridad orgánica de la institución que de ellos se apresta."

A partir de la sentencia, por tanto, en primer lugar, a pesar de que la Constitución diga que la Fuerza Armada Nacional es una institución "esencialmente sin militancia política" (art. 328), con el reconocimiento generalizado en la sentencia del derecho de los militares activos "de participar libremente en los asuntos políticos y en la formación, ejecución y control de la gestión pública," pero sometidos como están al "respeto, disciplina, obediencia y subordinación" respecto de la "superioridad jerárquica," si esta superioridad es la que preside un partido político, los integrantes de la Fuerza Armada Nacional están sin duda obligados a seguir disciplinadamente lo que la misma ordene desde el punto de vista político, pasando automáticamente a tener la institución, la militancia política del Comandante en Jefe de la misma.

En segundo lugar, y como consecuencia de lo anterior, a pesar de que la Constitución disponga que la Fuerza Armada Nacional "en el cumplimiento de sus funciones, está al servicio exclusivo de la Nación y en ningún caso al de persona o parcialidad política alguna" (Artículo 328.), al reconocer la sentencia y declarar en forma general que los militares activos tienen derecho de "participar libremente en los asuntos políticos y en la formación, ejecución y control de la gestión pública," en la forma "debidamente autorizada por la superioridad orgánica de la institución que de ellos se apresta," lo que estableció la Sala Constitucional fue que estando los militares activos sometidos a la "superioridad jerárquica," y a los principios de "respeto, disciplina, obediencia y subordinación" respecto de la misma, están en consecuencia obligados a estar al servicio de la parcialidad política que la superioridad les indique, conforme a las instrucciones del Comandante en Jefe de la Fuerza Armada Nacional.

Y en tercer lugar, a pesar de que la Constitución establezca que a los integrantes de la Fuerza Armada Nacional, no les está permitido "participar en actos de propaganda, militancia o proselitismo político" (Artículo 330), al reconocerse en la sentencia el derecho de los integrantes de la

Fuerza Armada Nacional "de participar libremente en los asuntos políticos y en la formación, ejecución y control de la gestión pública," sometidos incluso a las instrucciones de la superioridad jerárquica a la cual deben respeto, disciplina obediencia y subordinación, los mismos tienen derecho e incluso la obligación de participar en cuanto acto de propaganda, militancia y proselitismo político decidan o se les ordene o instruya.

De todo lo anterior resulta que a partir de la sentencia, simplemente la Constitución dejó de decir lo que decía, y pasó a decir lo que a la Sala Constitucional se le ocurrió que dice, con lo cual, sin ser reformada y con la misma fraseología, pasó en esta materia a decir otra cosa, es decir, su texto fue mutado, usurpando la Sala Constitucional el Poder Constituyente que sólo el pueblo tiene para poder reformar o enmendar la Constitución conforme a los procedimientos previstos en ella, no existiendo mecanismo alguno para controlar lo que hace el guardián de la Constitución.

El resultado, en todo caso, es que por ejemplo, cuando la Constitución prescribe que la Fuerza Armada Nacional no puede tener "militancia política," según lo dispuesto por la Sala Constitucional, lo que dice es que si puede tener dicha militancia, conforme lo ordene la superioridad jerárquica, incluso expresada en el uso de símbolos partidistas; cuando la Constitución prescribe que la Fuerza Armada Nacional no puede estar al servicio de "parcialidad política alguna," según lo dispuesto por la Sala Constitucional, lo que dice es que sí puede o debe tener la parcialidad política del Comandante en Jefe de la misma; y cuando la Constitución dice que los integrantes de la Fuerza Armada Nacional no pueden "participar en actos de propaganda, militancia o proselitismo político," según lo dispuesto por la Sala Constitucional, lo que ello significa es que si pueden "participar libremente en los asuntos políticos y en la formación, ejecución y control de la gestión pública." Tan simple como eso.

En esa forma la Constitución se violó abiertamente, y lo inconstitucional se convirtió en constitucional, mediante una ilegítima mutación constitucional hecha por el juez constitucional, realizada no sólo en fraude a la Constitución, sino en fraude a la voluntad popular expresada en el rechazo de la reforma constitucional de 2007, que tenía la misma finalidad de eliminar la prohibición constitucional de que la Fuerza Armada pudiera tener "militancia política."

CUARTA PARTE

LA DEMOLICIÓN DEL PRINCIPIO DEL GOBIERNO DEMOCRÁTICO ELECTIVO Y ALTERNATIVO

La Constitución de 1999 establece como principios generales esenciales del constitucionalismo democrático que el gobierno además de ser siempre "democrático, participativo, descentralizado, responsable, pluralista y de mandatos revocables," también debe ser siempre "electivo y alternativo."

Ello significa, particularmente en cuanto al gobierno electivo, que el mismo debe responder siempre al derecho de los ciudadanos a ser gobernados por funcionarios electos, de manera que si por ejemplo se trata del Presidente de la República, dicho cargo solo lo puede ejercer alguien que haya sido electo mediante sufragio universal, directo y secreto (art. 228); y en cuanto al gobierno alternativo, que conlleva al principio de la no reelección indefinida de los gobernantes, lo que por lo demás ha sido de larga tradición en el país.

Ambos principios han sido demolidos en Venezuela por el Juez Constitucional, habiendo impuesto a los venezolanos un gobierno a cargo de un funcionario no electo; y habiendo mutado la Constitución a los efectos de eliminar la alternabilidad republicana.

I. LA ARBITRARIA IMPOSICIÓN POR EL JUEZ CONSTITUCIONAL DE UN GOBIERNO SIN LEGITIMIDAD DEMOCRÁTICA (2013)

En enero y marzo de 2013, contrariando los más elementales principios de la justicia constitucional, el Juez Constitucional en Venezuela atentó abiertamente contra el principio democrático, imponiéndole a los venezolanos un gobierno sin legitimidad democrática, es decir, conducido por un funcionario que no fue electo por el pueblo, una vez que el Presidente de la República, Hugo Chávez después de ser reelecto en octubre de 2012, sin embargo, por enfermedad y luego quizás por su fallecimiento,[197] no pudo tomar posesión del cargo en la fecha constitucionalmente establecida para ello.

---

197 Debe precisarse de entrada, para este comentario, que si bien el fallecimiento del Presidente Hugo Chávez fue "anunciado" oficialmente en Caracas el 5 de marzo de 2013, la fecha de su ocurrencia efectiva siempre estuvo oculta, después de haber sido operado en La Habana, Cuba, el 10 de diciembre de 2012, a partir de lo cual nunca más se lo vio en público. En julio de 2018, sin embargo, quien para esos tiempos era la Fiscal General de la República (Luisa Ortega Díaz), confirmó lo que siempre se había sospechado, y era que el Hugo Chávez habría fallecido efectivamente en La Habana, en diciembre de 2012 y no cuando se anunció tal hecho en marzo de 2013. Véase Ludmila Vinogradoff, "La exfiscal Ortega confirma que Chávez murió dos meses antes de

Ello ocurrió con la emisión de dos sentencias de la Sala Constitucional del Tribunal Supremo de Justicia, N° 2 de 9 de enero de 2013 y No. 141 de 8 de marzo de 2013, en las cuales participó la magistrada Gutiérrez Alvarado, autora de la Tesis "secreta" de Zaragoza, dictadas al decidir sendos recursos de interpretación abstracta de la Constitución en un contexto condicionado por los siguientes hechos y situaciones jurídicas:

Primero, el Presidente Chávez había sido reelecto Presidente de la República el 7 de octubre de 2012 para el período constitucional 2013-2019. La reelección se produjo estando en ejercicio del cargo de Presidente por el período constitucional 2007-2013, para el cual había sido reelecto en 2006; período este que terminaba el 10 de enero de 2013.

Segundo, el Presidente Chávez, desde el día 9 de diciembre de 2012, había viajado a La Habana, luego de haber obtenido autorización de la Asamblea Nacional para ausentarse del territorio nacional por más de 5 días (art. 234, Constitución), para someterse a una operación quirúrgica, después de la cual nunca más se le vio en público.

Tercero, la ausencia del Presidente del territorio nacional constituyó una falta temporal (art. 234, Constitución) que constitucionalmente el Vicepresidente Ejecutivo estaba obligado a suplir, lo que en este caso, el Vicepresidente, quien era Nicolás Maduro, se negó a hacer, habiendo permanecido en Caracas, con viajes frecuentes a La Habana, conduciendo la acción de gobierno sólo mediante una delegación de atribuciones que el Presidente Chávez había decretado el 9 de diciembre de 2012.

Cuarto, para tomar posesión del cargo de Presidente para el nuevo período constitucional 2013-2019, el Presidente Chávez debía juramentarse ante la Asamblea Nacional el día 10 de enero de 2013 (art. 231, Constitución).

Quinto, si ese día 10 de enero de 2013, el Presidente electo, por alguna causa sobrevenida no se podía juramentar ante la Asamblea Nacional, lo podía hacer posteriormente ante el Tribunal Supremo de Justicia (art. 231, Constitución).

Sexto, en esa fecha 10 de enero de 2013, en todo caso, comenzaba el nuevo período constitucional 2013-2019 (art. 231, Constitución), así no se produjera el acto formal de juramentación del Presidente electo, y éste se juramentase posteriormente ante el Tribunal Supremo; y

Séptimo, el Vicepresidente Ejecutivo Nicolás Maduro informó a la Asamblea Nacional el 8 de enero de 2013, que el Presidente de la República, dado su estado de salud, no iba a poder comparecer ante la Asamblea el día 10 de enero de 2013 para juramentarse en su cargo, informando que permanecía en La Habana.

Al día siguiente, la Sala Constitucional, con la participación de la magistrada Gutiérrez Alvarado dictó la primera de las sentencias mencionadas, N° 2, dictada el 9 de enero de 2013,[198] desti-

---

la fecha anunciada," en *ABC International*, 16 de julio de 2018, en https://www.abc.es/internacional/abci-confirman-chavez-murio-meses-antes-fecha-anunciada-201807132021_noticia.html

198   Véase el texto de la sentencia en http://www.tsj.gov.ve/decisio-nes/scon/Enero/02-9113-2013-12-1358.html. Véase los comentarios en Allan R. Brewer-Carías, "El juez constitucional y la demolición del principio democrático de gobierno. O de cómo la Jurisdicción Constitucional en Venezuela impuso arbitrariamente a los ciudadanos, al inicio del período constitucional 2013-2019, un gobierno sin legitimidad democrática, sin siquiera ejercer actividad probatoria alguna, violentando abiertamente la Constitución," en *Revista de Derecho Público*, N° 133 (enero-marzo 2013), Editorial Jurídica Venezolana, Caracas 2013, pp. 179-212;

nada a resolver la situación jurídica derivada de la anunciada falta de comparecencia del Presidente Hugo Chávez, después de su reelección, para tomar posesión de su cargo el día siguiente 10 de enero de 2013, que era la fecha en la cual terminaba su período constitucional 2007-2013 y cuando comenzaba el período 2013-2019.

La Sala Constitucional se rehusó a considerar que se había producido una falta absoluta del Presidente electo, al no poder comparecer y tomar posesión de su cargo, por encontrarse fuera de Venezuela, supuestamente hospitalizado; y además, se abstuvo de tratar de conocer la realidad, y por ejemplo, solicitar prueba procesal que al menos certificara incluso si el Presidente estaba o no vivo;[199] y así, sin actividad probatoria para saber realmente sobre su estado de salud, la sala procedió a declarar que había una supuesta "continuidad administrativa" entre la gestión de un Presidente enfermo y ausente que terminaba su período el 10 de enero de 2013, y la que comenzaba el mismo día, con la ausencia del Presidente y sabiendo que obviamente no estaba en ejercicio de su cargo.

Con ese decreto de "continuidad administrativa," en realidad, lo que hizo el Juez Constitucional fue extenderle sus funciones al Vice Presidente Ejecutivo, Nicolás Maduro, instalándolo a la cabeza del Poder Ejecutivo, y a todo el Gabinete ejecutivo, afirmando, contra la realidad, que a pesar de que Chávez estaba ausente del país, sin embargo, supuestamente estaba "en ejercicio efectivo de su cargo," lo que obviamente era falso pues, si acaso estaba vivo, lo que se había informado era que estaba recluido en un Hospital en La Habana.[200] Así un Vicepresidente no electo y que había sido designado como Vice Presidente por el Presidente Chávez, cuyo mandato terminaba, fue instalado en el Poder Ejecutivo sin legitimidad democrática alguna, pues no era un funcionario electo popularmente.

Luego vino la segunda sentencia, Nº 141, dictada el 8 de marzo de 2013,[201] que fue dictada tres días después de que el Vicepresidente Ejecutivo Nicolás Maduro anunciara el fallecimiento del Presidente Chávez, pero sin constatar tal circunstancia ni siquiera diciendo cuándo ese hecho habría ocurrido. Mediante esta decisión, la Sala Constitucional, también con la participación de la magistrada Gutiérrez Alvarado, autora de la Tesis "secreta" de Zaragoza, pasó a asegurar que el Vicepresidente Ejecutivo que ya había sido impuesto como gobernante (sin haber sido electo) por la misma Sala, continuaría como Presidente Encargado y, además, habilitándolo, contra lo dispuesto en la Constitución, para poder presentarse como candidato presidencial sin separarse de su cargo.

Ambas sentencias, hechas a la medida del régimen autoritario, fueron abierta y absolutamente inconstitucionales y dictadas, además, en ausencia de la toda base probatoria: en enero, la Sala nunca tuvo a su vista informe médico alguno que indicara el estado de salud del Presidente

---

199   En julio de 2018, como antes se dijo, quien para el momento en el cual se dictaron las sentencias que se comentan era la Fiscal General de la República (Luisa Ortega Díaz), confirmó lo que siempre se sospechó, y es que Hugo Chávez habría fallecido en La Habana en diciembre de 2012 y no en marzo de 2013 cuando se anunció tal hecho. Véase Ludmila Vinogrado=, "La exfiscal Ortega confirma que Chávez murió dos meses antes de la fecha anunciada," en *ABC International*, 16 de julio de 2018, en https://www.abc.es/internacional/abci-confirman-chavez-murio-meses-antes-fecha-anunciada-201807132021_noticia.html

200   Véase el texto de la sentencia en http://www.tsj.gov.ve/decisiones/scon/Enero/02-9113-2013-12-1358.html

201   Véase el texto de la sentencia en http://www.tsj.gov.ve/decisio-nes/scon/Marzo/141-9313-2013-13-0196.html. Véase los comentarios en Allan R. Brewer-Carías, "El Juez Constitucional y la ilegítima declaración, mediante una "nota de prensa," de la "legitimidad" de la elección presidencial del 14 de abril de 2013," en *Revista de Derecho Público*, Nº 135, Editorial Jurídica Venezolana, Caracas 2013, pp. -207 y ss.;

Chávez, ni había fe de vida alguna del mismo; y en marzo, nunca tuvo a su vista la partida de defunción del Presidente Chávez para determinar la fecha de su fallecimiento, basándose para resolver, solamente en el hecho de que el Vicepresidente había "anunciado" su deceso.

Ambas sentencias, violentaron el derecho ciudadano a la democracia y a ser gobernados por gobiernos de origen democrático; es decir, el derecho a la representación política, lo que implica que los gobernantes sean electos como resultado del ejercicio del derecho al sufragio, y el derecho a que el acceso al poder en cualquier caso se haga con arreglo a la Constitución y a las leyes, es decir, a los principios del Estado de derecho.

Esos derechos, en un Estado de derecho, deben ser garantizados por el Juez Constitucional quien es el llamado a asegurar no sólo que el ejercicio del poder por los gobernantes se realice de acuerdo con el texto de la Constitución y las leyes, sino que el acceso al poder se realice conforme a las previsiones establecidas en las mismas. Por tanto, resultaría totalmente inconcebible que en un Estado democrático de derecho, sea el propio Juez Constitucional el que viole el principio democrático, y sea dicho Juez el que designe para ocupar un cargo de elección popular, a quien no ha sido electo por el pueblo. Ello sería un contrasentido y un atentado al Estado de derecho, particularmente porque el Juez Constitucional no es controlable por ningún otro órgano.

Ese absurdo constitucional fue precisamente el que se produjo en Venezuela, entre enero y marzo de 2013, tiempo durante el cual, contrariando el principio democrático, el Juez Constitucional en Venezuela, a cargo de la Sala Constitucional del Tribunal Supremo de Justicia, fue precisamente el que violó abiertamente el principio democrático, sin que nadie pudiera controlarlo, dictando las dos sentencias mencionadas,[202] cuyo breve comentario es de interés para los anales de lo que no debe ocurrir con la Justicia Constitucional.

La "continuidad administrativa" de un Presidente enfermo, inventada por la Sala Constitucional

La sentencia de la Sala Constitucional del Tribunal Supremo de Justicia N° 2 del día 9 de enero de 2013, se dictó con ocasión de resolver un recurso de interpretación abstracta de la Constitución que había sido intentado por una abogado el 21 de diciembre de 2012,[203] para determinar el contenido y alcance del artículo 231 de la Constitución, en particular, "en cuanto a si la formalidad de la Juramentación prevista para el 10 de enero de 2013 constituye o no una formalidad *sine qua non* para que un Presidente Reelecto, continúe ejerciendo sus funciones y si tal formalidad puede ser suspendida y/o fijada para una fecha posterior."[204] El artículo cuya interpretación se requería, indica:

---

202 Véase en general sobre esta actuación del Juez Constitucional: Allan R. Brewer-Carías, "El juez constitucional y la demolición del principio democrático de gobierno. O de cómo la Jurisdicción Constitucional en Venezuela impuso arbitrariamente a los ciudadanos, al inicio del período constitucional 2013-2019, un gobierno sin legitimidad democrática, sin siquiera ejercer actividad probatoria alguna, violentando abiertamente la Constitución; y posteriormente se negó a juzgar sobre la legitimidad de la elección presidencial de abril de 2013" en *Estudios sobre el Estado de derecho*, Colección Louza, 2013; y en el libro de Asdrúbal Aguiar (Compilador), *El Golpe de Enero en Venezuela (Documentos y testimonios para la historia)*, Editorial Jurídica Venezolana, Caracas 2013, pp. 85-90. 97-106, 133-148 y 297-314. Igualmente, ese trabajo se recogió en mi libro *El golpe a la democracia dado por la Sala Constitucional*, Editorial Jurídica Venezolana, segunda edición, Caracas 2015, pp. 55-132.

203 Expediente N° 12-1358, Solicitante: Marelys D'Arpin.

204 Véase el texto de la sentencia en http://www.tsj.gov.ve/decisio-nes/scon/Enero/02-9113-2013-12-1358.html

"Art. 231. El candidato elegido o candidata elegida tomará posesión del cargo de Presidente o Presidenta de la República el diez de enero del primer año de su período constitucional, mediante juramento ante la Asamblea Nacional. Si por cualquier motivo sobrevenido el Presidente o Presidenta de la República no pudiese tomar posesión ante la Asamblea Nacional, lo hará ante el Tribunal Supremo de Justicia."

La solicitud de interpretación constitucional estaba sin duda motivada por una única razón, que era que para esa fecha, si acaso Chávez seguía vivo, estaría postrado en una cama de hospital fuera del país, y por tanto no iba a poder acudir a dicho acto de toma de posesión de su cargo. La norma a interpretar, en todo caso, evidentemente que no se refería ni se podía referir a la situación de un Presidente para que "continuase ejerciendo sus funciones," si acaso no acudía a la cita, pues en la fecha del inicio de un período constitucional (10 de enero), un Presidente que había sido electo seis años antes, terminaba su período constitucional y con ello el ejercicio de sus funciones, y en la misma fecha, el Presidente electo (o reelecto) el año anterior, debía iniciar en el ejercicio de sus funciones para el nuevo período constitucional; y ello mediante juramento ante la Asamblea Nacional. La única posibilidad de que el juramento se tomase en otra fecha, independientemente del inicio del período constitucional, era cuando por cualquier motivo sobrevenido – que debía probarse - el Presidente electo (o reelecto) no pudiera tomar posesión ante la Asamblea Nacional, en cuyo caso lo debía hacer posteriormente ante el Tribunal Supremo de Justicia. Nada, por tanto, había que interpretar en la norma.

Sin embargo, la solicitud de interpretación constitucional evidentemente no era una interpretación abstracta de la norma, sino que la misma estaba motivada por una razón estrictamente de hecho: el Presidente de la República, H. Chávez Frías, que había sido electo para el período constitucional 2007-2013, y en octubre de 2012 reelecto para el período 2013-2019, y que debía tomar posesión de su cargo el día 10 de enero de 2013, no iba a poder tomar el juramento previsto en la norma pues desde el 9 de diciembre de 2012 se encontraba en La Habana, Cuba, según se había informado oficial y públicamente, supuestamente postrado en una cama de hospital.

La Sala Constitucional, como se dijo, sin prueba alguna que diera fe de vida del Presidente, asumió que vivía pero no podía acudir a la toma de posesión de su cargo, procediendo entonces sin que se le hubiese probado el impedimento, a analizar dos derechos políticos involucrados en la situación fáctica antes mencionada: por una parte, el derecho político que tenía el ciudadano Hugo Chávez, si estaba vivo, para ejercer el cargo para el cual había sido electo (o reelecto), y por la otra, el derecho de todos los ciudadanos a estar gobernados por un gobernante electo popularmente. Para garantizarle *sine die* el primero de dichos derechos, es decir, el derecho a Chávez de poder algún día tomar posesión de su cargo, y sin que el tribunal constitucional desplegara actividad probatoria alguna para determinar su real estado de salud, la Sala Constitucional violó el derecho ciudadano a la democracia, y le impuso a los venezolanos la carga antidemocrática de estar gobernados a partir el 10 de enero de 2013, por funcionarios que no tenían legitimidad democrática pues no habían sido electos, también *sine die*.

La Sala en su sentencia, asumiendo sin pruebas que Chávez estaba vivo, luego de aceptar el carácter imprescindible del acto de la juramentación, pasó a determinar sobre "los efectos jurídicos de la asistencia o inasistencia al acto de 'toma de posesión y juramentación ante la Asamblea Nacional,' el 10 de enero próximo, por parte del Presidente reelecto," pasando así no ya a resolver una interpretación abstracta del artículo 231 de la Constitución, sino en realidad una cuestión de hecho, específicamente referida al estado de salud del Presidente de la República Hugo Chávez, quien, si acaso estaba vivo, supuestamente convalecía en un país extranjero en una cama de hospital, sin poder movilizarse, recuperándose de unas complicaciones postoperatorias, lo que sin duda hasta allí era un hecho notorio que no requería de pruebas. Y así pasó la Sala Constitucional a considerar en su sentencia "el derecho humano a la salud" del Presidente enfermo, mezclándolo con la necesidad de la "preservación de la voluntad popular –representada en el proceso comicial del 7 de octubre de 2012– y de continuidad de los Poderes Públicos."

Pero para resolver, nada hizo la Sala en aras de verificar cual era el real estado de la salud del Presidente, y poder determinar, si mientras acudía a juramentarse, encargaba o no al residente de la Asamblea de la Presidencia, a pesar de que -asumiendo que estaba vivo- su ausencia no pudiera ser considerada como una "falta absoluta" del Presidente, que es el supuesto que regula el artículo 233, al disponer que si se produce (muerte, por ejemplo) "antes de tomar posesión," el Presidente de la Asamblea Nacional es quien se encarga de la Presidencia. La Sala, sin embargo, nada hizo para determinar el estado de salud del Presidente, pasando a argumentar en su sentencia que "en el caso de una autoridad reelecta y, por tanto, relegitimada por la voluntad del soberano," como era el caso Chávez, reelecto en octubre de 2012, sería un

> "contrasentido mayúsculo considerar que, en tal supuesto, existe una indebida prórroga de un mandato en perjuicio del sucesor, pues la persona en la que recae el mandato por fenecer coincide con la persona que habrá de asumir el cargo."

Esta afirmación, en realidad, si era en sí misma un "contrasentido mayúsculo" y sin sentido alguno, pues en ningún caso en que se posponga el acto de toma de posesión de un Presidente se puede operar una "prorroga" del mandato del período constitucional que termina; por lo que la afirmación fue contradicha en la misma sentencia al afirmarse de seguidas que "tampoco existe alteración alguna del período constitucional pues el Texto Fundamental señala una oportunidad precisa para su comienzo y fin: el 10 de enero siguiente a las elecciones presidenciales, por una duración de seis años (artículo 230 *eiusdem*)."

Por ello, es que al no presentarse el Presidente electo Chávez al acto de toma de posesión, el nuevo mandato se inició indefectiblemente el 10 de enero de 2013 y para ello es que mientras no compareciera dicho Presidente electo para tomar posesión del nuevo mandato, quien se debía encargar de la Presidencia era el Presidente de la Asamblea Nacional. Nada cambiaba esta solución constitucional el hecho de que el Presidente electo Hugo Chávez hubiese sido a la vez "reelecto."

La Sala Constitucional, a renglón seguido pasó luego a referirse a otro aspecto jurídico relativo al ejercicio de cargos públicos, que nada tenía que ver con la norma constitucional que se buscaba interpretar, y fue el referido al "Principio de Continuidad Administrativa, como técnica que impide la paralización en la prestación del servicio público," según el cual, "la persona designada para el ejercicio de alguna función pública no debe cesar en el ejercicio de sus atribuciones y competencias, hasta tanto no haya sido designada la correspondiente a sucederle (vid. sentencia n° 1300/2005)." Ciertamente, se trata de un principio elemental del derecho administrativo de la función pública, destinada a los funcionarios nombrados o designados, pero que no se puede aplicar a la terminación de un período constitucional y al inicio del otro respecto de funcionarios electos.[205] La Sala Constitucional, en efecto, erradamente resolvió que:

---

205   Como lo expresó el profesor Ricardo Combellas en declaraciones a BBC Mundo: "Ese es un principio muy sano del derecho administrativo: que independientemente de los cambios en la dirección administrativa de los asuntos del estado, las funciones del gobierno continúan. Lo que está planteado es que ha terminado un perío-

"En relación con el señalado principio de continuidad, en el caso que ahora ocupa a la Sala, resultaría inadmisible que ante la existencia de un desfase cronológico entre el inicio del período constitucional (10 de enero de 2013) y la juramentación de un Presidente reelecto, se considere (sin que el texto fundamental así lo paute) que el gobierno (saliente) queda ipso facto inexistente. No es concebible que por el hecho de que no exista una oportuna "juramentación" ante la Asamblea Nacional quede vacío el Poder Ejecutivo y cada uno de sus órganos, menos aún si la propia Constitución admite que tal acto puede ser diferido para una oportunidad ulterior ante este Supremo Tribunal."

Por supuesto, esta afirmación, absolutamente errada, pues si no hay comparecencia del Presidente al acto de toma de posesión, en ningún caso se produce "vacío del Poder Ejecutivo" alguno pues al terminar en esa fecha 10 de enero el período del Presidente en ejercicio, se debe encargar de la Presidencia el Presidente de la Asamblea Nacional.[206] Correspondiéndole como Presidente encargado designar el nuevo tren ejecutivo de Vicepresidente y Ministros, estando por supuesto obligados los anteriores a permanecer en sus cargos hasta ser reemplazados en virtud precisamente del señalado principio de continuidad administrativa.

Luego pasó la Sala Constitucional a considerar la situación de hecho específica del Presidente Hugo Chávez, asumiendo sin pruebas que estaba vivo, notando, a pesar de que la sentencia supuestamente era interpretativa abstracta, que:

"por si aún quedaran dudas, que en el caso del Presidente Hugo Rafael Chávez Frías, no se trata de un candidato que asume un cargo por vez primera, sino de un Jefe de Estado y de Gobierno que no ha dejado de desempeñar sus funciones y, como tal, seguirá en el ejercicio de las mismas hasta tanto proceda a juramentarse ante el Máximo Tribunal, en el supuesto de que no pudiese acudir al acto pautado para el 10 de enero de 2013 en la sede del Poder Legislativo.

De esta manera, a pesar de que el 10 de enero se inicia un nuevo periodo constitucional, la falta de juramentación en tal fecha no supone la pérdida de la condición del Presidente Hugo Rafael Chávez Frías, ni como Presidente en funciones, ni como candidato reelecto, en virtud de existir continuidad en el ejercicio del cargo."

En estas afirmaciones, de nuevo, la Sala partió de supuestos falsos como indicar que la falta de comparecencia al acto de juramentación pudiese implicar "la pérdida de la condición de Presidente" del Presidente electo. De nuevo, hay que precisar que en el caso, el 10 de enero de 2013 el Presidente Hugo Chávez terminaba su mandato para el período 2007-2013 (ese día perdía su condición de Presidente para el período 2007-2013), y mientras no se juramentase para el nuevo período 2013-2019 no iniciaba su mandato, ni tenía la condición de Presidente para el nuevo período.

---

do constitucional y que eso no es un supuesto de continuidad administrativa sino es un supuesto de renovación de los poderes públicos que tienen un plazo limitado en la Constitución." En Carlos Chirinos, "El limbo de consecuencias impredecibles", BBC Mundo, 11 de enero de 2013. En: http://www.bbc.co.uk/mundo/movil/noticias/2013/01/130110 venezuela_constituyente_combellas_opi-nion_cch.shtml.

206   Es en este contexto que debe leerse lo reiterado por la misma Sala en la sentencia, "tal como señaló esta Sala en los antes referidos fallos números 457/2001 y 759/2001, que no debe confundirse "la iniciación del mandato del Presidente con la toma de posesión, términos que es necesario distinguir cabalmente". Efectivamente, el nuevo periodo constitucional presidencial se inicia el 10 de enero de 2013, pero el constituyente previó la posibilidad de que "cualquier motivo sobrevenido" impida al Presidente la juramentación ante la Asamblea Nacional, para lo cual determina que en tal caso lo haría ante el Tribunal Supremo de Justicia, lo cual necesariamente tiene que ser a posteriori."

Lo que si era cierto es que la Sala no podía afirmar, sin prueba alguna, que estando Chávez supuestamente postrado en una cama de Hospital, por un postoperatorio, en La Habana, si es que estaba vivo, era "un Jefe de Estado y de Gobierno que no ha dejado de desempeñar sus funciones," lo que a todas luces, simplemente, era imposible físicamente. El mismo Presidente Chávez había previsto el 9 de diciembre de 2012 que su ausencia del país sería por un período de tiempo de más de 5 días y por ello él mismo solicitó la autorización correspondiente a la Asamblea Nacional para ausentarse del país (art. 235). Su falta temporal como Presidente encargado, en consecuencia, era un hecho notorio y evidente, que imponía la obligación en el Vicepresidente Ejecutivo de suplirla conforme a la Constitución, no siendo posible afirmar salvo probando con la certeza los hechos en el expediente, que durante su enfermedad y postración en La Habana, Chávez "no ha dejado de desempeñar sus funciones."

Por otra parte, en esta materia de falta temporal, menos sentido y fundamento constitucional tenía la errada afirmación de la Sala Constitucional de que la solicitud de autorización a la Asamblea Nacional que pueda formular el Presidente para ausentarse del territorio nacional por un lapso superior a cinco días, se refiere "exclusivamente a la autorización para salir del territorio nacional, no para declarar formalmente la ausencia temporal en el cargo." De nuevo, la Sala Constitución ignoró la Constitución: las faltas temporales en el ejercicio de la Presidencia constituyen una cuestión de hecho, que no se declara. Si el Presidente en gira por el interior del país, sufre un accidente de tránsito que lo mantiene inconsciente y hospitalizado por un tiempo, sin duda, se origina una falta temporal que suple el Vicepresidente, así el Presidente no la haya "decretado" anunciando que iba a tener el accidente con sus consecuencias.

Por lo demás, toda ausencia del territorio nacional se configura como una falta temporal (en el sentido de que temporalmente el Presidente no está en ejercicio de sus funciones por imposibilidad física), por lo que no es más que un gran disparate la afirmación que hizo la Sala Constitucional en su sentencia, en el sentido de que: "(ii) No debe considerarse que la ausencia del territorio de la República configure automáticamente una falta temporal en los términos del artículo 234 de la Constitución de la República Bolivariana de Venezuela, sin que así lo dispusiere expresamente el Jefe de Estado mediante decreto especialmente redactado para tal fin." Esto no tiene lógica y mucho menos sentido y asidero constitucional.[207]

No es serio afirmar que si un Presidente, por ejemplo, entra en un proceso comatoso por cualquier causa que se prolonga indefinidamente, ello no origina una falta temporal porque el Presidente no la previó anticipadamente ni la decretó, razón por la cual no surgiría la obligación del Vicepresidente de suplirla.

Pero además, también carece de toda base constitucional la afirmación infundada, realizada por la Sala Constitucional en la sentencia en el sentido de que "con posterioridad al 10 de enero de 2013, aun no compareciendo el Presidente Chávez a juramentarse y a tomar posesión de su cargo, "conserva su plena vigencia el permiso otorgado por la Asamblea Nacional, por razones de salud, para ausentarse del país por más de cinco (5) días," pues la autorización para ausentarse

---

207   Sobre ello, Ricardo Combellas en declaraciones a BBC Mundo: "eso me parece un planteamiento absurdo, porque se le solicita al sujeto sobre el cual actúa la falta temporal que se pronuncie. Imagínese, no es el caso del presidente Chávez, sino de un presidente que esté incapacitado en una clínica recibiendo cuidado especial, incapaz de tomar voluntariamente una decisión. Entonces quedamos en un limbo jurídico si el presidente no se pronuncia. Poner ese requisito, que no establece la Constitución, me parece un exabrupto." En Carlos Chirinos, "El limbo de consecuencias impredecibles", *BBC Mundo*, 11-1-2013, en http://www.bbc.co.uk/mundo/movil/noticias/2013/01/130110vene-zuela_constityente_combellas_opinion_cch.shtml

del país se le dio al Presidente Chávez en funciones, terminando su período constitucional el 10 de enero de 2013, razón por la cual la autorización sólo tenía efectos hasta la terminación del período constitucional en la cual se había dado.[208]

Aún más infundada fue la afirmación de la Sala Constitucional en la sentencia de que con motivo de la ausencia del Presidente Chávez del territorio nacional desde el 10 de diciembre de 2012, en la situación que resultó de la operación a la que fue sometido el 11 de diciembre de 2012 según informaron los voceros oficiales del gobierno, "no se configura la vacante temporal del mismo al no haber convocado expresamente al Vicepresidente Ejecutivo para que lo supla por imposibilidad o incapacidad de desempeñar sus funciones." No causa sino asombro leer esta afirmación, ante normas tan precisas como las de los artículos 234 y 239.8 de la Constitución que prescriben, clara, pura y simplemente, que "las faltas temporales del Presidente serán suplidas por el Vicepresidente," y que entre las atribuciones del Vicepresidente está la de "suplir las faltas temporales del Presidente," lo cual opera automáticamente, resultado de una situación de hecho, sin que nadie lo decrete o lo decida, y sin que el Presidente deba "convocar al Vicepresidente" para que cumpla su obligación constitucional.

La segunda observación que debe formularse a lo afirmado en la sentencia de la Sala Constitucional, y que causa mayor asombro, por la absoluta y total carencia de pruebas que la sustenten, es la aseveración de que el Presidente Hugo Chávez, una vez que concluyó su mandato presidencial del período constitucional 2007-2013 el 10 de enero de 2013, sin ofrecer pruebas de que estaba vivo, sin embargo, como jefe de Estado y de Gobierno:

"seguirá en el ejercicio de las mismas hasta tanto proceda a juramentarse ante el Máximo Tribunal, en el supuesto de que no pudiese acudir al acto pautado para el 10 de enero de 2013 en la sede del Poder Legislativo."

Primero, para hacer esta afirmación, de que el Presidente Chávez "seguirá en el ejercicio" de sus funciones "hasta tanto proceda a juramentarse ante el Máximo Tribunal," lo que se exigía de la Sala era que desplegara una labor probatoria sobre el estado de salud del Presidente para poder determinar precisamente primero, si estaba vivo, y en tal caso, si se presentaría efectivamente a juramentarse ante el Tribunal Supremo. A la Sala Constitucional de Venezuela, sin embargo, no

208 Como lo indicó Manuel Rachadell, "Chávez tiene el permiso de la Asamblea Nacional, otorgado por unanimidad del 9 de diciembre pasado [2012], para ausentarse del país "por un lapso superior a los cinco días consecutivos" (art. 235), el cual mantiene su vigencia hasta el vencimiento del período constitucional el 10 de enero próximo [2013], porque la Asamblea Nacional no puede dar permisos para el período siguiente. Llegados a esta fecha, si el Presidente electo no toma posesión del cargo, la Asamblea Nacional no tiene competencia para darle permiso ni prórroga para la juramentación de cumplir la Constitución." Véase Manuel Rachadell, "Tres observaciones a la carta de Maduro sobre la imposibilidad de juramentarse el Presidente electo ante la Asamblea Nacional." 9 de enero de 2013, en: http://t.co/Sd5R2EwX. De igual modo, como lo precisó Hérman Escarrá, "la no realización del acto de juramentación el 10 de enero de 2013 "no significa que no es Presidente de la República el Presidente," es decir, no significaba que el Presidente Chávez cuya falta absoluta no había sido informada como ocurrida, tenía la titularidad del cargo de Presidente de la República, condición que sin duda tenía después de haber sido electo. Sin embargo, como también lo precisó Jesús Maráa Casal, "si el Jefe del Estado no hace acto de presencia en ese momento confirmaría en principio que está incapacitado para asumir el próximo mandato," o como lo expresó Jesús Maráa Alvarado Andrade, "Si [el Presidente] no se juramenta en esa fecha no puede ejercer constitucionalmente. Estaríamos en un desempeño del cargo de facto." Véase en Allan R. Brewer-Carías, La Mentira como política de Estado. Crónica de una crisis política permanente. Venezuela 1999-2015, (Prólogo de Manuel Rachadell), Colección Estudios Políticos, Nº 10, Editorial Jurídica Venezolana, Caracas, 2015, pp. 337 y 338.

le interesó probar nada sobre la salud del Presidente, y resolvió que aun estando fuera del territorio nacional, y de su enfermedad, sin probar nada, seguiría en ejercicio de sus funciones para el período constitucional ya concluido, y para el que se iniciaba sería juramentado cuando concurriera ante el Tribunal Supremo, sin haber siquiera determinado si ello era factible médicamente.

En los hechos que se sucedieron en enero de 2013, es evidente que al no presentarse el Presidente Chávez electo o reelecto, al concluir su período constitucional 2007-2013 ante la Asamblea Nacional el día 10 de enero de 2013 en el acto de la toma de posesión y juramentación de su cargo, simplemente, a pesar de que ineludiblemente el período constitucional 2013-2019 comenzó en esa fecha, el Presidente electo no podía comenzar a ejercer la presidencia para ese período constitucional 2013-2019 al no entrar en ejercicio del cargo, lo que le impedía poder cumplir sus nuevas funciones. Las del período 2007-2013, por tanto, concluyeron el 10 de enero, por lo que era una imposibilidad constitucional que a partir del 10 de enero de 2013, si no se juramentaba para el próximo período, pudiera seguir "en el ejercicio de las mismas;" pues como no se juramentó el 10 de enero ante la Asamblea no pudo asumir el ejercicio del cargo de Presidente para el período 2013-2019.[209] En consecuencia, fue un gran disparate y no tiene asidero constitucional alguno la afirmación de la Sala Constitucional de que:

"(iv) A pesar de que el 10 de enero próximo se inicia un nuevo período constitucional, no es necesaria una nueva toma de posesión en relación al Presidente Hugo Rafael Chávez Frías, en su condición de Presidente reelecto, en virtud de no existir interrupción en el ejercicio del cargo."

Al contrario, precisamente porque el 10 de enero de 2013 se iniciaba un nuevo período constitucional, era absolutamente necesaria una nueva toma de posesión del Presidente Chávez Frías, en su condición de Presidente reelecto, en virtud de que el período constitucional 2007-2013 había terminado, y de que el ejercicio del cargo para el período 2013-2019 no se podía iniciar sin tal juramento, produciéndose en ese caso, inevitablemente, una real y efectiva interrupción en el ejercicio del cargo;[210] considerándose en todo taso, tal juramento ante la Asamblea Nacional como una especie de acto constitutivo de "fe de vida" del Presidente, de su propia existencia física, y de su capacidad para gobernar, realizado ante los representantes del pueblo. Y ello no puede

---

209   Como también lo ha indicado Manuel Rachadell, "La interpretación que le ha dado la fracción gubernamental en la Asamblea Nacional de que Chávez sigue siendo Presidente en ejercicio, cuya ausencia del acto de juramentación no tendría ninguna incidencia porque es una simple formalidad, que no es necesario que el Presidente de la Asamblea Nacional se juramente para cubrir la ausencia (que ni es temporal ni absoluta) del Presidente, porque tal función la ejerce, parcialmente, el Vicepresidente Ejecutivo de la República, carece de toda fundamentación en la Ley Suprema. No hay continuidad administrativa al concluir el período constitucional y comenzar el otro, ni siquiera en el supuesto de la reelección, y el nombramiento del Vicepresidente Ejecutivo caduca, como el del Presidente que lo ha designado, al vencimiento del período constitucional, el 10 de enero próximo." Véase Manuel Rachadell, "Tres observaciones a la carta de Maduro sobre la imposibilidad de juramentarse el Presidente electo ante la Asamblea Nacional." 9 de enero de 2013, en: http://t.co/Sd5R2EwX

210   Por ello, el profesor Román José Duque Corredor considera esta afirmación "falsa de toda falsedad" agregando que "La reelección no es un mecanismo del ejercicio del cargo o para el ejercicio del cargo, sino un derecho del funcionario que ejerce un cargo electivo de poderse postular como candidato para un nuevo período para ese cargo y no de continuar en el mismo cargo. De modo que, por tratarse de una nueva elección, si existe interrupción en su ejercicio. Si no fuera así, entonces, se trataría de un plebiscito y no de una elección, que es lo que parece piensan los Magistrados de la referida Sala que ha ocurrido con el candidato Hugo Chávez que se postuló para las elecciones del 7 de octubre de 20102 para ser Presidente para el nuevo período 2013-2019." Véase Román José Duque Corredor, Observaciones a la sentencia de la Sala Constitucional de 9 de enero de 2013. Véase en http://www.uma.edu.ve/in-terna/424/0/novedades_del_derecho_publico

eliminarse porque el electo haya sido reelecto, y menos aun cuando había permanecido ausente del país durante un mes, sin que la nación tuviera conocimiento claro de su estado.

Después de las "consideraciones para decidir," la Sala Constitucional puntualizó lo que debió ser el objeto de la interpretación solicitada, en el sentido de que "la Constitución establece un término para la juramentación ante la Asamblea Nacional, pero no estatuye consecuencia para el caso de que por "motivo sobrevenido" no pueda cumplirse con ella de manera oportuna y, por el contrario, admite expresamente esa posibilidad, señalando que pueda efectuarse la juramentación ante el Tribunal Supremo de Justicia;" resumen que implicaba, precisamente, pasar a determinar cuál era la realidad fáctica de la enfermedad y del estado de salud del Presidente de la República Hugo Chávez, y si estaba vivo, determinar cuál era la posibilidad médica real, fáctica, de que pudiera recuperar plenamente su salud para poder ejercer el cargo para el cual había sido electo; y en esa situación, determinar entonces quien debía encargarse de la Presidencia de la República mientras el Presidente electo por las causas sobrevenidas alegadas procedía, si ello hubiera sido factible conforme a las pruebas médicas, a tomar posesión del cargo.

La Sala Constitucional, sin embargo, en lugar de cumplir su función interpretativa de la segunda parte de la norma del artículo 231 de la Constitución, y de realizar la actividad probatoria conforme estaba obligada, se limitó a reafirmar lo que la propia norma constitucional dispone en el sentido de que la juramentación del Presidente reelecto podía ser efectuada en una oportunidad posterior al 10 de enero de 2013 ante el Tribunal Supremo de Justicia, de no poderse realizar dicho día ante la Asamblea Nacional, por supuesto, siempre que ello fuera factible; agregando sólo su apreciación de que le correspondía al propio Tribunal fijar dicho acto "una vez que exista constancia del cese de los motivos sobrevenidos que hayan impedido la juramentación." Es decir, en lugar de desplegar una actividad probatoria precisamente para decidir, constatando la salud del Presidente y las posibilidades de su recuperación, la Sala decidió sin pruebas, imponiendo un gobierno no electo democráticamente, dejando pendiente solo que luego se pudiera probar que los motivos que impidieron la juramentación habrían cesado. Ninguna posibilidad dejó abierta la Sala que pudiera llegar a probarse que el Presidente electo y ausente no podía en realidad llegar a juramentarse, y ejercer el cargo para el cual había sido electo, por razón de su salud.

De lo anterior, sin resolver la consecuencia jurídica derivada del hecho de que por un "motivo sobrevenido" el Presidente electo no pudo tomar posesión del cargo con su juramentación ante la Asamblea Nacional el día fijado constitucionalmente, la Sala concluyó su sentencia, afirmando como por arte de magia, sin que las "consideraciones para decidir" en realidad fundamentaran y condujeran a ello, que:

"(vi) En atención al principio de continuidad de los Poderes Públicos y al de preservación de la voluntad popular, no es admisible que ante la existencia de un desfase cronológico entre el inicio del período constitucional y la juramentación de un Presidente reelecto, se considere (sin que el texto fundamental así lo paute) que el gobierno queda ipso facto inexistente. En consecuencia, el Poder Ejecutivo (constituido por el Presidente, el Vicepresidente, los Ministros y demás órganos y funcionarios de la Administración) seguirá ejerciendo cabalmente sus funciones con fundamento en el principio de la continuidad administrativa."

Sobre esto, que fue en definitiva la parte resolutiva de la sentencia mediante la cual la Sala pretendió legitimar una usurpación de autoridad,[211] la referencia al "Presidente" (H. Chávez) era inconstitucional porque el mismo no se iba a juramentar para tomar posesión de su cargo y entrar en ejercicio de sus funciones para el nuevo período constitucional, por lo que no tenía sentido alguno invocar el principio de continuidad administrativa y afirmar que continuaba "ejerciendo cabalmente sus funciones." Por lo demás, ello no pasaba de ser un buen deseo o un buen pensamiento, pues por las informaciones oficiales suministradas desde el gobierno, desde el 11 de diciembre de 2012 daban cuenta de que el Presidente estaba totalmente incapacitado para gobernar.[212] De manera que no era cierto, como lo afirmó la Sala Constitucional, que el Poder Ejecutivo estaba conducido por el Presidente de la República, ni que éste pudiera ejercer su cargo, y menos "continuar" ejerciéndolo en forma alguna. En el cuadro de gravedad del Presidente, en realidad, a esa fecha, lo único que se sabía como signo de su condición era que en algún momento había "apretado" la mano del Vicepresidente de la República, según información suministrada por él mismo.[213] Al contrario de lo que afirmó la Sala, había una evidente falta efectiva del Presidente de la República del país y del ejercicio del cargo para el cual había sido electo.

Lo resuelto por la Sala Constitucional, por tanto, estando el "Presidente" de hecho impedido de ejercer cabalmente sus funciones, lo que en realidad significó fue la decisión que sus Magistrados adoptaron de poner el gobierno de Venezuela para el inicio del período constitucional 2013-2019, en manos de funcionarios que no habían sido electos popularmente, contrariando el principio democrático, como eran los otros mencionados en la sentencia: "el Vicepresidente, los Ministros y demás órganos y funcionarios de la Administración" indicando que seguirían "ejerciendo cabalmente sus funciones con fundamento en el principio de la continuidad administrativa," a pesar de que habían sido nombrados en el período constitucional anterior, y sin término alguno, es decir, *sine die*, y hasta cuando el propio Tribunal Supremo fijase la oportunidad de que el Presidente electo enfermo, si aparecía, se juramentase ante el mismo.

---

211 Con razón la diputada María Corina Machado expresó el 11 de enero de 2013: "que el acto que vimos ayer no tiene precedentes. Dijo que Venezuela amaneció con un gobierno usurpado y el Vicepresidente, los ministros y la Procuradora General pretenden seguir ejerciendo sus cargos. "Todos los cargos de gobierno cesaron el pasado jueves y ante esa pretensión, todos sus actos son nulos, como lo establece el artículo 138 de la Constitución", recalcó. Reiteró que Diosdado Cabello ha violado su juramento, porque debió llamar a la sesión solemne de toma de posesión del nuevo período presidencial y agregó que "no reconocemos a Maduro como Vicepresidente, porque hay una situación de ilegitimidad profunda". Aseguró que en Venezuela no existe separación de poderes, "tenemos un TSJ sumiso, nuestra soberanía está siendo pisoteada". Véase reseña de Programa Primera página de Globovisión, 11 de enero de 2013, en http://www.lapatilla.com/site/2013/01/11/maria-corina-nuestra-soberania-esta-siendo-pisoteada/

212 El 13 de enero de 2013, el Ministro de Información Villegas, informaba: "El presidente de Venezuela, Hugo Chávez, evoluciona favorablemente de la cirugía a la que fue sometido el pasado 11 de diciembre [2012], aunque aún necesita "medidas específicas" para la solución de la "insuficiencia respiratoria" que se le originó como consecuencia de una infección. "A pesar de su delicado estado de salud después de la compleja intervención quirúrgica del 11 de diciembre pasado [2012] en los últimos días la evolución clínica general ha sido favorable", véase en http://www.lapatilla.com/site/2013/01/13/villegas-en-minutos-comunicado-oficial-sobre-salud-de-chavez/

213 "Maduro: "Chávez me apretó la mano con una fuerza gigantesca," indicando que "En uno de los saludos lo saludé (a Chávez) con la mano izquierda y me apretó con una fuerza gigantesca mientras hablábamos", comentó Maduro durante una entrevista exclusiva que ofreció al canal interestatal Telesur desde Cuba, donde se encuentra desde el pasado 29 de diciembre [2012] acompañando al gobernante y a sus familiares." Véase en Larazón.com, 2 de enero de 2013, en http://www.larazon.es/detalle_nor-mal/noti-cias/554672/maduro-chavez-me-apreto-la-mano-con-una-fuerz

Lo que dio la Sala Constitucional con esta decisión no fue sino un golpe contra la Constitución,[214] vulnerando el derecho de los ciudadanos a ser gobernados por gobernantes electos, con el resultado de que a partir del 10 de enero de 2013, por voluntad la Sala Constitucional del Tribunal Supremo de Justicia, en Venezuela comenzó a gobernar un funcionario que según la propia sentencia no estaba supliendo la ausencia del Presidente de la República electo y enfermo; funcionario que entonces sólo podía ejercer sus atribuciones establecidas en la Constitución (art. 239) y las enumeradas en el decreto de delegación de diciembre de 2013,[215] y quién no podía ejercer las atribuciones que sólo un Presidente en ejercicio podría ejercer. A esta absurda ingobernabilidad era a lo que condujo la sentencia de la Sala Constitucional; a raíz de la cual, por su insostenibilidad jurídica, el gobierno comenzó incluso a perseguir a quienes argumentaran o informaran sobre la interpretación que debía darse a las normas constitucionales y sobre la inconstitucional decisión del Tribunal Supremo y sus efectos;[216] de manera que hasta los estudiantes universitarios que comenzaron a protestar contra la sentencia de la Sala Constitucional, fueron por ello amenazados con cárcel.[217]

La secuela posterior, en todo caso, fue que el Presidente Chávez, como era de preverse o se sospechaba, efectivamente no compareció ante la Asamblea Nacional a tomar posesión del cargo para el período constitucional 2013-2019, quizás incluso porque ya había fallecido. Pero las noticias oficiales sin embargo decían otra cosa: Por ejemplo, el 22 de enero de 2013, el Ministro de Relaciones Exteriores Elias Jaua afirmó a su regreso a Caracas desde Cuba, que había "conversado con Chávez en La Habana,"[218] y el 18 de febrero de 2013 se anunció,[219] que había sido trasla-

---

214 También puede calificarse la situación como golpe de Estado, pues, en definitiva, todo golpe contra la Constitución es un golpe de Estado. Véase Claudio J. Sandoval, ¿Golpe de Estado en Venezuela?, en El Universal, Caracas 10 de enero de 2013, en http://www.eluniversal.com/opinion/130110/oea-golpe-de-estado-en-venezuela.

215 Ello no impidió por ejemplo que el Vicepresidente, en virtud de la "continuidad administrativa" decretada por la Sala Constitucional, procediera a designar mediante Decreto N° 9350 de 11 de enero de 2013, "por delegación del Presidente," a un "Vicepresidente Encargado" para suplir su ausencia del territorio nacional para viajar a Cuba. Véase Decreto N° 9.350, de fecha 11 de enero de 2013 en Gaceta Oficial N° 40.088, de fecha 11 de enero de 2013.

216 El 9 de enero de 2013, el consultor jurídico de Globovisión, Ricardo Antela, explicó sobre el nuevo procedimiento administrativo sancionatorio abierto por la Comisión Nacional de Telecomunicaciones (CONATEL) contra la estación de TV, "por la difusión de cuatro micros informativos sobre el articulado de la Constitución", que a juicio del ente regulador, "incitan al odio, la zozobra y la alteración del orden público", prohibiendo de entrada "a la televisora retransmitir dichos mensajes o algunos similares." En horas de la tarde de ese mismo día el "presidente de la Asamblea Nacional, Diosdado Cabello; y el ministro Rafael Ramírez, habían sugerido al ente regulador "iniciar una investigación contra el canal por difundir el artículo 231 de la Constitución.". Véase la información en http://globovi-sion.com/articulo/conatel-notifica-a-globovision-de-nuevo-procedimiento-adminis-trativo-sancionatorio

217 El Gobernador del Estado Táchira, José Gregorio Vielma Mora, afirmó a la prensa "que los estudiantes de las universidades Católica y de Los Andes de esa entidad, que manifestaron en contra del fallo del Tribunal Supremo de Justicia, estaban ebrios y otros consumieron drogas para "valentonarse en contra de la autoridad". "Son delincuentes", aseveró. Advirtió al rector académico de la ULA, Omar Pérez Díaz y demás profesores, que irá a la Fiscalía a denunciarlos. "No mienta (Pérez Díaz), usted está promoviendo la violencia en Táchira. Les están pagando desde el extranjero. "Tienen armamento y municiones dentro de la universidad", acusó. De seguir protestando "van a ser tratados como bandas criminales e irán a la cárcel de Santa Ana". Véase en http://m.notitarde.com/nota.aspx?id=159398

218 Véase la reseña de Ender Ramírez Padrino, "Jaua informó que se reunió con el presidente en La Habana," El Nacional, 21 de enero de 2013, en http://www.el-nacional.com/politica/Jaua-asegura-converso-Chavez-Habana_0_122390427.html.

dado de una cama de hospital en La Habana a una cama de hospital en Caracas, informándose de la gravedad de su salud, al punto de que estaba impedido de poder hablar.[220] Incluso, a pesar de ello, parece que no le impidió al Vicepresidente Ejecutivo y otros Ministros, según lo anunciaron al país, que hubieran estado con el Presidente Hugo Chávez Frías en una supuesta "reunión de gabinete" de nada menos que de cinco horas durante la noche el día 23 de febrero de 2013.[221]

La falta absoluta del presidente electo y la imposición por el Juez Constitucional de un Presidente no electo popularmente

Unos días después, el 4 de marzo de 2013, sin embargo, ya el Ministro de Comunicaciones anunciaba al país que el estado de salud de Chávez era "muy delicado,"[222] lo que presagiaba un anuncio final, "luego de que se informara oficialmente de un deterioro en la salud del presidente Hugo Chávez"[223] informándose de inmediato el mismo día 5 de marzo de 2013, por el Vicepresidente Ejecutivo, que se había producido su fallecimiento. En esa forma, el juramento y la toma de posesión del cargo para el cual Chávez fue reelecto, nunca tuvo lugar.

---

219 Véase la reseña en *El Universal*, Caracas 18 de febrero de 2013, "Chávez vuelve a Venezuela. El presidente de Venezuela, Hugo Chávez, regresó a Caracas procedente de La Habana, más de dos meses después de que viajara a Cuba para someterse a la cuarta operación de un cáncer que le fue diagnosticado en junio de 2011, y se encuentra en el hospital militar de Caracas," en http://www.eluniversal.com/na-cional-y-politica/salud-presidencial/130218/chavez-vuelve-a-venezuela. A través de la cuenta Twitter @chavezcandanga, el Presidente supuestamente habría mandado un mensaje a las 2.30 de la madrigada con el siguiente texto: "Hemos llegado de nuevo a la Patria venezolana. ¡¡Gracias Dios mío!! Gracias ¡¡Pueblo amado!! Aquí continuaremos el tratamiento."

220 El Ministro de Comunicación e Información, Ernesto Villegas, informó ese día en cadena de radio y televisión que al Presidente le persistía "un cierto grado de insuficiencia" y "presenta respiración a través de cánula traqueal que le dificulta temporalmente el habla," sometido a un "tratamiento enérgico para la enfermedad de base, que no está exento de complicaciones," oportunidad en la cual se publicitó una fotografía que se dijo era de 14 de febrero de 2013 del Presidente con sus hijas, que sin embargo, no mostraban en forma alguna lo que se anunciaba, ni por la vestimenta de los que posaron en la fotografía ni por la asepsia que una situación como la escrita requería. Continuó el Ministro informando que "después de dos meses de un complicado proceso postoperatorio, el paciente se mantiene consciente, con integridad de las funciones intelectuales, en estrecha comunicación con su equipo de gobierno y al frente de las tareas fundamentales inherentes a su cargo." Sin embargo, el Ministro de Ciencia y tecnología Arreaza, informaba en el canal multiestatal Telesur, que Chávez "tiene dificultad para comunicarse verbalmente (...) Uno lo que tiene es que poner atención y él comunica perfectamente sus decisiones, cuando no las escribe (...) Pero perfectamente se comunica y se da a entender. No tiene la voz que lo caracteriza, pero esto es un proceso que es reversible y esperamos volverlo a escuchar." Véase la reseña de María Lilibeth Da Corte, "Chávez respira por cánula traqueal que le dificulta hablar. Arreaza: Él comunica perfectamente sus decisiones, cuando no las escribe," en *El Universal*, Caracas 16-2-2013, en http://www.eluniversal.com/nacional-y-politica/130216/chavez-respira-por-canula-que-le-dificulta-hablar Véase igualmente en http://globovi-sion.com/articulo/ministro-villegas-en-breve-comunicado-y-fotografias-del-presidente-chavez

221 Véase "Maduro asegura que se reunió con Chávez por más de cinco horas," en *El Universal*, 23 de febrero de 2013, en http://www.eluniver-sal.com/nacional-y-politica/salud-presidencial/130223/ma-duro-asegura-que-se-reunio-con-chavez-por-mas-de-cinco-horas; y En "Maduro: Chávez continúa con cánula traqueal y usa distintas vías de entendimiento," Publicado por Caracas en Febrero 23, 2013, en http://venezuelaaldia.com/2013/02/ma-duro-chavez-continua-con-la-canula-traqueal-y-usa-distintas-vias-de-entendimiento/.

222 "Villegas, "El estado general sigue siendo delicado," en *Kikiriki*, 4 de marzo de 2023, en http://www.kiki-riki.org.ve/villegas-el-estado-general-sigue-siendo-delicado/

223 Véase "Venezuela transmitirá reunión entre Maduro, Gabinete y militares: oficial," en Reuters, 5-3-2013, en http://ar.reuters.com/article/topNews/idARL1N0BX9B220130305

El anuncio del fallecimiento del presidente electo Chávez planteó de nuevo una serie de cuestiones jurídicas que requerían solución urgente, las cuales giraban en torno a determinar jurídica y constitucionalmente – en medio del pastel de la falsa "continuidad administrativa - , quién, a partir del 5 de marzo de 2013, debía encargarse de la Presidencia de la República en ese supuesto de efectiva falta absoluta de un Presidente electo, no juramentado, mientras se procedía a una nueva elección presidencial. En virtud de que el Presidente Chávez ya era evidente que no tomaría posesión de su cargo, por haberse anunciado su falta absoluta, el absurdo e ilegítimo régimen de la "continuidad administrativa" impuesto por el Tribunal Supremo sin duda había cesado.

En esa situación, conforme al artículo 233 de la Constitución, el único de los supuestos de falta absoluta del Presidente que prevé,[224] aplicable en el caso, es la que se produce antes de que el Presidente electo tome posesión del cargo, que era el supuesto que había en definitiva ocurrido, en cuyo caso, dice la norma, el presidente de la Asamblea Nacional se encarga de la Presidencia de la República mientras se realiza una nueva elección y toma posesión el nuevo Presidente. En este caso, el presidente de la Asamblea no pierde su investidura parlamentaria, ni asume la Presidencia de la República, sino que solo se "encarga" temporalmente de la misma; y en el caso concreto, ello implicaba que el Presidente de la Asamblea Nacional, Diosdado Cabello debió de inmediato encargarse de la Presidencia de la República, *ex constitutione*.[225]

Sin embargo, ello no fue lo que ocurrió en la práctica política, incumpliendo el Presidente de la Asamblea Nacional el mandato de la Constitución, particularmente al haberse anunciado el mismo día 5 de marzo de 2013, por la Procuradora General de la República (quien era la esposa del Vice Presidente Nicolás Maduro) que con la muerte del Presidente Hugo Chávez, "inmediatamente se pone en vigencia el artículo 233, que establece que se encarga el Vicepresidente Nicolás Maduro (...) .Y la falta absoluta determina que el que se encarga es el Vicepresidente, Nicolás Maduro."[226]

---

224   El artículo 233 dispone en la materia lo siguiente: "Cuando se produzca la falta absoluta del Presidente electo o Presidenta electa antes de tomar posesión, se procederá a una nueva elección universal, directa y secreta dentro de los treinta días consecutivos siguientes. Mientras se elige y toma posesión el nuevo Presidente o la nueva Presidenta, se encargará de la Presidencia de la República el Presidente o Presidenta de la Asamblea Nacional. // Si la falta absoluta del Presidente o Presidenta de la República se produce durante los primeros cuatro años del período constitucional, se procederá a una nueva elección universal, directa y secreta dentro de los treinta días consecutivos siguientes. Mientras se elige y toma posesión el nuevo Presidente o la nueva Presidenta, se encargará de la Presidencia de la República el Vicepresidente Ejecutivo o la Vicepresidenta Ejecutiva".

225   Así por ejemplo lo consideró el diputado Soto Rojas, al señalar tras el fallecimiento del Presidente Chávez que "Diosdado Cabello debe juramentarse y nuestro candidato es Nicolás Maduro", en referencia a las próximas elecciones que deben realizarse," en *6to. Poder*, 5-3-2013, en http://www.6topoder.com/venezuela/politica/diputado-soto-rojas-diosdado-cabello-debe-juramentarse-y-nuestro-candidato-es-nicolas-maduro/ Por ello, con razón, el profesor José Ignacio Hernández, explicó que "interpretando de manera concordada los artículos 231 y 233 de la Constitución, puede concluirse que ante la falta absoluta del Presidente electo antes de tomar posesión (mediante juramento), deberá encargarse de la Presidencia el Presidente de la Asamblea Nacional. Es ésa la conclusión que aplica al caso concreto, pues el Presidente Hugo Chávez falleció sin haber prestado juramento, que es el único mecanismo constitucional previsto para tomar posesión del cargo, con lo cual debería asumir la Presidencia quien fue designado como Presidente de la Asamblea Nacional." Véase José Ignacio Hernández, "A propósito de la ausencia absoluta del Presidente," en PRODAVINCI, 5-3-2013, en http://prodavinci.com/blogs/a-proposito-de-la-ausencia-absoluta-del-presidente-de-la-republica-por-jose-ignacio-hernandez-g/

226   Véase "Muerte de Chávez. 06/03/2013 03:16:00 p.m.. Aseguró la Procuradora General de la República Cilia Flores: La falta absoluta determina que se encargará el Vicepresidente Maduro," en Notitarde.com, 7-3-2013,

Y efectivamente, ello fue lo que ocurrió quedando evidenciado en *Gaceta Oficial* del mismo día, mediante la publicación del Decreto Nº 9.399 declarando Duelo Nacional, dado y firmado por Nicolás Maduro, ni siquiera como "Vicepresidente encargado de la Presidencia," sino como "Presidente Encargado de la República."[227] A ello se agregó la declaración dada por el Ministro de la Defensa al afirmar pocas horas después de darse a conocer oficialmente la muerte del Presidente Chávez, que "Ahora más que nunca, la FAN debe estar unida para llevar a Maduro a ser el próximo presidente electo de todos los venezolanos."[228] Luego vino el anuncio que hizo Presidente de la Asamblea Nacional, Diosdado Cabello, en horas de la noche del día 7 de marzo, en el sentido de que "el vicepresidente Nicolás Maduro será juramentado este viernes a las 7:00 de la noche como Presidente de la República encargado," indicando además, que "una vez juramentado, corresponderá a Maduro convocar a nuevas elecciones para elegir al próximo jefe de Estado."[229]

Y finalmente, le correspondió a la Sala Constitucional del Tribunal Supremo de Justicia, en la ya indicada sentencia Nº 141 dictada el 8 de marzo de 2013[230] dictada también con la partici-

---

en http://www.notitarde.com/Muerte-de-Chavez/Cilia-Flores-La-falta-absoluta-determina-que-se-encargara-el-Vicepresidente-Maduro/2013/03/06/169847.

227 *Gaceta Oficial* 40.123 de 5 de marzo de 2013. Con relación a este Decreto, que fue refrendado por todos los Ministros y publicado en *Gaceta Oficial*, Juan Manuel Raffalli apreció que "no hay duda de que Nicolás Maduro es el Presidente encargado de la República," llamando la atención respecto a que "Maduro no ha designado un Vicepresidente y si ostenta la doble condición de Presidente y Vicepresidente, no puede ser candidato," e indicando que "para que pueda ser candidato, tendría que designar a un Vicepresidente." Véase en "Raffalli: Maduro no puede ser candidato mientras también ostente la Vicepresidencia," en *6to. Poder*, Caracas 7-3-2013, en http://www.6topoder.com/venezuela/poli-tica/raffalli-maduro-no-puede-ser-candidato-mientras-tambien-ostente-la-vicepresidencia/; y en "Du-das Constitucionales. ¿Maduro es Vicepresidente y encargado de la Presidencia, o es Presidente encargado a secas?, en *El Universal*, 8=3-2013, en http://www.eluniversal.com/opinion/130308/dudas-constitucionales. Sin dejar de considerar que con ese Decreto, efectivamente y de hecho, el Vicepresidente Maduro asumió sin título alguno la Presidencia de la República, es decir, ilegítimamente; sin embargo consideramos que debe puntualizarse que de acuerdo con el texto de la Constitución, en cualquier caso en el cual se produzca una falta absoluta del Presidente en los términos del artículo 233 de la Constitución, tanto el Presidente de la Asamblea Nacional como del Vicepresidente, es sus respectivos casos, lo que deben y pueden hacer es "encargarse" de la Presidencia, pero nunca pasan a ser "Presidentes encargados de la República."

228 Véase en "Ministro de la Defensa venezolano: "La Fuerza Armada Nacional debe estar unida para llevar a Maduro a ser presidente", en Vínculocrítico.com. Diario de América, España y Europa, en http://www.vinculocri-tico.com/politica/venezuela/elecciones-venezuela/fuerzas-militares-venezolanas/muere-chavez/muerte-chavez/anuncio-muerte-chavez/ministro-defensa/vtv-/apoyo-de-militares-maduro-/294618 . En la nota publicada en ese diario se concluía con la siguiente reflexión "La clara posición expresada por el Ministro de la Defensa resulta preocupante para muchos ciudadanos, toda vez que bajo sus órdenes se encuentra la Fuerza Armada Nacional que debe velar por la seguridad de Venezuela, pero no obedecer a la voluntad de una sola persona y menos aún en materia electoral. Su posición no presagia una situación de imparcialidad, con la gravedad que ello conlleva para el futuro en democracia de dicha nación latinoamericana."

229 Véase Alejandra M. Hernández, "Maduro será juramentado mañana como Presidente encargado," *El Universal*, 7-3-2013, en http://www.eluniver-sal.com/nacional-y-politica/hugo-chavez-1954-2013/130307/maduro-sera-juramentado-manana-como-presidente-encargado; y "Nicolás Maduro asumirá hoy como Presidente," en http://www.eluniversal.com/nacional-y-politica/130308/nicolas-maduro-asumira-hoy-como-presidente

230 Véase el texto de la sentencia en http://www.tsj.gov.ve.decisio-nes/scon/Marzo/141-9313-2013-13-0196.html. Véanse los comentarios en Allan R. Brewer-Carías, y "El Juez Constitucional y la ilegítima declaración, mediante una "nota de prensa," de la "legitimidad" de la elección presidencial del 14 de abril de 2013," en *Revista de Derecho Público*, Nº 135, Editorial Jurídica Venezolana, Caracas 2013, pp. -207 y ss.

pación de la magistrada Presidenta Gutiérrez Alvarado, autora de la Tesis "secreta" de Zaragoza, consolidar todo este fraude constitucional, al decidir un nuevo recurso de interpretación interpuesto por un ciudadano[231] solo dos días antes, el día 6 de marzo de 2013, en relación con la aplicación del artículo 233 de la Constitución a la situación concreta derivada de la anunciada falta absoluta del Presidente Chávez, que era la de un Presidente electo que no había tomado posesión de su cargo. La Sala, sin embargo, desconociendo la realidad, concluyó que la falta absoluta no se había producido antes de que Chávez tomara posesión de su cargo, como en efecto ocurrió, sino después de la supuesta "continuidad administrativa" que inventó la propia Sala en la sentencia anterior, y que aseguraba que supuestamente había continuado en ejercicio del cargo, no siendo necesaria una nueva toma de posesión del Presidente electo.[232]

Por ello, la Sala concluyó que entonces debía convocarse a una elección universal, directa y secreta para elegir presidente, pero quedando encargado de la Presidencia Nicolás Maduro Moros, "quien para ese entonces ejercía el cargo de Vicepresidente Ejecutivo." Con ello, la Sala resolvió otro "escollo" jurídico, y dispuso que al "Presidente encargado" no se le aplicaba el "supuesto de incompatibilidad" para ser candidato previsto en el artículo 229 de la Constitución, permitiendo que Maduro pudiera postularse para participar en el proceso electoral para Presidente de la República, sin separarse de su cargo.[233]

Quedaron así muy convenientemente resueltas por el Poder Judicial todas las dudas e incertidumbres pasadas, que ya habían sido resueltas políticamente entre los órganos del Poder Ejecutivo y del Poder Legislativo. La Sala Constitucional, una vez más, interpretó la Constitución a la medida del régimen autoritario, mutándola y distorsionándola.

---

231 Esta vez por *Otoniel Pautt Andrade.*

232 Días después de dictada la sentencia, el 12 de marzo de 2013, en un programa de televisión, la Presidente del Tribunal Supremo diría lo siguiente según la reseña: "La Constitución debemos leerla muy claramente, a mí una de las cosas que más me preocupa es la falta de lectura por parte de algunas personas, o no diría falta de lectura (…) sino la falta gravísima y el engaño que hacen al pueblo cuando se refieren al texto constitucional saltándose párrafos para que se malinterprete el resultado," detalló durante el programa Contragolpe que transmite Venezolana de Televisión. / La magistrada cuestionó que hay quienes pretenden irrespetar la Constitución, al afirmar que debe ser el presidente de la Asamblea Nacional, en este caso Diosdado Cabello, quien debió asumir la Presidencia Encargada. / Refirió que el artículo 233 expresa que "mientras se elige y toma posesión el nuevo Presidente o nueva Presidenta se encargará de la Presidencia de la República el Vicepresidente Ejecutivo o la Vicepresidenta Ejecutiva. Yo estoy leyendo la Constitución, no estoy diciendo algo que a mí se me ocurre." Véase la reseña en http://www.vive.gob.ve/actualidad/noticias/designaci%-C3%B3n-de-nicol%C3%A1s-maduro-como-presidente-e-es-constitucional. Véase igualmente la reseña en http://www.el-nacional.com/politica/Luisa-Estella-Morales-Maduro-Constitucion_0_152387380.html Por lo visto no se percató la magistrada que quien analizó la Constitución "saltándose párrafos para que se malinterprete el resultado," fue ella misma y la Sala Constitucional que dictó la sentencia bajo su Ponencia, al ignorar (o saltarse) el primer párrafo sobre la falta absoluta del Presidente del artículo 233 que dispone que "Cuando se produzca la falta absoluta del Presidente electo o Presidenta electa antes de tomar posesión, se procederá a una nueva elección universal, directa y secreta dentro de los treinta días consecutivos siguientes. Mientras se elige y toma posesión el nuevo Presidente o la nueva Presidenta, se encargará de la Presidencia de la República el Presidente o Presidenta de la Asamblea Nacional." Tan esa parte fue "saltada" por la Sala que luego de copiar el texto íntegro del artículo la sentencia expresa, pura y simplemente que: "De la lectura de dicho precepto se observa que cuando se produce la falta absoluta del Presidente de la República se habrá de realizar una nueva elección y *se encargará de la Presidencia de la República el Vicepresidente Ejecutivo o la Vicepresidenta Ejecutiva.*" Basta comparar los dos textos para saber quién se saltó un párrafo de la norma para malinterpretarla.

233 La Sala Constitucional ratificó esta doctrina en sentencia N° 1116 de 7 de agosto de 2013. Véase en http://www.tsj.gov.ve/decisiones/scon/agosto/1116-7813-2013-13-0566.html.

II. LA DENEGACIÓN DE JUSTICIA EN EL JUZGAMIENTO DEL FRAUDE A LA REPRESENTACIÓN POPULAR EN LA ELECCIÓN PRESIDENCIAL DE 2013

Con la participación ilegítima del Presidente de la República encargado por la Sala Constitucional para gobernar el país luego del anuncio del fallecimiento del Presidente Hugo Chávez, la elección presidencial para elegir a la persona que debía completar el período constitucional 2013-2019 que éste no pudo iniciar, por imposibilidad física, se efectuó el día 14 de abril de 2013, habiéndose anunciado casi a la media noche del mismo día 14 de abril, por el Consejo Nacional Electoral después de escrutados el 92 % (14,775,741) de los votos emitidos en el país, que el candidato del Estado y del gobierno había ganado con un margen del 1.59 %, en relación a la votación obtenida por el candidato de la oposición, Henrique Capriles Radonski, habiendo sido los resultados ofrecidos los siguientes: Henrique Capriles: 7,270,403 con 49.20%; Nicolás Maduro: 7,505,338 con 50.80%.

Los recursos contencioso electorales contra la elección presidencial y el avocamiento de los procesos de oficio por la Sala Constitucional

Este resultado, y las dudas existentes sobre la limpieza del proceso electoral en su conjunto, incluido su manejo electrónico luego de saberse antes de las elecciones que miembros del partido de gobierno tenían las claves de acceso al mismo, llevó al candidato de la oposición, como era lo esperado, a cuestionar el resultado ofrecido, razón por la cual a los pocos días de las elecciones se presentaron diversos recursos contencioso electorales con el propósito de impugnar los resultados del proceso comicial celebrado el 14 de abril de 2013 ante la Sala Electoral del Tribunal Supremo de Justicia, que es la competente conforme a la Constitución para conocer de los mismo, no sin antes haberse producido varios pronunciamientos públicos de la Presidenta del Tribunal Supremo, adelantando opinión, negado la posibilidad de revisiones, auditorias o cuestionamiento de las elecciones.[234]

Con fecha 20 de junio de 2013, la Sala Constitucional presidida entonces por la magistrada Gladys Gutiérrez Alvarado,[235] autora de la Tesis "secreta" de Zaragoza, resolvió mediante sentencia Nº 795,[236] de oficio y sólo por "notoriedad judicial," avocarse al conocimiento de siete procesos contencioso electorales que se encontraban en sustanciación ante la Sala Electoral en los cuales se habían impugnado las referidas elecciones de 14 de abril de 2013 (expedientes identificados con los números AA70-E-2013-000025, AA70-E-2013-000026, AA70-E-2013-000027, AA70-E-2013-000028, AA70-E-2013-000029, AA70-E-2013-000031 y AA70-E-2013-000033). En esta forma, la Sala Constitucional, al solo tener conocimiento de que efectivamente se habían formulado dichas impugnaciones, procedió, de oficio, a avocarse al conocimiento de dichas cau-

---

234   Véase por ejemplo en http://www.eluniversal.com/nacional-y-politica/elecciones-2013/130417/para-la-presidenta-del-tsj-no-existe-el-conteo-manual; y en http://globovision.com/articulo/presidenta-del-tsj-en-venezuela-el-sistema-manual-no-existe-se-ha-enganado-a-la-poblacion.

235   Véase la noticia sobre el nombramiento de la Sra. Gutiérrez como Presidenta de la Sala Constitucional en la Nota de Prensa del Tribunal Supremo: "Designan a la magistrada Gladys Gutiérrez como presidenta del TSJ," en *Aporrea.org*, 8 de mayo de 2013, en https://www.aporrea.org/actualidad/n228459.html En la Nota de Prensa se da cuenta del *Curriculum* de la designada.

236   Véase en http://www.tsj.gov.ve/decisiones/scon/Junio/795-20613-2013-13-0538.html. Véanse los comentarios en Allan R. Brewer-Carías, "El Juez Constitucional y la ilegítima declaración, mediante una "nota de prensa," de la "legitimidad" de la elección presidencial del 14 de abril de 2013," en *Revista de Derecho Público*, Nº 135 (julio-septiembre 2013), Editorial Jurídica Venezolana, Caracas 2013, pp. 205-216;

sas, fundamentando su decisión, conforme se analizó en el capítulo "Único" de la sentencia, en el artículo 25.16 de la Ley Orgánica del Tribunal Supremo de Justicia de 2010, en el cual se definió, dijo, como "competencia privativa de esta Sala Constitucional," la de:

"avocar las causas en las que se presuma violación al orden público constitucional, tanto de las otras Salas como de los demás tribunales de la República, siempre que no haya recaído sentencia definitivamente firme."

El avocamiento es, como lo identificó la Sala en la sentencia, una "extraordinaria potestad, consecuente con las altas funciones que como máximo garante de la constitucionalidad y último intérprete del Texto Fundamental" que se han asignado a esta Sala Constitucional, para quitarle a los tribunales el ejercicio de su competencia ordinaria en los casos que deban conocer, y así asumirlo el Tribunal Supremo, reconociendo que:

"el avocamiento es una figura de superlativo carácter extraordinario, toda vez que afecta las garantías del juez natural y, por ello, debe ser ejercida con suma prudencia y sólo en aquellos casos en los que pueda verse comprometido el orden público constitucional (*vid.* sentencias números 845/2005 y 1350/2006)."

Esta extraordinaria potestad del Juez Constitucional, sin embargo, y lamentablemente, en la práctica ha sido desarrollada por la Sala Constitucional de Venezuela convirtiéndola en un perverso instrumento para romper con el orden procesal, violar el derecho al juez natural, y con ello, poder la Sala pasar a controlar por razones políticas cualquier proceso judicial que pueda afectar las actuaciones o designios del Ejecutivo o de las personas que protege,[237] en forma contraria a lo que la doctrina y la norma que autoriza el avocamiento dispone, al establecer que se trata de una institución de aplicación estricta por la excepcionalidad de la potestad, para lo cual se exige, como motivo esencial, que "se presuma violación al orden público constitucional."

Con tal propósito, lo mínimo que se requiere es que la Sala para decidir, tenga previamente conocimiento del expediente de la causa para poder deducir una presunción de violación del orden público constitucional. Por lo demás, efectivamente tiene que tratarse de que del estudio de los expedientes resulte dicha presunción de "violación al orden público constitucional" y no de cualquier otro motivo, ni siquiera que el tema debatido tenga importancia nacional.

Según se desprende del texto de la sentencia del 20 de junio de 2013, esta limitación legal no tuvo importancia alguna para el Juez Constitucional cuando resolvió avocarse al conocimiento de todas las causas de impugnación de las elecciones que estaban bajo el conocimiento de la Sala Electoral, solo por "notoriedad judicial," y menos con el "motivo" de que lo que perseguía era supuestamente "aclarar las dudas y agenciar los procesos previstos para darle respuesta a los planteamientos de los ciudadanos y garantizar el ejercicio de sus derechos," lo que constitucionalmente correspondía a la sala Electoral del mismo Tribunal Supremo. En todo caso, ese motivo no está autorizado en norma alguna, por lo que los párrafos siguientes de la sentencia no pasaron de ser pura retórica vacía, por ejemplo, los siguientes:

---

237   Véase Alan R. Brewer-Carías, *Sobre el avocamiento de procesos judiciales por parte la Sala Constitucional (Una excepcional institución procesal concebida para la protección de "orden público constitucional," y que ha resultado en un instrumento político violatorio del derecho al juez natural, a la doble instancia y al orden procesal),* Cuaderno de la Cátedra Fundacional León Henrique Cottin sobre Teoría de la Prueba, Universidad Católica Andrés Bello No.1, Editorial Jurídica Venezolana, Caracas 2013, 208 pp..

"Así pues, la jurisdicción constitucional en la oportunidad respectiva debe atender al caso concreto y realizar un análisis en cuanto al contrapeso de los intereses involucrados y a la posible afectación de los requisitos de procedencia establecidos para la avocación, en los términos expuestos, con la finalidad de atender prontamente a las posibles vulneraciones de los principios jurídicos y los derechos constitucionales de los justiciables.

De esta manera, la competencia de la Sala establecida en la referida disposición viene determinada, como se expuso, en función de la situación de especial relevancia que afecte de una manera grave al colectivo, en cuyo caso, la Sala podría uniformar un criterio jurisprudencial, en aras de salvaguardar la supremacía del Texto Fundamental y, así, el interés general.

Luego de estos aderezos, la Sala, para seguir buscando cómo justificar un avocamiento que a todas luces era improcedente, apeló a un supuesto "criterio consolidado" citando las sentencias números 373/2012 y 451/2012, supuestamente relativas especialmente a "los asuntos litigiosos relacionados con los derechos de participación y postulación [a los que se] se encuentra vinculado el orden público constitucional," razón por la cual, al decir "en el caso de autos," es decir de la impugnación de las elecciones del 14 de abril de 2013, agregó:

"con mayor razón, existen méritos suficientes para que esta Sala estime justificado el ejercicio de la señalada potestad, pues ha sido cuestionada la trasparencia de un proceso comicial de la mayor envergadura, como el destinado a la elección del máximo representante del Poder Ejecutivo, así como la actuación de órganos del Poder Público en el ejercicio de sus atribuciones constitucionales, de lo que se deduce la altísima trascendencia para la preservación de la paz pública que reviste cualquier juzgamiento que pueda emitirse en esta causa."

O sea, que conforme a este criterio, la Sala Electoral podrá ser siempre despojada de su competencia por la Sala Constitucional, a su arbitrio, cada vez que se impugne unas elecciones.

Con base en lo antes indicado, y sólo con base en ello, mediante la mencionada sentencia N° 795 de 20 de junio de 2013, dictada como se dijo por la Sala Constitucional con la participación de la magistrada Presidenta Gladys Gutiérrez Alvarado, autora de la Tesis "secreta" de Zaragoza, la misma "de oficio, en tutela de los derechos políticos de los ciudadanos y ciudadanas, del interés público, la paz institucional y el orden público constitucional, así como por la trascendencia nacional e internacional de las resultas del proceso instaurado," se avocó al conocimiento de las siete antes identificadas causas contencioso electorales:

"así como cualquier otra que curse ante la Sala Electoral de este Máximo Juzgado y cuyo objeto sea la impugnación de los actos, actuaciones u omisiones del Consejo Nacional Electoral como máximo órgano del Poder Electoral, así como sus organismos subordinados, relacionados con el proceso comicial celebrado el 14 de abril de 2013."

De todo ello, la Sala Constitucional entonces ordenó a la Sala Electoral, que le remitiera todas y cada de las actuaciones correspondientes, no antes de avocarse como lo exige la Ley Orgánica, sino después de ello.

Esta decisión de la Sala Constitucional, implicó, entre otros aspectos, lo siguiente:

En primer lugar, que la Sala Constitucional, materialmente vació de competencias a la Sala Electoral, violando la Constitución, al avocarse en este caso para conocer de impugnaciones a un proceso electoral presidencial. Cualquiera impugnación que se haga en el futuro, implicará el mismo interés general alegado por la Sala, y ésta podrá avocarse a su conocimiento.[238]

En segundo lugar, la Sala Constitucional tenía que comenzar decidiendo sobre la admisibilidad de los recursos contenciosos electorales, ninguno de los cuales había llegado a ser admitido judicialmente.

En tercer lugar, para ello, los Magistrados de la Sala Constitucional que participaron en las decisiones N° 2 del 9 de enero de 2013 y N° 141 del 8 de marzo de 2013- incluida la magistrado Gutiérrez Alvarado, autora de la Tesis "secreta" de Zaragoza - mediante las cuales ante la ausencia del Presidente Chávez del país, y ante el anuncio de su fallecimiento, se instaló en el ejercicio de la Presidencia de la República a Nicolás Maduro, a quien además se autorizó a ser candidato a la Presidencia sin separarse del cargo de Vicepresidente; debieron inhibirse de decidir sobre el proceso pues los recursos cuestionaban la forma cómo se había instalado a Nicolás Maduro en la Presidencia y ésta se había ejercido desde el 8 de diciembre de 2012 hasta el 14 de abril de 2013.[239] Por ello, los magistrados fueron recusados por los apoderados de Henrique Capriles Radonski, uno de los impugnantes del proceso electoral, porque consideraron que evidentemente tenían "comprometida su imparcialidad y su capacidad subjetiva de resolver el asunto conforme a derecho" pues ya habían "manifestado su opinión al suscribir y publicar" las sentencias N° 2 de enero de 2013 y N° 141 de marzo de 2013, mediante las cuales la Sala Constitucional había establecido ilegítimamente el régimen constitucional de transición ante la falta del Presidente Electo Hugo Chávez.

Pero como era previsible, nada de ello ocurrió: los recursos de nulidad ni siquiera fueron admitidos, no hubo inhibición alguna, y las recusaciones que se habían formulado contra los magistrados fueron declaradas "inadmisibles" por la Presidenta de la Sala Constitucional,[240] la magistrado Gutiérrez Alvarado, de manera que desde que se decidió el avocamiento ya se sabía cómo se decidirían las causas.[241]

---

238   Como lo ha dicho la profesora Cecilia Sosa Gómez, ex Presidenta de la antigua Corte Suprema de Justicia: "La Sala Constitucional por sentencia de 20 de junio de 2013 borró el artículo constitucional 297 al resolver que esa Sala no estaba en condiciones para sentenciar las demandas de nulidad de las elecciones celebradas el 14 de abril de 2013," en "La auto implosión de un Tribunal," publicado en *Panorama.com.ve*, 28 de junio de 2013, en http://m.panora-ma.com.ve/not.php?id=72067.

239   Véase José Ignacio Hernández G., "¿Por qué la Sala Constitucional le quitó a la Sala Electoral las impugnaciones?," en http://www.venetubo.com/noti-cias/%BFPor-qu%E9-la-Sala-Constitucional-le-quit%F3-a-la-Sala-Electoral-las-impugnaciones-R34977.html.

240   La Presidente de la Sala declaró "inadmisible" las recusaciones contra todos los Magistrados de la misma porque supuestamente carecían de fundamentación, ya que "las sentencias que pronunció la Sala Constitucional a las que hacen referencia los recusantes, tuvieron como objeto, la resolución de circunstancias claramente distintas a las planteadas por los recusantes en la causa instaurada originalmente ante la Sala Electoral de este Supremo Tribunal, la cual esta Sala Constitucional resolvió avocar mediante la decisión N° 795 del 20 de junio de 2013." La Presidenta incluso consideró que resultaba "patente la inverosimilitud de que se suponga un adelanto de opinión por parte de la Magistrada Presidenta de la Sala Constitucional, en unos fallos en los que se examinaron supuestos de hecho y de derecho disímiles de las pretensiones esgrimidas por los recusantes en el recurso contencioso electoral intentado contra la elección presidencial efectuada el 14 de abril de 2013." Véase sentencia N° 1000 de 17 de julio de 2013. Véase en http://www.tsj.gov.ve/deci-siones/scon/julio/1000-17713-2013-13-0565.html.

241   Como también lo dijo la profesora Cecilia Sosa G., ex Presidenta de la antigua Corte Suprema de Justicia: "Estos expedientes ya están sentenciados, y no hay nada que esperar de la Sala Constitucional," en "La auto

Por ello, en realidad, la sentencia de avocamiento de la Sala Constitucional no fue sino una muestra más de la actuación de un órgano del Estado, no sujeto a control alguno, que se ha colocado por encima de la Constitución y la ley, que muta y reforma la Constitución a su antojo y libremente; que reforma las leyes sin límite; que las interpreta *contra legem*; que se inventa poderes por encima de la propia Constitución, como el de controlar ilimitadamente a las otras Salas del Tribunal Supremo; que confisca bienes; que impone Presidentes sin legitimidad democrática; y que hasta controla la actuación de los tribunales internacionales declarando sus sentencias inejecutables y hasta "inconstitucionales."[242] Con esta sentencia de avocamiento, se podía decir abiertamente, que todo en Venezuela dependía de la Sala Constitucional, y que todo ella lo controla, y además, dirige.

La inadmisibilidad expedita de todas las impugnaciones de la elección presidencial

Lo antes dicho, en todo caso, quedó confirmado con las sentencias dictadas por la Sala Constitucional en 7 de agosto de 2012, bajo la Presidencia de la magistrado Gutiérrez Alvarado, autora de la Tesis "secreta" de Zaragoza, todas las cuales declararon inadmisibles los recursos contencioso electorales respecto de los cuales se había avocado; y además, con la "decisión" contenida en la "Nota de prensa" difundida por el Tribunal Supremo el mismo día, que fue realmente la "decisión de fondo" en todos los casos, proclamando la "legitimidad" de la elección del Sr. Maduro. [243]

En efecto, mediante la sentencia N° 1.111 de 7 de agosto de 2013,[244] la Sala Constitucional con la participación de la magistrado Presidenta Gutiérrez Alvarado, declaró inadmisible un recursos contencioso electoral de anulación intentado contra el Acto de Votación, de Escrutinio, de Totalización y de Proclamación del ganador de las elecciones celebradas el 14 de abril de 2013, (Caso: *María Soledad Sarría Pietri y otros*) en el cual se alegó que estaban "viciados de nulidad absoluta, en virtud de que según se denunció, fueron producto de actuaciones y omisiones imputables al Consejo Nacional Electoral, y que en su conjunto constituían un fraude estructural y masivo que afectaba al sistema electoral venezolano." Entre los argumentos esgrimidos se indicó que el candidato Nicolás Maduro no había sido seleccionado en elecciones internas como lo exige la Constitución; que como la condición para ser Presidente era tener la nacionalidad venezolana por nacimiento se solicitó de la Sala que instara al Consejo Supremo Electoral para que se pronunciara sobre ello; y que la elección había sido nula por fraude en la formación del Registro Electoral y por el control que el poder central ejercía sobre el sistema electoral.

Para declarar la inadmisibilidad del recurso, la Sala consideró que en demandas de ese tipo era necesario que las denuncias fueran "debidamente planteadas," particularmente por la preeminencia del principio de *"conservación de la voluntad expresada del Cuerpo Electoral, o, más brevemente, principio de conservación del acto electoral;"* afirmando que para desvirtuar la pre-

---

implosión de un Tribunal," publicado en *Panorama.com.ve*, 28 de junio de 2013, en http://m.panorama.com.ve/not.php?id=72067.

242   Véase Allan R Brewer-Carías, *Golpe a la democracia dado por la Sala Constitucional*, Editorial Jurídica Venezolana, Caracas 2014; *La patología de la justicia constitucional*, Editorial Jurídica Venezolana, Caracas 2014.

243   Véase los comentarios en Allan R. Brewer-Carías, "El Juez Constitucional y la ilegítima declaración, mediante una "nota de prensa," de la "legitimidad" de la elección presidencial del 14 de abril de 2013," en *Revista de Derecho Público*, N° 135 (julio-septiembre 2013), Editorial Jurídica Venezolana, Caracas 2013, pp. 205-216

244   Véase http://www.tsj.gov.ve/decisiones/scon/agosto/1111-7813-2013-13-0561.html.

sunción de validez del acto electoral, los vicios denunciados no sólo debían estar fundados sino que debían suponer "una modificación de los resultados comiciales."

Así, a pesar de que supuestamente se trataba de una sentencia de inadmisibilidad, la base del argumento de la Sala fue que lo alegado debía estar "soportado por las pruebas necesarias y pertinentes para lograr convencer al juez de lo que la parte actora afirmó en su escrito," razonamiento que era más propiamente de una decisión de fondo. Por ello, la Sala, sin más, consideró que el juzgador también podía "examinar lo sostenido por la parte demandante, en la fase de examinar los requisitos de admisibilidad." Y fue así, por ejemplo, que en relación con el alegato de que el candidato Maduro no había sido seleccionado en elecciones internas, simplemente dijo la Sala que ya se había decidido en otros casos electorales que "ello no excluye otras formas de participación distintas a las elecciones abiertas o primarias;" agregando, sin embargo, que en el caso concreto no se habían acompañado los documentos indispensables para verificar la admisibilidad. En relación con el alegato de que el Consejo Nacional Electoral no se había pronunciado sobre el tema de la nacionalidad del candidato Maduro, la Sala lo que decidió fue que los "demandantes no impugnan ningún un acto, ni señalan ninguna actuación, abstención u omisión imputables al Consejo Nacional Electoral." En relación con la denuncia del fraude masivo en el proceso electoral, la Sala recurrió a lo previsto en el artículo 206 de la Ley Orgánica de Procesos Electorales, según el cual "si se impugnan las actuaciones materiales o vías de hecho, deberán narrarse los hechos e indicarse los elementos de prueba que serán evacuados en el procedimiento administrativo," lo que a pesar de ser un tema de fondo, juzgó que sin embargo, debía examinarse en la fase de admisión de la acción, concluyendo que las denuncias sobre fraude "no son claras, ni precisas, ni completas, y no han sido enmarcadas en una narración circunstanciada de las mismas, ni enlazadas racionalmente con el resultado que se supone provocaron." Y todo ello para, en definitiva, después de analizar el tema de fondo al considerar que la causal de nulidad de las elecciones por comisión de un fraude en la formación del Registro Electoral, en las votaciones o en los escrutinios (art. 215.2 Ley Orgánica de los procesos Electorales), "debe ser interpretada en un sentido que garantice el principio de mínima afectación del resultado a que dio lugar la expresión de la voluntad del Cuerpo Electoral, al cual se ha llamado en este fallo *principio de conservación del acto electoral;*" terminar declarando inadmisible la acción.

Repitiendo básicamente los mismos argumentos, la Sala Constitucional mediante sentencia 1.113 también de 7 de agosto de 2013,[245] declaró inadmisible el recurso contencioso electoral contra el Acto de Votación, de Escrutinio, de Totalización y de Proclamación del ganador de las elecciones celebradas el 14 de abril del año en curso (Caso: *Adriana Vigilanza García y otros*).

Mediante la sentencia N° 1.112 igualmente de 7 de agosto de 2013,[246] la Sala Constitucional decidió declarar inadmisible el recurso contencioso electoral interpuesto un grupo de personas (Caso: *Iván Rogelio Ramos Barnola y otros*), contra el Acto de proclamación de Nicolás Maduro como Presidente Electo, alegando fraude, en particular, por no haberse abierto mesas de votación en la ciudad de Miami; por haberse permitido indiscriminadamente el "voto asistido," y haberse expulsado a testigos de mesa durante el proceso electoral. En esta la sentencia la Sala lo que hizo fue ratificar la decisión de inadmisibilidad que ya había resuelto el Juzgado de Sustanciación de la Sala Electoral en el caso, antes de que se decidiera el avocamiento, por considerar que en el caso, en relación con los hechos que dieron lugar a la infracción alegada, no hubo "la indicación

245   Véase http://www.tsj.gov.ve/decisiones/scon/agosto/1113-7813-2013-13-0563.html.

246   Véase http://www.tsj.gov.ve/decisiones/scon/agosto/1112-7813-2013-13-0562.html.

de los vicios de que padece el acto recurrido, en orden a plantear los elementos objetivos necesarios para un pronunciamiento sobre la admisibilidad o no de los recursos para la cual es competente la jurisdicción contencioso electoral."

En la misma línea de inadmisibilidad la Sala también dictó la sentencia N° 1.114 de 7 de agosto de 2013[247] mediante la cual resolvió en el recurso contencioso electoral contra el acto de votación que tuvo lugar el 14 de abril de 2013 (Caso: *Adolfo Márquez López*), en el cual el recurrente había cuestionado el Registro Electoral Permanente utilizado por haber sido elaborado con fraude; la asignación de votos del partido "Podemos" al candidato Maduro; y la nacionalidad misma de dicho candidato por no ostentar las condiciones de elegibilidad para ser Presidente de la República. La Sala, para decidir la inadmisibilidad, sobre el primer alegato, consideró que el mismo no constituía "un recurso por fraude, sino relativas a la inscripción o actualización del referido Registro Electoral" cuya impugnación estimó ya era extemporánea; sobre el segundo alegato, consideró que se trataba de un tema de impugnación del acto de postulación, lo cual también consideró extemporáneo; y sobre el tercer alegato, consideró que en la demanda basada en el cuestionamiento de la nacionalidad de Nicolás Maduro, no había elementos de convicción, "hechos o vicios mas allá de opiniones particulares y la exposición de posiciones políticas del recurrente."

En otro caso, la Sala Constitucional mediante sentencia N° 1.116 de 7 de agosto de 2013, declaró inadmisible un recurso contencioso electoral mediante el cual se solicitó la nulidad de: b) el "acto Proclamación Presidente Ejecutivo de la República Sr Nicolás Maduro Moros en fecha 14 de Abril 2013" (sic); y c) las "Elecciones 14 de Abril 2013" (sic)," (Caso: *Gilberto Rúa*), argumentando que en relación al primer acto, el lapso de impugnación de dicha elección ya había caducado; y en relación con los otros dos actos objeto del recurso, eran inadmisibles pues el recurrente no señaló los vicios concretos ni contra "el acto de proclamación y el evento electoral del 14 de abril de 2013," considerando que se había omitido "un requisito esencial para la tramitación de la demanda, lo cual acarrea su inadmisibilidad." La Sala consideró, además, que el recurrente había desconocido "el contenido de la sentencia de esta Sala Constitucional signada con el N° 141 de 8 de marzo de 2013, en la cual *se dirimió cuál era el régimen constitucional de la transición presidencial* con ocasión de la muerte del Presidente Hugo Rafael Chávez Frías." Finalmente, en este caso, el recurrente fue multado por haber afirmado que la acción de amparo constitucional que había interpuesto desde 6 de marzo de 2013 en contra del Consejo Nacional Electoral, había sido "aguantado" por la Sala Constitucional," expresión que ésta consideró "como irrespetuosa […] pues sugiere que los criterios decisorios y la gerencia judicial de este órgano jurisdiccional no obedecen a parámetros objetivos."

La Sala Constitucional en otra sentencia N° 1.118 de 7 de agosto de 2013[248] declaró inadmisible el recurso contencioso electoral interpuesto contra la negativa tácita del Consejo Nacional Electoral en dar respuesta a un recurso jerárquico que se había intentado el 15 de mayo de 2013, contra una decisión de una Comisión del Consejo en relación con una denuncia de violaciones de los artículos 75, 76, 85 y 86 de la Ley Orgánica de Procesos Electorales solicitando se ordenase a dicho Consejo que iniciara la correspondiente "averiguación administrativa para establecer las responsabilidades relativas a la colocación de propaganda indebida y uso de recursos públicos para beneficio de una parcialidad política en las instituciones mencionadas." (Caso: *Transparen-*

---

247   Véase en http://www.tsj.gov.ve/decisiones/scon/agosto/1114-7813-2013-13-0564.html.

248   Véase en http://www.tsj.gov.ve/decisiones/scon/agosto/1118-7813-2013-13-0568.html.

cia Venezuela). En esta ocasión, la Sala declaró inadmisible la acción por considerar que conforme a los estatutos de la Asociación Civil recurrente, sólo el Directorio de la misma podía otorgar poder para ser representada, no pudiendo hacerlo la Directora Ejecutiva, como había ocurrido en ese caso.

La Sala Constitucional, igualmente, mediante sentencia N° 1.119 de 7 de agosto de 2013[249] declaró inadmisible la acción popular de inconstitucionalidad contra la "aceptación por parte del Consejo Nacional Electoral de las postulaciones de candidatos a los cargos de elección popular correspondiente a las elecciones presidenciales del 14 de abril de 2013" (Caso: *Antonio José Varela*), en la cual se había alegado que los postulados no habían sido electos mediante el mecanismo de elecciones internas, y en especial, en relación con el candidato Nicolás Maduro, que no había presentado programa electoral propio, además de no poder postularse por ser inelegible por estar en ejercicio del cargo de Presidente de la República. Para decidir la inadmisibilidad del recurso en este caso, la Sala argumentó que el recurso de nulidad había sido "planteado en términos genéricos e indeterminados, con la inclusión de apreciaciones particulares o valorativas de orden personal del recurrente, sin que, al menos, se hayan señalado con precisión los datos que permitan identificar con exactitud el acto emanado del Consejo Nacional Electoral cuya nulidad peticionó, así como tampoco se acompañó copia del mismo, ni fueron revelados los supuestos vicios concretos de que adolecería este acto del Poder Electoral atinente a las elecciones presidenciales celebradas en abril del presente año." La Sala para concluir, recordó que había sido ella misma la que mediante la sentencia N° 141 de marzo de 2013, había resuelto que la candidatura de Nicolás Maduro como Presidente Encargado sí se podía admitir "para participar en las elecciones presidenciales, por no estar comprendido en los supuestos de incompatibilidad del artículo 229 Constitucional." Y sobre el tema de la falta de selección de los candidatos en "elecciones internas con la participación de los integrantes de los partidos políticos" que exige la Constitución, la Sala ratificó su criterio de que "ello no excluye otras formas de participación de elecciones distintas a las elecciones abiertas o primarias." La Sala, finalmente, consideró que nada de lo dicho en el escrito del recurso sobre las infracciones denunciadas, evidencia "ni tan siquiera los datos que permitan identificar con fidelidad o exactitud, el acto del Poder Electoral cuya nulidad pretende, menos aún acompañó copia del mismo, así como tampoco relató los vicios que estarían presentes en aquel, ni su fundamentación argumentativa." declarando inadmisible la acción.

En otra sentencia N° 1.117 de 7 de agosto de 2013,[250] la Sala Constitucional, siempre con la participación de la magistrada Presidenta Gutiérrez Alvarado, declaró inadmisible una acción de inconstitucionalidad por omisión que había intentado Henrique Capriles Radonski contra el Consejo Nacional Electoral por no haberse pronunciado sobre las solicitudes que le fueron formuladas los días 17 y 22 de abril de 2013 respecto a la auditoría del proceso electoral, (Caso: *Henrique Capriles Radonski*) porque el petitorio del mismo, según consideró la Sala, era contradictorio "pues constituye un absurdo pretender a través del recurso por abstención, una respuesta; y por medio del mismo recurso, indicar el desacuerdo con los términos de la respuesta recibida." La Sala consideró que se trataba de "pretensiones evidentemente excluyentes, por lo que conforme al marco normativo señalado es procedente declarar inadmisible el recurso contencioso electoral ejercido."

---

249   Véase en http://www.tsj.gov.ve/decisiones/scon/agosto/1119-7813-2013-13-0569.html.

250   Véase en http://www.tsj.gov.ve/decisiones/scon/agosto/1117-7813-2013-13-0567.html.

Otra sentencia en la materia fue la N° 1.120 de 7 de agosto de 2013,[251] dictada por la misma Sala Constitucional que declaró inadmisible el recurso contencioso electoral de nulidad intentado contra "(*i*) las votaciones" efectuadas en 5.729 mesas electorales; (*ii*) 21.562 Actas de Escrutinio automatizadas y Acta de Escrutinio de Contingencia, y (*iii*) los Actos de Totalización, Adjudicación y Proclamación, con ocasión del proceso comicial celebrado el 14 de abril de 2013," (Caso: *Mesa de la Unidad Democrática*) considerando la recurrente que dichos hechos tenían incidencia en los resultados de las votaciones. Para declarar la inadmisibilidad del recurso en este caso, la Sala también partió del principio de la necesaria *conservación del acto electoral*, que exigen del recurrente que: "(*i*) desvirtúe la presunción de validez y legitimidad del acto electoral; (*ii*) demuestre la gravedad de un vicio que altere la esencia del acto electoral, no de una mera irregularidad no invalidante; y (*iii*) ponga en evidencia, además, que el vicio altera de tal modo los resultados electorales que resulte imposible su convalidación." Y con base en ello consideró la Sala que en el recurso hubo "falta de especificidad," de manera que en el mismo no se "puso en evidencia, como le correspondía, no sólo suponer la ocurrencia de una supuesta irregularidad, sino dejar claro que su magnitud influyó definitivamente en los resultados comiciales." Agregó además la Sala que en estos casos "No basta, entonces, que exista una anomalía: ella debe ser decisiva para comprometer la voluntad del cuerpo electoral y ninguna razón se blandió en ese sentido," lo cual sin duda, era un razonamiento de una decisión de fondo, y no de inadmisibilidad.

Por último, mediante sentencia N° 1.115 de 7 de agosto de 2013[252] la Sala Constitucional al igual que todas las anteriores sentencias, dictada con la participación de la magistrada Presidenta Gutiérrez Alvarado, autora de la Tesis "secreta" de Zaragoza, declaró inadmisible el recurso contencioso electoral de nulidad del proceso electoral para la elección presidencial del 14 de abril de 2013, que había intentado el candidato de la oposición democrática a dicha elección, Henrique Capriles Radonski, y en la cual como lo resumió la Sala, éste había denunciado contra el mismo una serie de vicios que se "produjeron: (*i*) previas a los comicios, (*ii*) durante la jornada electoral propiamente dicha y (*iii*) una vez concluida la participación de los electores en las urnas" (Caso: *Henrique Capriles Radonski*). La Sala, para decidir, destacó en cuanto a los vicios de la primera categoría, en particular:

> "las acusaciones dirigidas contra esta Sala Constitucional como integrante del Máximo Tribunal de la República, cuya actuación fue calificada sin soslayo como parcializada en favor de la candidatura del ciudadano Nicolás Maduro Moros. En este sentido, el escrito libelar pretendió delatar, desde el principio, que el ejercicio de la Vicepresidencia por parte de dicho ciudadano fue producto de una sesgada interpretación efectuada por esta Máxima Juzgadora a través de sus sentencias n^{ros.} 02/2013 (caso: *Marelys D'Arpino*) y 141/2013 (caso: *Otoniel Pautt*)."

La declaración de inadmisibilidad de la demanda lo fundamentó la Sala en el hecho de que la misma contenía "conceptos ofensivos e irrespetuosos en contra de esta Sala y otros órganos del Poder Público;" es decir, como se afirmó en la sentencia, porque la Sala consideró que los representantes del actor en el libelo de la demanda incurrieron en supuestas "falta a la majestad del Poder Judicial" al haber "en diversas oportunidades y a través de distintos medios ha acusado expresa y radicalmente a la judicatura y, en particular, a esta Sala Constitucional, como un órga-

---

251   Véase http://www.tsj.gov.ve/decisiones/scon/agosto/1120-7813-2013-13-0570.html.

252   Véase en http://www.tsj.gov.ve/decisiones/scon/agosto/1115-7813-2013-13-0565.html

no completamente parcializado y llegó incluso a afirmar que este Máximo Juzgado obedecía la línea del partido de gobierno."

Con esta decisión, la Sala, evidentemente decidió en causa propia, pues la inadmisibilidad fue motivada por los conceptos que había emitido el accionante o sus representantes contra ella misma, motivo por el cual, precisamente, en el proceso se había recusado a todos sus Magistrados por haber firmado las mencionadas sentencias Nº 2 y Nº 141 de enero y marzo de 2013. Pero en lugar de inhibirse los magistrados, como correspondía, o de haber declarado con lugar la recusación como era obligado, la Presidenta de la Sala lo que hizo fue declararla sin lugar mediante la sentencia Nº 1000 de 17 de julio de 2013, para proceder luego todos los Magistrados "ofendidos" a decidir la inadmisibilidad de la acción, no por razones sustanciales del proceso, sino por los conceptos críticos emitidos contra la Sala, que ésta consideró ofensivos e irrespetuosos, a tal punto que multó al accionante y remitió al Ministerio Público, copia del fallo y del escrito del libelo "con el objeto de que realice un análisis detallado de dichos documentos e inicie las investigaciones que estime necesarias a fin de determinar la responsabilidad penal a que haya lugar;" iniciándose así una nueva línea de persecución en contra de Capriles.[253]

Después de haber resuelto la inadmisibilidad de la acción, en un *Orbiter dictum*, la Sala pasó a referirse a lo que denominó "otras falencias del escrito" del recurso, que a su juicio impedían "que la causa sea abierta a trámite," como que el libelo "se limitó a narrar supuestos abusos cometidos por los órganos del Poder Público, pero en modo alguno señala con certeza el impacto que lo que ella caracteriza como mera *"corrupción electoral"* afectó la voluntad del electorado manifestada el día de los comicios, o llanamente acusa la colusión de los órganos del Poder Público para favorecer la candidatura del ciudadano Nicolás Maduro Moros en supuesto perjuicio del actor, especialmente de esta Máxima Juzgadora Constitucional," cuando la Sala supuestamente había actuado "de conformidad con las atribuciones que la propia Carta Magna le encomienda y en total consonancia con los precedentes jurisprudenciales que ha instituido."

La Sala, al decidir el fondo de algunas denuncias, como la relativa al cuestionamiento de la postulación de Nicolás Maduro efectuada por el partido "Podemos," a pesar de que hubiera aclarado que lo hizo "sin entrar a analizar el mérito del asunto," afirmó, sin duda refiriéndose al fondo, que "-en una elección unipersonal como la celebrada- los supuestos vicios formales mal podrían conducir a la anulación arbitraria de los votos obtenidos por el representante electo."

Además, otra "falencia" que destacó la Sala en su sentencia fue que el actor refirió que su Comando de Campaña había recibido "más de cinco mil denuncias" de irregularidades "sin relatar con amplitud suficiente en qué consistieron las irregularidades y su concatenación con los vicios electorales contenidos en los artículos 215 del 220 de la Ley Orgánica de Procesos Electorales." Todos estos argumentos adicionales, por supuesto, no correspondían a cuestión alguna de admisibilidad, sino de fondo o mérito que debieron ser decididos en la sentencia definitiva que la Sala sin embargo se negó a dictar.

---

253 Véase por ejemplo, José de Córdova and Ezequiel Minaya, "Venezuelan Opposition Comes Under Siege," *The Wall Street Journal*, New York, Sunday, August 10-11, 2013, p. A6.

La declaración "judicial" de la legitimidad de la elección presidencial mediante "Nota de prensa" del Juez Constitucional

La información oficial de todas las sentencias anteriores la llevó a cabo el Tribunal Supremo de Justicia a través de una "Nota de Prensa" del mismo día 7 de agosto de 2013,[254] en la cual puede decirse que el Tribunal Supremo bajo la Presidencia de la magistrada Gutiérrez Alvarado, utilizando una vía irregular de "decidir mediante notas de prensa"[255] después de declarar inadmisibles las demandas, resolvió el fondo de todas las acciones que cuestionaban el proceso electoral del 14 de abril de 2013 y sus resultados.

En dicha "Nota de Prensa," en efecto, se comenzó informando que el Tribunal Supremo de Justicia, en Sala Constitucional, con ponencia conjunta, había declarado

"inadmisibles los recursos contencioso electorales contra la elección presidencial realizada el pasado 14 de abril de 2013, los cuales fueron incoados por los ciudadanos María Soledad Sarría Pietri, Sonia Hercilia Guanipa Rodríguez y otros; Iván Rogelio Ramos Barnola, Oscar Eduardo Ganem Arenas y otros; Adriana Vigilanza García, Theresly Malavé y otros; Adolfo Márquez López; Henrique Capriles Radonski; Gilberto Rúa; María de las Mercedes de Freitas Sánchez, representante de la Asociación Civil Transparencia Venezuela; Antonio José Varela; así como Carlos Guillermo Arocha y Fernando Alberto Alban, representantes de la organización política "Mesa de la Unidad Democrática (MUD)."

Aclaró la Sala Constitucional, que todos los mencionados recursos contencioso electorales habían sido originalmente intentados ante la Sala Electoral del Máximo Tribunal, a cuyo conocimiento se avocó la Sala Constitucional mediante la sentencia N° 795 de 20 de junio de 2013,

"en tutela de los derechos políticos de la ciudadanía, del interés público, la paz institucional y el orden público constitucional, así como por la trascendencia nacional e internacional de las resultas del proceso instaurado, sustentando que había sido cuestionada la transparencia de un proceso comicial de la mayor envergadura, como el destinado a la elección del máximo representante del Poder Ejecutivo, así como la actuación de órganos del Poder Público en el ejercicio de sus atribuciones constitucionales, de lo que se deducía la altísima trascendencia para la preservación de la paz pública que revestía cualquier juzgamiento relativo a estas causas."

Según la "Nota de Prensa," la Sala procedió a examinar que los recursos intentados cumplieran con los requisitos de admisibilidad que ordenan los artículos 133 y 180 de la Ley Orgánica del Tribunal Supremo de Justicia, al igual que el artículo 206 de la Ley Orgánica de Procesos Electorales, y constató "que los mismos no observaron tales requisitos, los cuales son indispensables para la tramitación de las demandas contra actos de naturaleza electoral," pasando así a hacer el siguiente resumen de las sentencias:

"Refieren las sentencias que en el proceso contencioso electoral corresponde realizar un acucioso examen para estimar la procedencia de esta clase de demandas y, por ello, se exige a los reclamantes la carga de exponer de manera clara, precisa y completa las circunstancias cuyo acaecimiento encua-

---

254 Véase en http://www.tsj.gov.ve/informacion/notasdeprensa/notasdepren-sa.asp?codigo=11423. Véase los comentarios en Allan R. Brewer-Carías, "El Juez Constitucional y la ilegítima declaración, mediante una "nota de prensa," de la "legitimidad" de la elección presidencial del 14 de abril de 2013," en *Revista de Derecho Público*, N° 135 (julio-septiembre 2013), Editorial Jurídica Venezolana, Caracas 2013, pp. 205-216

255 Véase por ejemplo, Allan R. Brewer-Carías, "Comentarios sobre el 'Caso: Consolidación de la inmunidad de jurisdicción del Estado frente a tribunales extranjeros,' o de cómo el Tribunal Supremo adopta decisiones interpretativas de sus sentencias, de oficio, sin proceso ni partes, mediante 'Boletines de Prensa,'" en *Revista de Derecho Público*, N° 118, (abril-junio 2009), Editorial Jurídica Venezolana, Caracas 2009, pp. 319-330.

dre en los supuestos específicos de nulidad que prevé la ley; no sólo con el propósito de que el órgano administrativo o judicial establezca sin ambages los límites de la controversia, sino porque resulta indispensable la preservación de la voluntad del pueblo expresada en comicios libres, conjugada con la necesidad de brindar garantías institucionales de paz, estabilidad y seguridad, al evitar el cuestionamiento ligero y trivial de la función pública ejercida por un representante elegido por el pueblo.

Los demandantes acaso indicaron la comisión de supuestas irregularidades en diversos centros electorales, sin identificar en forma precisa el cómo los eventos puntuales a los que aludieron produjeron vicios apreciables, capaces de alterar los resultados definitivos que se produjeron en los comicios celebrados el 14 de abril de este año para la elección del Presidente de la República.

De esta manera, queda en evidencia que no fueron alegados motivos suficientes que pongan en duda la voluntad popular expresada en las pasadas elecciones presidenciales."

Adicionalmente, narró la "Nota de Prensa" que:

"determinados recursos esgrimieron alegatos contra la majestad del Tribunal Supremo de Justicia, lo que mereció algunos apuntes en las respectivas sentencias, entre los que destacan que ello no puede ser tenido a la ligera, no sólo porque revela el desconocimiento sobre las competencias de la Sala sino porque se pretende empañar el ejercicio de una garantía como el derecho de acceso a la justicia. Estos cuestionamientos contra las autoridades judiciales, no sólo deben ser desechados porque desconocen la función garantista de la Sala Constitucional, sino porque con su afrenta trivializa el debate democrático. Se evidencia, por tanto, que no se acude a los tribunales con el ánimo de resolver una disputa, sino para acusar al árbitro por no someterse a sus designios y voluntades. Así, por lo que respecta a tales señalamientos, se impuso la inadmisibilidad según el artículo 133, numeral 5, de la Ley Orgánica del Tribunal Supremo de Justicia."

En general, concluyó la "Nota de Prensa" que "las decisiones estatuyen que los alegatos esgrimidos por las partes recurrentes, son argumentos genéricos e imprecisos que conducen también a declarar inadmisibles las pretensiones, según el artículo 181 de la Ley Orgánica del Tribunal Supremo de Justicia, en concatenación del artículo 180 *eiusdem*."

Como se puede colegir de la reseña que hemos efectuado al analizar las sentencias del 7 de agosto de 2013, *todas las demandas que fueron intentadas contra el proceso electoral del 14 de abril de 2013 y sus resultados tuvieron por objeto que el Tribunal Supremo se pronunciara definitivamente sobre la legitimidad o ilegitimidad de dicho proceso de votación y, más que nada, sobre la legitimidad o la ilegitimidad de la postulación y la elección declarada del candidato Nicolás Maduro*. Eso fue lo que los recurrentes persiguieron al acudir ante el "máximo y último garante de la Constitución" como suele autocalificarse la Sala Constitucional del Tribunal Supremo. Como sentencias formales dictadas en sus recursos, sin embargo, los recurrentes no obtuvieron la decisión en justicia que esperaban, y más bien, lo que obtuvieron fue la decisión de que sus peticiones eran inadmisibles, es decir, que no reunían los requisitos legales para ser siquiera consideradas y juzgadas, por lo que formalmente en ninguno de los casos se produjo pronunciamiento de fondo alguno – salvo veladamente, como antes se ha advertido – y en ningún caso sobre el tema de la legitimidad electoral que se buscaba, y que sin duda necesitaba el país.

La *decisión de fondo*, en realidad, se dictó absurdamente en la "Nota de Prensa" del Tribunal Supremo de Justicia del 7 de agosto de 2013, en la cual, desechadas las impugnaciones por inadmisibles, en definitiva, se "decidió" que el proceso electoral de abril de 2013 fue legítimo y que el Presidente Electo Maduro estaba amparado por una legitimidad "plena y de derecho." Ello lo "decidió" el Tribunal Supremo de Justicia presidido por la magistrada Gutiérrez Alvarado, autora de la Tesis "secreta" de Zaragoza, no en alguna sentencia, sino en la "Nota de Prensa" antes mencionada en la cual concluyó afirmando lo siguiente:

Primero, sobre las impugnaciones incoadas ante el Supremo Tribunal, que:

"no consiguieron alegar ninguna irregularidad que significase una diferencia con los resultados que emanaron del Poder Electoral, se evidencia que los mismos *fueron completamente legítimos.*"

Y segundo, que en ese sentido, para el Tribunal Supremo también fue posible colegir de los fallos que:

"*la legitimidad* del Presidente de la República Bolivariana de Venezuela Nicolás Maduro Moros, quien obtuvo la mayoría de los votos escrutados en ese proceso, *es plena y de derecho a tenor de las leyes.*"

Quizás era a esa "justicia," dada a través de "Notas de Prensa," a lo cual el Tribunal Supremo de Justicia se refería al final de su "Nota de Prensa," cuando en la misma quiso reiterar a la ciudadanía que podía contar "con un Poder Judicial fortalecido, que aplica en cada una de sus actuaciones, los mandatos que el Texto Fundamental señala," pidiéndole además al pueblo que "puede confiar en la solidez del elenco institucional que impera en nuestro país." Todo lo cual no pasa de ser una gran mentira más, del régimen, en la que nadie cree.

III. LA ILEGÍTIMA MUTACIÓN CONSTITUCIONAL POR EL JUEZ CONSTITUCIONAL QUE ACABÓ CON EL PRINCIPIO DEL GOBIERNO ALTERNATIVO (2009)

El desmantelamiento del régimen democrático por parte del Juez Constitucional en Venezuela también incidió en otro de los pilares fundamentales del mismo, incluso consagrado con carácter pétreo en la Constitución, y de tradición más que bicentenaria, que es el de la alternabilidad republicana ("El gobierno es y será siempre … alternativo", dice el artículo 6 de la Constitución), establecido para impedir la reelección sucesiva e ilimitada de los gobernantes.

En efecto, la expresión de gobierno "alternativo" o de "alternabilidad republicana" apunta a la idea de que no puede haber cargos producto de la elección popular ocupados por una misma persona, que las personas deben turnarse sucesivamente en los cargos, o que los cargos deben desempeñarse por turnos (*Diccionario de la Real Academia Española*).[256] Por ello, la Sala Electoral del Tribunal Supremo de Justicia de Venezuela en sentencia nº 51 de 18 de marzo de 2002, consideró el principio de la alternabilidad como "principio general y presupuesto democrático," indicando que el mismo significa "el ejercicio sucesivo de un cargo por personas distintas, pertenezcan o no a un mismo partido."

El principio, lo enunció Simón Bolívar en 1819, al expresar que: "las repetidas elecciones son esenciales en los sistemas populares, porque nada es tan peligroso como dejar permanecer largo tiempo en un mismo ciudadano el poder. El pueblo se acostumbra a obedecerle y él se acostumbra a mandarlo… nuestros ciudadanos deben temer con sobrada justicia que el mismo Magistrado, que los ha mandado mucho tiempo, los mande perpetuamente."[257] Pero incluso antes ya había sido incluido en el texto de la Constitución de 1811,[258] concebido siempre como un princi-

---

256   Véase el Voto Salvado a la sentencia Nº 53, de la Sala Constitucional de 2 de febrero de 2009 (Caso: *Interpretación de los artículos 340,6 y 345 de la Constitución*), en http:/www.tsj.gov.ve/decisiones/scon/Febrero/53-3209-2009-08-1610.html

257   Véase en Simón Bolívar, "Discurso de Angostura" (1819), *Escritos Fundamentales*, Caracas, 1982.

258   En la historia constitucional del país, en realidad, la prohibición de la reelección presidencial inmediata solamente dejó de establecerse en las Constituciones de los gobiernos autoritarios: en la efímera Constitución de

pio pétreo para enfrentar las ansias de perpetuación en el poder, es decir, el continuismo, y evitar las ventajas que podrían tener en los procesos electorales quienes ocupan cargos y a la vez puedan ser candidatos para ocupar los mismos cargos. El principio de "gobierno alternativo," por tanto, no es equivalente al de "gobierno electivo;" la elección es una cosa, y la necesidad de que las personas se turnen en los cargos es otra.

La consecuencia del principio de la "alternabilidad" republicana, por otra parte, ha sido que, en todas las Constituciones venezolanas se hayan incluido limitaciones expresas a las posibilidades de reelección en cargos electivos;[259] lo que también se reguló en la Constitución de 1999 respecto del Presidente de la República, por ejemplo, en el artículo 230 al permitirse la posibilidad de reelección presidencial de inmediato, pero por una sola vez, para un nuevo período.[260]

En este contexto de las limitaciones a la reelección y su significado frente al continuismo y al abuso de poder, la misma Sala Electoral del Tribunal Supremo de Justicia en su sentencia Nº 51 de 18 de marzo de 2000 (Caso: *Federación Venezolana de Maestros (FVM) vs. Consejo Nacional Electoral*), indicó que:

> "Este calificado "derecho" de reelección, aunque justificado como un mecanismo de extensión del buen gobierno, podría desvirtuarse y convertirse en una grave amenaza para la democracia: las ansias de perpetuación en el poder (continuismo), así como la evidente ventaja en los procesos electorales de quien ocupa el cargo y a su vez es candidato a ocupar el mismo, han producido tanto en Venezuela como en el resto de Hispanoamérica un profundo rechazo a la figura de la reelección. En el caso de la designación del Presidente de la República o el funcionario equivalente, esta desaprobación se ha traducido en rigurosas previsiones constitucionales, así, por ejemplo, en las Constituciones venezolanas de 1830, 1858, 1891, 1893, 1901, 1904, 1909, 1936, 1945 y 1947, se prohibía la reelección inmediata o para el período constitucional inmediatamente siguiente; la Constitución de 1961 prohibía la reelección hasta por diez años o dos períodos constitucionales después de la terminación del mandato, y actualmente, la Constitución de 1999, optando por una modalidad distinta para resguardar la alternabilidad, establece en su artículo 230: "...El Presidente o Presidenta de la República puede ser reelegido, de inmediato y por una sola vez, para un período adicional". Es de resaltar que aunque su formulación rompa con la tradición, las limitaciones a la reelección previstas por la Constitución de la República Bolivariana de Venezuela ("...de inmediato y por una sola vez..."), ponen freno a las distorsiones que siempre han preocupado a nuestra democracia: el continuismo y el ventajismo electoral." [261]

1857; en las Constituciones de Juan Vicente Gómez de 1914, 1922, 1925, 1928, 1929 y 1931, y en la Constitución de Marcos Pérez Jiménez de 1953.

259   Las restricciones a la reelección presidencial son tradicionales en los sistemas presidenciales de gobierno, como son los de América Latina, y no en los sistemas parlamentarios como los que existen en Europa. Véase, Allan R. Brewer-Carías, *Reflexiones sobre la Revolución Norteamericana (1776), la Revolución Francesa (1789) y la Revolución Hispanoamericana (1810-1830) y sus aportes al constitucionalismo moderno*, Universidad Externado de Colombia, Bogotá 2008, pp. 106 ss.

260   Sobre esta previsión de la Constitución de 1999, la Sala Constitucional del Tribunal Supremo expresó en la sentencia mencionada Nº 1488 de 28 de julio de 2006, que: "la Constitución de 1999, retomando la idea de la Constitución de Angostura, y en plena armonía con los principios garantistas a favor del ciudadano y de su rol protagónico en la empresa de desarrollo del Estado, permitió la reelección presidencial, pero dentro de un marco de políticas públicas en el que ello no es una medida aislada de inspiración caudillista, sino que constituye un elemento más dentro de una visión progresista en el que la separación de poderes, los derechos de los ciudadanos y los mecanismos de participación de los mismos, pueden generar los contrapesos y la colaboración necesarios para la satisfacción de los intereses del Estado que no son otros que los de los propios ciudadanos." Véase en *Revista de Derecho Público*, Nº 107, Editorial Jurídica Venezolana, Caracas 2006, pp. 90 ss.

261   Véase en *Revista de Derecho Público*, Nº 89-92, Editorial Jurídica Venezolana, Caracas, 2002, p. 109.

La propia Sala Electoral, sobre la justificación de la limitación a la reelección sucesiva, años después, en sentencia Nº 73 de 30 de marzo de 2006 (Caso: *Asociados de la Caja de Ahorro Sector Empleados Público*), insistiría que:

> "se presenta como una técnica de control legislativo derivada en la inconveniencia de que un ciudadano se perpetúe en el poder, pretendiendo, entre otras cosas, restar capacidad de influencia a quien lo ha ejercido, y sobre todo preservar la necesidad de que los aspirantes estén en un mismo pie de igualdad y que los funcionarios electos no distraigan sus esfuerzos y atención en asuntos diferentes a la completa y cabal realización de su gestión."[262]

En todo caso, no le faltaba razón a la Sala Electoral del Tribunal Supremo en destacar la preocupación por la suerte de la democracia frente al "continuismo y ventajismo electoral," pues a los pocos años, por una parte, la Sala Constitucional del mismo Tribunal Supremo, en 2006, comenzaría a allanar el camino para cambiar el carácter pétreo del principio de la alternabilidad republicana, despojándolo de su carácter de principio fundamental del ordenamiento constitucional que solo podría ser cambiado mediante la convocatoria de una "Asamblea Nacional Constituyente;" y por la otra, consecuencialmente, el Presidente de la República presentaría en 2007 un proyecto de "reforma constitucional" para eliminar toda restricción a la reelección presidencial.

En efecto, en cuanto al tema de la reelección en los cargos electivos, a pesar del principio de la alternabilidad y de las restricciones constitucionales existentes en la materia, el mismo comenzó a ser tratado por la Sala Constitucional del Tribunal Supremo de Justicia en la sentencia Nº 1.488 de 28 de julio de 2006,[263] dictada con motivo de revisar una sentencia de la Sala Electoral del mismo Tribunal Supremo, al considerar el tema de la constitucionalidad del artículo 126 de la entonces vigente Ley Orgánica del Sufragio y Participación Política de 1998, que imponía a los funcionarios susceptibles de ser reelegidos, la obligación de separarse de sus cargos.

Para declarar que dicha norma era contraria a la Constitución, la Sala sin embargo, entró a resolver de oficio y en forma general el tema de la reelección presidencial, sin que nadie se lo hubiese pedido y sin que ello hubiera sido necesario para la revisión judicial de una sentencia que estaba realizando, considerando en definitiva que cualquier reforma o cambio que se pudiese adoptar en la materia, permitiendo la reelección indefinida, no afectaba la estructura del Estado, de lo que resultó la negación del carácter pétreo de su fundamento que es el principio de la alternabilidad republicana, y el allanamiento del camino para proceder a establecer la reelección indefinida mediante reforma o enmienda constitucional, y no mediante la convocatoria de una Asamblea Constituyente. Ello, sin duda, fue lo que motivó en definitiva el intento de reforma constitucional de 2007, rechazado por el pueblo, y la posterior propuesta de una enmienda constitucional en 2009, estableciendo la reelección indefinida como principio constitucional, que si fue aprobada por el pueblo.

La Sala Constitucional, en la mencionada sentencia Nº 1488 de 28 de julio 2006 comenzó por vincular el pensamiento de Bolívar en 1819 con el de Hamilton; analizó la historia de las previsiones constitucionales limitativas sobre la reelección en Venezuela y en toda la América Latina; y analizó, para justificar su tesis, las reformas constitucionales en la materia que se habían efectuado en Colombia y Costa Rica. La Sala Constitucional, en efecto, argumentó así:

---

262 Véase en *Revista de Derecho Público,* Nº 105, Editorial Jurídica Venezolana, Caracas 2006, p. 173

263 Véase *Caso*: Consejo Nacional Electoral vs. Revisión Decisión Sala Electoral del Tribunal Supremo de Justicia, en *Revista de Derecho Público,* Nº 107, Editorial Jurídica Venezolana, Caracas 2006, pp. 90 ss.

Primero, se refirió a la Constitución de 1819 que consideró "inspirada parcialmente en las ideas del Libertador Simón Bolívar, la cual como se ha dicho, estableció la posibilidad de reelección inmediata del Presidente pero por una sola vez "sin intermisión (artículo 3, sección primera del Título Séptimo), de lo cual dedujo la Sala que planteaba:

"la visión del Padre de la Patria a la par de las del gran pensador norteamericano Alexander Hamilton, quien en "El Federalista" expuso una defensa a la reelección como modelo de gobernabilidad legítimo dentro de un contexto democrático."

Olvidó, sin embargo, la Sala Constitucional referirse a las ideas de Bolívar que en realidad fueron expresadas en su Discurso de presentación del proyecto de Constitución de 1819, en el cual, como se ha dicho, se refirió a la continuación de la autoridad en un mismo individuo como la mayor amenaza a los gobiernos democráticos.

Segundo, pasó luego la Sala Constitucional a referirse a las ideas de Hamilton, considerando que las mismas "a pesar de haber transcurrido más doscientos años de haber sido emitidas, tienen una actualidad que llama a la reflexión y que todavía se invocan en las discusiones que se generan con este motivo." A tal efecto, la Sala destacó que:

"Hamilton señalaba que la reelección era necesaria para que el pueblo pudiera prolongar una administración positiva en su propio beneficio y aprovechando las virtudes del gobernante reelegido, pues la exclusión de éste a pesar de su buen gobierno, sólo traería más males que beneficios a la sociedad y perjudicaría el conducir del gobierno. Igualmente, consideraba que el impedir la reelección provocaría que disminuyeran los incentivos para el correcto proceder de los gobernantes al no tener el aliciente en la continuidad de su gestión, facilitando la tentación de actuaciones no adecuadas dada la inexistencia del incentivo que implica la aprobación de la gestión a través de la reelección, y además, privaría a la sociedad de una persona con experiencia y conocimiento en el manejo del cargo y que facilitaría por esta misma causa el mantenimiento del sistema político, de modo que su ausencia también tendría consecuencias para dicho sistema (Hamilton, Madison y Jay, *El Federalista*, Fondo de Cultura Económica, México 1994, artículo 72, pp. 308 y ss.)."

Tercero, pasó luego la Sala a buscar apoyo contemporáneo para justificar el tema de la reelección presidencial, refiriéndose a Sartori, señalando que éste:

"luego de analizar varios escenarios a favor y en contra de la reelección, llega a la conclusión que "(…) el argumento fundamental a favor de la reelección es que los presidentes que gobiernan bien deben ser recompensados, y que desperdiciar a un buen presidente es indudablemente un grave desperdicio. No se puede negar que ambos bandos tienen razones válidas. No es un problema que tenga la misma solución para todos los países". A esto agregaba "(…) también es cierto que negar la reelección es negar la recompensa, y que esto constituye una grave falla" (Sartori, Giovanni, *Ingeniería Constitucional Comparada*, Fondo de Cultura Económica, 1994. pp. 191 y 192)."

Cuarto, de lo dicho por Sartori, la Sala Constitucional consideró que se trataba de un "refuerzo de las ideas de Hamilton y de Bolívar," lo cual por supuesto no es cierto, pues Bolívar no argumentó a favor de la reelección presidencial como lo hizo Hamilton, y al contrario, si sobre algo argumentó como no lo hizo Hamilton, fue contra el continuismo presidencial.

Sin embargo, la Sala Constitucional consideró que las reflexiones hechas por Sartori, como investigador contemporáneo dan fe "de la vigencia de las mismas y de lo aplicables que son todavía a nuestra realidad," concluyendo que no se trataba "entonces, de una discusión interesada o circunscrita a las coyunturas del momento," sino al contrario, de "una discusión que ha mantenido su vigencia a lo largo del tiempo y que plantea la necesidad de una solución de acuerdo con las necesidades y realidades de cada sociedad, discutidas y planteadas por el poder originario del mismo y que se concretan en el Texto Constitucional, de ahí su trascendencia y la necesidad de verla en el todo del sistema jurídico y en relación con persona alguna."

Quinto, la Sala Constitucional, para reforzar su argumento a favor de "la figura de la reelección," recurrió al derecho comparado haciendo una síntesis de su implantación "en diferentes países de nuestro entorno latinoamericano," de la cual concluyó que había una "aplastante mayoría a favor de la reelección … pues de un total de diecinueve países, quince tienen como norma la reelección, es decir, más del 75% de Latinoamérica se encuentra a favor de dicha figura, mientras otros cuatro (Guatemala, Honduras, México y Paraguay) prohíben de forma absoluta la reelección." De ello, la Sala Constitucional derivó que había una "tendencia" en la "perspectiva de evolución del Derecho Constitucional comparado," que era la de "incorporar la figura de la reelección al sistema democrático," tal como en su criterio había ocurrido en "Colombia y en Costa Rica, países que por distintos medios y con circunstancias también diferentes establecieron la figura dentro de su sistema constitucional, armonizándose en ambos casos, dicha introducción, con el sistema democrático que en ellas se ha establecido, tomando en consideración sus propias realidades," de lo que la Sala concluyó que "la tendencia en nuestro ámbito continental es a favor de la figura de la reelección."

Sexto, con base en lo anterior, la Sala pasó a transcribir párrafos del fallo C-1040/05 del 19 de octubre de 2005 de la Corte Constitucional de Colombia, que estimó como una "valiosa contribución, aun considerando las diferencias con la Constitución venezolana," respecto del tema de la reelección, al referirse al alegato presentado a la consideración de dicha Corte "respecto a que la inclusión de la reelección en la Constitución constituía un cambio en la estructura del Estado," donde señaló en definitiva que:

"la reelección no constituiría un cambio en el sistema constitucional de su país, sino que por el contrario se convertiría en un medio de reafirmación democrática. Responde igualmente dicho órgano jurisdiccional a los temores respecto de las consecuencias prácticas que puede acarrear la reelección y en tal sentido pone en evidencia que los mismos se presentaran tanto en cuanto no se cuente con los mecanismos que permitan controlar las acciones del Ejecutivo, y que por estar éstas, lo mismo que en nuestra Constitución, expresamente establecidos, sólo habría que velar por su cumplimiento, de modo que la figura en sí no sería la responsable de irregularidad alguna, sino que ello sería responsabilidad de la equilibrada ejecución del sistema de contrapesos y de controles que tenga el Texto Constitucional, por lo que su falta o no de ejecución no queda al arbitrio de una persona, sino de los poderes que al efecto tengan dichas responsabilidades."

Séptimo, la Sala Constitucional pasó luego a analizar la sentencia N° 02771 del 4 de abril de 2003 de la Sala Constitucional de la Corte Suprema de Costa Rica, en la cual se pronunció "respecto a la nulidad de la reforma constitucional de 1969 por la que se suprimió el artículo de la Constitución que permitía la reelección presidencial luego de dos períodos alternos," en la cual dicha Sala costarricense afirmó que "el derecho de elección, como derecho político, también constituye un derecho humano de primer orden, y por ende, es un derecho fundamental," apreciando la Sala sobre lo resuelto por el Alto Tribunal de Costa Rica, que el mismo:

"no concibe la reelección sólo como un derecho individual por parte del pasible de serlo, sino que además constituye un derecho de los electores a cuyo arbitrio queda la decisión de confirmar la idoneidad o no del reelegible, y que al serle sustraída dicha posibilidad mediante una reforma realizada por un poder no constituyente, se realizó un acto de sustracción de la soberanía popular, quedando dicha posibilidad de forma exclusiva, y dentro de los límites que impone a todo poder los derechos humanos, inherentes a la persona humana, al poder constituyente, el cual basado en razones de reestructuración del Estado puede imponer condiciones o modificar el ejercicio de derechos en razón de la evolución de toda sociedad así como de la dinámica social."

Octavo, partiendo de estos razonamientos, la Sala Constitucional venezolana concluyó compartiendo los criterios expuestos, "despetrificando" el principio de la alternabilidad republicana, al afirmar que en nuestro ordenamiento, la reelección "no supone un cambio de régimen o forma del Estado, y muy por el contrario, reafirma y fortalece los mecanismos de participación dentro del Estado Democrático, Social de Justicia y Derecho que estableció el Constituyente en 1999." Afirmó luego la Sala que:

"De igual manera, la reelección, amplía y da progresividad al derecho de elección que tienen los ciudadanos, y optimiza los mecanismos de control por parte de la sociedad respecto de sus gobernantes, haciéndolos examinadores y juzgadores directos de la administración que pretenda reelegirse, y por lo mismo, constituye un verdadero acto de soberanía y de ejercicio directo de la contraloría social. Negar lo anterior, es tanto como negar la existencia de sociedades cambiantes y en constante dinámica e interacción. Es pretender concebir el Derecho Constitucional como un derecho pétreo e inconmovible, ajeno a las necesidades sociales. Mas aún, en nuestras sociedades, donde estas necesidades sociales son tan ingentes, los cambios constitucionales son más necesarios en la medida en que se constate su existencia para mejorar las condiciones de los ciudadanos en peor situación socioeconómica, pues la norma constitucional sólo debe estar a su servicio."

Por tales razones, terminó afirmando la Sala Constitucional que "no puede afirmarse que la reelección no sea un principio compatible con la democracia," y por el contrario, puede señalarse que el mismo, "puede ser una herramienta útil que garantice la continuidad en el desarrollo de las iniciativas que beneficien a la sociedad, o simplemente sirva para que dichos ciudadanos manifiesten directamente su censura por un gobierno que considere no ha realizado sus acciones en consonancia con las necesidades sociales."[264]

Fue luego de esta aproximación del Juez Constitucional al tema de la reelección presidencial, despetrificando indirectamente el principio de la alternabilidad republicana, que el Presidente de la República, al año siguiente, en 2007, propuso a la Asamblea Nacional una "reforma constitucional" para consolidar el Estado centralizado, militarista, Socialista y Policial, uno de cuyos aspectos era precisamente eliminar todo vestigio del principio de la alternabilidad en la Jefatura del Estado, al proponer que se estableciera la posibilidad de reelección inmediata y sin límites del Presidente de la República.[265]

La reforma constitucional, sin embargo, fue rechazada por el pueblo en el referendo del 2 de diciembre de 2007, lo que, de acuerdo con el espíritu de las previsiones constitucionales, implicaba que una nueva modificación de la Constitución en el mismo sentido no debía plantearse en el mismo período constitucional, no sólo como "reforma" sino como "enmienda,"[266] como resulta del artículo 345 de la Constitución. Sin embargo, en los meses siguientes a dicho rechazo popu-

264   *Idem.*

265   En la *Exposición de Motivos de la Propuesta de Reforma Constitucional* del Presidente de la República del Proyecto de Reforma Constitucional, agosto de 2007, se afirmó, pura y simplemente, sin fundamento, ni argumento, ni lógica alguna, que "la propuesta de la reelección presidencial profundiza el principio de alternabilidad republicana", basándose sólo, en el derecho del Presidente de la República a ser reelecto en el cargo, y en el derecho del pueblo de elegir su candidato. p. 7.

266   Véase Allan R. Brewer-Carías, *La reforma constitucional de 2007 (Comentarios al proyecto inconstitucionalmente sancionado por la Asamblea Nacional el 2 de noviembre de 2007)*, Editorial Jurídica Venezolana, Caracas 2007.

lar, el Presidente insistió en la modificación de la Constitución, lo que acogió la Asamblea Nacional, reformulando la rechazada "reforma" constitucional convirtiéndola en una "Enmienda Constitucional" para burlar el sentido de la prohibición constitucional, la cual finalmente fue sometida a referendo aprobatorio que se realizó el 15 de febrero de 2009, en el cual se aprobó el proyecto reformatorio de los artículos 160, 162, 174, 192 y 230 de la Constitución.

Así se estableció entonces en Venezuela, al contrario de la tradición constitucional precedente, el principio de la reelección continua e indefinida de cargos electivos, contrariando el principio constitucional de la alternabilidad republicana (art. 6), y violando la prohibición constitucional de realizar una consulta popular sobre modificaciones a la Constitución ya rechazadas por el pueblo en un mismo período constitucional (art. 345).

Antes, sin embargo, fue el Juez Constitucional en su impartición de "justicia a la carta" para demoler los principios democráticos, el que mediante sentencia Nº 53 de 3 de febrero de 2009[267] allanó el camino constitucional para la realización de dicho referendo, "interpretando" como equivalentes los términos: gobierno "alternativo" y gobierno "electivo," eliminando así la propia noción de "alternabilidad." Una cosa es poder elegir a los gobernantes, y otra cosa es el principio de alternabilidad que se construyó como opuesto al continuismo o a la permanencia en el poder por una misma persona y que impide poder reelegir al mismo gobernante ilimitadamente.

Es contrario a la Constitución, por tanto, interpretar, como lo hizo la Sala Constitucional en su mencionada sentencia nº 53 del 3 de febrero de 2009, que el principio de la alternabilidad "lo que exige es que el pueblo como titular de la soberanía tenga la posibilidad periódica de escoger sus mandatarios o representantes", confundiendo "gobierno alternativo" con "gobierno electivo."

Por ello es falso lo que afirmó la Sala Constitucional en el sentido de que "sólo se infringiría el mismo si se impide esta posibilidad al evitar o no realizar las elecciones." Con su sentencia, la Sala Constitucional, de nuevo, lo que hizo fue mutar ilegítimamente el texto de la Constitución sobre el sentido del principio del gobierno 'alternativo" que los venezolanos dispusieron *que siempre* debía regir sus gobiernos, obviando además la prohibición constitucional de que se pudiera consultar en un mismo período constitucional la voluntad popular sobre modificaciones constitucionales que ya el pueblo ha rechazado.

Esta inconstitucional sentencia, en todo caso, lo que tuvo por objeto fue, como se dijo, despejar el camino para que el régimen autoritario pudiera someter a referendo una Enmienda Constitucional relativa a un principio fundamental, pétreo, de la Constitución, que sólo podía modificarse mediante la convocatoria a una Asamblea Nacional Constituyente.

Y así fue como entonces en Venezuela se aprobó la Enmienda Constitucional de 2009, para establecer el principio de la elección continua e ilimitada del Presidente de la República y de todos los cargos de elección popular.

---

267 Véase la sentencia Nº 53, de la Sala Constitucional de 2 de febrero de 2009 (Caso: *Interpretación de los artículos 340,6 y 345 de la Constitución)*, en http:/www.tsj.gov.ve/decisions/scon/Febrero/ 53-3209-2009-08-1610.html Véase sobre esta sentencia los comentarios en Allan R. Brewer-Carías, "El Juez Constitucional vs. La alternabilidad republicana (La reelección continua e indefinida), en *Revista de Derecho Público*, Nº 117, (enero-marzo 2009), Caracas 2009, pp. 205-211. Publicado también en http://www.analiti-ca.com/va/politica/opinion/6273405.asp.

QUINTA PARTE

LA DESTRUCCIÓN POR EL JUEZ CONSTITUCIONAL DEL SISTEMA DE SEPARACIÓN DE PODERES Y DE DISTRIBUCIÓN DEL PODER PÚBLICO EN EL ESTADO DEMOCRÁTICO

El principio fundamental formalmente consagrado en la Constitución de 1999 para la configuración del Estado democrático de derecho y de justicia es, sin duda, el de la separación de poderes y del control recíproco entre los mismos, el cual, lamentablemente, en la práctica política de los últimos lustros no fue más que una máscara para el establecimiento, en su lugar, de un Estado Totalitario, de concentración y centralización total del poder, donde por supuesto ninguno de los elementos esenciales y de los componentes fundamentales de la democracia que se definen en la Carta Democrática Interamericana de 2001, se ha asegurado.[268]

Para que exista un Estado democrático por sobre todo, y hay que recordarlo una y otra vez, el mismo tiene que estar montado sobre el principio de siempre de la separación e independencia de los poderes público, que asegure que el ejercicio del poder esté sometido a control, particularmente a cargo de una Justicia autónoma e independiente. Solo así se puede llegar a hablar de un "Estado de justicia" como el que prometió la Constitución; y de un sistema de equilibro entre los poderes y prerrogativas de la Administración del Estado y los derechos de los ciudadanos, que está a la base del derecho administrativo mismo.[269]

Es decir, sin separación de poderes y sin un sistema de control del poder, simplemente no pueden realizarse verdaderas elecciones libres, justas y confiables; no puede haber pluralismo político, ni acceso al poder conforme a la Constitución; no puede haber efectiva participación en la gestión de los asuntos públicos, ni transparencia administrativa en el ejercicio del gobierno, ni rendición de cuentas por parte de los gobernantes; en fin, no puede haber sumisión efectiva del gobierno a la Constitución y las leyes, así como subordinación de los militares al gobierno civil;

---

268   Véase Allan R. Brewer-Carías, *Estado totalitario y desprecio a la ley. La desconstitucionalización, desjuridificación, desjudicialización y desdemocratización de Venezuela*, Fundación de Derecho Público, Editorial Jurídica Venezolana, 2014.

269   Véase sobre el tema Gustavo Tarre Briceño, *Solo el poder detiene al poder, La teoría de la separación de los poderes y su aplicación en Venezuela*, Colección Estudios Jurídicos N° 102, Editorial Jurídica Venezolana, Caracas 2014; y Jesús María Alvarado Andrade, "División del Poder y Principio de Subsidiariedad. El Ideal Político del Estado de Derecho como base para la Libertad y prosperidad material" en Luis Alfonso Herrera Orellana (Coord.), *Enfoques Actuales sobre Derecho y Libertad en Venezuela*, Academia de Ciencias Políticas y Sociales, Caracas, 2013, pp. 131-185.

no puede haber efectivo acceso a la justicia; y real y efectiva garantía de respeto a los derechos humanos, incluyendo la libertad de expresión y los derechos sociales.[270]

Nada de ello se ha podido lograr en Venezuela, a pesar de todas las promesas de la Constitución, al haberse concentrado progresivamente a partir de 2000, en las manos del Poder Ejecutivo, el control sobre los otros Poderes Públicos, a través del control político de la Asamblea Nacional, sobre el Tribunal Supremo de Justicia y su Sala Constitucional, sobre el órgano electoral y además, sobre los demás órganos de control del Estado (Ministerio Público, Contraloría General de la República y Defensor del Pueblo). Y cuando el gobierno perdió el control político sobre la Asamblea Nacional, al haberse elegido en diciembre de 2015 una nueva mayoritariamente controlada por la oposición al gobierno autoritario, en forma incluso calificada, el Estado totalitario lo que hizo fue privar progresivamente a la misma de todas sus competencias, neutralizándola totalmente, utilizando para ello al Juez Constitucional.

En efecto, el Tribunal Supremo bajo la Presidencia de la magistrada Gutiérrez Alvarado, autora de la Tesis "secreta" de Zaragoza, a partir de enero de 2016 despojó a la Asamblea Nacional de sus potestades constitucionales de legislación, requiriendo incluso una inconstitucional autorización previa por parte del Ejecutivo para poder poner en vigencia las leyes;[271] y anuló sus potestades de control político y administrativo, imponiendo el visto bueno previo del mismo Vicepresidente Ejecutivo para poder interpelar a los Ministro, con preguntas solo formuladas por escrito,[272] incluso barriendo las potestades de la Asamblea para aprobar votos de censura a los Ministros o para improbar los estados de excepción que se decreten.[273] Es decir, el Poder Legislativo representado por la Asamblea Nacional fue totalmente neutralizado una vez que el gobierno perdió el control directo sobre la misma al perder la mayoría parlamentaria, al punto de que todas,

---

270 Véase Allan R. Brewer-Carías, "Prólogo" al libro de Gustavo Tarre Briceño, *Solo el poder detiene al poder, La teoría de la separación de los poderes y su aplicación en Venezuela*, Colección Estudios Jurídicos N° 102, Editorial Jurídica Venezolana, Caracas 2014, pp. 13-49; "El principio de la separación de poderes como elemento esencial de la democracia y de la libertad, y su demolición en Venezuela mediante la sujeción política del Tribunal Supremo de Justicia," en *Revista Iberoamericana de Derecho Administrativo, Homenaje a Luciano Parejo Alfonso*, Año 12, N° 12, Asociación e Instituto Iberoamericano de Derecho Administrativo Prof. Jesús González Pérez, San José, Costa Rica 2012, pp. 31-43.

271 Véase.los comentarios en Allan R. Brewer-Carías, "El fin del Poder Legislativo: La regulación por el Juez Constitucional del régimen interior y de debates de la Asamblea Nacional, y la sujeción de la función legislativa de la Asamblea a la aprobación previa por parte del Poder Ejecutivo," en *Revista de Derecho Público*, N° 145-146, (enero-junio 2015), Editorial Jurídica Venezolana, Caracas 2016, pp. 428-443

272 Véase.los comentarios en Allan R. Brewer-Carías, "Comentarios al decreto N° 2.309 de 2 de mayo de 2016: La inconstitucional "restricción" impuesta por el Presidente de la República, respecto de su potestad de la Asamblea Nacional de aprobar votos de censura contra los Ministros," en *Revista de Derecho Público*, N° 145-146, (enero-junio 2016), Editorial Jurídica Venezolana, Caracas 2016, pp. 120-129

273 Véase los comentarios en Allan R. Brewer-Carías, "El ataque de la Sala Constitucional contra la Asamblea Nacional y su necesaria e ineludible reacción. De cómo la Sala Constitucional del Tribunal Supremo pretendió privar a la Asamblea Nacional de sus poderes constitucionales para controlar sus propios actos, y reducir inconstitucionalmente sus potestades de control político sobre el gobierno y la administración pública; y la reacción de la Asamblea Nacional contra a la sentencia N° 9 de 1-3-2016, disponible en http://www.allanbrewercarias.com/Content/449725d9-f1cb-474b-8ab2-41efb849fea3/Content/Brewer.%20El%20ataque%20Sala%20Constitucional%20v.%20 Asam blea%20Nacional.%20Sent-No.%209%201-3-2016).pdf; y "Nuevo golpe contra la representación popular: la usurpación definitiva de la función de legislar por el Ejecutivo Nacional y la suspensión de los remanentes poderes de control de la Asamblea con motivo de la declaratoria del estado de excepción y emergencia económica," en *Revista de Derecho Público*, N° 145-146, (enero-junio 2016), Editorial Jurídica Venezolana, Caracas 2016, pp. 444-468.

absolutamente todas las leyes que sancionó ese cuerpo a partir de su instalación fueron declaradas inconstitucionales,[274] y lo más insólito, porque habían estado motivadas políticamente. ¿Y qué otra motivación podrían tener la leyes que emanan de un Parlamento si no es la política? Pues bien, ello ha sido considerado por el Juez Constitucional, bajo la Presidencia de la magistrada Gutiérrez Alvarado, como una "desviación de poder" por perseguir un objetivo diferente a la política gubernamental, llegando hasta declarar inconstitucional una ley de amnistía.[275]

Es decir, de los cinco poderes públicos que debían estar separados, si bien el único con autonomía frente al Poder Ejecutivo desde comienzos de 2016 era la Asamblea Nacional, hoy está materialmente paralizada por el golpe de Estado que el Poder Ejecutivo le ha dado en colusión con el Poder Judicial. Por lo que se refiere a los otros Poderes Públicos, cuyos titulares fueron designados sin cumplir con la Constitución por la anterior Asamblea Nacional que terminó en enero de 2016, quedaron todos como dependientes del Ejecutivo abandonado el ejercicio de sus poderes de control; declarándose a partir de 2017, como dependientes de la fraudulenta Asamblea Nacional Constituyente electa ese año.

Así durante los últimos veinte años, por ejemplo, la Contraloría General de la República en Venezuela se abstuvo de ejercer control fiscal alguno de la Administración Pública, razón por la cual, entre otros factores el país ha terminado estando ubicado en el primer lugar del índice de corrupción en el mundo, según las cifras difundidas por Transparencia Internacional.[276] El Defensor del Pueblo, desde que la primera persona designada para ocupar el cargo en 2000 fue removida del mismo por haber intentado un recurso judicial contra una Ley que violaba el derecho colectivo a la participación ciudadana para la nominación de los altos titulares de los Poderes Públi-

---

274 Véase los comentarios en Allan R. Brewer-Carías, "La aniquilación definitiva de la potestad de legislar de la Asamblea Nacional: el caso de la declaratoria de inconstitucionalidad de la Ley de reforma de la Ley Orgánica del Tribunal Supremo de Justicia," 18 de mayo de 2016, disponible en http://www.allanbrewer-carias.com/Content/449725d9-f1cb-474b-8ab2-41efb849fea3/Content/   Brewer.%20Aniquilaci%C3%-B3n%20%20Asamblea%20Nacional.%20Inconstituc.%20Ley% 20TSJ %2015-5-2016.pdf.

275 Véase el estudio de las sentencias dictadas desde comienzos de 2016 en Allan R. Brewer-Carías, *El Juez Constitucional y la perversión del Estado de derecho. La "dictadura judicial" y la destrucción de la democracia en Venezuela*, Editorial Jurídica Venezolana International, 5 de junio 2016. Véase igualmente: Carlos M. Ayala Corao y Rafael J. Chavero Gazdik, *El libro negro del TSJ de Venezuela: Del secuestro de la democracia y la usurpación de la soberanía popular a la ruptura del orden constitucional (2015-2017)*, Editorial Jurídica Venezolana, Caracas 2017, 394 pp.; *Memorial de agravios 2016 del Poder Judicial. Una recopilación de más de 100 sentencias del TSJ*, 155 pp., investigación preparada por las ONGs: Acceso a la Justicia, Transparencia Venezuela, Sinergia, espacio público, Provea, IPSS, Invesp, en https://www.scribd.com/document/336888955/Memorial-de-Agravios-del-Poder-Judicial-una-recopilacion-de-mas-de-100-sentencias-del-TSJ; y José Vicente Haro, "Las 111 decisiones inconstitucionales del TSJ ilegítimo desde el 6D-2015 contra la Asamblea Nacional, los partidos políticos, la soberanía popular y los DDHH," en *Buscando el Norte*, 10 de julio de 2017, en http://josevicenteharogarcia.blogspot.com/2016/10/las-33-decisiones-del-tsj.html

276 Véase el Informe de la ONG alemana, Transparencia Internacional de 2013, en el reportaje: "Aseguran que Venezuela es el país más corrupto de Latinoamérica,", en El Universal, Caracas 3 de diciembre de 2013, en http://www.eluniversal.com/nacional-y-politica/131203/aseguran-que-vene-zuela-es-el-pais-mas-corrupto-de-latinoamerica. Igualmente véase el reportaje en BBC Mundo, "Transparencia Internacional: Venezuela y Haití, los que se ven más corruptos de A. Latina," 3 de diciembre de 2013, en http://www.bbc.co.uk/mundo/ultimas_noticias/2013/12/131203_ultnot _transparencia_corrupcion_lp.shtml. Véase al respecto, Román José Duque Corredor, "Corrupción y democracia en América Latina. Casos emblemáticos de corrupción en Venezuela," en *Revista Electrónica de Derecho Administrativo*, Universidad Monteávila, 2014.

cos,[277] abandonó toda idea de defensa de derechos humanos, convirtiéndose en el órgano oficial para avalar la violación de los mismos por parte de las autoridades del Estado.[278] El Ministerio Público que ejerce la Fiscalía General de la República, en lugar de haber sido la parte de buena fe necesaria del proceso penal, asumió desde 2000 el rol de ser el principal instrumento para asegurar la impunidad, y la persecución política en el país.[279] Además, está el Poder Electoral, a cargo del Consejo Nacional Electoral, que terminó siendo una especie de agente electoral del gobierno, integrado por militantes del partido oficial, o como lo denunció el Secretario General de la Organización de Estados Americanos en la comunicación antes mencionada por "activistas político partidistas [que] ocuparon cargos dentro del gobierno nacional,"[280] todo en violación abierta de la Constitución, habiendo dejado de ser el árbitro independiente en las elecciones. En todo caso, desde 2004 quedó totalmente secuestrado por el Poder Ejecutivo, al ser sus jerarcas nombrados por el Tribunal Supremo de Justicia y ni siquiera por la Asamblea Nacional como correspondía constitucionalmente.[281]

El encargado de asegurar el proceso de demolición del principio de la separación de poderes ha sido el Juez Constitucional desde cuando en sentencia de la Sala Constitucional del Tribunal Supremo Nº 3098 del 13 de diciembre de 2004 (Caso: *Nulidad de artículos de la Ley Orgánica de la Justicia de Paz*), consideró que dicho principio "no es un principio ideológico, propio de la democracia liberal, sino un principio técnico del cual depende la vigencia de la seguridad jurídica

---

277 Véase los comentarios en Allan R. Brewer-Carías, "La participación ciudadana en la designación de los titulares de los órganos no electos de los Poderes Públicos en Venezuela y sus vicisitudes políticas", en *Revista Iberoamericana de Derecho Público y Administrativo*, Año 5, Nº 5-2005, San José, Costa Rica 2005, pp. 76-95.

278 Por ejemplo, ante la crisis de la salud denunciada por la Academia Nacional de Medicina en agosto de 2014, reclamando la declaratoria de emergencia del sector, la respuesta de la Defensora del Pueblo fue simplemente que en Venezuela no había tal crisis. Véase el reportaje: "Defensora del Pueblo Gabriela Ramírez afirma que en Venezuela no existe ninguna crisis en el sector salud," en Noticias Venezuela, 20 agosto de 2014, en http://noticiavene-zuela.info/2014/08/defensora-del-pueblo-gabriela-ramirez-afirma-que-en-venezuela-no-existe-ninguna-crisis-en-el-sector-salud/; y el reportaje: "Gabriela Ramírez, Defensora del Pueblo: Es desproporcionada petición de emergencia humanitaria en el sector salud," en El Universal, Caracas 20 de agosto de 2014, en http://m.eluniversal.com/nacional-y-politica/140820/es-desproporcionada-peticion-de-emergencia-humanitaria-en-el-sector-sa. Por ello, con razón, el Editorial del diario El Nacional del 22 de agosto de 2014, se tituló: "A quien defiende la defensora?" Véase en http://www.el-nacional.com /opinión/editorial/defiende-defensora_19_46874-3123.html.

279 Como se destacó en el Informe de la Comisión Internacional de Juristas sobre *Fortalecimiento del Estado de Derecho en Venezuela*, publicado en Ginebra en marzo de 2014, el "Ministerio Público sin garantías de independencia e imparcialidad de los demás poderes públicos y de los actores políticos," quedando los fiscales "vulnerables a presiones externas y sujetos órdenes superiores." Véase en http://icj.wpengine.netdna-cdn.com/wp-content/uploads/2014/06/VENEZUELA-Informe-A4-elec.pdf

280 Véase la comunicación del Secretario General de la OEA de 30 de mayo de 2016 con el Informe sobre la situación en Venezuela en relación con el cumplimiento de la Carta Democrática Interamericana, p. 88. Disponible en oas.org/documents/spa/press/OSG-243.es.pdf.

281 Véase Allan R. Brewer-Carías, "El secuestro del Poder Electoral y la confiscación del derecho a la participación política mediante el referendo revocatorio presidencial: Venezuela 2000-2004," en *Boletín Mexicano de Derecho Comparado*, Instituto de Investigaciones Jurídicas, Universidad Nacional Autónoma de México, Nº 112. México, enero-abril 2005 pp. 11-73; *La Sala Constitucional versus el Estado Democrático de Derecho. El secuestro del poder electoral y de la Sala Electoral del Tribunal Supremo y la confiscación del derecho a la participación política*, Los Libros de El Nacional, Colección Ares, Caracas, 2004, 172 pp.

como valor fundante del derecho."[282] Luego, en 2004 la Sala pasó a dar un viraje abiertamente anti democrático al referirse despectivamente en sentencia No. 1049 de 23 de julio de 2009,[283] a la *"la llamada* división, distinción o separación de poderes" – lo que al año siguiente hizo la magistrado Gutiérrez Alvarado en su Tesis "secreta" de Zaragoza (**Véase Octava Parte, II**) –, considerándola "al igual que la teoría de los derechos fundamentales de libertad, un instrumento de la doctrina liberal del Estado mínimo," con lo cual comenzó a cuestionar la validez de los mismos principios del constitucionalismo democrático, señalando que el mismo no fue concebido como "un mero instrumento de organización de los órganos del Poder Público, sino un modo mediante el cual se pretendía asegurar que el Estado se mantuviera limitado a la protección de los intereses individualistas de la clase dirigente."[284]

"Descubrió" así la Sala Constitucional, aun cuando distorsionándolo, el verdadero sentido de la separación de poderes, no sólo como mero instrumento de organización del Estado, sino como principio esencial de la democracia, la propia del Estado de derecho, para garantizar los derechos y libertades fundamentales, aun cuando por supuesto no sólo de "intereses individualistas de la clase dirigente" como con sesgo ideológico distorsionante la confina el Tribunal Supremo.

Ello en todo caso, no fue sino el preludio de las actuaciones del Juez Constitucional en contra de la separación de poderes, una vez que el Poder Judicial completo fue controlado por el Ejecutivo para ponerlo al servicio del autoritarismo, habiendo procedido, mediante sus sentencias, a secuestrar al Poder Electoral, y a neutralizar al Poder Legislativo.

I. EL INSTRUMENTO PARA LA DESTRUCCIÓN: EL CONTROL POLÍTICO SOBRE EL PODER JUDICIAL, PARA PONERLO AL SERVICIO DEL AUTORITARISMO

El más grave acaecimiento que ha ocurrido en Venezuela desde el punto de vista institucional, con efectos devastadores respecto del Estado de derecho, ha sido el control político que el Poder Ejecutivo ha ejercido sobre el Poder Judicial, particularmente a través del Tribunal Supremo de Justicia y su Sala Constitucional. En cualquier Estado de derecho, si un Poder Judicial está controlado por el Ejecutivo o el Legislativo, por más separados que incluso éstos puedan estar, no existe el principio de la separación de poderes, y en consecuencia, no se puede hablar de Estado de derecho.

Y esa ha sido la situación en Venezuela desde 1999, donde por obra de la misma Asamblea Nacional Constituyente se comenzó a establecer una composición del Tribunal Supremo de Justicia para asegurar su control por parte del Ejecutivo; y como al mismo Tribunal se le atribuyó el gobierno y administración de la Justicia (que antes estaba en manos de un Consejo de la Judicatura que se eliminó), el resultado fue que a través del mismo se politizó toda la Judicatura.

En efecto, como se ha comentado, la Constitución de 1999 creó un novedoso sistema para asegurar la participación ciudadana en el proceso de selección de los Magistrados del Tribunal

---

282 Sentencia N° 3098 de la Sala Constitucional (Caso: *nulidad artículos Ley Orgánica de la Justicia de Paz*) de 13-12-2004, en *Gaceta Oficial* N° 38.120 de 02-02-2005

283 Véase en http://www.tsj.gov.ve/decisiones/scon/Julio/1049-23709-2009-04-2233.html.

284 Véase en http://www.tsj.gov.ve/decisiones/scon/Julio/1049-23709-2009-04-2233.html .Véase, Allan R. Brewer-Carías, "Sobre la mutación del principio de la separación de poderes en la jurisprudencia constitucional," en *Revista de Derecho Público*, N° 132 (octubre- diciembre 2012), Editorial Jurídica Venezolana, Caracas 2012, pp. 201-213.

Supremo de Justicia, estableciendo un Comité de Postulaciones Judiciales (art. 270), que debería estar integrado por representantes de los diferentes sectores de la sociedad. Ello, sin embargo, no se ha garantizado en los 20 años de vigencia de la Constitución, de manera que no observó en la designación de Magistrados en 1999 por la Asamblea Nacional Constituyente; ni en 2001, con la nueva la designación de Magistrados mediante una "Ley Especial" que convirtió dicho Comité en una comisión parlamentaria ampliada; tampoco posteriormente, en ninguna otra ocasión, cuando después de años de transitoriedad constitucional, a partir de la Ley Orgánica del Tribunal Supremo de Justicia de 2004, en lugar de regular dicho Comité, se consolidó su sustitución por una Comisión parlamentaria ampliada, totalmente controlada por la mayoría oficialista del Parlamento, burlando la disposición constitucional.[285] En ocasión de esa reforma, además, se aumentó el número de Magistrados, los cuales han sido designados por la Asamblea Nacional en un procedimiento que ha estado enteramente controlado por el Presidente de la República, lo que incluso fue anunciado en 2004, públicamente, en víspera de los nombramientos, por el entonces Presidente de la Comisión parlamentaria encargada de escoger los candidatos a Magistrado.[286] Lo mismo ocurrió en diciembre de 2010, y en diciembre de 2015, con el nombramiento de magistrados a mansalva sin respetarse los parámetros constitucionales.

En esta forma, el Tribunal Supremo de Justicia de Venezuela, y dentro del mismo, su Sala Constitucional, se ha configurado como un cuerpo altamente politizado,[287] lamentablemente sujeto a la voluntad del Presidente de la República, lo que en la práctica ha significado la eliminación de toda la autonomía del Poder Judicial. Con ello, el propio postulado de la separación de los poderes, como piedra angular del Estado de Derecho y de la vigencia de las instituciones democráticas, ha sido eliminado desapareciendo toda posibilidad de control judicial efectivo del

---

285 Véase los comentarios en Allan R. Brewer-Carías, *Ley Orgánica del Tribunal Supremo de Justicia,* Editorial Jurídica Venezolana, Caracas 200, pp. 32 ss. El asalto al Tribunal Supremo de Justicia se inició antes, con el nombramiento "transitorio," en 1999, por la Asamblea Nacional Constituyente, de los nuevos Magistrados del Tribunal Supremo de Justicia sin cumplirse los requisitos constitucionales ni asegurarse la participación de la sociedad civil en los nombramientos. Las previsiones constitucionales sobre condiciones para ser magistrado y los procedimientos para su designación con participación de los sectores de la sociedad, continuaron violándose por la Asamblea Nacional al hacer las primeras designaciones en 2002 conforme a una "Ley especial" sancionada para efectuarlas transitoriamente, con contenido completamente al margen de las exigencias constitucionales.

286 El diputado Pedro Carreño, quien un tiempo después fue designado Ministro del Interior y de Justicia, afirmó lo siguiente: "Si bien los diputados tenemos la potestad de esta escogencia, el Presidente de la República fue consultado y su opinión fue tenida muy en cuenta."(Resaltado añadido). Agregó: "Vamos a estar claros, nosotros no nos vamos a meter autogoles. En la lista había gente de la oposición que cumple con todos los requisitos. La oposición hubiera podido usarlos para llegar a un acuerdo en las últimas sesiones, pero no quisieron. Así que nosotros no lo vamos a hacer por ellos. En el grupo de los postulados no hay nadie que vaya a actuar contra nosotros y, así sea en una sesión de 10 horas, lo aprobaremos." Véase en *El Nacional*, Caracas, 13-12-2004. Con razón, la Comisión Interamericana de Derechos Humanos indicó en su *Informe* a la Asamblea General de la OEA correspondiente a 2004 que "estas normas de la Ley Orgánica del Tribunal Supremo de Justicia habrían facilitado que el Poder Ejecutivo manipulara el proceso de elección de magistrados llevado a cabo durante 2004. Comisión Interamericana de Derechos Humanos, *Informe sobre Venezuela 2004*, párrafo 180.

287 Véase lo expresado por el magistrado Francisco Carrasqueño, en la apertura del año judicial en enero de 2008, al explicar que : "no es cierto que el ejercicio del poder político se limite al Legislativo, sino que tiene su continuación en los tribunales, en la misma medida que el Ejecutivo", dejando claro que la "aplicación del Derecho no es neutra y menos aun la actividad de los magistrados, porque según se dice en la doctrina, deben ser reflejo de la política, sin vulnerar la independencia de la actividad judicial". Véase en *El Universal*, Caracas 29-01-2008.

poder por parte de los ciudadanos. El propio Presidente de la República incluso, llegó a decir en 2007, que para poder dictar sentencias, el Tribunal Supremo debía consultarlo previamente.[288] Con todo esto, el Poder Judicial ha pospuesto su función fundamental de servir de instrumento de control de las actividades de los otros órganos del Estado para asegurar su sometimiento a la ley, habiendo materialmente desaparecido el derecho ciudadano a la tutela judicial efectiva y el derecho a controlar el poder. En esa situación, por tanto, es difícil hablar siquiera de posibilidad alguna de equilibrio entre poderes y prerrogativas del Estado y derechos y garantías ciudadanas.

En ese esquema, por ejemplo, un recurso autónomo de interpretación abstracta de la Constitución como el que inventó en Venezuela el Juez Constitucional,[289] si el mismo tuviera efectiva autonomía e independencia, sin duda que podría ser un instrumento eficaz para adaptar las normas constitucionales a los cambios operados en el orden constitucional de un país en un momento determinado. Sin embargo, un recurso de esa naturaleza en manos de un Juez Constitucional totalmente dependiente del Poder Ejecutivo, en un régimen autoritario como el que se ha estructurado en Venezuela en los últimos 20 años, resolviendo en particular las peticiones interesadas formuladas incluso por el propio Poder Ejecutivo a través del Procurador General de la República, es un instrumento de mutación ilegítima de la Constitución, para cambiarla y ajustarla a la voluntad del Poder Ejecutivo a efectos de afianzar el autoritarismo.[290] Eso es lo que ha ocurrido en Venezuela, donde el Tribunal Supremo de Justicia ha sido intervenido políticamente, al distorsionarse las normas constitucionales destinadas a asegurar su nombramiento a propuesta de la sociedad civil y su remoción sólo en casos excepcionales.

Y una vez controlado el Tribunal Supremo de Justicia, las promesas constitucionales sobre la independencia y autonomía del Poder Judicial, han sido violadas permanentemente; durante veinte años no se han respetado las condiciones para la elección de los Magistrados del Tribunal Supremo, ni la mayoría calificada de votos en la Asamblea requerida para ello, ni la participación ciudadana requerida en la nominación de candidatos. Jamás se han celebrado los concursos públicos de oposición para la elección de los jueces como lo prevé la Constitución para que ingresen a la carrera judicial, que materialmente no existe.[291] Además, como desde 1999 la Asam-

---

288   Así lo afirmó el Jefe de Estado, cuando al referirse a una sentencia de la Sala Constitucional muy criticada, en la cual reformó de oficio una norma de la Ley del Impuesto sobre la renta, simplemente dijo: "Muchas veces llegan, viene el Gobierno Nacional Revolucionario y quiere tomar una decisión contra algo por ejemplo que tiene que ver o que tiene que pasar por decisiones judiciales y ellos empiezan a moverse en contrario a la sombra, y muchas veces logran neutralizar decisiones de la Revolución a través de un juez, o de un tribunal, o hasta en el mismísimo Tribunal Supremo de Justicia, a espaldas del líder de la Revolución, actuando por dentro contra la Revolución. Eso es, repito, traición al pueblo, traición a la Revolución." Discurso del Presidente de la Republica en el Primer Evento con propulsores del Partido Socialista Unido de Venezuela, Teatro Teresa Carreño, Caracas 24 marzo 2007.

289   Véase Allan R. Brewer-Carías, "*Quis Custodiet Ipsos Custodes*: De la interpretación constitucional a la inconstitucionalidad de la interpretación", en *Revista de Derecho Público*, No 105, Editorial Jurídica Venezolana, Caracas 2006, pp. 7-27.

290   Véase Allan R. Brewer-¿Carías, "Reforma constitucional o mutación constitucional?: La experiencia venezolana." en *Revista de Derecho Público,* No 137 (Primer Trimestre 2014, Editorial Jurídica Venezolana, Caracas 2014, pp.19-65; "El juez constitucional al servicio del autoritarismo y la ilegítima mutación de la Constitución: el caso de la Sala Constitucional del Tribunal Supremo de Justicia de Venezuela (1999-2009)," en *Revista de Administración Pública*, N° 180, Madrid 2009, pp. 383-418.

291   Como lo destacó la misma Comisión Internacional de Juristas, en un *Informe* de marzo de 2014, que resume todo lo que en el país se ha venido denunciando en la materia, al dar "cuenta de la falta de independencia de la justicia en Venezuela," se destaca que "el Poder Judicial ha sido integrado desde el Tribunal Supremo de Jus-

blea Nacional Constituyente intervino el Poder Judicial,[292] la cual fue luego ratificada con el régimen transitorio establecido después de la aprobación popular de la Constitución, que aún no concluye, los jueces fueron destituidos a mansalva y masivamente, sin garantías al debido proceso, con la consecuencia de que la Judicatura se llenó de jueces temporales y provisionales,[293] sin garantía de estabilidad; quedando la destitución de los mismos al arbitrio de una Comisión *ad hoc* del Tribunal Supremo de Justicia, todo ello con el aval del mismo. En cuanto a la Jurisdicción Disciplinaria Judicial prevista en la Constitución, la misma no fue sino otra mentira, al punto de que la que se creó en 2011 se conformó como dependiente de la Asamblea Nacional, es decir, sujeta al control político;[294] mientras que los jueces temporales y provisorios, que son casi todos, quedaron sometidos al arbitrio de la Comisión Judicial del Tribunal Supremo que la magistrada tesista comenzó a presidir ese mismo año, pues la Sala Constitucional aseguró, de oficio, mediante sentencia No. 516 de 7 de mayo de 2013,[295] dictada con su participación, que esa Comisión continuaría con el "derecho" de destituirlos sin garantía alguna del debido proceso.

La verdad es que es ciertamente imposible conseguir en Constitución alguna en el mundo contemporáneo un conjunto de promesas constitucionales como las insertas en la Constitución venezolana de 1999 para asegurar la independencia judicial. Lamentablemente, sin embargo, fueron todas declaraciones formuladas para no ser cumplidas, dando como resultado la trágica dependencia del Poder Judicial que quedó sometido en su conjunto a los designios y control político por parte del Poder Ejecutivo,[296] funcionando al servicio del gobierno del Estado y de su política autoritaria.

---

ticia (TSJ) con criterios predominantemente políticos en su designación. La mayoría de los jueces son "provisionales" y vulnerables a presiones políticas externas, ya que son de libre nombramiento y de remoción discrecional por una Comisión Judicial del propio Tribunal Supremo, la cual, a su vez, tiene una marcada tendencia partidista." Véase en http://icj.wpengine.netdna-cdn.com/wp-content/uploads/2014/06/VENEZUELA-Informe-A4-elec.pdf

292   Véase nuestro voto salvado a la intervención del Poder Judicial por la Asamblea Nacional Constituyente en Allan R. Brewer-Carías, *Debate Constituyente, (Aportes a la Asamblea Nacional Constituyente)*, Tomo I, (8 agosto-8 septiembre), Caracas 1999; y las críticas formuladas a ese proceso en Allan R. Brewer-Carías, *Golpe de Estado y proceso constituyente en Venezuela,* Universidad Nacional Autónoma de México, México, 2002

293   En el *Informe Especial* de la Comisión sobre Venezuela correspondiente al año 2003, la misma también expresó, que "un aspecto vinculado a la autonomía e independencia del Poder Judicial es el relativo al carácter provisorio de los jueces en el sistema judicial de Venezuela. Actualmente, la información proporcionada por las distintas fuentes indica que más del 80% de los jueces venezolanos son "provisionales". *Informe sobre la Situación de los Derechos Humanos en Venezuela 2003, cit.* párr. 161.

294   Solo fue, luego de que el gobierno perdió la mayoría en la Asamblea Nacional, que la saliente Asamblea en unas ilegítimas sesiones extraordinarias celebradas en diciembre de 2015, reformó la Ley del Código de Ética del Juez, pero para quitarle a la nueva Asamblea la competencia para nombrar dichos jueces (que por supuesto nunca debió tener), y pasarlos al Tribunal Supremo. Véase en *Gaceta Oficial* N° 6204 Extra de 30 de diciembre de 2015.

295   Véase en http://www.tsj.gov.ve/decisiones/scon/Mayo/516-7513-2013-09-1038.html.

296   Véase Allan R. Brewer-Carías, "La progresiva y sistemática demolición de la autonomía en independencia del Poder Judicial en Venezuela (1999-2004)", en *XXX Jornadas J.M. Domínguez Escovar, Estado de derecho, Administración de justicia y derechos humanos,* Instituto de Estudios Jurídicos del Estado Lara, Barquisimeto, 2005, pp. 33-174; y "La justicia sometida al poder [La ausencia de independencia y autonomía de los jueces en Venezuela por la interminable emergencia del Poder Judicial (1999-2006)]" en *Cuestiones Internacionales. Anuario Jurídico Villanueva 2007,* Centro Universitario Villanueva, Marcial Pons, Madrid, 2007, pp. 25-57; "La demolición de las instituciones judiciales y la destrucción de la democracia: La experiencia venezolana," en *Instituciones Judiciales y Democracia. Reflexiones con ocasión del Bicentenario de la Indepen-*

Como lo observó la Comisión Internacional de Juristas de Ginebra en 2014:

"Un sistema de justicia que carece de independencia, como lo es el venezolano, es comprobadamente ineficiente para cumplir con sus funciones propias. En este sentido en Venezuela, [...] el poder judicial, precisamente por estar sujeto a presiones externas, no cumple su función de proteger a las personas frente a los abusos del poder sino que por el contrario, en no pocos casos es utilizado como mecanismo de persecución contra opositores y disidentes o simples críticos del proceso político, incluidos dirigentes de partidos, defensores de derechos humanos, dirigentes campesinos y sindicales, y estudiantes."[297]

Por ello, como también lo observó el Secretario General de la Organización de Estados Americanos, Luis Almagro el 30 de mayo de 2016, "en la situación actual que vive Venezuela, no se puede más que concluir que estamos ante alteraciones graves al orden democrático tal como se ha definido en numerosos instrumentos regionales y subregionales,"[298] particularmente después de constatar, entre múltiples hechos, que "no existe en Venezuela una clara separación e independencia de los poderes públicos, donde se registra uno de los casos más claros de cooptación del Poder Judicial por el Poder Ejecutivo."[299]

Con todo esto, la promesa constitucional de la separación de poderes y sobre todo de la autonomía e independencia del Poder Judicial, quedó incumplida, siendo por tanto las previsiones constitucionales una gran mentira, habiendo el Poder Judicial abandonado su función fundamental de servir de instrumento de control y de balance respecto de las actividades de los otros órganos del Estado para asegurar su sometimiento a la Constitución y a la ley; y a la vez, habiendo materialmente desaparecido el derecho ciudadano a la tutela judicial efectiva y a controlar el poder.

Lo que se ha producido en definitiva, ha sido una desjusticiabilidad del Estado, siendo inconcebible que el Poder Judicial en Venezuela hoy pueda llegar a decidir y enjuiciar la conducta de la Administración y frente a ella, garantizar los derechos ciudadanos.

II. EL SECUESTRO DEL PODER ELECTORAL POR EL JUEZ CONSTITUCIONAL PARA ELIMINAR TODA POSIBILIDAD DE ELECCIONES JUSTAS Y LIBRES (2003-2014)

Uno de los primeros atentados que se hicieron contra la separación de poderes, la democracia y el funcionamiento del sistema electoral, lesionando el derecho de los ciudadanos a que los procesos electorales sean libres y justos, fue el sometimiento del Poder Electoral al control del poder político. Aquí también correspondió al Juez Constitucional eliminar materialmente la elección en segundo grado de los miembros del Consejo Nacional Electoral por la Asamblea Nacional, de acuerdo a un procedimiento en el cual debía garantizase la participación ciudadana en el Comité de Postulaciones Electorales a través de su integración con representantes de los diversos sectores de la sociedad como lo exige la Constitución (art. 295, 296).

---

dencia y del Centenario del Acto Legislativo 3 de 1910, Consejo de Estado, Sala de Consulta y Servicio Civil, Bogotá 2012, pp. 230-254.

297   Véase   en   http://icj.wpengine.netdna-cdn.com/wp-content/uploads/2014/06/VENEZUELA-Infor-me-A4-elec.pdf.

298   Véase la comunicación del Secretario General de la OEA de 30 de mayo de 2016 con el Informe sobre la situación en Venezuela en relación con el cumplimiento de la Carta Democrática Interamericana, p. 125. Disponible en oas.org/documents/spa/press/OSG-243.es.pdf.

299   *Idem.* p. 73. Disponible en oas.org/documents/spa/press/OSG-243.es.pdf.

En efecto, contrariando todas estas normas constitucionales, una vez que la Sala Constitucional del Tribunal Supremo de Justicia pasó a estar controlada por el Poder Ejecutivo, la misma asumió directa e inconstitucionalmente la designación de los miembros del Consejo Nacional Electoral en sustitución de la Asamblea Nacional, lo que siguió ocurriendo con posterioridad.[300]

Así, en 2003, luego de que la Asamblea Nacional hubiera cumplido los pasos previos para la elección de los miembros del Consejo Nacional Electoral, dada la ausencia de acuerdos políticos – debido a la composición que en aquél momento tenía la Asamblea – para poder llegar a elegir con la mayoría calificada requerida a los funcionarios, el Juez Constitucional procedió a asumir esa función al avocarse a conocer de un proceso constitucional contra la omisión legislativa que intentó un ciudadano. Se trató de la sentencia No. 2073 de 4 de agosto de 2003 (Caso: *Hermánn Escarrá Malaver y otros*), a través de la cual se preparó la vía para luego designar a los miembros del órgano electoral.[301]

En esa sentencia, la Sala comenzó reconociendo que por la realidad del funcionamiento político de los cuerpos deliberantes, por principio no podía haber inconstitucionalidad alguna cuando "los integrantes de la Asamblea no logran el acuerdo necesario para llegar a la mayoría requerida," de manera que si "la elección no puede realizarse [ello no significa] en puridad de principios [que] pueda considerarse una omisión legislativa." Es decir, la Sala estableció que "no puede considerarse que existe una omisión constitucional que involucra la responsabilidad de los órganos aludidos en el artículo 336.7 constitucional," por el hecho de que en la Asamblea Nacional no se hubiese llegado a un acuerdo.

Sin embargo, contradictoriamente, la Sala consideró que la omisión del órgano legislativo en ese caso - aun sin ser ilegítima – le permitía con base en el artículo 336,7 de la Constitución, declarar la inconstitucionalidad de la omisión, para establecer un plazo para corregirla y, de ser necesario, indicarle a la Asamblea los lineamientos de esa concreción. Así, mediante la sentencia mencionada, la Sala Constitucional, declarando la existencia de una omisión, le otorgó a la Asamblea Nacional un plazo de 10 días para que cumpliera con su obligación, de manera que si no lo hacía, ya anunciaba que corregiría en lo que fuese posible la situación que naciera de la omisión concreta. Dispuso así, la Sala, que "si transcurrido el lapso aquí señalado, la Asamblea

---

300   Véase Allan R. Brewer-Carías, "El control de la constitucionalidad de la omisión legislativa y la sustitución del Legislador por el juez constitucional: el caso del nombramiento de los titulares del poder electoral en Venezuela," *Revista Iberoamericana de Derecho Procesal Constitucional*, N° 10 Julio-Diciembre 2008, Editorial Porrúa, Instituto Iberoamericano de Derecho Procesal Constitucional, México 2008, pp. 271-286.

301   Caso: *Hernann E. Escarrá Malavé; acción de inconstitucionalidad por omisión contra la Asamblea Nacional*, en *Revista de Derecho Público*, N° 93–96, Editorial Jurídica Venezolana, Caracas, 2003. pp. 525 ss. Véase igualmente en http://historico.tsj.gov.ve/decisiones/scon/agosto/2073-040803-03-1254%20Y%201308.HTM. Véase los comentarios en Allan R. Brewer-Carías, *La Sala Constitucional Versus El Estado Democrático de Derecho. El secuestro del poder electoral y de la Sala Electoral del Tribunal Supremo y la confiscación del derecho a la participación política*, Los Libros de El Nacional, Colección Ares, Caracas 2004, 172 pp.; y además, en los siguientes estudios "El secuestro del Poder Electoral y la confiscación del derecho a la participación política mediante el referendo revocatorio presidencial: Venezuela 2000-2004," en *Revista Jurídica del Perú*, Año LIV N° 55, Lima, marzo-abril 2004, pp. 353-396; en *Boletín Mexicano de Derecho Comparado*, Instituto de Investigaciones Jurídicas, Universidad Nacional Autónoma de México, N° 112. México, enero-abril 2005 pp. 11-73; y en *Stvdi Vrbinati, Rivista trimestrale di Scienze Giuridiche*, Politiche ed Economiche, Año LXXI – 2003/04 Nuova Serie A – N. 55,3, Università degli studi di Urbino, Urbino, Italia 2004, pp. 379-436.

Nacional no ha procedido a nombrarlos, la Sala lo hará dentro de un término de diez (10) días continuos."

La Sala consideró, además, que para realizar los nombramientos provisorios, debía "adaptarse a las condiciones que la Ley exige al funcionario," pero aclarando de antemano que actuaría al margen de la ley, es decir, que "debido a la naturaleza provisoria y a la necesidad de que el órgano funcione," la Sala no requería "cumplir paso a paso las formalidades legales que exige la Ley al elector competente, ya que lo importante es llenar el vacío institucional, hasta cuando se formalice lo definitivo."

Se desligó así el Juez Constitucional de las exigencias legales que en cambio sí debía cumplir la Asamblea omisa para llenar el "vacío institucional" que el Juez Constitucional mismo había contribuido a crear en sentencia precedente. Para ello dejó sentado el criterio de que actuaría al margen de la ley en el sentido de que:

"de corresponder a esta Sala llenar los vacíos, ella puede hacerlo con personas de la lista de postulados admitidos como aspirantes a rectores, o puede hacerlo con personas fuera de la lista, o combinando ambos grupos. Con respecto a las personas, a tomarse en cuenta, que no hayan sido presentadas por el Comité de Postulaciones, éstas deberán reunir los mismos requisitos legales que los postulados".

El Juez Constitucional, además, avisó que en virtud de que "el nombramiento de los rectores -así fueran provisorios- se trataba "de un hecho que trasciende lo jurídico," a partir de esa fecha, "haría consultas políticas," entre otros, con las organizaciones políticas representadas en la Asamblea, anunciando que supliría la omisión del Legislador no sólo con criterio jurídico sino político; y más allá, que prescribiría lineamientos que los nombrados debían cumplir y haría nombramientos adicionales, quitándole tal potestad a los miembros del Consejo Nacional Electoral que iba a nombrar. En la sentencia, además, materialmente le "delegó" al órgano electoral, sin tener competencia para ello, la potestad legislativa en materia de referendos.

Después del ultimátum de los 10 días otorgado a la Asamblea Nacional para cumplir su obligación, al no haberse logrado la mayoría necesaria para que el partido de gobierno impusiera su criterio con el apoyo de las 3/4 partes de los diputados y así nombrar a los miembros del Consejo Nacional Electoral, el Juez Constitucional procedió a suplir la omisión de la Asamblea Nacional, no sólo desde el punto de vista jurídico sino político. Así lo que el gobierno no pudo lograr a través de una mayoría de la Asamblea, lo lograría a través de la Sala Constitucional del Tribunal Supremo, y de ello no resultó otra cosa sino el control político del Consejo Nacional Electoral. A tal efecto, la Sala Constitucional dictó entonces la sentencia Nº 2341 del 25 de agosto de 2003 (Caso: *Hermann Escarrá M. y otros*),[302] supliendo la omisión de la Asamblea, designando los miembros del Consejo Electoral sin sujetarse a las condiciones constitucionales.

Para ello, la Sala precisó en la sentencia que como se trataba de un nombramiento "provisional," la misma se desvinculaba de los términos de la Ley Orgánica, la cual aplicaría sólo "en lo posible," haciendo la designación, además, limitándole sus facultades a los nombrados pues fue la Sala directamente la que impuso quiénes serían el Presidente y el Vicepresidente del cuerpo,

---

302   Véase caso: *Hermann E. Escarrá Malavé; acción de inconstitucionalidad por omisión contra la Asamblea Nacional*), en http://historico.tsj.gov.ve/decisiones/scon/agosto/PODER%20ELECTORAL.HTM. Véanse igualmente en *Revista de Derecho Público*, Nº 93–96, Editorial Jurídica Venezolana, Caracas, 2003, pp. 525 ss.

violando lo establecido en el artículo 296 de la Constitución. La Sala, además, le cercenó al Consejo Nacional Electoral su potestad para designar a los titulares de los otros órganos del Poder Electoral, designando en la propia sentencia al Secretario y al Consultor Jurídico del cuerpo; a los integrantes de la Junta Nacional Electoral; de la Comisión de Registro Civil y Electoral; de la Comisión de Participación Política y Financiamiento, y de un Consejo de Participación Política.

A todos los juramentó el Juez Constitucional el 27 de agosto de 2003; y a partir de entonces, ese Consejo Nacional Electoral secuestrado por la Sala Constitucional, comenzó a confiscarle a los ciudadanos el derecho a la participación política, al eliminar toda posibilidad de que se realizara un referendo revocatorio del mandato del presidente de la República, lo que solo ocurrió en 2004 pero cuando la propia Sala ya había mutado ilegítimamente su naturaleza convirtiéndolo, como se ha analizado (**Véase tercera Parte, II**), en referendo "ratificatorio."[303]

La historia de 2003, en todo caso, con la usurpación por parte del Juez Constitucional de la potestad de la Asamblea Nacional de elegir en segundo grado a los titulares del Poder Electoral, se repitió luego descaradamente en diciembre de 2014, cuando la fracción parlamentaria del partido de gobierno no pudo reunir la mayoría calificada para designar a su antojo a los miembros del Consejo Nacional Electoral, ni logró acuerdo alguno con los otros grupos parlamentarios, lo que motivó al propio Presidente de la Asamblea Nacional anunciar públicamente - como quien da una orden - "que el Tribunal Supremo de Justicia *se encargará de designar a los rectores y suplentes del Consejo Nacional Electoral (CNE)*, pues no se lograron las dos terceras partes necesarias en el Parlamento para la designación."[304] En otra noticia relativa a la decisión adoptada por la Asamblea Nacional, se reportó que:

"La designación de los nuevos rectores del Consejo Nacional Electoral (CNE) fue enviada por la Asamblea Nacional al Tribunal Supremo de Justicia (TSJ) por no contar con la mayoría requerida por la Constitución de la República Bolivariana de Venezuela y por ello corresponde a la sala Constitucional del TSJ designar a los rectores del Poder Electoral."[305]

Es decir, ante la imposibilidad de elegir con su sola voluntad a los miembros del órgano electoral, el presidente de la Asamblea "leyó y firmó la comunicación que fue enviada "de inmediato" al máximo órgano de justicia del país,"[306] contentiva de la declaración, sin duda esencialmente inconstitucional, de que la Asamblea "delegaba" sus funciones constitucionales en el Juez Constitucional. Ya hemos señalado que es falso que cuando no se logre la mayoría requerida de votos de diputados para la elección de los miembros del Consejo Nacional Electoral, "corresponda" al Tribunal Supremo de Justicia, realizar tal elección. Al contrario, el Tribunal Supremo carece de competencia para realizar dicha elección; y mucho menos puede serle delegada esa competencia con el argumento de que en la Asamblea Nacional "no se pudo contar con la mayoría re-

303   Véase Allan R. Brewer-carías, «El secuestro del Poder Electoral y de la Sala Electoral del Tribunal Supremo y la confiscación del derecho a la participación política mediante el referendo revocatorio presidencial: Venezuela: 2000-2004» en *Revista Costarricense de Derecho Constitucional*, Tomo V, Instituto Costarricense de Derecho Constitucional, Editorial Investigaciones Jurídicas S.A., San José 2004, pp. 167-312;

304   Véase "TSJ decidirá cargos de rectores del CNE", Noticias "Globovisión, Caracas, 22 diciembre de 2014, en http://globovision.com/tsj-decidira-cargos-de-rectores-del-cne/.

305   Véase "Designación de rectores y suplentes del CNE pasa al TSJ," en *Informe21.com*, Caracas, 22 de diciembre de 2014, en http://informe21.com/cne/designacion-de-rectores-y-suplentes-del-cne-pasa-al-tsj.

306   Véase "TSJ decidirá cargos de rectores del CNE", Caracas Noticias "Globovisión, 22 diciembre de 2014 en http://globovision.com/tsj-decidira-cargos-de-rectores-del-cne/.

querida por la Constitución." La Sala Constitucional, en efecto, en ningún caso puede suplir a la Asamblea Nacional, como cuerpo elector en segundo grado, y al hacer la elección de dichos funcionarios, como en efecto lo hizo, repitiendo la historia de 2003,[307] incurrió en usurpación de autoridad "extralimitándose en sus funciones y limitando injustificada e ilegítimamente la propia autonomía del Consejo Nacional Electoral como órgano rector de dicho Poder Público."[308]

Ello lo hizo mediante sentencia Nº 1865 de 26 de diciembre de 2014[309] dictada con la participación activa de la magistrada Presidenta Gladys Gutiérrez Alvarado, autora de la tesis "secreta" de Zaragoza - muy diligentemente por cierto - , apenas cuatro días después de haber recibido la comunicación enviada por el Presidente de la Asamblea Nacional, de cuyo texto la Sala fue la que "dedujo" que se trataba de una solicitud de declaratoria de omisión – lo que ni siquiera se mencionó en la nota del Presidente de la Asamblea - , que obedecía a que "no existe en el órgano parlamentario la mayoría calificada, consistente en el voto favorable de las dos terceras partes de sus integrantes, tal como lo exige el artículo 296 del Texto Fundamental," indicando que dicho funcionario estaba ejerciendo "la representación del órgano parlamentario y en ejercicio de la cual declaró la imposibilidad de ese cuerpo deliberante de designar a los Rectores y Rectoras del Consejo Nacional Electoral."

La Sala agregó, además, falsamente que el funcionario supuestamente había solicitado a la Sala "supla la aludida omisión," lo cual no era cierto.[310] De todo ello resultó que en definitiva la Sala Constitucional, en un "proceso" que discrecionalmente consideró como de mero derecho, decidió "sin necesidad de abrir procedimiento alguno," para negarle a los interesados, como por ejemplo, a los propios diputados de la Asamblea Nacional que no estuviesen conformes con la petición, su derecho a ser oídos, violándose así el artículo 49 de la Constitución.[311]

Concluyó la Sala su sentencia "en atención al mandato estatuido en los artículos 296, 335 y 336, numeral 7, de la Constitución," resolviendo no conminar a la Asamblea a que cumpliera sus

---

307   En todo caso, el antecedente no se mencionó sino *ex post facto*, mediante declaraciones públicas que la Presidenta del Tribunal Supremo magistrada Gutiérrez Alvarado, autora de la tesis "secreta" de Zaragoza, dio el día 29 de diciembre de 2014, cuando "recordó" que "la Sala "ya actuó de la misma forma en 2003 y 2005, cuando asimismo se registraron casos de la "omisión legislativa." Véase en "Gladys Gutiérrez: En elección de rectores del CNE se siguió estrictamente el procedimiento, Caracas 29 de diciembre de 2014, en http://www.lapatilla.com/site/2014/12/29/gladys-gutierrez-en-eleccion-de-rectores-del-cne-se-siguio-estrictamente-el-procedimiento/.

308   Véase Allan R. Brewer-Carías, *La Justicia Constitucional. Procesos y procedimientos constitucionales*, México, 2007, p. 392.

309   Véase en http://histo-rico.tsj.gov.ve/decisiones/scon/diciembre/173497-1865-261214-2014-14-1343.HTML Véanse los comentarios en Allan R. Brewer-Carías, "El golpe de Estado dado en diciembre de 2014 en Venezuela con la inconstitucional designación de las altas autoridades del Poder Público,", en *El Cronista del Estado Social y Democrático de Derecho*, Nº 52, Madrid 2015, pp. 18-33.

310   Por ello José Ignacio Hernández indicó, con razón, que "se declaró una omisión que en realidad no existía." Véase José Ignacio Hernández, "La inconstitucional designación de los rectores del CNE," en *Prodavinci*, Caracas 27 de diciembre de 2014, en http://prodavinci.com/blogs/la-inscostitucional-designacion-de-los-rectores-del-cne-por-jose-ignacio-hernandez/ Véase además, Román José Duque Corredor, "El logaritmo inconstitucional: 7 Magistrados de la Sala Constitucional son iguales a 2/3 partes de la representación popular de la Asamblea Nacional,: Caracas 29 de diciembre de 2014, en http://www.frentepatriotico.com/inicio/2014/12/29/logaritmo-inconstitucional/.

311   Véase José Ignacio Hernández, "La inconstitucional designación de los rectores del CNE," en *Prodavinci*, Caracas 27 de diciembre de 2014, en http://prodavinci.com/blogs/la-inscostitucional-designacion-de-los-rectores-del-cne-por-jose-ignacio-hernandez/.

funciones fijándole por ejemplo un plazo para ello como había ocurrido en el precedente juris-prudencial de 2003, sino procediendo directamente a designar a los miembros principales y su-plentes del Consejo Nacional Electoral, a quienes convocó y tomó juramento el 29 de diciembre de 2014; en una designación que ya no fue provisional sino definitiva para el período constitu-cional correspondiente. Se trató, en definitiva, de una decisión que legitimó el autoritarismo, con-siderándose en ella como "constitucional" que el partido de gobierno adoptase decisiones sin oposición alguna, y al contrario, como "inconstitucional" que entrase en juego la democracia par-lamentaria representativa, y que en alguna sesión de la Asamblea el partido de gobierno al no lograr imponer su voluntad por no disponer de la mayoría calificada de las 2/3 partes de los dipu-tados, debiese llegar a acuerdos o consensos con otros grupos. [312]

Y en medio de este absurdo, es todavía más absurdo que en forma muy antidemocrática, la Sala Constitucional no sólo hubiera usurpado el carácter de órgano elector que tiene la Asamblea Nacional, en estos casos para decidir con mayoría calificada de votos de las 2/3 partes de sus miembros, sino que considerase "constitucional" el hecho de que sus siete magistrados, que son personas no electas por voto directo, asumiendo dicha condición de órgano elector de la Asam-blea, sustituyeran la voluntad de los 2/3 de sus diputados, y designasen, sin cumplir los requisitos constitucionales, a los miembros del Consejo Supremo Electoral. [313]

III. EL DESCONOCIMIENTO POR EL JUEZ CONSTITUCIONAL DEL PODER DE LA ASAMBLEA NACIONAL PARA LEGISLAR

Desde que se instaló la Asamblea Nacional en Venezuela el 5 de enero de 2016, la misma no pudo cumplir su función de legislador. Todas, absolutamente todas las leyes que sancionó con posterioridad han sido declaradas inconstitucionales por la Sala Constitucional del Tribunal Su-premo mediante sentencias en las cuales participó activamente la magistrada Gutiérrez Alvarado, autora de la Tesis "secreta" de Zaragoza, en la mayoría de los casos al ejercer el control previo de

---

312 Como lo destacó José Ignacio Hernández, "La existencia de mayorías calificadas para designar a ciertos fun-cionarios, como es el caso de las dos terceras partes de los integrantes de la Asamblea necesarias para desig-nar a los Rectores del CNE, tiene un claro propósito: forzar al acuerdo de voluntades entre los distintos parti-dos políticos, evitando que el partido de la mayoría simple (o absoluta) dicte todas las decisiones. Esto es así, pues si un solo partido político en la Asamblea puede dictar todas las decisiones, sin tener que pactar con otros partidos, estaríamos ante lo que Alexis de Tocqueville llamó la "tiranía de la mayoría". [...] Por eso es que la Constitución de 1999 no permite a la Sala Constitucional asumir la designación de los Rectores del CNE, pues esa designación solo podía ser efectuada por la voluntad de las dos terceras partes de los diputados de la Asamblea. Es decir, no basta –no debe bastar– la voluntad de uno solo para efectuar esa designación. La Sala Constitucional asumió, así, de manera unilateral, una designación que por Constitución debía ser plural. Lo hizo, además, ignorando a esas dos terceras partes de la Asamblea –que es una entidad distinta a quien preside la Asamblea– pues ni siquiera siguió previo juicio." Véase José Ignacio Hernández, "La inconstitu-cional designación de los rectores del CNE," en *Prodavinci*, Caracas 27 de diciembre de 2014, en http://proda-vinci.com/blogs/la-inscostitucional-designacion-de-los-rectores-del-cne-por-jose-ignacio-hernandez/.

313 Como lo expresó Román José Duque Corredor: "En base, pues, a su torticera interpretación, la Sala Constitu-cional, de nuevo en su función de Sala Celestina del gobierno y de ejecutora de ordenes cuartelarías, mediante un logaritmo inconstitucional sustituyó a las 2/3 partes de la representación popular de la Asamblea Nacional, es decir, a 110 de sus diputados, por sus 7 Magistrados, con lo que una vez más contribuye con la perdida de vigencia y con la desinstitucionalización del Estado de Derecho democrático en Venezuela." Véase Román José Duque Corredor, "El logaritmo inconstitucional: 7 Magistrados de la Sala Constitucional son iguales a 2/3 partes de la representación popular de la Asamblea Nacional, Caracas 29 de diciembre de 2014, en http://www.frentepatriotico.com/inicio/2014/12/29/logaritmo-inconstitucional/.

constitucionalidad que regula el artículo 214 de la Constitución a solicitud del Presidente de la República, antes de ser promulgadas.[314]

Se destacan, en efecto, en esta materia las siguientes sentencias:

(i) Sentencia N° 259 de 31 de marzo de 2016,[315] mediante la cual se declaró inconstitucional la Ley de Reforma Parcial de la Ley del Banco Central de Venezuela que había sancionado la Asamblea Nacional el 3 de marzo de 2016, con la cual puede decirse que se inició el proceso de condena a muerte de la Asamblea Nacional, como Poder Legislativo.[316]

Dicha Ley del Banco Central de Venezuela había sido reformada a la carrera mediante Decreto Ley N° 2.179 de 30 de diciembre de 2015,[317] procediendo a eliminar sin competencia alguna para ello[318] y solo en vista de la nueva composición política de la Asamblea con motivo de las elecciones parlamentarias de diciembre de 2015, todo el régimen de la participación de la Asamblea Nacional en la designación de los altos funcionarios del Banco Central, conforme a la Constitución y a la legislación que había estado vigente desde 2001.

Dicha reforma fue inmediatamente reformada por la nueva Asamblea Nacional, mediante Ley de 3 de marzo de 2016, con el único y exclusivo propósito político de restablecer sus atribuciones que le habían sido cercenadas por el Ejecutivo Nacional. La reforma de la Ley, por tanto, tuvo una clara e inevitable motivación política, que fue la de restablecer las competencias constitucionales asignadas a la Asamblea en relación con el Banco Central de Venezuela y que le habían sido cercenadas por el Ejecutivo Nacional mediante el decreto ley de 30 de diciembre de 2015.

Dicha reforma, sin embargo, fue declarada inconstitucional por la Sala Constitucional, a solicitud del Presidente de la República en la mencionada sentencia N° 259 de 31 de marzo de 2016, con base en la denuncia que el impugnante había hecho sobre que "el móvil político no puede ser *per se* un motivo para dictar una ley," y que "no cabe duda que la motivación de la reforma pro-

---

314   Como lo observó el Secretario General de la Organización de Estados Americanos, Luis Almagro en el *Informe* que con fecha 30 de mayo dirigió al Consejo Permanente de la Organización conforme al artículo 20 de la Carta Democrática Interamericana, "a pesar de que la oposición en Venezuela cuenta con una amplia mayoría en la Asamblea Nacional, las leyes que ésta aprueban encuentran trabas bajo el fundamento de que son 'inconstitucionales.'" Véase la comunicación del Secretario General de la OEA de 30 de mayo de 2016 con el *Informe sobre la situación en Venezuela en relación con el cumplimiento de la Carta Democrática Interamericana*, p. 54. Disponible en oas.org/documents/spa/press/OSG-243.es.pdf

315   Véase en http://historico.tsj.gob.ve/decisiones/scon/marzo/186656-259-31316-2016-2016-0279.HTML Véanse los comentarios en Allan R. Brewer-Carías, "La sentencia de muerte de la Asamblea Nacional. El caso de la nulidad de la Ley de reforma del BCV. Marzo 2016," en http://www.allanbrewercarias.com/Content/449725d9-f1cb-474b-8ab2-41efb849fea3/Content/Brewer.%20La%20sentencia%20de%20muerte%20AN.%20Sentencia%20SC%20Ley%20BCV.pdf; y Allan R. Brewer-Carías, "La sentencia de muerte Poder Legislativo en Venezuela. El cinismo de la Sala Constitucional y la inconstitucional pretensión de controlar la actividad política de la Asamblea Nacional al reformar la Ley del Banco Central de Venezuela. 5 de abril 2016," en http://www.allanbrewercarias.com/Content/449725d9-f1cb-474b-8ab2-41efb849fea3/Content/Brewer.%20La%20sentencia%20de%20muerte%20AN.%20Sentencia%20SC%20Ley%20BCV.pdf.

316   Véase sobre todas esas sentencias lo expuesto en Allan R. Brewer-Carías, *Dictadura Judicial y perversión del Estado de derecho en Venezuela*, IUSTEL, Madrid 2017.

317   Véase en *Gaceta Oficial* N° 6.211 Extraordinario del 30 de diciembre de 2015.

318   Conforme a la ley habilitante de julio de 2015. Véase en *Gaceta Oficial* N° 40.701 del 13 de julio de 2015.

puesta por la bancada opositora de la Asamblea Nacional es netamente política," motivada por "el cambio de orientación política de la Asamblea Nacional," buscando "dar control a la Asamblea Nacional en la designación de los miembros del Directorio del Banco Central de Venezuela." (BCV). En fin, argumentó el Presidente-solicitante, que no cabía "duda [de] que los motivos del proyecto presentado son políticos y tienen que ver con la toma de poder de la Asamblea Nacional sobre todos los espacios de la vida económica."

El Presidente-impugnante, en todo caso, no indicó nada sobre inconstitucionalidad de la ley o de alguno de sus preceptos, sino en general lo que solicitó de la Sala Constitucional, a la cual calificó como "Tribunal Constitucional," fue que "evaluara los síntomas del distanciamiento de la actividad parlamentaria respecto a (sic) los preceptos finalistas de la Constitución, para evitar el peligro [de] que el Parlamento abuse del espacio que ella misma ha reservado o habilitado al Legislador como órgano central del proceso político," buscando que ejerciera un control de "desviación de poder" respecto de la actividad legislativa del parlamento, "que implica para su configuración que el acto haya sido dictado con un fin distinto al previsto por el Constituyente."

Y la Sala Constitucional, sumisa, luego de constatar cuáles fueron las reformas efectuadas en la Ley impugnada, que no eran otras sino restablecer la normativa vigente desde 2001, procedió entonces a juzgar al Legislador por "desviación de poder" (la ley "está incursa en el vicio de desviación de poder"), afirmando que lo que se pretendía con la reforma era "era asegurar, por parte de la mayoría parlamentaria de la Asamblea Nacional, el control político del Instituto Emisor."

La función básica de la Asamblea Nacional es legislar sobre las materias de la competencia nacional, que es fundamentalmente una función política, de política de Estado, que ejerce dictando normas de carácter general; y esa función política solo puede tener una motivación política y perseguir fines políticos, que son los que la representación popular, conforme a la orientación de la mayoría de diputados, establezca. Un Tribunal Constitucional, por tanto, nunca puede juzgar a un órgano legislativo por haber sancionado una legislación porque esté basada en una "motivación política," y porque al hacerlo persiga fines políticos, pues eso es lo que hace y tiene que hacer una Asamblea Nacional, representando a la voluntad popular. Si un Tribunal Constitucional, como la Sala Constitucional ejerce control constitucional sobre la función política de un órgano legislativo, lo que está haciendo, además de apartarse de la Constitución porque no tiene competencia para ello, es sustituirse a la representación del pueblo, y decidir usurpando su voluntad, cuál debe ser la política de Estado a seguir.

Y esto fue lo que ocurrió con la sentencia de la Sala Constitucional del Tribunal Supremo de Justicia, Nº 259 de 31 de marzo de 2016,[319] que declaró inconstitucional la Ley de Reforma Parcial de la Ley del Banco Central de Venezuela, mediante la cual, ya definitivamente, lo que se dictó fue la sentencia de muerte de la Asamblea Nacional, como Poder Legislativo. Nunca más, a partir de 2016, con una Sala Constitucional en manos de los magistrados que la han manejado en los últimos lustros, como la magistrada autora de la Tesis "secreta" de Zaragoza, dependientes del Poder Ejecutivo, la Asamblea pudo ejercer su función política de legislar.

(ii) Sentencia Nº 264 de 11 de abril de 2016,[320] que declaró la inconstitucionalidad de la Ley de Amnistía y Reconciliación Nacional sancionada la Asamblea Nacional el día 29 de marzo de

---

319 Véase en http://historico.tsj.gob.ve/decisiones/scon/marzo/186656-259-31316-2016-2016-0279.HTML.

320 Véase en http://historico.tsj.gob.ve/decisiones/scon/abril/187018-264-11416-2016-16-0343.HTML. Véase los comentarios en Allan R/ Brewer-Carías, "La anulación de la Ley de Amnistía por la Sala Constitucional. O la ejecución de la sentencia de muerte dictada contra la Asamblea Nacional," 26 abril 2016. en

2016, también a solicitud del Presidente de la República, con la cual la Sala simplemente le cercenó a la Asamblea todos sus poderes, invadiendo "ilegítimamente, la atribución privativa de la Asamblea Nacional para decretar amnistías," [321] castrando una de las promesas electorales de la nueva mayoría parlamentaria. [322]

Para ello, la Sala Constitucional se fundamentó en considerar que supuestamente no estaban dadas las condiciones para que la Asamblea pudiera decretar una amnistía, cuando ello corresponde ser evaluado y considerado única y exclusivamente al órgano político de representación popular, en lo que la Sala no podía inmiscuirse;" [323] concluyendo su sentencia con la declaración genérica de inconstitucionalidad de toda la Ley por los efectos que según la Sala producía "en la sociedad y en el ordenamiento jurídico," considerando que con dicha Ley "se revela una actividad arbitraria del legislador, el cual no actúa en representación del interés general de la sociedad."

O sea, como la Asamblea Nacional a partir de diciembre de 2016 respondía a una nueva mayoría democrática opuesta al Gobierno que controlaba a la Sala Constitucional, entonces, por ello, el Juez Constitucional consideró que la misma no podía tomar decisiones políticas si las mismas no estaban en la línea de acción del Poder Ejecutivo, con lo cual, como lo expresó Maria Amparo Grau:

---

http://www.allanbrewercarias.com/Content/449725d9-f1cb-474b-8ab2-41efb849fea3/Content/BREWER.%20Anulaci%C3%B3n%20Ley%20de%20Amnist%C3%ADa%20%202016.pdf..

321   Véase en José Ignacio Hernández, "Sala constitucional del TSJ: el nuevo Superpoder vs. la Ley de amnistía," 12 abril de 2016, en http://parares-catarelporvenir.blogspot.com/2016/04/blog-de-jose-ignacio-hernandezi-sala.html; y María Amparo Grau, "La rebelión militar contra la fuerza de la ley," en *El Nacional*, Caracas 13 de abril de 2016. Como lo expresó Laura Louza, la decisión de la Sala Constitucional violó: "la Constitución, por desconocer que la amnistía es una decisión política de exclusiva competencia del Poder Legislativo destinada a contribuir a la paz, y que solo puede estar sujeta al control de ese tribunal por razones jurídicas. En consecuencia, la Sala Constitucional solo es competente para determinar si el texto de la propuesta legal cumple con las reglas de la Constitución o no, sin que ese control pueda extenderse a la oportunidad o conveniencia del proyecto." Véase Laura Louza, "El TSJ le quita al país la paz de la Ley de Amnistía. Un Estado de Derecho sin paz ni justicia no es un Estado de Derecho," 16 abril 2016, en http://el-informe.com/16/04/2016/opinion/el-tsj-le-quita-al-pais-la-paz-de-la-ley-de-amristia/

322   Véase en http://unidadvenezuela.org/2015/10/oferta-legislativa-para-el-cambio/. Véase sobre ello Allan R. Brewer-carías, "Sobre el decreto de amnistía anunciado por la Mesa de la Unidad Democrática para ser dictado por la nueva Asamblea Nacional," 12 de Diciembre 2015, En http://www.allanbrewerca-rias.Com/Content/449725d9-F1cb-474b-8ab2-41efb849fea3/Content/A.%20Brewer.%20SOBRE%20EL%20DECRETO%20DE%20LA%20AMNIST%C3%8DA%20PRPUESTO%20PARA%20SER%20DICTADO%20POR%20LA%20NUEVA%20ASAMBLEA%20NACIONAL%20dic%20%202015.Pdf.

323   Como lo explicó José Ignacio Hernández, "con este razonamiento, en realidad, la Sala Constitucional está controlando la oportunidad y conveniencia de la amnistía, lo que según la doctrina anterior de la propia Sala, no puede ser sujeto a control. Véase en José Ignacio Hernández, "Sala constitucional del TSJ: el nuevo Superpoder vs. la Ley de amnistía," 12 abril de 2016, en http://pararesca-tarelporvenir.blogspot.com/2016/04/blog-de-jose-ignacio-hernandezi-sala.html.

"perdió el Estado de Derecho y el poder civil. El militar, ganó su inconstitucional batalla. Los presos políticos siguen en sus celdas y los derechos humanos de estos seres y sus familias caen víctimas de esta desigual lucha."[324]

(iii) Sentencia Nº 269 de 21 de abril de 2016[325] con la cual puede decirse que se puso fin a la autonomía legislativa del Poder Legislativo en el país, al dictar la Sala Constitucional unas medidas cautelares de oficio con ocasión de un juicio de nulidad que se había iniciado cinco años antes contra el Reglamento Interior y de Debates de la Asamblea Nacional de 2010.[326] Con esta sentencia puede decirse que la Sala Constitucional eliminó completamente la autonomía del parlamento, al sujetar el ejercicio de su función legislativa a la obtención del "visto bueno" de parte del Ejecutivo Nacional, usurpando las funciones de la Asamblea, y "regulándole" a la misma su propio funcionamiento.[327]

La Sala, en particular, le reguló a la Asamblea cómo es que debía realizar las consultas populares y a los diversos órganos del Estado sobre los proyectos de ley, imponiéndole una "normativa" que no existe en la Constitución, con la "obligatoria concertación que debe existir entre la Asamblea Nacional y los otros Órganos del Estado durante la discusión y aprobación de las leyes," deduciendo de ello que "la viabilidad exigida en todo Proyecto de Ley tiene que ver no sólo con el impacto e incidencia económica y presupuestaria que tendría para el Estado venezolano sino con la concertación obligatoria que entre ambos Poderes, Legislativo y Ejecutivo debe existir."

Y así, al referirse a la importancia del gasto público para dar cumplimiento a los objetivos de la política económica del Estado, la Sala Constitucional consideró, y así lo decidió, que para que se pudiera cumplir con el requisito establecido en el artículo 103,3 del Reglamento Interior y de Debates, sobre la necesidad para la discusión de los proyectos de ley de determinar el "impacto e incidencia presupuestaria y económica, o en todo caso, el informe de la Dirección de Asesoría Económica y Financiera de la Asamblea Nacional," resultaba:

"indiscutible que sin la aprobación del órgano público competente en materia de planificación, presupuesto y tesorería nacional, no puede estimarse cumplida la exigencia a que se refiere el numeral 3 del artículo 103 del citado Reglamento."

O sea, que la Asamblea Nacional, en materia de legislación, a partir de dicha sentencia no pudo hacer por sí sola nada, y cualquier proyecto de ley que pretendiera discutir tenía que ser

324 Véase María Amparo Grau, "La rebelión militar contra la fuerza de la ley," en *El Nacional*, Caracas 13 de abril de 2016.

325 Véase en http://historico.tsj.gob.ve/decisiones/scon/abril/187363-269-21416-2016-11-0373.HTML. Véase los comentarios en Allan R. Brewer-Carías, "El fin del Poder Legislativo: La regulación por el Juez Constitucional del régimen interior y de debates de la Asamblea Nacional, y la sujeción de la función legislativa de la Asamblea a la aprobación previa por parte del Poder Ejecutivo, 3 de mayo de 2016, en http://www.allanbrewercarias.com/Con-tent/449725d9-f1cb-474b-8ab2-41efb849fea3/Content/Brewer.%20EL%20FIN%20DEL%20PODER%20LEGISLATIVO.%20SC.%20mayo%202016.pdf.

326 Véase *Gaceta Oficial* Nº 6.014 Extraordinario del 23 de diciembre de 2010.

327 Como lo indicó el Grupo de Profesores de Derecho Público de Venezuela: "las medidas dictadas *tienen contenido normativo*, de lo cual resulta que en definitiva, ha sido la Sala Constitucional la que reguló el funcionamiento interno de la Asamblea, usurpando el ejercicio de la atribución privativa de ésta de normar tal funcionamiento y regular el desarrollo del debate parlamentario." Véase Comunicado: Grupo de Profesores de Derecho Público: "La Nulidad e Ineficacia de la Sentencia Nº 269/2016 de la Sala Constitucional," mayo 2016.

previamente aprobado por el Poder Ejecutivo. Ni más ni menos eso fue lo que resolvió el Juez Constitucional, lo que fue el fin *de facto* de la Asamblea Nacional como rama del Poder Público autónoma e independiente.

Para completar este inconstitucional régimen normativo impuesto a la Asamblea por la Sala Constitucional "en ejercicio de su potestad cautelar de oficio," la misma estableció otra "medida cautelar positiva," esta vez dirigida al Presidente de la República, imponiéndole que para que pueda promulgar una Ley conforme al artículo 215 de la Constitución:

> "deberá, a través de las autoridades que la Constitución prevé (Ministros del ramo y Vicepresidente conforme a lo establecido en el artículo 239, numeral 5 constitucional) realizar la efectiva verificación del cumplimiento de *la viabilidad* a que se refiere el artículo 208 de la Constitución, sin lo cual no podrá dictarse el "Cúmplase" que establece el artículo 215 *eiusdem.*"

O sea que todo proyecto de ley que se quisiera discutir en la Asamblea Nacional para llegar a ser aprobado, *tenía que tener el visto bueno previo del Poder Ejecutivo* a través del Vicepresidente Ejecutivo de la República, sin lo cual, si llegase a ser sancionada una ley sin cumplirse con las imposiciones dispuestas por la Sala Constitucional, ella misma dispuso, por encima de lo que prevé la Constitución, que la ley no podía ser aplicada, ni podía surtir efectos jurídicos *erga omnes*.

(iv) Sentencia N° 341 de 5 de mayo de 2016,[328] mediante la cual la Sala Constitucional declaró la inconstitucionalidad de la Ley de reforma de la Ley Orgánica del Tribunal Supremo de Justicia de 7 de abril de 2016, procediendo, para ello, a usurpar el Poder Constituyente, quitándole a la Asamblea su propia iniciativa legislativa.[329] La Sala Constitucional además, sin competencia constitucional alguna, juzgó como no "razonable" la reforma de dicha Ley Orgánica, cercenándole a la Asamblea su potestad de legislar políticamente; es decir, le negó a la Asamblea Nacional como órgano legislativo, determinar políticamente, de acuerdo con la mayoría política que la compone, el sentido de la legislación que sancione; y declaró "inconstitucional" una norma procedimental introducida en la reforma que buscaba garantizar el debido proceso en los casos de control previo de constitucionalidad a solicitud del Presidente de la República conforme al artículo 214 de la Constitución.

---

328 Véase en http://historico.tsj.gob.ve/decisiones/scon/mayo/187589-341-5516-2016-16-0396.HTML Véase el comentario en Allan R. Brewer-Carías, "La aniquilación definitiva de la potestad de legislar de la Asamblea Nacional: el caso de la declaratoria de inconstitucionalidad de la Ley de Reforma de la Ley Orgánica del Tribunal Supremo de Justicia," 16 de mayo de 2016 , en http://www.allanbrewercarias.com/Content/449725d9-f1cb-474b-8ab2-41efb849fea3/Content/Brewer.%20Aniquilac.%C3%B3n%20%20Asamblea%20Nacional.%20Inconstituc.%20Ley%20TSJ%2015-5-2016.pdf.

329 En este mismo sentido, como bien lo observó María Amparo Grau, en materia de iniciativa legislativa: " De forma amplia se le reconoce a la Asamblea y sus miembros, al Poder Ejecutivo nacional y a la acción popular, y de forma limitada a los otros órganos del Estado mencionados en la norma, Tribunal Supremo de Justicia, Poder Ciudadano, Poder Electoral y al consejo legislativo estadal, los cuales la tendrán solo en los supuestos previstos en el artículo 204 citado. En ningún caso puede entenderse que la iniciativa excepcional de estos órganos excluye la general de a quienes se les confiere de forma no limitada. No es que el Tribunal Supremo de Justicia sea el único que tenga iniciativa en las leyes judiciales, o el Poder Electoral en las electorales ni los consejos legislativos en las que atañen a los estados, porque eso no es lo que dice la Constitución, tanto más cuanto que es competencia de la Asamblea "legislar en las materias de la competencia nacional y sobre el funcionamiento de las distintas ramas del poder nacional" (artículo 187, numeral 1)."Véase María Amparo Grau, "Fraude constitucional: mermar la iniciativa legislativa," en *El Nacional*, Caracas, 6 de abril de 2016.

La sentencia, en contra de todos los principios que rigen en materia de control de constitucionalidad, terminó declarando "inconstitucionales," "inexistentes" y "sin ninguna aplicabilidad" todas las normas de la Ley de reforma mencionada, con lo cual la Asamblea Nacional materialmente quedó sin materia sobre la cual poder legislar, por obra del Juez Constitucional.

Simplemente, con esta sentencia, el mundo de la justicia quedó al revés, o como lo dijo Umberto Eco en boca de Adso de Melk, "marcha patas arriba," como cuando:

> "los ciegos guían a otros ciegos y los despeñan en los abismos, los pájaros se arrojan antes de haber echado a volar, los asnos tocan la lira, los bueyes bailan, los perros huyen de las liebres y los ciervos cazan leones." [330]

En todo caso, si con las anteriores sentencias dictadas en contra del Parlamento en los primeros meses de 2016, citadas incluso por la misma Sala en esta decisión, se había sentenciado de muerte de la Asamblea Nacional, y se la había ejecutado, e incinerado sus despojos, lo que con esta nueva sentencia ocurrió, equivalió a la dispersión de sus cenizas.

Ya nada más pudo hacer la Asamblea Nacional, como órgano constitucional respecto de sus funciones propias, por decisión precisamente de la Sala Constitucional, que debía haber sido, al contrario, el órgano que debía garantizarle el ejercicio de sus funciones.

(v) Sentencia Nº 343 de 6 mayo 2016[331] de la Sala Constitucional mediante la cual declaró la inconstitucionalidad de la Ley de Otorgamiento de Títulos de Propiedad a Beneficiarios de la Gran Misión Vivienda Venezuela y otros Programas Habitacionales del Sector Público, que había sido sancionada por la Asamblea Nacional el 13 de abril de 2016; y mediante la cual se legisló a los efectos de "regular el otorgamiento de la titularidad del derecho de propiedad plena a los beneficiarios de unidades de vivienda construidas" por el Estado (art. 1)." La razón para declarar tal inconstitucionalidad fue que a la Ley sancionada no se acompañó "ninguna ponderación en cuanto a cómo afectaría la Ley al sistema público de construcción de viviendas," y otros impactos económicos de la misma, a fin de poder determinar la viabilidad económica de la Ley; constatando que la Asamblea Nacional no había cumplido con lo que la propia Sala Constitucional le había impuesto en la antes mencionada sentencia Nº 269 del 21 de abril de 2016, de obtener el "visto bueno" previo por parte del Poder Ejecutivo.

IV. EL DESMANTELAMIENTO DE LAS FUNCIONES DE LA ASAMBLEA NACIONAL, ESPECIALMENTE EN MATERIA DE CONTROL POLÍTICO SOBRE EL GOBIERNO, POR PARTE DEL JUEZ CONSTITUCIONAL (2015-2017)

Luego del apoderamiento por parte del Poder Ejecutivo, del Poder Judicial y del Poder Electoral, dado en control que hasta enero de 2016 el gobierno ejerció sobre la Asamblea Nacional, todo el resto de los otros Poderes Públicos quedaron sometidos a dicho Poder Ejecutivo.

Ese cuadro de control total del Poder Público, sin embargo, sufrió un descalabro con ocasión de las elecciones parlamentarias del 6 de diciembre de 2015, en las cuales la oposición democrática obtuvo un triunfo electoral, significando ello que el gobierno autoritario perdió el estricto control de la mayoría calificada que ejercía sobre la Asamblea Nacional. Ello produjo como consecuencia, que el Poder Ejecutivo, con la complicidad de la Sala Constitucional presidida por la

---

330   Véase Umberto Eco, *El nombre de la rosa,* Ed. Lumen, Barcelona 1987, pp. 22 y 98.

331   Véase en http://historico.tsj.gob.ve/decisiones/scon/mayo/187591-343-6516-2016-16-0397.HTML.

magistrada Gutiérrez Alvarado, autora de la Tesis "secreta" de Zaragoza, procedieran a desmantelar, una a una, las funciones de la Asamblea Nacional, despojándola de hecho de su función de legislar, neutralizándola como órgano de control político, impidiéndole ejercer sus competencias,[332] e incluso impidiéndole adoptar acuerdos políticos. [333]

Sesiones extraordinarias de una Asamblea Nacional que terminaba sus funciones, decretada por el Juez Constitucional para que hiciera lo que le vinera en ganas

Todo comenzó el 22 de diciembre de 2015, antes de que la nueva Asamblea electa se instalara en enero de 2016, cuando la Sala Constitucional presidida por la magistrada Gutiérrez Alvarado, resolvió una solicitud de "interpretación constitucional" que le formuló el Presidente de la Asamblea el 15 de diciembre de 2015, que era el último día de las sesiones ordinarias de la Legislatura que se había iniciado cinco años antes, el 5 de enero de 2011, sobre el artículo 220 de la Constitución que precisamente regula las sesiones extraordinarias de la Asamblea.

La "consulta" fue resuelta por el Juez Constitucional en solo una semana, mediante sentencia Nº 1.758 de 22 de diciembre de 2015,[334] indicándole al peticionario lo que quería oír, que era que la Asamblea Nacional que estaba terminando su período constitucional, que ya había concluido sus sesiones ordinarias y que debía concluir su mandato constitucional el 5 de enero de 2015, durante el interregno de las dos semanas que quedaban entre la elección y el inicio del nuevo período constitucional del Poder Legislativo, podía sin embargo hacer lo que le viniera en ganas.

Con base en ello, el presidente de la Asamblea Nacional procedió a convocar el mismo día 22 de diciembre de 2015 a unas sesiones extraordinarias, durante las cuales se procedió a "designar" a toda prisa a los magistrados del Tribunal Supremo de Justicia, sin respetar la mayoría requerida en la Constitución ni cumplir con las previsiones sobre participación ciudadana y sin atender los requisitos constitucionales y legales que debían tener los designados, lo que vició los nombramientos de inconstitucionalidad.[335] Sobre ello, por ejemplo, la Facultad de Ciencias Jurídicas y

---

332 Véase sobre todas las sentencias de la Sala Constitucional eliminando las potestades de la Asamblea de legislar, el documento: "El TSJ vs. la función legislativa de la Asamblea Nacional," de *Acceso a la Justicia. El observatorio venezolano de la justicia*," 29 agosto 2018, en http://www.accesoalajusticia.org/el-tsj-vs-la-funcion-legislativa-de-la-asamblea-nacional/.

333 Véase el estudio de la totalidad de las sentencias dictadas entre 2015 y 2017 en Allan R. Brewer-Carías, *El Juez Constitucional y la perversión del Estado de derecho. La "dictadura judicial" y la destrucción de la democracia en Venezuela*, Editorial Jurídica Venezolana International, 5 de junio 2016. Véase igualmente: Carlos M. Ayala Corao y Rafael J. Chavero Gazdik, *El libro negro del TSJ de Venezuela: Del secuestro de la democracia y la usurpación de la soberanía popular a la ruptura del orden constitucional (2015-2017)*, Editorial Jurídica Venezolana, Caracas 2017, 394 pp.; *Memorial de agravios 2016 del Poder Judicial. Una recopilación de más de 100 sentencias del TSJ*, 155 pp., investigación preparada por las ONGs: Acceso a la Justicia, Transparencia Venezuela, Sinergia, espacio público, Provea, IPSS, Invesp, en https://www.scribd.com/document/336888955/Memorial-de-Agravios-del-Poder-Judicial-una-recopilacion-de-mas-de-100-sentencias-del-TSJ; y José Vicente Haro, "Las 111 decisiones inconstitucionales del TSJ ilegítimo desde el 6D-2015 contra la Asamblea Nacional, los partidos políticos, la soberanía popular y los DDHH," en *Buscando el Norte*, 10 de julio de 2017, en http://josevicenteharogarcia.blogspot.com/2016/10/las-33-decisiones-del-tsj.html.

334 Véase en http://historico.tsj.gob.ve/decisiones/scon/diciembre/184220-1758-221215-2015-2015-1415.HTML.

335 Véase el "Acuerdo mediante el cual se designa a los Magistrados y Magistradas Principales y Suplentes del Tribunal Supremo de Justicia, en *Gaceta Oficial* Nº 40.816 de 23 de diciembre de 2015. Véase lo expuesto en Allan R. Brewer-Carías, *Dictadura Judicial y perversión del Estado de derecho*, Editorial Jurídica Venezolana, Caracas 2017, pp. 125 ss.; y José Ignacio Hernández, "5 violaciones cometidas durante la designación de

Políticas de la Universidad Central de Venezuela, el 19 de diciembre de 2015, expresó en Comunicado que:

"Toda esta prisa por designar los magistrados del TSJ por una Asamblea Nacional cuyo mandato legislativo está a pocos días de vencer, en violación flagrante y grotesca de las regulaciones constitucionales y legales sobre la materia, constituye prueba fehaciente que se pretende desconocer el sagrado principio democrático según el cual la soberanía reside en el pueblo. Es claro que los venezolanos expresaron el 6D su más categórico rechazo a la gestión parlamentaria que está por fenecer. El Estado de Derecho significa límites jurídicos al Poder; por eso, toda autoridad usurpada es ineficaz y sus actos son nulos. En Democracia los objetivos no se alcanzan como sea, sino respetando la voluntad popular expresada mediante los cauces legalmente establecidos." [336]

Adicionalmente, dichas sesiones extraordinarias, que se extendieron hasta el 4 de enero de 2016, fueron ilegítimamente utilizadas con abuso y desviación de poder por la Asamblea Nacional que concluía, para legislar desenfrenadamente, emitiendo más de 30 leyes y reformas de leyes, muchas de ellas para bloquear o menoscabar los poderes de la nueva Asamblea Nacional.[337] Durante esos mismos días, además, el Presidente de la República dictó trece (13) decretos leyes conforme a la llamada "Ley Habilitante antiimperialista para la Paz" que se había sancionado en marzo de 2015,[338] y que lo habilitaba para legislar en cualquier materia, sin límites.[339]

La primera medida judicial: eliminar la mayoría calificada en la Asamblea Nacional lograda electoralmente por la oposición, y neutralizar sus funciones de control político por supuesto "desacato"

El Tribunal Supremo de Justicia, presidido por la misma magistrada tesista Gutiérrez Alvarado, antes de que se instalara la nueva Asamblea Nacional, completó el cuadro para reducir de antemano sus funciones, procediendo a través de la Sala Electoral, a suspender "sus vacaciones para recibir los recursos interpuestos por el Partido Socialista Unido de Venezuela," y dar despacho "los días 28, 29 y 30 de diciembre," a efectos de admitir las acciones interpuestas y proceder a decidir sobre los amparos cautelares y medida de suspensión de efectos interpuestos contra los

---

los magistrados del TSJ," en *Prodavinci*, 23 de diciembre de 2015, en http://prodavinci.com/blogs/5-violaciones-cometidas-durante-la-designacion-de-los-magistrados-del-tsj-por-jose-i-hernandez/.

336 Véase "Designación precipitada de Magistrados del TSJ en contra de la soberanía popular," Caracas 19 de diciembre de 2015, en http://www.ucv.ve/fileadmin/user_upload/facultad_ciencias_juridicas/ederecho/Designaci%C3%B3n__Magistrados_TSJ_2015-.pdf. Como acertadamente se indicó en el Editorial del diario *El País*, del 29 de diciembre de 2015. "El que uno de los últimos actos de una Asamblea que ya no goza del mandato popular, sea fidelizar políticamente al máximo órgano judicial, no responde precisamente al buen uso democrático de aceptar la derrota electoral. Que el régimen además haya presionado a jueces del Supremo para conseguir sus jubilaciones anticipadas -o también para que aquellos juristas cuyo mandato vencía en el futuro inmediato renunciaran- es una ilegalidad y una muestra de que Maduro sigue sin querer entender que los venezolanos han encargado a la oposición que elabore las leyes y que su deber es respetar este encargo." Véase en http://www.lapatilla.com/site/2015/12/29/editorial-el-pais-espana-las-trampas-de-maduro/

337 Así, once (11) leyes que aparecieron publicadas en la *Gaceta Oficial* Extra. N° 6207 de 28 de diciembre de 2015; veintitrés (23) leyes aprobatorias de Protocolos, Memorándum de Entendimiento, Convenios y Acuerdos internacionales aparecieron publicadas en *Gaceta Oficial* Extra. N° 6208 de 28 de diciembre de 2015; y en *Gaceta Oficial* N° 40.819 de 30 de diciembre de 2015; todas por lo visto "discutidas" y sancionadas en días navideños.

338 Véase en *Gaceta Oficial* N° 6178 Extra de 15-3-2015.

339 Véase en *Gacetas Oficiales Extras* Nos. 6.207, 6.209, 6210, y 6211 de 28, 29 y 30 de diciembre de 2015.

actos de votación de las elecciones de diputados en ciertos circuitos electorales. Luego de declarar admitidos los ocho recursos interpuestos el 30 de diciembre de 2015, y declarar inadmisible las medidas cautelares en siete de ellos, mediante sentencia N° 260 (Caso: *Nicia Marina Maldonado, contra el acto de votación de las elecciones parlamentarias del Estado Amazonas*), declaró procedente una de las medidas solicitadas, ordenando en consecuencia, "de forma provisional e inmediata la suspensión de efectos de los actos de totalización, adjudicación y proclamación" dictados por los órganos electorales respecto de los cuatro diputados electos en el Estado[340] (tres por la oposición democrática y uno por el oficialismo). Con esa "suspensión" se buscó afectar la mayoría calificada que había obtenido la oposición en las elecciones.[341] La medida cautelar, en todos los años posteriores, ha permanecido incólume en un juicio que nunca avanzó. Por lo demás, la Asamblea Nacional procedió a juramentar a los diputados suspendidos, y el Juez Contencioso electoral consideró mediante sentencia N° 1 de 11 de enero de 2016,[342] que se había producido un desacato a la sentencia, declarando:

> "*nulos absolutamente* los actos de la Asamblea Nacional que se hayan *dictado o se dictaren*, mientras se mantenga la incorporación de los ciudadanos sujetos de la decisión N° 260 del 30 de diciembre de 2015 y del presente fallo."

Con ello, ratificado luego múltiples veces por el Juez Constitucional, destacándose su sentencia N° 808 de 2 de septiembre de 2016[343] dictada igualmente con la participación de la magistrado Gutiérrez, autora de la Tesis "secreta" de Zaragoza, se procedió materialmente a cercenarle a la Asamblea Nacional todas sus funciones, habiendo el Juez Constitucional anulando todas las leyes que sancionó con posterioridad,[344] eliminando los poderes de la propia Asamblea de autotu-

340 Véase en http://historico.tsj.gob.ve/decisiones/selec/diciembre/184227-260-301215-2015-2015-000146.HTML. Véase sobre esta sentencia N° 260 los comentarios en Allan R. Brewer-Carías, "El "golpe judicial" pírrico, o de cómo la oposición seguirá controlando la mayoría calificada de la Asamblea Nacional, 31 de diciembre de 2015, véase en http://www.allanbrewercarias.com/Con-tent/449725d9-f1cb-474b-8ab2-41efb849fea3/Content/Brewer.%20EL%20%E2%80%9CGOLPE%20JUDICIAL%E2%80%9D%20P%C3%8DR RICO.%2031-12-2015, pdf.; y en Carlos Ayala y Rafael J. Chavero Gazdik, *El libro negro del TSJ de Venezuela: Del secuestro de la democracia y la usurpación de la soberanía popular a la ruptura del orden constitucional (2015-2017)*, Editorial Jurídica Venezolana, Caracas 2017, pp. 42 ss.

341 Véase Laura Louza, La "justicia a la carta" de la sala Electoral. *Sobre la suspensión de los diputados del estado Amazonas, 5 de enero de 2016*, en http://www.accesoalajusticia.org/noticias/detalle.php?notid=13501#.VowQnfnhBdg; por José Ignacio Hernández, "¿Qué dijo la Sala Electoral para "suspender" a los diputados de Amazonas?," en *Prodavinci*, 4 de enero de 2016, en http://prodavinci.com/blogs/que-dijo-la-sala-electoral-para-suspender-a-los-diputados-de-amazonas-por-jose-i-hernandez/.

342 Véase en http://historico.tsj.gob.ve/decisiones/selec/enero/184253-1-11116-2016-X-2016-000001.HTML. Véase los comentarios en Carlos Ayala y Rafael J. Chavero Gazdik, *El libro negro del TSJ de Venezuela: Del secuestro de la democracia y la usurpación de la soberanía popular a la ruptura del orden constitucional (2015-2017)*, Editorial Jurídica Venezolana, Caracas 2017, pp. 48 ss.

343 Véase en http://historico.tsj.gob.ve/decisiones/scon/septiembre/190395-808-2916-2016-16-0831.HTML Véaselos comentarios en María Alejandra Correa Martín, "De la inconstitucional evasión del control parlamentario decretada por el ejecutivo nacional y avalada por la Sala Constitucional," en Revista de Derecho Público, N° 147-148, Editorial Jurídica Venezolana, 2016, pp. 326 ss.; y Carlos Ayala y Rafael J. Chavero Gazdik, *El libro negro del TSJ de Venezuela: Del secuestro de la democracia y la usurpación de la soberanía popular a la ruptura del orden constitucional (2015-2017)*, Editorial Jurídica Venezolana, Caracas 2017, pp. 175 ss.

344 Véase Allan R. Brewer-Carías, *La dictadura judicial y la perversión del Estado de derecho. El Juez Constitucional y la destrucción de la democracia en Venezuela* (Prólogo de Santiago Muñoz Machado), Ediciones El Cronista, Fundación Alfonso Martín Escudero, Editorial IUSTEL, Madrid 2017; Carlos Ayala y Rafael J.

tela sobre sus propios actos, al impedirle en particular mediante sentencia Nº 9 de la Sala Constitucional del 1º de marzo de 2016, revocar la inconstitucional decisión de diciembre de 2015 de designación de magistrados del Tribunal Supremo;[345] y eliminándole los poderes de control político sobre el gobierno y la Administración.[346]

Todo ello, por supuesto afectó en su raíz el principio de la separación de poderes, y en general, el ejercicio de la función de control político que debe ejercer el órgano legislativo sobre el Gobierno, la Administración Pública y sus funcionarios (Art. 187, Constitución), propio de un régimen político democrático,[347] entre la cual está la de discutir y aprobar el presupuesto nacional; autorizar los créditos adicionales al presupuesto (art. 314); autorizar al Ejecutivo Nacional para celebrar contratos de interés nacional (art. 150); dar voto de censura al Vicepresidente Ejecutivo y a los Ministros; autorizar el empleo de misiones militares venezolanas en el exterior o extranjeras en el país.; autorizar al Ejecutivo Nacional para enajenar bienes inmuebles del dominio privado de la Nación; autorizar a los funcionarios públicos para aceptar cargos, honores o recompensas de gobiernos extranjeros; autorizar el nombramiento del Procurador General de la República y de los jefes de misiones diplomáticas permanentes; y autorizar la salida del Presidente de la República del territorio nacional cuando su ausencia se prolongue por un lapso superior a cinco días consecutivos" (art. 235).

Destacan dentro de las funciones de control político por parte de la Asamblea Nacional en relación con el Gobierno, la prevista en el artículo 339, desarrollado en la Ley Orgánica sobre estados de excepción,[348] que dispone que los decretos ejecutivos que regulen estados de excepción en los casos de ocurrencia de circunstancias de orden social, económico, político, natural o ecológico que afecten gravemente la seguridad de la Nación, de las instituciones y de los ciudadanos y ciudadanas, y respecto de las cuales las facultades de las cuales disponen los órganos públicos para hacer frente a tales hechos "resultan insuficientes" (artículo 337 de la Constitución), deben ser presentados a la consideración de la Asamblea Nacional o a la Comisión Delegada, para su consideración y aprobación. Ese control político que incluso la Asamblea puede realizar de oficio

Chavero Gazdik, *El libro negro del TSJ de Venezuela: Del secuestro de la democracia y la usurpación de la soberanía popular a la ruptura del orden constitucional (2015-2017)*, Editorial Jurídica Venezolana, Caracas 2017, pp. 105-218.

345 Véase en http://historico.tsj.gob.ve/decisiones/scon/marzo/185627-09-1316-2016-16-0153.HTML Véase los comentarios en Allan R. Brewer-Carías, en "El ataque de la Sala Constitucional contra la Asamblea Nacional y su necesaria e ineludible reacción. De cómo la Sala Constitucional del Tribunal Supremo pretendió privar a la Asamblea Nacional de sus poderes constitucionales para controlar sus propios actos, y reducir inconstitucionalmente sus potestades de control político sobre el gobierno y la administración pública; y la reacción de la Asamblea Nacional contra a la sentencia Nº 9 de 1-3-2016," en http://www.allanbrewercarias.com/Content/449725d9-f1cb-474b-8ab2-41efb849fea3/Content/Brewer.%20El%20ataque%20Sala%20Constitucional%20v.%20Asamblea%20Nacional.%20SentNo.%209%201-3-2016).pdf

346 Véase Allan R. Brewer-Carías, "El desconocimiento de los poderes de control político del órgano legislativo sobre el gobierno y la administración pública por parte del juez constitucional en Venezuela," *Opus Magna Constitucional, Tomo XII 2017 (Homenaje al profesor y exmagistrado de la Corte de Constitucionalidad Jorge Mario García Laguardia)*, Instituto de Justicia Constitucional, Adscrito a la Corte de Constitucionalidad, Guatemala. 2017, pp. 69-107

347 Véase sobre ello lo expuesto en Allan R. Brewer-Carías, *Constitución, Democracia y Control del Poder*, Centro Iberoamericano de Estudios Provinciales y Locales (CIEPROL), Consejo de Publicaciones/Universidad de Los Andes/Editorial Jurídica Venezolana. Mérida, octubre 2004.

348 Véase *Gaceta Oficial* Nº 37.261 de 15 de agosto de 2001.

(art. 26, Ley Orgánica) es, por supuesto, independiente del que debe ejercer la Sala Constitucional del Tribunal Supremo de Justicia, al pronunciarse sobre la constitucionalidad de dichos decretos (art. 336.6).[349]

Se destacan además como parte fundamental de control político por parte de la Asamblea Nacional, las previsiones de los artículos 222 y 223 de la Constitución, y en particular, las vicisitudes que esas competencias han tenido en la práctica constitucional a través de decisiones de la Sala Constitucional del Tribunal Supremo de Justicia, presidida por la magistrado Gutiérrez Alvarado, que las ha neutralizado totalmente, precisamente por la ausencia de un régimen democrático en el país. Dichas normas, en efecto, autorizan a la Asamblea en el marco del control político, para realizar interpelaciones, investigaciones, preguntas, autorizaciones y aprobaciones parlamentarias. Específicamente, el artículo 223 de la Constitución dispone que todos los funcionarios públicos están obligados, bajo las sanciones que establezcan las leyes, a comparecer ante las Comisiones de la Asamblea y a suministrarles las informaciones y documentos que requieran para el cumplimiento de sus funciones. Esta obligación abarca también a los particulares; quedando a salvo los derechos y garantías que la Constitución consagra. A los efectos de asegurar la comparecencia, incluso, en su momento se dictó la Ley Sobre el Régimen para la Comparecencia de Funcionarios Públicos y los Particulares ante la Asamblea Nacional o sus Comisiones,[350] exigiéndose en su normativa el respeto de los derechos fundamentales.

Otra de las manifestaciones de control político, como incluso lo reconoció la propia Sala Constitucional del Tribunal Supremo en sentencia No 184 de 17 de marzo de 2016,[351] es la que conforme a las mismas normas constitucionales resulta del ejercicio por la Asamblea Nacional de su control en relación con el Jefe del Ejecutivo Nacional (artículo 226), cuando a éste se le exige en el artículo 237 presentar cada año personalmente ante la Asamblea Nacional un mensaje en el que debe dar cuenta de los aspectos políticos, económicos, sociales y administrativos de su gestión durante el año inmediatamente anterior; ámbito al cual, según la Sala Constitucional, "se ajusta ese control en lo que respecta al Jefe del Estado y del Ejecutivo Nacional." Por otra parte, agregó la Sala Constitucional en esa sentencia, que respecto del Vicepresidente Ejecutivo (artículo 238) "ese control se expresa en la moción de censura al mismo, dentro del marco Constitucional" (artículo 240); y respecto de los Ministros, el control parlamentario encuentra expresión esencial en el artículo 244, cuando dispone que los mismos "presentarán ante la Asamblea Nacional, dentro de los primeros sesenta días de cada año, una memoria razonada y suficiente sobre la gestión del despacho en el año inmediatamente anterior, de conformidad con la ley;" disponiendo además, el artículo 246 que los Ministros pueden ser objeto de una moción de censura por parte de la Asamblea.

En ejercicio de todos esos aspectos del control político, la Asamblea puede terminar declarando la responsabilidad política de los funcionarios públicos y solicitar al Poder Ciudadano que intente las acciones a que haya lugar para hacer efectiva tal responsabilidad.

---

349 Véase Allan R. Brewer-Carías, "Comentarios al régimen constitucional y legal de los decretos de estados de excepción" en Víctor Bazan (Coordinador). *Derecho Público Contemporáneo*. Libro en Reconocimiento al Dr. Germán Bidart Campos, Ediar, Buenos Aires, 2003, pp. 1137-1149.

350 Véase la Ley Sobre el Régimen para la Comparecencia de Funcionarios y Funcionarias Públicos y los o las Particulares ante la Asamblea Nacional o sus Comisiones (Ley N° 30), en *Gaceta Oficial,* N° 37.252 del 2 de agosto de 2001.

351 Véase en http://historico.tsj.gob.ve/decisiones/scon/marzo/186437-184-17316-2016-16-0038.html.

Ahora bien, siendo la condición esencial para que se pueda ejercer la función de control político por parte de la Asamblea Nacional, que el Estado esté efectivamente estructurado como un Estado democrático de derecho, la consecuencia de todo ello es que en Venezuela, lamentablemente, a pesar de todas las previsiones constitucionales, a medida que el régimen político del Estado fue tornándose progresivamente en más autoritario y menos democrático, todas las funciones de control político fueron también progresivamente neutralizadas o eliminadas, habiendo jugado en ello, un papel esencial el Juez Constitucional. En particular, puede decirse que el Tribunal Supremo de Justicia, presidido por la magistrada Gladys Gutiérrez Alvarado, fue el que, a través de su Sala Constitucional, ha despojado a la Asamblea Nacional de dichas funciones de control político, lo que incluso se agudizó a partir de enero de 2016 cuando el Gobierno, por el triunfo de la oposición en la elección parlamentaria, perdió el dominio total que desde 2005 había ejercido sobre la Asamblea Nacional.

Desaparición del control político de la Asamblea Nacional sobre la declaratoria de estados de excepción

Ello se mostró, primero, en relación con el control sobre la declaratoria ejecutiva de los estados de excepción, respecto de los cuales el control político por parte de la Asamblea Nacional previsto en la Constitución fue materialmente eliminado.[352]

En efecto, es evidente que al preverse en el artículo 339 de la Constitución que los decretos de estado de excepción deben ser sometidos a la Asamblea Nacional o a la Comisión Delegada, para su "consideración y aprobación," ello implica la posibilidad, para la Asamblea, de improbarlos para lo cual se requiere del voto de la mayoría absoluta de los diputados presentes en sesión especial que se debe realizar sin previa convocatoria, dentro de las 48 horas de haberse hecho público el decreto (art. 27, Ley Orgánica de los Estados de Excepción). En ese caso, improbado en decreto, el mismo cesa de tener vigencia y no puede producir efectos jurídicos.

Esta eliminación progresiva del control político de la Asamblea sobre los decretos relativos a los estados de excepción por parte del Tribunal Supremo, se produjo apenas aquella se instaló en enero de 2016 luego de ser electa en diciembre de 2015, cuando quiso ejercer dicho control respecto del Decreto No. 2184 de 14 de enero de 2016 que había decretado la emergencia económica en el país. En ese caso, la Asamblea, conforme a sus poderes constitucionales decidió desaprobar el decreto en el término fijado (el día 22 de enero de 2016), habiendo entrado inmediatamente en vigencia el Acuerdo respectivo, conforme al artículo 30 de la Ley Orgánica (art. 30).

Dos días antes, sin embargo, la Sala Constitucional, al ejercer el control de constitucionalidad del mismo decreto, mediante sentencia N°. 4 del 20 de enero de 2016, dictada también con la participación de la magistrado tesista Gutiérrez Alvarado, declaró "el carácter constitucional" del referido Decreto Presidencial, y más allá, "garantizó la legitimidad, validez, vigencia y eficacia jurídica del mismo," procediendo en forma evidentemente inconstitucional, a ejercer sobre el

---

352 Véase los comentarios en Allan R. Brewer-Carías, "El control político de la Asamblea Nacional respecto de los decretos de excepción y su desconocimiento judicial y Ejecutivo con ocasión de la emergencia económica decretada en enero de 2016, en *VI Congreso de Derecho Procesal Constitucional y IV de Derecho Administrativo, Homenaje al Prof. Carlos Ayala Corao, 10 y 11 noviembre 2016*, FUNEDA, Caracas 2017. Véase sobre todas las sentencias de la Sala Constitucional eliminando las potestades de la Asamblea de control político el documento: "El TSJ vs. la función contralora de la Asamblea Nacional," de *Acceso a la Justicia. El observatorio venezolano de la justicia,*" 28 de agosto de 2018, en http://www.accesoalajusticia.org/el-tsj-vs-la-funcion-contralora-de-la-asamblea-nacional/

mismo un "control político" usurpando así – desconociéndolas - las funciones de la Asamblea Nacional, declarando en el mismo párrafo – más allá del control jurídico - que reconocía, en relación con el decreto:

"su pertinencia, proporcionalidad y adecuación, el cual viene a apuntalar con sólido basamento jurídico y con elevada significación popular, la salvaguarda del pueblo y su desarrollo armónico ante factores inéditos y extraordinarios adversos en nuestro país, de conformidad con la Constitución de la República Bolivariana de Venezuela; sin perjuicio del control posterior que pueda efectuar esta Sala de conformidad con sus atribuciones constitucionales."

Pero no quedo allí la actuación inconstitucional de la Sala, sino que continuó con posterioridad a la desaprobación del decreto presidencial por parte de la Asamblea Nacional, al resolver un "recurso de interpretación de naturaleza constitucional," que en fecha 3 de febrero de 2016 había introducido un grupo de ciudadanos que se identificaron como miembros de Consejos Comunales y de Comunas, planteando diversas *"dudas"* respecto del ejercicio de las potestades de control político por parte de la Asamblea Nacional. Para resolver sus dudas, solicitaron de la Sala, además, que se pronunciase "sobre la vigencia del decreto 2.184," desconociéndose que la Asamblea Nacional ya lo había desaprobado.

La Sala Constitucional dictó la sentencia No. 7 del 11 de febrero de 2016,[353] también con la participación de la magistrada Presidente Gutiérrez Alvarado, disponiendo sin motivación alguna, que el "control político de la Asamblea Nacional sobre los decretos que declaran estados de excepción no afecta la legitimidad, validez, vigencia y eficacia jurídica de los mismos." Si nada de ello puede ser afectado, en realidad, de nada serviría entonces la previsión del control político, el cual no se limita a la sola posibilidad que tiene la Asamblea de revocar la prórroga del decreto de estado de excepción, antes del término establecido, al cesar las causas que lo motivaron. La Sala afirmó que "la aprobación o desaprobación" del decreto por la Asamblea solo "lo condiciona políticamente, pero no desde la perspectiva jurídico-constitucional," concluyendo en forma contraria a la Constitución, que solo la Sala puede en forma "absoluta y vinculante" decidir sobre "legitimidad, validez y vigencia jurídico-constitucional," limitando el control político de la Asamblea sólo a poder "revocar" los decretos de excepción al cesar las causas que lo motivaron, calificándolo incluso como "un control relativo," que supuestamente está sometido al control constitucional." En la sentencia incluso, la Sala llegó a decidir que el Decreto de estado de excepción que había sido improbado por la Asamblea Nacional, "entró en vigencia desde que fue dictado y su legitimidad, validez, vigencia y eficacia jurídico-constitucional se mantiene irrevocablemente incólume, conforme a lo previsto en el Texto Fundamental."

Para terminar, a pesar de tratarse de un proceso de "interpretación constitucional," la Sala consideró como "irrita" la desaprobación del decreto por parte de la Asamblea Nacional decidiendo que debía "entenderse como inexistente y sin ningún efecto jurídico-constitucional." Es decir, sin seguir el procedimiento de los juicios de nulidad, en violación al debido proceso, procedió a "anular" el Acuerdo desaprobatorio del decreto que había dictado la Asamblea Nacional.

353 Véase en http://historico.tsj.gob.ve/decisiones/scon/febrero/184885-07-11216-2016-16-0117.HTML Véase los comentarios en Carlos Ayala y Rafael J. Chavero Gazdik, *El libro negro del TSJ de Venezuela: Del secuestro de la democracia y la usurpación de la soberanía popular a la ruptura del orden constitucional (2015-2017)*, Editorial Jurídica Venezolana, Caracas 2017, pp. 229 ss..

Ahora bien, debe indicarse que con motivo de estudiar el referido decreto de estado de excepción y emergencia económica, la Asamblea Nacional había ejercido sus competencias constitucionales, y había procedido, como correspondía, a requerir la comparecencia de los Ministros del área económica ante sus Comisiones, precisamente a los efectos de ejercer su control político sobre dicho decreto. En ese caso, en contra de la Constitución, la respuesta del gobierno fue ignorar los requerimientos de la Asamblea, lo cual fue públicamente denunciado por la misma.[354]

Ese desacato de los Ministros ante los requerimientos de su comparecencia ante la Asamblea, en contra de lo previsto en la Constitución, fue insólitamente avalado por la misma Sala Constitucional del Tribunal Supremo de Justicia, mediante una nueva sentencia en la cual procedió a ampliar los límites a las potestades legislativas y a reglamentar inconstitucionalmente las potestades de control político de la Asamblea Nacional en relación con el gobierno y la Administración Pública. Y así lo hizo en la sentencia No. 9 del 1° de marzo de 2016, dictada también con la participación de la magistrada Presidente Gutiérrez Alvarado, con ocasión de otro "recurso de interpretación" abstracta de los artículos 136, 222, 223 y 265 la Constitución presentado por un grupo de ciudadanos.[355]

En dicha sentencia, en violación de los más elementales y universales principios que rigen la administración de justicia, procedió a cercenar y restringir definitivamente las potestades de control político de la Asamblea Nacional sobre el Gobierno y la Administración Pública, eliminando materialmente la obligación de los Ministros de comparecer ante la Asamblea cuando se les requiera para investigaciones, preguntas e interpelaciones.

Y ello lo hizo la Sala, en primer lugar, utilizando de nuevo una forma procesal viciada para el ejercicio del control de constitucionalidad de los actos estatales como es el "recurso de interpretación" abstracta de la Constitución,[356] con el que terminó declarando nulos unos actos actuales y "futuros" de la Asamblea Nacional.

En segundo lugar, dicha sentencia No. 9 la dictó la Sala Constitucional en contra de la Asamblea Nacional sin siquiera haber oído previamente a la misma a través de sus representan-

---

354 Véase en https://www.facebook.com/permalink.php?id=374440365912-712&story_fbid=999122600111149.

355 Véase en http://historico.tsj.gob.ve/decisiones/scon/marzo/185627-09-1316-2016-16-0153.HTML Véase los comentarios en Allan R. Brewer-Carías, "El ataque de la Sala Constitucional contra la Asamblea Nacional y su necesaria e ineludible reacción. De cómo la Sala Constitucional del Tribunal Supremo pretendió privar a la Asamblea Nacional de sus poderes constitucionales para controlar sus propios actos, y reducir inconstitucionalmente sus potestades de control político sobre el gobierno y la administración pública; y la reacción de la Asamblea Nacional contra a la sentencia N° 9 de 1-3-2016," en http://www.allanbrewercarias.com/Content/449725d9-f1cb-474b-8ab2-41efb849fea3/Content/Brewer.%20El%20ataque%20Sala%20Constitucional%20v.%20Asamblea%20Nacional.%20SentNo.%209%201-3-2016).pdf. Véase los comentarios en Carlos Ayala y Rafael J. Chavero Gazdik, *El libro negro del TSJ de Venezuela: Del secuestro de la democracia y la usurpación de la soberanía popular a la ruptura del orden constitucional (2015-2017)*, Editorial Jurídica Venezolana, Caracas 2017, pp. 246 ss.

356 Véase Allan R. Brewer-Carías, "*Quis Custodiet Ipsos Custodes*: De la interpretación constitucional a la inconstitucionalidad de la interpretación," en *Revista de Derecho Público*, N° 105, Editorial Jurídica Venezolana, Caracas 2006, pp. 7-27. Véase además sobre ello, e trabajo "La ilegítima mutación de la Constitución por el juez constitucional: la inconstitucional ampliación y modificación de su propia competencia en materia de control de constitucionalidad," en *Libro Homenaje a Josefina Calcaño de Temeltas*, Fundación de Estudios de Derecho Administrativo (FUNEDA), Caracas 2009, pp. 319-362; Luis Alfonso Herrera Orellana, "El "recurso" de interpretación de la Constitución. Reflexiones críticas desde la argumentación jurídica y la teoría del discurso" en *Revista de derecho público*, N°. 113, Editorial Jurídica Venezolana, Caracas, 2008, pp. 7-30.

tes, violando el derecho al debido proceso y a la defensa, que son de carácter absoluto, en términos de la propia Sala.

En tercer lugar, la Sala, al conocer del recurso y dictar dicha sentencia, actuó en violación del más elemental principio de justicia natural, actuando como juez y parte, pues precisamente, uno de los temas a los que se refería el recurso, era a la potestad de la Asamblea de revocar el inconstitucional nombramiento de algunos de los Magistrados que precisamente debían firmar la sentencia.

En cuarto lugar, la Sala Constitucional dictó normas sobre el funcionamiento de la Asamblea y el ejercicio de sus poderes de control sobre el Gobierno y la Administración Pública, lo que sólo podía hacer la propia Asamblea Nacional; usurpando así su función normativa que solo puede materializarse en su reglamento interior y de debates. La Sala Constitucional, además, de paso, declaró como inconstitucionales algunas previsiones del Reglamento Interior y de Debates de la Asamblea y de la Ley sobre el Régimen para la Comparecencia de Funcionarios Públicos ante la Asamblea Nacional o sus Comisiones, todo con el objeto de encasillar y restringir las potestades de control político de la Asamblea sobre el Gobierno y la Administración Pública.

La "legislación" dictada por el Juez Constitucional sobre la forma de ejercicio del control político por parte de la Asamblea Nacional

Este proceso lo completó la Sala Constitucional mediante sentencia No. 184 de 17 de marzo de 2016,[357] igualmente dictada con la participación activa de la magistrada Presidente Gutiérrez Alvarado, autora de la Tesis "secreta" de Zaragoza, que declaró la "constitucionalidad" de la prórroga del decreto de estado de excepción y emergencia económica, y procedió, sin fundamentación constitucional alguna, a "legislar" en materia de control político parlamentario, supuestamente "para dar legitimidad y validez" a las actuaciones de la Asamblea, usurpando por supuesto la propia potestad normativa de la Asamblea, imponiéndole, como si fuera un "legislador" por encima de la Asamblea, las siguientes normas o reglas de actuación, todas inconstitucionales por estar viciadas de usurpación de funciones normativas que solo corresponden a la Asamblea ejercer al dictar su reglamento interior y de debates:

Primera regla, que el control político que ejerza la Asamblea, lo debe ejercer:

"*conforme a las demás reglas, valores y principios que subyacen al mismo, especialmente, el axioma de colaboración entre poderes, así como los de utilidad, necesidad y proporcionalidad, para que logre su cometido constitucional.*"

Segunda regla, que el control no debe afectar "*el adecuado funcionamiento del Ejecutivo Nacional,*" y, en consecuencia, debe evitarse "*que el mismo termine vulnerando los derechos fundamentales.*"

Tercera regla: que para realizar el control parlamentario,

"*debe observarse la debida coordinación de la Asamblea Nacional con el Vicepresidente Ejecutivo o Vicepresidenta Ejecutiva, tal como lo impone el artículo 239.5 Constitucional, para encausar la pretensión de ejercicio del referido control (canalización de comunicaciones, elaboración de cronograma de comparecencias, etc.), respecto de cualquier funcionario del Gobierno y la Administración Pública Nacional.*"

---

357 Véase en http://historico.tsj.gob.ve/decisiones/scon/marzo/186437-184-17316-2016-16-0038.html.

Cuarta regla, que dicha coordinación es a los efectos de que*:*

"la Vicepresidencia Ejecutiva de la República centralice y coordine todo lo relacionado con las comunicaciones que emita la Asamblea Nacional con el objeto de desplegar la atribución contenida en el artículo 187.3 Constitucional, desarrolladas en los artículos 222 al 224 eiusdem."

Quinta regla, que la Asamblea Nacional al ejercer sus funciones de control, debe sopesar que*:*

"la insistencia de peticiones dirigidas hacia el Poder Ejecutivo Nacional e, inclusive, hacia el resto de poderes públicos, pudiera obstaculizar gravemente el funcionamiento del Estado, en detrimento de la garantía cabal de los derechos de las ciudadanas y ciudadanos, así como también de los derechos irrenunciables de la Nación."

Sexta regla, que a tal efecto*:*

"las convocatorias que efectúe el Poder Legislativo Nacional, en ejercicio de las labores de control parlamentario previstas en los artículos 222 y 223, con el objeto de ceñirse a la juridicidad y evitar entorpecer el normal funcionamiento de los Poderes Públicos, deben estar sustentadas en todo caso en el orden constitucional y jurídico en general."

Séptima regla, que a tales efectos, las referidas convocatorias *"deben estar dirigidas justamente a los funcionarios y demás personas sometidas a ese control,"* indicando:

(i) "La calificación y base jurídica que la sustenta;" (ii) "el motivo y alcance preciso y racional de la misma;"(iii) "orientarse por los principios de utilidad, necesidad, razonabilidad, proporcionalidad y colaboración entre poderes públicos;" y (iv) "sin pretender subrogarse en el diseño e implementación de las políticas públicas inherentes al ámbito competencial del Poder Ejecutivo Nacional."

Octava regla: que en el control político parlamentario sobre los funcionarios, debe realizarse:

"permitiendo a los funcionarios que comparecen, solicitar y contestar, de ser posible, por escrito, las inquietudes que formule la Asamblea Nacional o sus comisiones."

Novena regla, que en esos casos, inclusive, debe garantizarse a los funcionarios:

"si así lo solicitaren, ser oídos en la plenaria de la Asamblea Nacional, en la oportunidad que ella disponga, para que el control en cuestión sea expresión de las mayorías y minorías a lo interno de ese órgano del Poder Público, las cuales han de representar a todas y todos los ciudadanos, y no únicamente a un solo sector."

Décima regla: que conforme al artículo 224 de la Constitución*:*

"el ejercicio de la facultad de investigación de la Asamblea Nacional no afecta [y, por ende, no ha de afectar] las atribuciones de los demás poderes públicos, pues obviamente la Constitución no avala el abuso ni la desviación de poder, sino que, por el contrario, plantea un uso racional y equilibrado del Poder Público, compatible con la autonomía de cada órgano del mismo, con la debida comprensión de la cardinal reserva de informaciones que pudieran afectar la estabilidad y la seguridad de la República, y, en fin, compatible con los fines del Estado."

Décima primera regla: que respecto de la Fuerza Armada Nacional Bolivariana, el único control político parlamentario posible respecto de la misma es:

"a través de su Comandante en Jefe y del control parlamentario mediante el control político que se ejerce sobre su Comandante en Jefe y autoridad jerárquica suprema" que es el Presidente de la República, solamente cuando presenta su mensaje anual ante la Asamblea para dar cuenta de los aspectos políticos, económicos, sociales y administrativos de su gestión durante el año inmediatamente anterior, a lo cual, dispuso la Sala, que *"se limita el control previsto en el artículo 187.3 Constitucional -desarrollados en los artículos 222 y 223, en lo que respecta a dicha Fuerza."*

Por último, además, respecto de "las especificidades y a la forma en que deben desarrollarse las comparecencias ante la Asamblea Nacional, por parte del Ejecutivo Nacional y a la relación coordinada que debe existir entre ambas ramas del Poder Público," la Sala Constitucional, presidida por la magistrado Gutiérrez Alvarado, ordenó al Presidente de la República (al expresar que "tiene y debe") proceder a "reglamentar" la Ley sobre el Régimen para la Comparecencia de Funcionarios Públicos o los Particulares ante la Asamblea Nacional o sus Comisiones:

> "con la finalidad de armonizar el normal desarrollo de las actuaciones enmarcadas en ese instrumento legal y demás ámbitos inherentes al mismo, siempre respetando su espíritu, propósito y razón."

Es decir, que incluso, el propio Poder Ejecutivo, conforme a la sentencia, resultó "obligado" por la Sala Constitucional a limitar aún más las funciones de la Asamblea, al reglamentar dicha Ley.

La restricción del control político de la Asamblea en relación con el Poder Ejecutivo, por parte del mismo, autorizado por el Juez Constitucional

Y así ocurrió al poco tiempo, cuando el Presidente de la República irrumpió contra la Constitución, dando otro golpe de Estado contra la Asamblea Nacional, "autorizado" por el Juez Constitucional, al dictar el Decreto No. 2.309 de 2 de mayo de 2016[358] mediante el cual pretendió "restringir y suspender" la potestad constitucional de la misma de aprobar votos de censura contra los Ministros, cuando lo juzgue políticamente oportuno y conveniente, a su exclusivo juicio.

Dicho acto presidencial, por supuesto, es absolutamente nulo e ineficaz en los términos del artículo 138 de la Constitución, por estar viciado de usurpación de autoridad. Con el mismo, después de que el Tribunal Supremo, como antes hemos analizado, le negó a la Asamblea Nacional el poder ejercer autónomamente el control político en relación con las actuaciones del Gobierno y de la Administración Pública, en este caso fue el Poder Ejecutivo Nacional el que directamente arremetió contra la Asamblea en forma totalmente inconstitucional, materialmente eliminando la posibilidad para la Asamblea Nacional de aprobar votos de censura contra el Vicepresidente y los Ministros de acuerdo con los antes mencionados artículos 187.10, 240 y 246 de la Constitución.

En efecto, en uso de estas atribuciones, la Asamblea Nacional, luego de los debates correspondientes sobre el decreto de estado de excepción, había aprobado un Acuerdo[359] mediante el cual dio un Voto de Censura al Ministro para la Alimentación de la época, por su incomparecencia ante la Asamblea para ser interpelado y oído, lo "que fue considerado por el órgano legislati-

---

358   Véase en *Gaceta Oficial* Extra. Nº 6225 de 2 de mayo de 2016. Véase los comentarios a dicho decreto en Allan R. Brewer-Carías, "Comentarios al decreto Nº 2.309 de 2 de mayo de 2016: La inconstitucional "restricción" impuesta por el Presidente de la República, respecto de su potestad de la Asamblea Nacional de aprobar votos de censura contra los Ministros." en *Revista de Derecho Público*, Nº 145-146, (enero-junio 2016), Editorial Jurídica Venezolana, Caracas 2016, pp. 120-129

359   Véase "Asamblea aprueba voto de censura al ministro de Alimentación Marco Torres," en *El Universal*, 28 de abril de 2016, en http://www.eluni-versal.com/noticias/politica/asamblea-aprueba-voto-censura-ministro-alimentacion-marco-torres_307078 Véase igualmente en: http://m.pano-rama.com.ve/politicayeconomia/AN-debate-voto-de-censura-a-ministro-de-Alimentacion-Rodolfo-Marco-Torres-20160428-0027.html

vo como una renuencia del Gobierno a explicar la situación de escasez de alimentos en el país."[360]

La reacción del Gobierno en contra de la Asamblea Nacional fue inmediata, de manera que el mismo día 28 de abril de 2016, el Presidente de la República, desconociendo la Constitución, expresó que "al ministro de Alimentación no lo remueve nadie,"[361] rechazando el Voto de Censura contra el mismo,[362] alegando la existencia de una supuesta incompatibilidad entre el ejercicio del control político por parte de la Asamblea Nacional, y el supuesto "desacato" por la misma, considerando que la sentencia de la Sala Constitucional había "restringido" la forma de citar a los Ministros para interpelarlos.[363] Con base en ello, el Presidente de la República, al día siguiente 29 de abril de 2016, procedió nada menos que a "revisar" los artículos de la Constitución y mediante decreto ejecutivo dejó "sin efecto las potestades constitucionales de la Asamblea Nacional."[364] Anunció, en efecto el Presidente de la República, que:

"promulgará un decreto para "dejar sin efecto" cualquier "sabotaje" que realice el Parlamento contra "cualquier ministro u órgano del poder popular" en referencia a la moción de censura aprobada contra el ministro de Alimentación.

"Esos artículos de la Constitución vamos a revisarlos para sacar un decreto para dejar sin efecto constitucionalmente, mientras dure la emergencia económica, cualquier sabotaje que haga la Asamblea contra cualquier ministro, institución u órgano del poder popular," dijo Maduro en un acto desde la Refinería de Puerto La Cruz, estado Anzoátegui.

"Mañana mismo vamos a sacarlo porque no nos podemos calar un sabotaje."[365]

Y efectivamente, en la prensa del 4 de mayo se reseñó en los medios de comunicación que el Presidente de la República había dictado un decreto que "resta poderes a la Asamblea Nacional de Venezuela,"[366] es decir, para:

"restringir y diferir las mociones de censura que se hagan desde el Parlamento de mayoría opositora contra sus ministros que tienen como consecuencia la remoción del cargo de los funcionarios, según la Constitución."

En el decreto hecho público se indica que esta decisión del Gobierno tendrá validez "hasta tanto cesen los efectos del Decreto de Emergencia Económica dictado por el presidente" con el objetivo de "garantizar la continuidad en la ejecución de las medidas económicas de emergencia."[367]

---

360   *Idem.*

361   Véase en http://www.eluniversal.com/noticias/politica/maduro-rechaza-voto-censura-ministro-alimentacion-marco-torres_307192.

362   Véase en http://notiexpresscolor.com/maduro-ministro-no-lo-remueve-nadie/.

363   *Idem.*

364   Véase: "Maduro promulgará decreto para "dejar sin efecto" decisiones del Parlamento," en Diario Las Américas, 29 de abril de 2016, en http://www.diariolasame-ricas.com/4848_venezuela/3782331_maduro-promulgara-decreto-dejar-efecto-decisiones-del-parlamento.html.

365   *Idem.*

366   Véase "Decreto de Maduro resta poderes a la Asamblea Nacional de Venezuela," 4 de mayo de 2016, en http://noticias.terra.com/decreto-de-maduro-resta-poderes-a-la-asamblea-nacional-de-venezuela,b9ab08070bf18b140ca4e473ca4bbbaekpx40avv.html.

367   *Idem.*

La decisión del Poder Ejecutivo se conoció el 5 de mayo de 2016, cuando circuló la *Gaceta Oficial* en la cual apareció publicado el Decreto No 2309 de 2 de mayo de 2016,[368] en el cual el ejercicio de esta potestad constitucional de control político atribuida a la Asamblea para declarar Voto de censura a los Ministros, simple e insólitamente fue "restringida y suspendida" por el Jefe del Poder Ejecutivo, que es el órgano controlado, es decir, por el Presidente de la República cuyos subalternos (Vicepresidente Ejecutivo y Ministros) son los controlados y controlables por la Asamblea, violando descaradamente la Constitución y el principio de la separación de poderes que impone la autonomía e independencia de los Poderes Públicos que garantiza su artículo 136; todo ello, por supuesto, sin que el Presidente de la República tuviera competencia constitucional ni legal alguna para actuar de esa manera;[369] y lo más insólito, con "autorización" del Juez Constitucional.

Por lo demás, con dicho decreto se atropelló lo establecido en el citado artículo 339 de la Constitución conforme al cual el decreto de estado de excepción "no interrumpe el funcionamiento de los órganos del Poder Público," procediéndose a hacer lo inverso, que fue interrumpir el funcionamiento de la Asamblea al "restringir y diferir" el ejercicio de su competencia para aprobar mociones de censura que estimara políticamente oportunas y convenientes contra los Ministros y el Vicepresidente Ejecutivo, y solicitar incluso "su remoción." La "restricción y suspensión" de las potestades de la Asamblea, se establecieron "hasta tanto cesen los efectos del Decreto de Emergencia Económica," para supuestamente "garantizar la continuidad en la ejecución de las medidas económicas de emergencia," lo que significa que ha continuado en vigencia *sine die* por la prórroga sucesiva del estado de emergencia económica.

V. LAS OTRAS DECISIONES DEL JUEZ CONSTITUCIONAL NEUTRALIZANDO A LA ASAMBLEA NACIONAL COMO ÓRGANO LEGISLATIVO Y DE CONTROL

A estas actuaciones le sucedieron diversas otras decisiones de la Sala Constitucional, dictadas bajo la presidencia de la magistrada Gutiérrez Alvarado, autora de la Tesis "secreta" de Zaragoza, todas restrictivas de las potestades de la Asamblea Nacional de control político sobre el gobierno y la Administración Pública, consolidándose no sólo una dictadura sino una tiranía judicial,[370] destacándose las siguientes:

---

368   Véase en *Gaceta Oficial* Extra. N° 6225 de 2 de mayo de 2016.

369   Véase por ejemplo, José Ignacio Hernández, "¿Ahora la AN no podrá dictar votos de censura?, en *Prodavinci*, 4 de mayo de 2016, en http://prodavin-ci.com/blogs/ahora-la-an-no-podra-dictar-votos-de-censura-por-jose-ignacio-hernandez-g/

370   Véase los comentarios a todas las sentencias dictadas por la Sala Constitucional en Allan R. Brewer-Carías, *Dictadura Judicial y perversión del Estado de derecho*, Editorial Jurídica venezolana, Caracas 2016; segunda edición (Prólogo de Santiago Muñoz Machado), Ediciones El Cronista, Fundación Alfonso Martín Escudero, Editorial IUSTEL, Madrid 2017, 608 pp.; y *La consolidación de la tiranía judicial. El juez constitucional controlado por el poder ejecutivo, asumiendo el poder absoluto*, Colección Estudios Políticos, N° 15, Editorial Jurídica Venezolana International. Caracas / New York, 2017, 238 pp. Véase igualmente: Carlos M. Ayala Corao y Rafael J. Chavero Gazdik, *El libro negro del TSJ de Venezuela: Del secuestro de la democracia y la usurpación de la soberanía popular a la ruptura del orden constitucional (2015-2017)*, Editorial Jurídica Venezolana, Caracas 2017, 394 pp.; y *Memorial de agravios 2016 del Poder Judicial. Una recopilación de más de 100 sentencias del TSJ,* 155 pp., investigación preparada por las ONGs: Acceso a la Justicia, Transparencia Venezuela, Sinergia, espacio público, Provea, IPSS, Invesp, en https://www.scribd.com/document/336888955/Memorial-de-Agravios-del-Poder-Judicial-una-recopilacion-de-mas-de-100-sentencias-del-TSJ;

(i) la sentencia de la Sala Constitucional No. 907 de 28 de octubre de 2016,[371] dictada bajo la Ponencia de la magistrada tesista Gutiérrez Alvarado, mediante la cual negó materialmente toda posibilidad de control político sobre la nacionalidad del Presidente de la República, para determinar si para ser candidato había presentado la renuncia formal a otra nacionalidad, si la tuvo, dado el requisito constitucional de que para ejercer ese cargo es necesario "ser venezolano por nacimiento, sin otra nacionalidad;"[372]

(ii) la sentencia de la Sala Constitucional No. 893 de 25 de octubre de 2016,[373] dictada bajo la Ponencia de la magistrada Gutiérrez, mediante la cual suspendió todo tipo de investigación parlamentaria sobre la actuación de la empresa Petróleos de Venezuela S.A. cercenándole a la Asamblea Nacional su potestad de controlar la actuación de órganos de la Administración Pública, como son las empresas del Estado, incluso de la más importante entre todas ellas, como es PDVSA;[374]

(iii) la sentencia de la Sala Constitucional del Tribunal Supremo No. 814 de 11 de octubre de 2016,[375] dictada con motivo de supuestamente "ampliar" lo resuelto en una sentencia anterior (No 808 del 2 de septiembre de 2016[376]), mediante la cual dicha Sala asumió directamente las competencias de la Asamblea Nacional en materia de control político en relación con la aprobación de la Ley anual de presupuesto que conforme a la Constitución sólo puede hacerse

---

371   Véase en http://historico.tsj.gob.ve/decisiones/scon/octubre/191597-907-281016-2016-16-1017.HTML Véase los comentarios en Carlos Ayala y Rafael J. Chavero Gazdik, *El libro negro del TSJ de Venezuela: Del secuestro de la democracia y la usurpación de la soberanía popular a la ruptura del orden constitucional (2015-2017)*, Editorial Jurídica Venezolana, Caracas 2017, pp. 303 ss.

372   Véase los comentarios en Allan R. Brewer-Carías, "El intento fallido de la Asamblea Nacional de ejercer el control político sobre el tema de la nacionalidad del Presidente de la República, y su anulación por parte de la Sala Constitucional," en *Revista de Derecho Público,* N° 147-148, (julio-diciembre 2016), Editorial Jurídica Venezolana, Caracas 2016, pp. 360-366

373   Véase en http://historico.tsj.gob.ve/decisiones/scon/octubre/191316-893-251016-2016-16-0940.HTML Véase los comentarios en "El intento fallido de la Asamblea Nacional de ejercer el control político sobre la administración pública investigando la actuación de PDVSA, y su anulación por la Sala Constitucional," en *Revista de Derecho Público,* N° 147-148, (julio-diciembre 2016), Editorial Jurídica Venezolana, Caracas 2016, pp. 358-359

374   Véase en general, los comentarios en Allan R. Brewer-Carías, "El desconocimiento de los poderes de control político del órgano legislativo sobre el gobierno y la administración pública por parte del juez constitucional en Venezuela," *Opus Magna Constitucional, Tomo XII 2017 (Homenaje al profesor y exmagistrado de la Corte de Constitucionalidad Jorge Mario García Laguardia)*, Instituto de Justicia Constitucional, Adscrito a la Corte de Constitucionalidad, Guatemala. 2017, pp. 69-107. Véase los comentarios en Carlos Ayala y Rafael J. Chavero Gazdik, *El libro negro del TSJ de Venezuela: Del secuestro de la democracia y la usurpación de la soberanía popular a la ruptura del orden constitucional (2015-2017)*, Editorial Jurídica Venezolana, Caracas 2017, pp. 297 ss.

375   Véase en http://historico.tsj.gob.ve/decisiones/scon/octubre/190792-814-111016-2016-2016-897.HTML. Véase los comentarios en Allan R. Brewer-Carías, "La cremación de la Asamblea Nacional y la usurpación de sus funciones presupuestarias por parte del Juez Constitucional," en *Revista de Derecho Público,* N° 147-148, (julio-diciembre 2016), Editorial Jurídica Venezolana, Caracas 2016, pp. 334-349; y Carlos Ayala y Rafael J. Chavero Gazdik, *El libro negro del TSJ de Venezuela: Del secuestro de la democracia y la usurpación de la soberanía popular a la ruptura del orden constitucional (2015-2017)*, Editorial Jurídica Venezolana, Caracas 2017, pp. 294 ss.

376   Véase en http://historico.tsj.gob.ve/decisiones/scon/septiembre/190395-808-2916-2016-16-0831.HTML. Véase los comentarios en Allan R. Brewer-Carías, "La cremación de la Asamblea Nacional y la usurpación de sus funciones presupuestarias por parte del Juez Constitucional," en *Revista de Derecho Público,* N° 147-148, (julio-diciembre 2016), Editorial Jurídica Venezolana, Caracas 2016, pp. 334-349.

mediante Ley de la Asamblea Nacional, imponiendo que la Ley de Presupuesto para 2017 se debía formular mediante decreto ejecutivo, y se debía presentar ante la propia Sala Constitucional (no ante la Asamblea) para su aprobación;[377]

(iv) la sentencia de la Sala Constitucional No. 948 de 15 de noviembre de 2016,[378] prohibiendo a la Asamblea Nacional ejercer sus funciones de control político conforme a lo que había decidido en el Acuerdo de 25 de octubre de 2016 para "Iniciar el Procedimiento de Declaratoria de Responsabilidad Política del Presidente de la República ante la Grave Ruptura del Orden Constitucional y Democrático y la Devastación de las Bases Económicas y Sociales de la Nación;" dictando un mandamiento de amparo cautelar ordenando "a los diputados de la asamblea nacional abstenerse de continuar con el pretendido juicio político" contra el Presidente de la República. La sentencia fue protestada el mismo día por la Asamblea al haber adoptado el "Acuerdo en defensa de los principios democráticos y republicanos, con motivo de la sentencia No. 948 de la Sala Constitucional del Tribunal Supremo de Justicia,"[379] considerándola "contraria a los derechos y garantías establecidos en la Constitución Nacional;"

(v) la sentencia de la Sala Constitucional del Tribunal Supremo No. 3 de 11 de enero de 2017,[380] dictada bajo la Ponencia de la magistrada Gutiérrez, mediante la cual declaró "la omisión inconstitucional del Poder Legislativo Nacional" en relación a múltiples sentencias estableciendo un supuesto desacato, disponiendo a solicitud del propio Presidente de la República, que esa situación, "incapacita al Poder Legislativo para ejercer sus atribuciones constitucionales de control político de gestión," debiendo el mismo presentar su mensaje Anual "ante el Tribunal Supremo de Justicia, en transmisión conjunta de radio y televisión, para llegar a la mayor cantidad de venezolanas," y no ante la Asamblea Nacional como corresponde;[381]

(vi) la sentencia de la Sala Constitucional del Tribunal Supremo No. 156 de 29 de marzo de 2017,[382] dictada también con la participación de la magistrado tesista Gutiérrez Alvarado, me-

---

377 Véase por ejemplo, Laura Louza, "El TSJ usurpa a la AN el control del presupuesto," en Acceso a la Justicia. El observatorio venezolano de la justicia, Caracas 18 de octubre de 2016, en http://www.accesoalajusticia.org/wp/infojus-ticia/noticias/el-tsj-usurpa-a-la-an-el-control-del-presupuesto/.

378 Véase en http://historico.tsj.gob.ve/decisiones/scon/noviembre/192486-948-151116-2016-16-1085.HTML. Véase los comentarios en Allan R. Brewer-Carías, ""El acoso por parte de la "Justicia" Constitucional contra la Asamblea Nacional como órgano de representación popular," en *Revista de Derecho Público*, N° 147-148, (julio-diciembre 2016), Editorial Jurídica Venezolana, Caracas 2016, pp. 367-379; y en Carlos Ayala y Rafael J. Chavero Gazdik, *El libro negro del TSJ de Venezuela: Del secuestro de la democracia y la usurpación de la soberanía popular a la ruptura del orden constitucional (2015-2017)*, Editorial Jurídica Venezolana, Caracas 2017, pp. 313 ss.

379 Véase en http://www.asambleanacional.gob.ve/uploads/documen-tos/doc_2927f376d002f85132-bf39b7d129fb36416d886c.pdf

380 http://historico.tsj.gob.ve/decisiones/scon/enero/194892-03-11117-2017-17-0002.HTML. Véase los comentarios en Carlos Ayala y Rafael J. Chavero Gazdik, *El libro negro del TSJ de Venezuela: Del secuestro de la democracia y la usurpación de la soberanía popular a la ruptura del orden constitucional (2015-2017)*, Editorial Jurídica Venezolana, Caracas 2017, pp. 330 ss.

381 Véase los comentarios en Allan R. Brewer-Carías, "Comentarios a la sentencia de la Sala Constitucional N° 3 de 11 de enero de 2017, declarando la omisión de la Asamblea Nacional, disponiendo que el mensaje anual de Presidente de la República no podía presentarse ante la Asamblea Nacional," en *Revista de Derecho Público*, N° 149-150, (enero-junio 2017), Editorial Jurídica Venezolana, Caracas 2017, pp. 271-275

382 Véase la sentencia N° 156 de 29 de marzo de 2017 en http://histo-rico.tsj.gob.ve/decisiones/scon/marzo/197364-156-29317-2017-17-0325.HTML. Véanse los comentarios en Allan R. Brewer-Carías, "El reparto de despojos: La usurpación definitiva de las funciones de la Asamblea Nacional por la Sala Constitucional del Tribunal Supremo

diante la cual resolvió, en un juicio que duró sólo un día, que la aprobación parlamentaria de los contratos de constitución de empresas mixtas en materia de hidrocarburos conforme al artículo 33 de la Ley Orgánica de Hidrocarburos, en lugar de otorgarla la Asamblea Nacional, sería otorgada por la propia Sala Constitucional, resolviendo en definitiva en dicha sentencia, "asumir de pleno derecho," globalmente, todas las atribuciones del Parlamento, es decir, el "ejercicio de la atribución constitucional contenida en el artículo 187, numeral 24" de la Constitución," que establece que: "corresponde a la Asamblea Nacional: 24. *Todo lo demás* que le señalen esta Constitución y la ley." [383]

Es decir, de un plumazo, como de la nada, la Sala Constitucional del Tribunal Supremo de Justicia, como Jurisdicción Constitucional, presidida por la magistrada Gutiérrez Alvarado, autora de la Tesis "secreta" de Zaragoza, y con su participación activa, decidió asumir, *in toto*, de pleno derecho, todas las competencias de la Asamblea Nacional, para lo cual no tiene competencia en forma alguna, configurándose ello como un golpe de Estado; todo lo cual fue ratificado por el mismo Juez Constitucional mediante sentencia No. 158 de 1 de abril de 2017. [384]

---

de Justicia al asumir el poder absoluto del Estado. (Sentencia N° 156 de la Sala Constitucional)," en *Revista de Derecho Público,* N° 149-150, (enero-junio 2017), Editorial Jurídica Venezolana, Caracas 2017, pp. 292-300; y en Carlos Ayala y Rafael J. Chavero Gazdik, *El libro negro del TSJ de Venezuela: Del secuestro de la democracia y la usurpación de la soberanía popular a la ruptura del orden constitucional (2015-2017),* Editorial Jurídica Venezolana, Caracas 2017, pp. 211 ss. y 349 ss.

383   Véanse los comentarios a la sentencia en Allan R. Brewer-Carías en "El reparto de despojos: La usurpación definitiva de las funciones de la Asamblea Nacional por la Sala Constitucional del Tribunal Supremo de Justicia al asumir el poder absoluto del Estado. (Sentencia N° 156 de la Sala Constitucional)," en *Revista de Derecho Público,* N° 149-150, (enero-junio 2017), Editorial Jurídica Venezolana, Caracas 2017, pp. 292-300

384   Véase sobre la sentencia los comentarios en Allan R. Brewer-Carías, "La nueva farsa del Juez Constitucional controlado: La inconstitucional y falsa "corrección" de la usurpación de funciones legislativas por parte de la Sala Constitucional del Tribunal Supremo. (Sentencias N° 157 y 158 de 1° abril de 2017)," en *Revista de Derecho Público,* N° 149-150, (enero-junio 2017), Editorial Jurídica Venezolana, Caracas 2017, pp. 313-325

SEXTA PARTE

LA ILEGÍTIMA MUTACIÓN DEL PRINCIPIO DE DISTRIBUCIÓN TERRITORIAL DEL PODER PÚBLICO EN EL ÁMBITO DE LA FEDERACIÓN POR LA ACCIÓN Y OMISIÓN DEL JUEZ CONSTITUCIONAL

El sistema de la separación de poderes en la Constitución de 1999 no sólo se estructuró con base a la separación horizontal de los Poderes Públicos, en los cinco Poderes que han sido completamente controlados por el Poder Ejecutivo, como antes hemos analizados, por obra del Juez Constitucional; sino con base en un sistema de división o distribución territorial del Poder Público, en un sistema federal, que aun cuando precario, requería su implementación reforzando las instancias regionales y locales de gobierno, federalizándose y municipalizándose todos los rincones del país.[385] Así está formalmente establecido en la Constitución, pero en realidad se hizo todo lo contrario, habiendo sido alterado el esquema constitucional, también por obra del Juez Constitucional, mutando el texto constitucional.

Además, el sistema fue brutalmente afectado por la Asamblea Nacional, mediante un conjunto de leyes orgánicas denominadas "del Poder Popular" sancionadas en 2010, que desconstitucionalizaron al Estado y establecieron en paralelo al mismo, un "Estado Comunal" que había sido rechazado por el pueblo mediante referendo en 2007. En este caso, fue la omisión del Juez Constitucional, con la participación activa en la omisión de la magistrada Presidenta de la Sala Constitucional – quién defendería al año siguiente la constitucionalidad de dichas leyes orgánicas en su Tesis "secreta" de Zaragoza – (**Véase Octava Parte, IV**), lo que desquició el sistema de distribución territorial del Poder Público en el país.

I. EL TRASTOCAMIENTO DE LAS COMPETENCIAS "EXCLUSIVAS" DE LOS ESTADOS DE LA FEDERACIÓN POR EL JUEZ CONSTITUCIONAL AL CONVERTIRLAS EN COMPETENCIAS "CONCURRENTES" SOMETIDAS AL PODER NACIONAL (2008)

En cuanto a la forma del Estado en Venezuela, el artículo 4 de la Constitución de 1999 declara que "la República Bolivariana de Venezuela es un *Estado federal descentralizado* en los términos consagrados en esta Constitución." norma que, sin embargo, se contradice en otras previsiones de la propia Constitución que permiten calificar la forma de Estado como la de una fede-

---

385   Véase Allan R. Brewer-Carías, "La descentralización política en la Constitución de 1999: Federalismo y Municipalismo (una reforma insuficiente y regresiva)" en *Boletín de la Academia de Ciencias Políticas y Sociales*, Nº 138, Año LXVIII, Enero-Diciembre 2001, Caracas 2002, pp. 313-359.

ración centralizada."[386] En todo caso, y a pesar de esas contradicciones, en la Constitución se puede identificar un núcleo esencial del sistema de distribución de competencias entre los niveles territoriales, es decir, entre el Poder Municipal, el Poder Estadal y el Poder Nacional, que no puede cambiarse sino mediante una reforma constitucional (artículos 136, 156, 164, 178 y 179).[387]

Específicamente, en materia de infraestructura para la circulación y el transporte, la Constitución establece, por una parte, que corresponde en forma exclusiva al Poder Nacional "el sistema de vialidad y de ferrocarriles nacionales (artículo 156,27),[388] y por la otra, que corresponde en forma exclusiva a los Estados, "la conservación, administración y aprovechamiento de carreteras y autopistas nacionales;" competencia que deben ejercer sujetos a "la coordinación con el Poder Nacional," que éste debe regular.

Este tema de la forma federal del Estado y de la distribución territorial de competencias establecidas en los artículos 156 y 164 de la Constitución, fue uno de los que se quiso cambiar con la propuesta de reforma constitucional que a iniciativa del Presidente de la República se pretendió aprobar durante el año 2007, y que fue rechazada por el pueblo en referendo de 2 de diciembre de 2007, con la que se buscaba modificar el mencionado sistema, centralizando aún más al Estado, y terminando de centralizar materialmente todas las competencias del Poder Público en el nivel nacional. [389] En particular con la reforma se buscaba "nacionalizar" la referida competencia que el artículo 164,10 de la Constitución de 1999 le atribuye a los Estados en materia de la conservación, administración y aprovechamiento de autopistas y carreteras nacionales.[390]

Como se ha dicho, la reforma constitucional propuesta fue rechazada expresa y abrumadoramente por el pueblo en el referendo de diciembre de 2007, por lo que la competencia de los Estados establecida en el referido artículo 164,10 de la Constitución, quedó sin modificación. Sin embargo, a petición de los abogados de la Procuraduría General de la República a cargo, entonces, precisamente de la Sra. Gladys Gutiérrez Alvarado, autora de la Tesis "secreta" de Zaragoza, formulada mediante un recurso autónomo de interpretación de dicho artículo, la Sala Constitu-

---

386   Véase nuestros estudios sobre el tema, elaborados apenas la Constitución fue sancionada: Allan R. Brewer-Carías, *Federalismo y Municipalismo en la Constitución de 1999 (Alcance de una reforma insuficiente y regresiva),* Editorial Jurídica Venezolana, Caracas-San Cristóbal 2001; "El Estado federal descentralizado y la centralización de la federación en Venezuela. Situación y perspectiva de una contradicción constitucional" en Diego Valadés y José María Serna de la Garza (Coordinadores), *Federalismo y regionalismo,* Universidad Nacional Autónoma de México, Tribunal Superior de Justicia del Estado de Puebla, Instituto de Investigaciones Jurídicas, Serie Doctrina Jurídica Nº 229, México 2005, pp. 717-750

387   Véase Allan R. Brewer-Carías, "Consideraciones sobre el régimen de distribución de competencias del Poder Público en la Constitución de 1999" en Fernando Parra Aranguren y Armando Rodríguez García Editores, *Estudios de Derecho Administrativo. Libro Homenaje a la Universidad Central de Venezuela, Facultad de Ciencias Jurídicas y Políticas, con ocasión del Vigésimo Aniversario del Curso de Especialización en Derecho Administrativo,* Tomo I, Tribunal Supremo de Justicia, Colección Libros Homenaje Nº 2, Caracas 2001, pp. 107-136.

388   Véase Decreto Nº 1.445, con fuerza de Ley de Sistema de Transporte Ferroviario Nacional en *G.O.* Nº 37.313 del 30 de octubre de 2001.

389   Véase Allan R. Brewer-Carías, *Hacia la Consolidación de un Estado Socialista, Centralizado, Policial y Militarista. Comentarios sobre el sentido y alcance de las propuestas de reforma constitucional 2007,* Colección Textos Legislativos, Nº 42, Editorial Jurídica Venezolana, Caracas 2007, pp. 41 ss.

390   Véase Allan R. Brewer-Carías, *La Reforma Constitucional de 2007 (Comentarios al Proyecto Inconstitucionalmente sancionado por la Asamblea Nacional el 2 de Noviembre de 2007),* Colección Textos Legislativos, Nº 43, Editorial Jurídica Venezolana, Caracas 2007, pp. 72 ss.

cional mediante sentencia No. 565 de 15 de abril de 2008,[391] pura y simplemente modificó el contenido de esa norma constitucional y dispuso, como interpretación vinculante de la misma - como lo había requerido la Procuradora General y le interesaba al Ejecutivo - , que esa "competencia exclusiva" *no era tal competencia exclusiva*, sino una competencia concurrente y que, incluso, el Poder Nacional podía revertirla a su favor eliminando toda competencia de los Estados.

La Sala Constitucional, en efecto, decidió que la Administración Nacional "en ejercicio de la potestad de coordinación pueda asumir directamente la conservación, administración y el aprovechamiento de las carreteras y autopistas nacionales, así como los puertos y aeropuertos de uso comercial," y que "corresponde al Ejecutivo Nacional por órgano del Presidente de la República en Consejo de Ministros, decretar la intervención para asumir la prestación de servicios y bienes de las carreteras y autopistas nacionales, así como los puertos y aeropuertos de uso comercial," en aquellos casos que la prestación del servicio "por parte de los Estados es deficiente o inexistente."

Con esta interpretación, lo que el Juez Constitucional hizo fue mutar el texto constitucional usurpando la soberanía popular a la cual está reservado el poder constituyente, cambiado la forma federal del Estado al trastocar el sistema de distribución territorial de competencias entre el Poder Nacional y los Estados y, en particular, "nacionalizando," contra lo que expresamente dispone la Constitución, competencias atribuidas en forma exclusiva a los Estados, tal como se había propuesto en la reforma constitucional de 2007 que fue rechazada por el pueblo.

En este caso, en fraude a la Constitución, y a solicitud de la Procuraduría General de la República, a cargo de Gladys Gutiérrez Alvarado, quien luego presentaría la Tesis "secreta" de Zaragoza, sus abogados plantearon a la Sala Constitucional la existencia de una supuesta "incertidumbre jurídica en cuanto al alcance y límites de su competencia" que existía en el Ministerio de Infraestructura." consideró que la norma:

> "no era lo suficientemente clara para lograr establecer de una forma eficiente y precisa el ámbito y forma de actuación del Ejecutivo Nacional, respecto a la coordinación con los Estados de la administración, conservación y aprovechamiento de carreteras y autopistas nacionales, así como de puertos y aeropuertos de uso comercial."

El resultado de la petición de interpretación formulada por los subalternos de la Sra. Gutiérrez fue que la Sala Constitucional reformó la Constitución, y pura y simplemente eliminó la competencia exclusiva de los Estados en la materia, y la convirtió en una competencia concurrente sujeta a la técnica puntual de "descentralización" que puede ser intervenida, revertida y reasumida por el Poder Nacional. La Sala, en efecto, olvidándose de que se trataba de una competencia "exclusiva" de los Estados que había sido descentralizada desde 1989 mediante la Ley de Orgánica de Descentralización, dispuso que como las carreteras y puentes nacionales son bienes de la República, lo que era obvio, "en caso de haber sido transferidos a los Estados *pueden ser cogestionados por éstos a través de convenios, pero también reasumidos por el Poder Público Nacional mediante un procedimiento de reversión, ya que la titularidad originaria de los mismos le corresponde a la República*." Al contrario, de acuerdo con la Constitución, el hecho de que los puertos o aeropuertos comerciales, autopistas, carreteras y puentes sean "nacionales," en tanto bienes públicos, no autoriza en forma alguna como lo afirmó la Sala, que "Ejecutivo Nacional,

---

391   Véase sentencia de la Sala Constitucional, nᶜ 565 (caso *Procuradora General de la República, recurso de interpretación del artículo 164.10 de la Constitución de 1999*) de fecha 15 de Abril de 2008, en http://www.tsj.gov.ve/decisiones/scon/Abril/565-150408-07-1108.htm

podrá ejercer competencias exorbitantes como la *intervención* en aras de garantizar la continuidad, calidad, y normalidad de tales servicios; hayan sido o no, transferidos a los Estados."

Después de muchos argumentos y malabarismos interpretativos, la Sala Constitucional pasó a modificar el artículo 164,10 de la Constitución y dispuso entonces como interpretación vinculante de dicha norma, como se lo habían solicitado los abogados de la Procuradora General de la República, que la misma no dice lo que dice, sino lo contrario, así:

a. Que *no se trata de una competencia exclusiva*, sino de una *competencia concurrente* sobre la cual el legislador nacional debe "establecer mediante *leyes de base* reguladoras ... de las *competencias concurrentes*, de la República con los Estados y los Municipios, sino también de las de estos últimos entre sí."

b.- Que los Estados *no tienen la competencia exclusiva que la Constitución les asigna,* sino que lo que pueden es "ejercer *conforme a la legislación base* y en coordinación con el Ejecutivo Nacional la conservación, administración y el aprovechamiento de las carreteras y autopistas nacionales, así como los puertos y aeropuertos de uso comercial, *previa transferencia de competencias conforme al procedimiento de descentralización territorial.*"

c. Que, por tanto, la Constitución no dispuso distribución de competencias alguna en esta materia a favor de los Estados, sino que estos pueden sólo ser destinatarios "de una descentralización territorial" en la materia. Por ello, la Sala fue terminante en afirmar que "Sólo los Estados como entes político territoriales pueden ser objeto de una descentralización territorial sobre dichas materias."

d. Que los Estados no tienen la competencia exclusiva que les asigna la Constitución, en materia de carreteras y autopistas nacionales, así como de los puertos y aeropuertos de uso comercial nacionales (no Estadales), que son bienes y servicios nacionales; y que sólo en caso de sean "transferidos a los Estados (descentralización funcional) pueden ser cogestionados por éstos a través de convenios, pero también *revertidos*, ya que la titularidad originaria de los mismos le corresponde a la República, conforme al ordenamiento jurídico vigente." Sin embargo, de acuerdo con la Sala Constitucional, en estos casos, "se concibe que la Administración en ejercicio de la potestad de coordinación pueda *asumir directamente* la conservación, administración y el aprovechamiento de las carreteras y autopistas nacionales, así como los puertos y aeropuertos de uso comercial, en aras de mantener a buen resguardo los derechos de los usuarios a la prestación de un servicio público en condiciones de calidad."

En estos casos, sin base constitucional o legal alguna, la Sala Constitucional dispuso que "corresponde al Ejecutivo Nacional por órgano del Presidente de la República en Consejo de Ministros, decretar la intervención para asumir la prestación de servicios y bienes de las carreteras y autopistas nacionales, así como los puertos y aeropuertos de uso comercial, en aquellos casos que a pesar de haber sido transferidas esas competencias, la prestación del servicio o bien por parte de los Estados es deficiente o inexistente, sobre la base de los artículos 236 y 164.10 de la Constitución"."

Después de una ilegítima "modificación constitucional" de esta naturaleza, realizada mediante interpretación vinculante, que trastocó el orden jurídico, la misma como lo dijo la propia Sala, "genera una necesaria revisión y modificación de gran alcance y magnitud del sistema legal vigente." Por supuesto, después de lo que hizo, la Sala Constitucional no pudo concluir en otra forma que no fuera advirtiendo "de oficio y por razones de orden público constitucional, ... que el contenido de la presente decisión debe generar una necesaria revisión y modificación del ordenamiento jurídico legal vigente," para lo cual exhortó a la Asamblea Nacional que "proceda a la revisión y correspondiente modificación de la normativa legal vinculada con la interpretación vinculante establecida en la presente decisión,[392] en orden a establecer una regulación legal congruente con los principios constitucionales y derivada de la interpretación efectuada por esta Sala en ejercicio de sus competencias."

Es decir, la Sala conminó al legislador a legislar en contra de la Constitución de 1999, y conforme a una ilegítima modificación constitucional de la misma impuesta por ella misma. Ello provocó que después del triunfo electoral de la oposición en Estados y Municipios claves, desplazando los Gobernadores oficialistas en las elecciones de diciembre de 2008, la Asamblea Nacional muy diligentemente reformara en marzo de 2009, entre otras, la Ley Orgánica de Descentralización, Delimitación y Transferencia de Competencias del Poder Público,[393] a los efectos de eliminar las competencias exclusivas de los Estrados establecidas en los ordinales 3 y 5 del artículo 11 de dicha Ley, agregando dos nuevas normas en dicha Ley en las cuales se dispone que "el Poder Público Nacional por órgano del Ejecutivo Nacional, podrá revertir por razones estratégicas, de mérito, oportunidad o conveniencia, la transferencia de las competencias concedidas a los estados, para la conservación, administración y aprovechamiento de los bienes o servicios considerados de interés público general, conforme con lo previsto en el ordenamiento jurídico y al instrumento que dio origen a la transferencia" (art. 8); y que "El Ejecutivo Nacional, por órgano del Presidente o Presidenta de la República en Consejo de Ministros, podrá decretar la intervención conforme al ordenamiento jurídico, de bienes y prestaciones de servicios públicos transferidos para su conservación, administración y aprovechamiento, a fin de asegurar a los usuarios, usuarias, consumidores y consumidoras un servicio de calidad en condiciones idóneas y de respeto de los derechos constitucionales, fundamentales para la satisfacción de necesidades públicas de alcance e influencia en diversos aspectos de la sociedad" (art. 9). Con ello se completó el fraude constitucional dispuesto por la Sala Constitucional a solicitud del Poder Ejecutivo.

Se modificó así el régimen constitucional del Estado Federal, por obra del Juez Constitucional actuando a instancia del propio Ejecutivo Nacional; sin duda, en una coordinación entre los Poderes Públicos, envidiable en el más centralizado de los Estados.

II. EL PROCESO DE DESCONSTITUCIONALIZACIÓN DEL ESTADO CON LA CREACIÓN DEL ESTADO COMUNAL O DEL PODER POPULAR, EN PARALELO AL ESTADO CONSTITUCIONAL, CON LA ANUENCIA OMISIVA DEL JUEZ CONSTITUCIONAL (2007, 2010)

La Constitución 1999, como se ha dicho, define al Estado como un Estado Democrático y Social de Derecho y de Justicia con la forma de un Estado federal descentralizado,[394] estructurado sobre la base de un sistema de distribución vertical del Poder Público en tres niveles territoriales (Poder Nacional, el Poder de los Estados y el Poder Municipal, art. 136), cada uno con autonomía

---

392 De ello resulta según la sentencia: "la necesaria revisión general de la Ley Orgánica de Descentralización, Delimitación y Transferencia de Competencias del Poder Público, Ley General de Puertos y la Ley de Aeronáutica Civil, sin perjuicio de la necesaria consideración de otros textos legales para adecuar su contenido a la vigente interpretación."

393 Véase *Gaceta Oficial* N° 39 140 del 17 de marzo de 2009

394 Véase el estudio de la Constitución en cuanto a la regulación de este modelo de Estado Constitucional en Allan R. Brewer-Carías, *La Constitución de 1999. Derecho Constitucional venezolano*, 2 tomos, Caracas 2004.

política y debiendo tener siempre un gobierno de carácter "electivo, descentralizado, alternativo, responsable, pluralista y de mandatos revocables."

El intento de trastocar la estructura del Estado en 2007

Este sistema estatal se trató de cambiar radicalmente en 2007, mediante una propuesta de reforma constitucional formulada por el Presidente de la República Hugo Chávez, recién reelecto en la Presidencia (2006), para sustituirlo por un sistema de Estado Socialista, centralizado, Militarista y Policial, denominado del Poder Popular o Comunal, que contaría con un sistema de economía socialista de planificación centralizada donde desaparecía de la Constitución la garantía de la libertad económica y se reformaba el artículo relativo al derecho de propiedad, de manera de eliminar su garantía, buscando reconocer solo "diferentes formas de propiedad," entre las cuales se enumeraban la "propiedad pública," la "propiedad social," la "propiedad colectiva," la "propiedad mixta," y la "propiedad privada" pero solo "sobre bienes de uso, consumo y medios de producción legítimamente adquiridos."[395]

Estos cambios, al decir del voto salvado emitido por uno de los Magistrados que más contribuyeron en los años anteriores, desde el Tribunal Supremo, al afianzamiento del régimen autoritario, constituía, ni más ni menos, que una "transformación de la estructura del Estado, particularmente "al limitar la propiedad privada solo sobre bienes de uso, es decir aquellos que una persona utiliza (sin especificarse en cual forma); o de consumo, que no es otra cosa que los fungibles,"[396] la cual sin duda, requería de una revisión constitucional mediante una Asamblea Constituyente.

El Presidente de la República, sin embargo, en un proceso en el cual estuvo asesorado entre otros, por la entonces Procuradora General de la República, Gladys Gutiérrez Alvarado como miembro de la Comisión Presidencial nombrada para ello, y por el Director de su Tesis "secreta" de Zaragoza, Francisco Palacios Romeo; escogió para formular su propuesta el procedimiento de reforma constitucional.[397] En agosto de 2007 presentó a la Asamblea Nacional el respectivo Pro-

---

395 Véase Allan R. Brewer-Carías, *Hacia la Consolidación de un Estado Socialista, Centralizado, Policial y Militarista. Comentarios sobre el sentido y alcance de las propuestas de reforma constitucional 2007,* Colección Textos Legislativos, N° 42, Editorial Jurídica Venezolana, Caracas 2007; Allan R. Brewer-Carías, *La reforma constitucional de 2007 (Comentarios al Proyecto inconstitucionalmente sancionado por la Asamblea Nacional el 2 de noviembre de 2007),* Colección Textos Legislativos, No.43, Editorial Jurídica Venezolana, Caracas 2007; "Estudio sobre la propuesta presidencial de reforma constitucional para la creación de un Estado Socialista, Centralizado y Militarista en Venezuela (análisis del anteproyecto presidencial, agosto 2007," en *Anuario da Facultade de Dereito da Universidade da Coruña, Revista jurídica interdisciplinaria internacional,* Con. 12, La Coruña 2008, pp. 87-125; "Hacia la creación de un Estado Socialista, Centralizado y Militarista en Venezuela. Análisis de la propuesta presidencial de reforma constitucional," en *Estudios Jurídicos,* Volumen XIII, Enero 2004-Diciembre 2007, Asociación Hipólito Herrera Billini, Santo Domingo, República Dominica 2008, pp. 17-66; "Estudio sobre la propuesta presidencial de reforma constitucional para la creación de un Estado Socialista, Centralizado y Militarista en Venezuela (Agosto 2007)", *Revista de Derecho Público",* N° 111, (julio-septiembre 2007), Editorial Jurídica Venezolana, Caracas 2007, pp. 7-42

396 Véase Voto salvado del magistrado Jesús Eduardo cabrera a la sentencia N° 2042 de la Sala Constitucional de 2 de noviembre de 2007 en la cual se declaró inadmisible un amparo constitucional ejercido contra el Presidente de la República y la Asamblea Nacional, con motivo de la inconstitucional "reforma constitucional" de 2007, en *Revista de Derecho Público,* N° 112 (Estudios sobre la reforma constitucional), Editorial Jurídica Venezolana, Caracas 2007, pp. 642 ss.

397 Véase Allan R. Brewer-Carías, *Reforma constitucional y fraude a la constitución (1999-2009),* Academia de Ciencias Políticas y Sociales, Caracas 2009; y "Reforma Constitucional y fraude a la Constitución: el caso de Venezuela 1999-2009," en Pedro Rubén Torres Estrada y Michael Núñez Torres (Coordinadores), *La reforma*

yecto de Reforma Constitucional (**Véase Séptima Parte, I**), respecto de la cual, en 2011, la magistrada Gutiérrez Alvarado haría una apología en su Tesis "secreta" de Zaragoza (**Véase Octava Parte**).

El trámite del inconstitucional procedimiento de Reforma Constitucional que se había elegido, fue impugnado ante la Sala Constitucional del Tribunal Supremo (**Véase Séptima Parte, I**); pero el Juez Constitucional se negó a conocer de las acciones de inconstitucionalidad, considerándolas todas incluso como "improponibles,"[398] con la consecuencia de que luego de ser aprobada por la Asamblea Nacional fue sometida a referendo, el cual se efectuó en diciembre de 2007, siendo en definitiva el pueblo quien rechazó la reforma propuesta.

Ello, sin embargo, no impidió que las propuestas de la rechazada "reforma" fueran en buena parte implementadas en los años sucesivos, en forma totalmente irregular y al margen de la Constitución, mediante la sanción por la Asamblea Nacional de diversas leyes ordinarias, primero, en 2007, como la Ley de los Consejos Comunales,[399] y la Ley de la Comisión de Planificación Centralizada;[400] luego, en 2008, mediante un conjunto de decretos leyes,[401] como el Decreto Ley Nº

---

constitucional. Sus implicaciones jurídicas y políticas en el contexto comparado, Cátedra Estado de Derecho, Editorial Porrúa, México 2010, pp. 421-533. Véanse además todos los estudios sobre los Decretos Leyes de 2008 y la implementación fraudulenta de la reforma constitucional rechazada en 2007, publicados en la *Revista de Derecho Público*, No 115 (Estudios sobre los decretos leyes), Editorial Jurídica Venezolana, Caracas 2008.

398   Véase Allan R. Brewer-Carías, "El juez constitucional vs. la supremacía constitucional O de cómo la jurisdicción constitucional en Venezuela renunció a controlar la constitucionalidad del procedimiento seguido para la 'reforma constitucional' sancionada por la Asamblea Nacional el 2 de noviembre de 2007, antes de que fuera rechazada por el pueblo en el referendo del 2 de diciembre de 2007," en Eduardo Ferrer Mac Gregor y César de Jesús Molina Suárez (Coord.), *El juez constitucional en el Siglo XXI*, Universidad nacional Autónoma de México, Suprema Corte de Justicia de la Nación, México 2009, Tomo I, pp. 385-435.

399   Véase en *Gaceta Oficial* Nº 5.806 Extra. de 10-04-2006. Véase Allan R. Brewer-Carías, "El inicio de la desmunicipalización en Venezuela: La organización del Poder Popular para eliminar la descentralización, la democracia representativa y la participación a nivel local", en *AIDA, Opera Prima de Derecho Administrativo. Revista de la Asociación Internacional de Derecho Administrativo*, Universidad Nacional Autónoma de México, Facultad de Estudios Superiores de Acatlán, Coordinación de Postgrado, Instituto Internacional de Derecho Administrativo "Agustín Gordillo", Asociación Internacional de Derecho Administrativo, México, 2007, pp. 49 a 67.

400   Véase en *Gaceta Oficial* Nº 5.841, Extra. de 22 de junio de 2007. Véase Allan R. Brewer-Carías, "Comentarios sobre la inconstitucional creación de la Comisión Central de Planificación, centralizada y obligatoria", *Revista de Derecho Público*", Nº 110, (abril-junio 2007), Editorial Jurídica Venezolana, Caracas 2007, pp. 79-89.

401   Véase Lolymar Hernández Camargo, "Límites del poder ejecutivo en el ejercicio de la habilitación legislativa: Imposibilidad de establecer el contenido de la reforma constitucional rechazada vía habilitación legislativa," en *Revista de Derecho Público* 115 *(Estudios sobre los Decretos Leyes)*, Editorial Jurídica Venezolana, Caracas 2008, pp. 51 ff.; Jorge Kiriakidis, "Breves reflexiones en torno a los 26 Decretos-Ley de julio-agosto de 2008, y la consulta popular refrendaria de diciembre de 2007," *id.*, pp. 57 ff.; José Vicente Haro García, "Los recientes intentos de reforma constitucional o de cómo se está tratando de establecer una dictadura socialista con apariencia de legalidad (A propósito del proyecto de reforma constitucional de 2007 y los 26 decretos leyes del 31 de julio de 2008 que tratan de imponerla)," *id.*, pp. 63 ss; Ana Cristina Nuñez Machado, "Los 26 nuevos Decretos-Leyes y los principios que regulan la intervención del Estado en la actividad económica de los particulares," *id.*, pp. 215-20; Aurilivi Linares Martínez, "Notas sobre el uso del poder de legislar por decreto por parte del Presidente venezolano," *id.*, pp. 79-89; Carlos Luis Carrillo Artiles, "La paradójica situación de los Decretos Leyes Orgánicos frente a la Ingeniería Constitucional de 1999," *id.*, pp. 93-100; Freddy J. Orlando S., "El "paquetazo," un conjunto de leyes que conculcan derechos y amparan injusticias," *iid.*, pp. 101-104..

6.130, contentivo de la Ley para el Fomento y Desarrollo de la Economía Popular,[402] o el relativo a la Fuerza Armada Bolivariana,[403] así como mediante la ejecución de una política masiva de estatización de empresas, de ocupación de otras, de expropiación y confiscación de toda clase de bienes,[404] sin garantía de justa indemnización y que luego han sido abandonadas o desmanteladas, acabando con el aparato productivo del país;[405] luego en 2009, con la regulación de la organización del Distrito Capital, donde tiene su sede Caracas, eliminándosele el carácter de entidad local autónoma que regula la Constitución;[406] y finalmente, en 2010, con un golpe final a la Constitución dado en diciembre de 2010, cuando la Asamblea Nacional aprobó un conjunto de leyes del

---

402   Véase en *Gaceta Oficial* N° 5.890 Extra. de 31 de julio de 2008.

403   Véase Decreto Ley N° 6.239, de la Ley Orgánica de la Fuerza Armada Bolivariana, en *Gaceta Oficial* N° 5.933, Extra., de 21 de Octubre de 2009. Véase en general, Alfredo Arismendi A., **"Fuerza Armada Nacional: Antecedentes, evolución y régimen actual***,"* in *Revista de Derecho Público*, N° 115 (Estudios sobre los Decretos Leyes), Editorial Jurídica Venezolana, Caracas 2008, pp. 187-206; Jesús María Alvarado Andrade, "La nueva Fuerza Armada Bolivariana (Comentarios a raíz del Decreto N° 6.239, con rango, valor y fuerza de Ley Orgánica de la Fuerza Armada Nacional Bolivariana)*," id.,* pp. 207-14.

404   Véase en general, Antonio Canova González, Luis Alfonso Herrera Orellana, and Karina Anzola Spadaro, *¿Expropiaciones o vías de hecho? (La degradación continuada del derecho fundamental de propiedad en la Venezuela actual,"* Funeda, Universidad Católica Andrés Bello, Caracas 2009. Hasta cierto punto ocurrió uno de los temores ingenuamente expresados por Juan Carlos Monedero, en el sentido de que "la estatización de todos los medios de producción, incluso los más básicos, es igualmente, tras cinco siglos de capitalismo, una simpleza que condena al estrangulamiento económico," que fue precisamente lo que ocurrió en Venezuela. Véase en Juan Calos Monedero, Hacia una filosofía política del socialismo en el Siglo XXI," en *Cuadernos del CENDES*, N° 68, Año 25, mayo-junio 2008, pp. 88.

405   El que fue Ministro de Economía del país, Alí Rodríguez Araque, y artífice de la política económica en los últimos lustros ha explicado la situación así: "Hay que hacer ciertas definiciones estratégicas que no están claras. ¿Qué es lo que va a desarrollar el Estado?, porque la revolución venezolana no es la soviética, donde los trabajadores armados en medio de una enorme crisis asaltan el poder, destruyen el viejo Estado y construyen uno nuevo. Ni es la revolución cubana, donde un proceso armado asalta el poder y construye uno nuevo. Aquí se llegó al Gobierno a través del proceso electoral. La estructura del Estado es básicamente la misma. Yo viví la experiencia de la pesadez de la democracia. Una revolución difícilmente puede avanzar exitosamente con un Estado de esas características. Eso va a implicar un proceso tan largo como el desarrollo de las comunas. Un nuevo Estado tiene que basarse en el poder del pueblo. Mientras, durante un muy largo periodo, se van a combinar las acciones del Estado con las del sector privado. Tiene que haber una definición en ese orden, los roles que va a cumplir ese sector privado, estableciendo las regulaciones para evitar la formación de monopolios. Está demostrado que el Estado no puede asumir todas las actividades económicas. ¿Qué vamos a hacer con la siderúrgica? Yo no estoy proponiendo que se privatice, pero ¿vamos a continuar pasando más actividades al Estado cuando su eficacia es muy limitada?. ¿Qué vamos a hacer con un conjunto de actividades en las cuales se ha venido metiendo el Estado y que están francamente mal y no lo podemos ocultar? Esto no es problema del proceso revolucionario, su raíz es histórica". Véase "Alí Rodríguez Araque: El Estado no puede asumirlo todo", en *Reporte Confidencial*, 10 de agosto de 2014, en http://www.reporteconfi-dencial.info/noti cia/3223366/ali-rodriguez-araque-el-estado-no-puede-asumirlo-todo/ Véase igualmente lo expuesto por quien fue el ideólogo del régimen, y a quien se debe la denominación de "socialismo del siglo XXI", que ha expresado: que "El modelo del socialismo impulsado por Chávez fracasó, siendo "El gran error del gobierno de Maduro es seguir con la idea de Chávez, insostenible, de que el gobierno puede sustituir a la empresa privada. El gobierno usará su monopolio de importaciones y exportaciones para repartir las atribuciones en las empresas," en *El Nacional*, Caracas 19 de abril de 2014, en http://www.el-nacional.com/politica/Heinz-Dieterich-Venezuela-surgimiento-republica_ 0_394160741.html. En todo caso, la más clara expresión visual de la tragedia venezolana se puede ver en el documental dirigido por Gustavo Tovar Arroyo, "Chavismo: La Peste del Siglo XXI", 2018, en https://www.youtube.com/watch?v=CzTtqmc5Uvg&feature=youtu.begráfica

406   Véase en *Gaceta Oficial* N° 39.156, de 13 de abril de 2009. Véase en general, Allan R. Brewer-Carías et al., *Leyes sobre el Distrito Capital y el Área Metropolitana de Caracas*, Editorial Jurídica Venezolana, Caracas 2009.

Poder Popular destinadas a implementar la rechazada reforma constitucional, pero esta vez con un definitivo signo marxista, tal como resultó de la declaración del Presidente de la República a comienzos de dicho año, al asumir el marxismo,[407] el cual, como doctrina, fue incorporado ese mismo año 2010 en la Declaración de Principios del partido oficial del gobierno.[408]

Esas Leyes se dictaron ese diciembre de 2010, luego de la pérdida por las elecciones parlamentarias de septiembre de 2010, de la mayoría calificada que el gobierno tenía en la Asamblea. Esas elecciones legislativas fueron planteadas por el Presidente de la República, su gobierno y el partido oficial como una suerte de "plebiscito" respecto de su actuación, así como de sus políticas socialistas, que ya habían sido previamente rechazadas por el pueblo en 2007; "plebiscito" que el Presidente de la República y su partido perdieron, pues la mayoría del país votó en contra de las mismas.

Sin embargo, al haber perdido el Presidente, su gobierno y su partido el control absoluto que ejercían sobre la Asamblea Nacional, lo que en el futuro les iba a impedir imponer a su antojo la legislación que hubieran querido, antes de que los nuevos diputados electos a la Asamblea pudieran tomar posesión de sus cargos en enero de 2011, en diciembre de 2010, atropelladamente y de nuevo en fraude a la voluntad popular y a la Constitución, sin consulta popular alguna (violando el principio participativo) (**Véase Tercera Parte, III**), la deslegitimada Asamblea Nacional, luego de designar a la carrera nuevos magistrados al Tribunal Supremo, entre ellos a la magistrada Gutiérrez Alvarado; procedió a la sanción del mencionado conjunto de Leyes Orgánicas del Poder Popular.

Con dichas Leyes se terminó de definir, al margen de la Constitución, y siguiendo lo que el pueblo había rechazado en el proyecto de Reforma Constitucional de 2007, el marco normativo de un nuevo Estado, *paralelo al Estado Constitucional*, desconstitucionalizándolo,[409] denominado "Estado Comunal" o del "Poder Popular," respecto de las cuales la magistrada Gutiérrez Alvarado haría luego una apología en su Tesis "secreta" de Zaragoza (**Véase Octava Parte**), debiendo presumirse, además y por supuesto, que como Procuradora General de la República que fue hasta 2010, por razón de sus funciones, su Despacho debió haber intervenido en la confección de dichas Leyes, junto con quienes habían sido sus asesores en el despacho en la materia, como precisamente fue su Director de tesis, Francisco Palacios Romeo; quien como se indica más adelante (**Véase Sexta Parte, II**), ha sido – junto con la tesista - uno de los pocos defensores de la "constitucionalidad de las leyes."

---

407   En su Mensaje anual ante la Asamblea Nacional, el 15 de enero de 2010, el Presidente Chávez declaró, que "asumía el marxismo" aunque confesó que nunca había leído los trabajos de Marx. Véase María Lilibeth Da Corte, "Por primera vez asumo el marxismo," en *El Universal*, Caracas Jan. 16, 2010, http://www.eluniversal.com/2010/01/16/pol_art_por-primera-vez-asu_1726209.shtml.

408   Véase la "Declaración de Principios, I Congreso Extraordinario del Partido Socialista Unido de Venezuela," Apr. 23, 2010, at http://psuv.org.ve/files/tcdocumentos/Declaracion-de-principios-PSUV.pdf.

409   Véase en general sobre este proceso de desconstitucionalización del Estado, Allan R. Brewer-Carías, "La desconstitucionalización del Estado de derecho en Venezuela: del Estado Democrático y Social de derecho al Estado Comunal Socialista, sin reformar la Constitución," *en Libro Homenaje al profesor Alfredo Morles Hernández, Diversas Disciplinas Jurídicas,* (Coordinación y Compilación Astrid Uzcátegui Angulo y Julio Rodríguez Berrizbeitia), Universidad Católica Andrés Bello, Universidad de Los Andes, Universidad Monteávila, Universidad Central de Venezuela, Academia de Ciencias Políticas y Sociales, Vol. V, Caracas 2012, pp. 51-82; en Carlos Tablante y Mariela Morales Antonorzzi (Coord.), *Descentralización, autonomía e inclusión social. El desafío actual de la democracia,* Anuario 2010-2012, Observatorio Internacional para la democracia y descentralización, En Cambio, Caracas 2011, pp. 37-84; y en *Estado Constitucional,* Año 1, N° 2, Editorial Adrus, Lima, junio 2011, pp. 217-236.

Las inconstitucionales Leyes Orgánicas del Poder Popular de 2010 y la denegación de justicia por el Juez Constitucional

Esas Leyes Orgánicas fueron las Leyes Orgánicas del Poder Popular, de las Comunas, del Sistema Económico Comunal, de Planificación Pública y Comunal y de Contraloría Social,[410] las cuales se complementaron con la reforma de la Ley Orgánica del Poder Público Municipal, y las Leyes de los Consejos Estadales de Planificación y Coordinación de Políticas Públicas, y de los Consejos Locales de Planificación Pública.[411]

La Asamblea Nacional, además, sancionó una Ley habilitante autorizando al Presidente de la República para por vía de legislación delegada, dictar leyes en todas las materias imaginables, incluso de carácter orgánico, vaciando así por un período de 18 meses, hasta 2012, a la nueva Asamblea Nacional de materias sobre las cuales poder legislar. Posteriormente, en 2012 se dictó la Ley Orgánica para la Gestión Comunitaria de Competencias, Servicios y otras atribuciones.[412]

Con estas leyes, sin duda, se decretó una transformación radical del Estado, estableciendo un Estado Socialista por el cual nadie había votado, y más bien había sido rechazado; con el agravante de que ello se hizo sin reformarse la Constitución. Este Estado paralelo tiene a la Comuna como a su célula fundamental, buscando suplantar inconstitucionalmente al Municipio en el carácter que tiene de "unidad política primaria de la organización nacional" (art. 168 de la Constitución), con la consecuente desmunicipalización del país.[413]

A través de las Comunas conforme a dichas leyes, ese Estado ejerce el Poder Popular, el cual se concreta en el ejercicio de la soberanía popular supuestamente sólo directamente por el pueblo, y no mediante representantes. Se trata, por tanto, de un sistema político estatal en el cual se ignora la democracia representativa violándose así, abiertamente, la Constitución de la República.

La creación del Estado Comunal, *en paralelo* al Estado Constitucional, se basó en un simple esquema constitucional: Como el artículo 5 de la Constitución dispone que "La soberanía reside intransferiblemente en el pueblo, quien la ejerce directamente en la forma prevista en esta Constitución y en la ley, e indirectamente, mediante el sufragio, por los órganos que ejercen el Poder Público," habiéndose estructurado el Estado Constitucional basado en el concepto de democracia representativa, es decir, el ejercicio de la soberanía en forma indirecta mediante el sufragio (ignorando que también tiene previsiones sobre democracia directa); entonces con estas leyes, mani-

---

410 Véase en *Gaceta Oficial* N° 6.011 Extra. de 21 de diciembre de 2010. Véase en general sobre estas leyes, Allan R. Brewer-Carías, Claudia Nikken, Luis A. Herrera Orellana, Jesús María Alvarado Andrade, José Ignacio Hernández y Adriana Vigilanza, Leyes Orgánicas sobre el Poder Popular y el Estado Comunal (Los consejos comunales, las comunas, la sociedad socialista y el sistema económico comunal) Colección Textos Legislativos N° 50, Editorial Jurídica Venezolana, Caracas 2011; Allan R. Brewer-Carías, "La Ley Orgánica del Poder Popular y la desconstitucionalización del Estado de derecho en Venezuela," en *Revista de Derecho Público*, N° 124, Editorial Jurídica Venezolana, Caracas 2010, pp. 81-101,

411 Véase en *Gaceta Oficial* N° 6.015 Extra. de 30 de diciembre de 2010

412 Véase en *Gaceta Oficial* N° 6.079 Extra. de 15 de junio de 2012, reimpresa en Gaceta Oficial No. 39.954 de 28 de junio de 2012.

413 Véase Allan R. Brewer-Carías, "El inicio de la desmunicipalización en Venezuela: La organización del Poder Popular para eliminar la descentralización, la democracia representativa y la participación a nivel local", en *AIDA, Opera Prima de Derecho Administrativo. Revista de la Asociación Internacional de Derecho Administrativo*, Universidad Nacional Autónoma de México, Facultad de Estudios Superiores de Acatlán, Coordinación de Postgrado, Instituto Internacional de Derecho Administrativo "Agustín Gordillo", Asociación Internacional de Derecho Administrativo, México, 2007, pp. 49 a 67.

festación sin duda del llamado "nuevo paradigma constitucional," se estructuró el Estado Comunal, basado exclusivamente en supuesto ejercicio de la soberanía en forma directa, siendo la Comuna la célula fundamental del mismo.

Ese Estado Comunal, sin sufragio ni representación, se pretendió estructurar mediante una deformada y maleable organización supuestamente para la "participación protagónica del pueblo" pero en la cual éste en definitiva ejercería la soberanía no en forma directa, sino "indirecta," pero no mediante representantes electos, sino mediante "voceros," quienes sin embargo no se "eligen" mediante sufragio, sino que son "nombrados" a dedo para ejercer el Poder Popular en nombre del pueblo, por el partido de gobierno y desde el Poder Central; organización que tiene la misión de ir vaciando progresivamente de competencias al Estado Constitucional representativo.

El sistema que se buscó montar, en definitiva, controlado todo por una organización Ministerial del Ejecutivo Nacional, lejos de ser un instrumento de participación y descentralización – concepto que está indisolublemente unido a la autonomía política – es un sistema de centralización y control férreo de las comunidades por parte del Poder Central. Por ello la aversión al sufragio.

Una verdadera democracia participativa solo puede tener lugar en un sistema político descentralizado políticamente,[414] que pudiera garantizar por ejemplo, a los miembros de los Consejos Comunales, las comunas y todas las organizaciones e instancias del Poder Popular, el ser electas por sufragio universal, directo y secreto, y no a mano alzada por asambleas controladas por el partido oficial y el Ejecutivo Nacional en contravención al modelo de Estado democrático y social de derecho y de justicia descentralizado establecido en la Constitución.

Es decir, la supuesta democracia participativa no ha sido más que una falacia, pues en definitiva, en ese "edificio" del Estado Comunal, se le niega al pueblo el derecho de elegir libremente mediante sufragio universal, directo y secreto a quienes van a representarlo en todos esos ámbitos. Se trata más bien de un "edificio" de organizaciones para evitar que el pueblo realmente ejerza la soberanía e imponerle mediante férreo control central, políticas por las cuales nunca tendrá la ocasión de votar.

Por otra parte, el principio esencial del régimen político democrático, basado en la igualdad, la no discriminación y el pluralismo se rompió desde que el sistema de Estado Comunal, estructurado en paralelo al Estado Constitucional, se montó sobre una concepción única, que es el Socialismo, de manera que quien no sea socialista está automáticamente discriminado, dando incluso lugar a propugnar un fracasado e impreciso "socialismo del siglo XXI,"[415] que no es nada distinto a todos los populismos fracasados de la historia.

---

414   Véase por ejemplo, Allan R. Brewer-Carías, "Democracia participativa, descentralización política y régimen municipal", en Miguel Alejandro López Olvera y Luis Gerardo Rodríguez Lozano (Coordinadores), *Tendencias actuales del derecho público en Iberoamérica*, Editorial Porrúa, México 2006, pp. 1-23; Allan R Brewer-Carías, "La descentralización del poder en el Estado democrático contemporáneo", en Antonio María Hernández (Director) José Manuel Belisle y Paulina Chiacchiera Castro (Coordinadores), *La descentralización del poder en el Estado Contemporáneo*, Asociación Argentina de derecho constitucional, Instituto Italiano de Cultura de Córdoba, Instituto de derecho constitucional y derecho público provincial y municipal Joaquín V. González, Facultad de Derecho y Ciencias Sociales Universidad nacional de Córdoba, Córdoba Argentina, 2005, pp. 75-89.

415   Pompeyo Márquez, conocido dirigente de la izquierda venezolana expresó lo siguiente al contestar a una pregunta de un periodista sobre si "¿Existe "el socialismo bolivariano", tal como se define el Partido Socialista Unido de Venezuela (PSUV) en su declaración doctrinaria?" Dijo: "-No existe. Esto no tiene nada que ver

No es posible, por tanto, en el marco de esas leyes, poder conciliar el pluralismo que garantiza la Constitución y el principio de la no discriminación por razón de "opinión política" con sus disposiciones que persiguen todo lo contrario, es decir, el establecimiento de un Estado Comunal, cuyas instancias sólo pueden actuar en función del Socialismo y en las cuales todo ciudadano que tenga otra opinión queda excluido.

.Por otra parte, también hay que descartar que el artículo 5 de la Ley Orgánica del Poder Popular declara que toda esa concepción de "la organización y participación del pueblo en el ejercicio de su soberanía se inspira en la doctrina del Libertador Simón Bolívar, y se rige por los principios y valores socialistas."[416] Ello por supuesto, es históricamente insostenible pues no hay forma alguna de poder vincular "la doctrina del Libertador Simón Bolívar" con los principios y valores socialistas. En la obra de Bolívar y en relación con su concepción del Estado nada puede encontrarse al respecto,[417] no siendo la norma sino una pretensión más de continuar manipulando el "culto" a Bolívar para justificar los autoritarismos, como tantas veces ocurrió antes en nuestra historia. [418]

Por lo demás, no hay que olvidar que si algo hubiese habido de socialismo en las ideas de Bolívar, Karl Marx lo habría advertido, habiendo sido él quien escribió la entrada sobre Simón

---

con el socialismo. Después del XX Congreso del Partido Comunista de la Unión Soviética, donde Nikita Jrouschov denunció los crímenes de Stalin, se produjo un gran debate a escala internacional sobre las características del socialismo, y las definiciones, que se han esgrimido: Felipe González, Norberto Bobbio, para mencionar a un español y a un italiano son contestatarias a lo que se está haciendo aquí. // -Esto es una dictadura militar, que desconoce la Constitución, y la que reza en su artículo 6: "Venezuela es y será siempre una República democrática". Además, en el artículo 4 habla de un estado de derecho social. Habla del pluralismo y de una serie de valores, que han sido desconocidos por completo durante este régimen chavomadurista, que no es otra cosa que una dictadura. // -Esto se ve plasmado en la tendencia totalitaria, todos los poderes en manos del Ejecutivo. No hay independencia de poderes. No hay justicia. Aquí no hay donde acudir, porque no hay justicia. Cada vez más se acentúa la hegemonía comunicacional." Véase en *La Razón,* 31 julio, 2014, en http://www.larazon.net/2014/07/31/pompeyo-marquez-no-podemos-esperar-hasta-el-2019/

416   La misma expresión se utilizó en la Ley Orgánica de las Comunas respecto de la constitución, conformación, organización y funcionamiento de las mismas (art. 2); en la Ley Orgánica de los Consejos Comunales respecto de los mismos (art. 1), y en la Ley Orgánica de Contraloría Social (art. 6).

417   Véase Allan R. Brewer-Carías, "Ideas centrales sobre la organización el Estado en la Obra del Libertador y sus Proyecciones Contemporáneas" en *Boletín de la Academia de Ciencias Políticas y Sociales*, N° 95-96, enero-junio 1984, pp. 137-151.

418   Así fue el caso de Antonio Guzmán Blanco en el siglo XIX, y de Cipriano Castro, Juan Vicente Gómez, Eleazar López Contreras y Marcos Pérez Jiménez en el siglo XX. John Lynch ha señalado sobre esto que: "El tradicional culto a Bolívar ha sido usado como ideología de conveniencia por dictadores militares, culminando con los regímenes de Juan Vicente Gómez y Eleazar López Contreras; quienes al menos respetaron, mas o menos, los pensamientos básicos del Libertador, aun cuando tergiversaron su significado." Concluye Lynch señalando que en el caso de Venezuela, en la actualidad, el proclamar al Libertador como fundamento de las políticas del régimen autoritario, constituye una distorsión de sus ideas. Véase John Lynch, *Simón Bolívar: A Life*, Yale University Press, New Haven 2007, p. 304. Véase también, Germán Carrera Damas, *El culto a Bolívar, esbozo para un estudio de la historia de las ideas en Venezuela*, Universidad Central de Venezuela, Caracas 1969; Luis Castro Leiva, *De la patria boba a la teología bolivariana*, Monteávila, Caracas 1987; Elías Pino Iturrieta, *El divino Bolívar. Ensayo sobre una religión republicana*, Alfagil, Caracas 2008; Ana Teresa Torres, *La herencia de la tribu. Del mito de la independencia a la Revolución bolivariana*, Editorial Alfa, Caracas 2009. Sobre la historiografía en relación con estos libros véase Tomás Straka, *La épica del desencanto*, Editorial Alfa, Caracas 2009.

Bolívar en la *Nueva Enciclopedia Americana* editada en Nueva York,[419] una década después de haber publicado, en conjunto con Engels, *La ideología alemana*[420] que fue su obra fundamental sobre el comunismo. Lejos de ello, el mencionado trabajo de Marx más bien, ha sido uno de los escritos más críticos sobre Bolívar que se conocen en la bibliografía bolivariana.

En todo caso, la concepción misma del Estado Comunal para desarrollar y consolidar el Poder Popular, se formuló ignorando los valores y principios constitucionales básicos que tienen que tener todas las instancias de gobierno en Venezuela que deben ser "electivos, descentralizados, alternativos, responsables, pluralistas y de mandatos revocables." (Artículo 6 de la Constitución).

Al contrario, las "formas de autogobierno comunitarias y comunales, para el ejercicio directo del poder" que se regularon en la Ley Orgánica (art. 1), son contrarias a la concepción de un Estado descentralizado, siendo carentes de autonomía política. Por lo demás, los mecanismos de participación que puedan establecerse conforme a la Constitución no son para vaciar a las estructuras del Estado Constitucional, es decir, de los "gobiernos locales y estadales," sino para reforzarlas en la gestión pública. Además, conforme a la Constitución, no puede haber gobierno alguno que no sea electivo, descentralizado y pluralista; sin embargo, en la Ley Orgánica del Poder Popular se define un Estado paralelo que es el Estado Comunal, montado sobre "gobiernos" o "autogobiernos" que no son ni electivos, ni descentralizados ni pluralistas, sino exclusivamente socialistas.

La Ley Orgánica regula las diversas instancias del Poder Popular, las cuales define como las "diversas y disímiles formas de organización, que edifican el Estado Comunal" (art. 2), y que son los consejos comunales, las comunas, las ciudades comunales, las federaciones comunales, las confederaciones comunales y las otras que surjan de la iniciativa popular. Todas estas instancias del Poder Popular, sin embargo, dice la Ley (art. 32), adquieren personalidad jurídica mediante el registro ante el Ministerio del Poder Popular de las Comunas, atendiendo a los procedimientos que se establezcan en el Reglamento de la Ley. Con ello, en definitiva, se dejó en manos del Ejecutivo Nacional la decisión de registrar o no un consejo comunal, una comuna o una ciudad comunal, y ello lo ha hecho, por supuesto, aplicando la letra de la Ley, lo que significa que si están conducidas por "voceros" que no sean socialistas, no cabe su registro ni, por tanto, su reconocimiento como persona jurídica, así sea producto genuino de una iniciativa popular. Es decir, la "participación" quedó en manos del gobierno central.

Todas estas instancias del poder popular, por otra parte, como hemos señalado, no tienen carácter representativo. Los "voceros" de las mismas no tienen su origen en elecciones efectuadas mediante sufragio directo, universal y secreto. Ni siquiera puede decirse que tienen su origen en elecciones indirectas, pues en ningún caso hay elección directa de primer grado. Esos voceros son "electos" por las asambleas de ciudadanos (arts. 4.6 y 11), y no precisamente mediante sufragio universal, directo y secreto como lo prescribe la Constitución, sino mediante una supuesta "votación popular" que no es organizada por el Poder Electoral, y que se realiza en asambleas abiertas

---

419   Véase el trabajo de Karl Marx en *The New American Cyclopaedia*, Vol. III, 1858, sobre "Bolívar y Ponte, Simón," en http://www.marxists.org/archive/marx/works/1858/01/bolivar.htm

420   Véase en Karl Marx and Frederik Engels," The German Ideology," en *Collective Works*, Vol. 5, International Publishers, New York 1976, p. 47. Véanse además los textos pertinentes en http://www.educa.madrid.org/cms_tools/files/0a24636f-764c-4e03-9c1d-6722e2ee60d7/Texto%20Marx%20y%20Engels.pdf

en las cuales no hay garantía del sufragio secreto, y son controladas por el gobierno central y el partido oficial.

Entre ellas, la pieza clave en la Ley son los Consejos Comunales, definidos como la "instancia de participación, articulación e integración entre los ciudadanos, ciudadanas y las diversas organizaciones comunitarias, movimientos sociales y populares, que permiten al pueblo organizado ejercer el gobierno comunitario y la gestión directa de las políticas públicas y proyectos orientados a responder a las necesidades, potencialidades y aspiraciones de las comunidades, en la construcción de nuevo modelo de sociedad socialista de igualdad, equidad y justicia social" (art. 15.1).

Se destaca de esta definición legal, como se ha dicho, que los Consejos Comunales sólo y exclusivamente pueden tener por objeto contribuir a "la construcción de un nuevo modelo de sociedad socialista," en violación al principio del pluralismo que establece el artículo 6 de la Constitución, por lo que todo aquél ciudadano que no siga o acepte la doctrina socialista no tiene cabida en este nuevo Estado paralelo que se busca construir con esta Ley.

Esta instancia del Poder Popular constituida por los Consejos Comunales está regulada en la mencionada Ley Orgánica de los Consejos Comunales,[421] a cuyos "voceros," incluso, mediante la reforma de la Ley Orgánica del Poder Público Municipal de diciembre de 2010, se les ha asignado la función de designar a los miembros de las Juntas Parroquiales, las cuales, en consecuencia, fueron "degradadas," dejando de ser las "entidades locales" que son, conforme a la Constitución, aquellas con gobiernos electos por sufragio universal directo y secreto; pasando a ser simples órganos "consultivos, de evaluación y articulación entre el Poder Popular y los órganos del Poder Público Municipal" (art. 35), cuyos miembros, además, los deben designar los voceros de los consejos comunales de la parroquia respectiva (art. 35), y sólo de entre aquellos avalados por la Asamblea de Ciudadanos "de su respectivo consejo comunal" (at. 36).[422]

Sin embargo, la Sala Constitucional del Tribunal Supremo, al conocer de las impugnaciones formuladas contra la Ley Orgánica del Poder Público Municipal de 2010 por un grupo de representantes de varios Municipios del país, mediante sentencia No. 355 de 16 de mayo de 2017 (Caso: *impugnación de la Ley de reforma de la Ley Orgánica del Poder Público Municipal*),[423] emitida con la participación de la magistrada Gladys Gutiérrez Alvarado, autora de la Tesis "secreta" de Zaragoza, simplemente desconoció el pilar de la democracia en Venezuela, que es la democracia representativa y admitió la constitucionalidad de que los miembros de las Juntas parroquiales sean

---

421   Véase en *Gaceta Oficial* N° 39.335 de 28 de diciembre de 2009. Véase Allan R. Brewer-Carías, *Ley Orgánica de Consejos Comunales,* Colección Textos Legislativos, N° 46, Editorial Jurídica Venezolana, Caracas 2010.

422   Adicionalmente, en forma evidentemente inconstitucional, la Ley de reforma del Poder Municipal de 2010, decretó la "cesación" en sus funciones de "los miembros principales y suplentes, así como los secretarios o secretarias, de las actuales juntas parroquiales, quedando las alcaldías responsables del manejo y destino del personal, así como de los bienes correspondientes" (Disposición Derogatoria Segunda.

423   Véase en http://historico.tsj.gob.ve/decisiones/scon/mayo/199013-355-16517-2017-11-0120.HTML . Véase los comentarios a esta sentencia en Emilio J. Urbina Mendoza, "Todas las asambleas son sufragios, y muchos sufragios también son asambleas. La confusión lógica de la sentencia 355/2017 de la Sala Constitucional del Tribunal Supremo de Justicia y la incompatibilidad entre los conceptos de sufragio y voto asambleario," y José Ignacio Hernández G., "Sala Constitucional convalida la desnaturalización del Municipio. Notas sobre la sentencia N° 355/2017 de 16 de mayo," en *Revista de Derecho Público*, N° 150-151 (enero-junio 2017), Editorial Jurídica Venezolana, Caracas 2017, pp. 107-116 y 349-352.

designados por los Consejos Comunales, en un proceso que ni siguiera es una elección de segundo grado, porque no hay elección de primer grado en la designación a mano alzada de los voceros de los consejos comunales.

Para pretender privilegiar la participación sin sufragio sobre la participación mediante el sufragio, la Sala Constitucional en la retórica "participativa" vacía que ha utilizado en muchas de sus decisiones, en esta sentencia N. 355 afirmó que el "derecho general a participar en los procesos de decisión en las distintas áreas como la económica, social y cultural," supuestamente se ha establecido:

"no limitándose a la designación de representantes a cargos públicos de representación popular, toda vez que lo que se plantea, en definitiva, es el protagonismo fundamental de las ciudadanas y ciudadanos, la participación como nuevo paradigma determinante del nuevo régimen constitucional, lo que implica una nueva concepción de desarrollo integral que asume la preeminencia de los valores humanos y privilegia la participación de la población en el proceso de desarrollo económico y social."

Y por ello, según la Sala supuestamente la Ley Orgánica del Poder Público Municipal de 2010," estableció los mecanismos de participación y protagonismo, que de manera articulada y soberana, se lleva adelante entre las asambleas de ciudadanos y los consejos comunales, para la elección de los miembros de las juntas parroquiales comunales, […] a diferencia de la democracia representativa que consagraba la Constitución de 1961, el cual no entra en contradicción alguna con los mecanismos de participación electoral previstos en los artículos 62 y 63 de la Constitución;" como si en la Constitución de 1999 no se estableciera como pilar del sistema político precisamente la "democracia representativa."

No es que el derecho a la participación política previsto en el artículo 62 de la Constitución se limite a la participación mediante el sufragio conforme al artículo 63 del mismo texto constitucional; sino que tratándose de pretendidas entidades políticas territoriales como son los Consejos Comunales, la designación de sus autoridades no puede realizarse en otra forma que no sea mediante elección por sufragio universal directo y secreto; por lo que, contrario a lo resuelto por la Sala en la sentencia, el artículo 35 de la Ley Orgánica impugnada si estaba viciado de inconstitucionalidad, en lo que respecta a la designación (mal llamada "elección" de los miembros de las Juntas Parroquiales Comunales, lo que efectivamente sí quebranta el derecho constitucional al sufragio.

Por otra parte, en cuanto a las Comunas, las mismas están concebidas en la Ley Orgánica del Poder Popular como la "célula fundamental" del Estado Comunal (artículo 15.2) como el "espacio socialista que como entidad local es definida por la integración de comunidades vecinas," donde los ciudadanos, en el ejercicio del Poder Popular, ejercen el pleno derecho de la soberanía y desarrollan la participación protagónica mediante formas de autogobierno para la edificación del estado comunal, en el marco del Estado democrático y social de derecho y de justicia" (art. 1).

La calificación de las Comunas como "entidades locales" se ha hecho ignorando que conforme a la Constitución (arts. 169, 173), esta expresión de entidad local sólo se puede aplicar a las entidades políticas del Estado en las cuales necesariamente tiene que haber "gobiernos" integrados por representantes electos mediante sufragio universal, directo y secreto (arts. 63, 169) que además, tienen que ser "siempre democrático, participativo, electivo, descentralizado, alternativo, responsable, pluralista y de mandatos revocables." Conforme a la Constitución, por tanto, no puede haber "entidades locales" con gobiernos que no sean democráticos en los términos mencionados, y menos por "representantes" designados por otros órganos públicos.

Todo esto, sin embargo, fue ignorado por el Juez Constitucional, al resolver los recursos de inconstitucionalidad intentados por varios Municipios y representantes municipales contra la ley Orgánica del Poder Público Municipal, mediante sentencia de la sala Constitucional No. 355 de 16 de mayo de 2017 (Caso: *impugnación de la Ley de reforma de la Ley Orgánica del Poder Público Municipal*),[424] dictada con la participación de la magistrada Gladys Gutiérrez Alvarado, autora de la Tesis "secreta" de Zaragoza, considerando para justificar el vaciamiento de competencias previsto en las Leyes Orgánicas del Poder Popular, sobre todo hacia entidades que no tienen gobierno democrático representativo (hacia las cuales no puede hablarse de "descentralización" como lo hace la sentencia, y menos cuando están controladas por el poder central, como sucede con los Consejos Comunales); que las normas constitucionales en materia municipal "tiene como última finalidad su asignación en la población de aquellas materias sobre las cuales se encuentre en capacidad para llevar a cabo en atención al desarrollo de las capacidades del colectivo, debidamente organizado," lo que por lo visto, a juicio de la Sala, permitiría dejar al Municipio, al final, como una entelequia vacía, a pesar de su rango constitucional y su carácter de unidad política primaria y autónoma en la organización nacional. Por lo demás, la Sala Constitucional en esa sentencia, pretendió fundamentar el vaciamiento de las competencias municipales y el desdibujamiento del carácter de unidad política primaria del Municipio en el principio de la participación, ignorando que para que esta se dé, como hemos explicado, es necesario que haya descentralización política y esta solo puede existir con entes territoriales autónomos democráticos y representativos. Pretender que hay participación ciudadana en agencias del Poder Central controladas por el partido de gobierno denominadas Consejos comunales, es una falacia inaceptable. Eso es movilización popular pero no participación política.

Pero además de la reforma política para la estructuración del Estado Comunal del Poder Popular, en la Ley Orgánica del Sistema Económico Comunal[425] dictada en paralelo se estableció dicho sistema, definiéndolo como "el conjunto de relaciones sociales de producción, distribución,

---

424 Véase en http://historico.tsj.gob.ve/decisiones/scon/mayo/199013-355-16517-2017-11-0120.HTML . Véase los comentarios a esta sentencia en Emilio J. Urbina Mendoza, "Todas las asambleas son sufragios, y muchos sufragios también son asambleas. La confusión lógica de la sentencia 355/2017 de la Sala Constitucional del Tribunal Supremo de Justicia y la incompatibilidad entre los conceptos de sufragio y voto asambleario," y José Ignacio Hernández G., "Sala Constitucional convalida la desnaturalización del Municipio. Notas sobre la sentencia N° 355/2017 de 16 de mayo," en *Revista de Derecho Público*, No. 150-151 (enero-junio 2017), Editorial Jurídica Venezolana, Caracas 2017, pp. 107-116 y 349-352.

425 Véase en *Gaceta Oficial* N° 6.011 Extraordinario del 21 de diciembre de 2010. Véase mis comentarios sobre esta Ley Orgánica, en Allan R. Brewer-Carías, "Sobre la Ley Orgánica del Sistema Económico Comunal o de cómo se implanta en Venezuela un sistema económico comunista sin reformar la Constitución," en *Revista de Derecho Público*, N° 124, (octubre-diciembre 2010), Editorial Jurídica Venezolana, Caracas 2010, pp. 102-109; y Allan R. Brewer-Carías, "La reforma de la Constitución económica para implantar un sistema económico comunista (o de cómo se reforma la Constitución pisoteando el principio de la rigidez constitucional), en Jesús María Casal y María Gabriela Cuevas (Coordinadores), *Homenaje al Dr. José Guillermo Andueza. Desafíos de la República en la Venezuela de hoy. Memoria del XI Congreso Venezolano de Derecho Constitucional*, Universidad Católica Andrés Bello, Caracas 2013, Tomo I, pp. 247-296. Véase además el libro Allan R. Brewer-Carías et al., *Leyes Orgánicas sobre el Poder Popular y el Estado Comunal (Los Consejos Comunales, Las Comunas, La Sociedad Socialista y el Sistema Económico Comunal)*, Colección Textos Legislativos N° 50, Editorial Jurídica Venezolana, Caracas 2011. Véase igualmente, Allan R. Brewer-Carías, "La reforma de la Constitución económica para implantar un sistema económico comunista (o de cómo se reforma la Constitución pisoteando el principio de la rigidez constitucional), en Jesús María Casal y María Gabriela Cuevas (Coordinadores), *Homenaje al Dr. José Guillermo Andueza. Desafíos de la República en la Venezuela de hoy. Memoria del XI Congreso Venezolano de Derecho Constitucional*, Universidad Católica Andrés Bello, Caracas 2013, Tomo I, pp. 247-296.

intercambio y consumo de bienes y servicios, así como de saberes y conocimientos, desarrolladas por las instancias del Poder Popular, el Poder Público o por acuerdo entre ambos, a través de organizaciones socio-productivas bajo formas de propiedad social comunal" (art. 2)

Se trata de un sistema económico que se desarrolla exclusivamente "a través de organizaciones socio-productivas bajo formas de propiedad social comunal" las cuales conforme a la Ley son solamente las empresas del Estado Comunal creadas por las instancias del Poder Público; las empresas públicas creadas por los órganos que ejercen del Poder Público; las unidades productivas familiares; o los grupos de trueque, donde está excluida toda iniciativa privada y la propiedad privada de los medios de producción y comercialización de bienes y servicios, y está excluida la idea misma de la empresa privada.

Este Sistema Económico Comunal, cuyo establecimiento sin duda requería de la convocatoria de una Asamblea Nacional Constituyente, se configuró en paralelo y para sustituir el sistema de economía mixta que garantiza la Constitución de 1999, como un sistema económico estatista o controlado por el Estado, mezclado con previsiones propias de sociedades primitivas y lugareñas que en el mundo globalizado de hoy ya simplemente no existen, que presuponen la miseria como forma de vida, para regular y justificar el "trueque" como sistema, pensando quizás en sociedades agrícolas o recolectoras, donde al fin del día se podrían intercambiar unos pescados por una liebre; o una consulta profesional de abogado por el planchado de una ropa; y para crear una moneda al margen de la de curso legal que es el Bolívar, llamada "moneda comunal" como medio de intercambio de bienes y servicios que recuerda a los viejos "vales" de las haciendas de hace más de un siglo, donde el campesino estaba confinado al ámbito geográfico de la economía que controlaba estrictamente el hacendado.

Por ello es que este sistema económico comunal se lo concibe como la "herramienta fundamental para construcción de la nueva sociedad" que supuestamente debe regirse sólo "por los principios y valores socialistas" que en esa Ley sin fundamento histórico alguno, también se declara que supuestamente se inspira en la doctrina de Simón Bolívar (art. 5).

En ese sistema, la propiedad privada quedó reducida a la mínima expresión, sustituyéndosela en la Ley por la "propiedad social" como dominio del Estado, lo que significa que en la práctica, no se trata de ningún derecho que sea "de la sociedad," sino del aparato estatal, cuyo desarrollo, regido por un sistema de planificación centralizada, elimina toda posibilidad de libertad económica e iniciativa privada, y convierte a las "organizaciones socio-productivas" en meros apéndices del aparato estatal.

Ese sistema de "propiedad social comunal" debe ser desarrollado exclusivamente a través de "organizaciones socio-productivas bajo formas de propiedad comunal," siendo denominado como modelo productivo socialista, el cual está expresamente definido en la ley como el:

> "modelo de producción basado en la *propiedad social*, orientado hacia la eliminación de la *división social del trabajo* propio del modelo capitalista. El modelo de producción socialista está dirigido a la satisfacción de necesidades crecientes de la población, a través de nuevas formas de generación y apropiación así como de la *reinversión social del excedente*" (art. 6.12).

Se destacan de esta definición, sus tres componentes fundamentales: propiedad social, eliminación de la división social del trabajo y reinversión social del excedente; para lo cual los redactores de la norma,[426] sin duda, basándose quizás en algún manual vetusto de revoluciones comunistas fracasadas, parafrasearon en la Ley lo que Carlos Marx y Federico Engels escribieron hace más de 150 años, en 1845 y 1846, sobre lo que debe ser la sociedad comunista."[427]

Basada, por tanto, en los principios utópicos comunistas de la "propiedad social de los medios de producción," la "eliminación de la división social del trabajo" y la "reinversión social del excedente," la Ley está sin duda concebida para implantar en Venezuela el sistema comunista como contrario al sistema capitalista.

Por supuesto, todo este sistema de economía comunal, como sistema de producción socialista está sometido a una planificación centralizada bajo el control directo del Poder Ejecutivo nacional, donde está proscrita toda iniciativa privada para su conducción. Como se dijo, la ley estableció un Ministerio de las Comunas, como "órgano coordinador de las políticas públicas relacionadas con la promoción, formación, acompañamiento integral y financiamiento de los proyectos socio-productivos, originados del seno de las comunidades, las comunas o constituidos por entes del Poder Público conforme a lo establecido en el Plan de Desarrollo Económico y Social de la Nación, las disposiciones de la Ley, su Reglamento y demás normativas aplicables" (art 7), al cual se le asignan competencias que van desde otorgar la personalidad jurídica a las organizaciones socio-productivas, hasta dictar las políticas y lineamientos en materia de economía comunal, y proyectos socio-productivos, así como asignar los recursos para el desarrollo de las organizaciones socio-productivas.

Todo este Estado Comunal y el Sistema Económico Comunal que se regulan en estas leyes de 2010, como se dijo, se estableció como un "Estado paralelo" al Estado Constitucional, con previsiones destinadas a ahogarlo y secarlo, para sustituirlo, aupándose un proceso de centralización desde las entidades formalmente descentralizadas, mediante el vaciamiento de competencias de los Estados y Municipios, de manera que queden como estructuras vacías, con gobiernos representativos electos por el pueblo pero que no tienen materias sobre las cuales gobernar. Para ello incluso se decretó en otra Ley Orgánica llamada para la Transferencia al Poder Popular de la Gestión y Administración Comunitaria de Servicios de 2012,[428] el vaciamiento de competencias

---

426   Basado en mi experiencia personal en la investigación y en la docencia desarrollada en Venezuela durante los últimos 55 años, desde 1963, como profesor de derecho en las Universidades del país, como Director del Instituto de Derecho Público, como Director de la *Revista de Derecho Público*, y como Individuo de número de la Academia de Ciencias Políticas y Sociales, estoy convencido que la redacción del articulado de las Leyes Orgánicas del Poder Popular no salió de la pluma de abogados venezolanos, sino de extranjeros, a quienes poco le importa el país. Ese convencimiento, *mutatis mutandis*, es equivalente al que también tengo cuando afirmo que la salvaje, despiadada y brutal represión desplegada por los cuerpos de seguridad del Estado contra estudiantes y manifestantes desarmados en los últimos años, no es obra de venezolanos, sino de extranjeros mercenarios desalmados a quienes poco le importan los ciudadanos. Los venezolanos no somos así. Si los "redactores" de aquellas Leyes fueron venezolanos, sería un secreto demasiado bien guardado fruto de una "paternidad irresponsable;" y si los agentes "represores" fueron venezolanos, el daño que el régimen autoritario habría causado al "ser venezolano" sería una tragedia irremediable.

427   Véase en Karl Marx and Frederich Engels, "The German Ideology," en *Collective Works*, Vol. 5, International Publishers, New York 1976, p. 47. Véanse además los textos pertinentes en http://www.educa.madrid.org/cms_tools/files/0a24636f-764c-4e03-9c1d-6722e2ee60d7/Texto%20Marx%20y%20Engels.pdf

428   Para vaciar a los Municipios de toda competencia se dictó en 2012 una Ley Orgánica para la Gestión Comunitaria de Competencias, Servicios y Otras Atribuciones (Decreto Ley N° 9.043, en *Gaceta Oficial* N° 6.097 Extra. de 15 de junio de 2012), transformada en 2014, en la Ley Orgánica para la Transferencia al Poder Popular de la Gestión y Administración Comunitaria de Servicios (Véase en *Gaceta Oficial* N° 40.540 de 13 de

de los Estados y Municipio, para transferirlas a los Consejos Comunales, integrados por "voceros" no electos y sin representatividad democrática, dependientes del Poder central.[429]

Con la Ley Orgánica marco del Poder Popular, no cabe duda de la decisión política adoptada en diciembre de 2010 por la entonces completamente deslegitimada Asamblea Nacional que había sido electa en 2005, pues ya no representaba a la mayoría de la voluntad popular que se expresó el 26 de septiembre de 2010 en contra del Presidente de la República, de la propia Asamblea Nacional y de la política socialista que habían adelantado; consistente en imponerle a los venezolanos en contra de la voluntad popular y en fraude a la Constitución, un modelo de Estado Socialista, denominado "Estado Comunal," basado en el ejercicio del Poder Popular por el pueblo, como supuesta forma de ejercicio de la soberanía en forma directa (lo que no es cierto pues se ejerce mediante "voceros" que lo "representan" y que no son electos en votaciones universales, directas y secretas); modelo de Estado Socialista establecido en forma paralela al Estado Constitucional (el Estado federal descentralizado, democrático y social, de derecho, y de justicia previsto en la Constitución de 1999) establecido para el ejercicio del Poder Público por el pueblo tanto en forma indirecta mediante representantes electos en votaciones universales, directas y secretas, como en forma directa mediante los mecanismos autorizados en la Constitución, donde se incluye a las Asambleas de Ciudadanos.

En esta forma, al fraude a la Constitución, que ha sido la técnica constantemente aplicada por el gobierno autoritario en Venezuela desde 1999 para imponer sus decisiones a los venezolanos al margen de la Constitución,[430] se sumó entonces el fraude a la voluntad popular, al imponerle a los venezolanos mediante leyes orgánicas, un modelo de Estado por el cual nadie ha votado y que cambia radical e inconstitucionalmente el texto de la Constitución de 1999, que no ha sido refor-

---

noviembre de 2014. Esa fue la única Ley Orgánica del "paquete" inicial de 2010 que en aquél año, a pesar de haber sido anunciada, no fue sancionada.

429 Como observó Cecilia Sosa Gómez, para entender esta normativa hay que "aceptar la desaparición de las instancias representativas, estadales y municipales, y su existencia se justicia en la medida que año a año transfiera sus competencias hasta que desaparezcan de hecho, aunque sigan sus nombres (Poderes Públicos Estadal y Municipal) apareciendo en la Constitución. El control de estas empresas, las tiene el Poder Público Nacional, específicamente el Poder Ejecutivo, en la cabeza de un Ministerio." Véase Cecilia Sosa G., "El carácter orgánico de un Decreto con fuerza de Ley (no habilitado) para la gestión comunitaria que arrasa lentamente con los Poderes estadales y municipales de la Constitución," en *Revista de Derecho Público*, Nº 130, Editorial Jurídica Venezolana, Caracas 2012, p. 152. Véase sobre la Ley Orgánica de 2012, los comentarios de: José Luis Villegas Moreno, "Hacia la instauración del Estado Comunal en Venezuela: Comentario al Decreto Ley Orgánica de la Gestión Comunitaria de Competencia, Servicios y otras Atribuciones, en el contexto del Primer Plan Socialista-Proyecto Nacional Simón Bolívar 2007-2013"; de Juan Cristóbal Carmona Borjas, "Decreto con rango, valor y fuerza de Ley Orgánica para la Gestión Comunitaria de Competencias, Servicios y otras atribuciones;" de Cecilia Sosa G., "El carácter orgánico de un Decreto con fuerza de Ley (no habilitado) para la gestión comunitaria que arrasa lentamente con los Poderes estadales y municipales de la Constitución;" de José Ignacio Hernández, "Reflexiones sobre el nuevo régimen para la Gestión Comunitaria de Competencias, Servicios y otras Atribuciones;" de Alfredo Romero Mendoza, "Comentarios sobre el Decreto con rango, valor y fuerza de Ley Orgánica para la Gestión Comunitaria de Competencias, Servicios y otras Atribuciones;," y de Enrique J. Sánchez Falcón, "El Decreto con Rango, Valor y Fuerza de Ley Orgánica para la Gestión Comunitaria de Competencias, Servicios y otras Atribuciones o la negación del federalismo cooperativo y descentralizado," en *Revista de Derecho Público*, Nº 130, Editorial Jurídica Venezolana, Caracas 2012, pp. 127 ss.

430 Véase Allan R. Brewer-Carías, *Reforma constitucional y fraude a la Constitución (1999-2009)*, Academia de Ciencias Políticas y Sociales, Caracas 2009; *Dismantling Democracy. The Chávez Authoritarian Experiment*, Cambridge University Press, New York 2010.

mado conforme a sus previsiones, en abierta contradicción al rechazo popular mayoritario que se expresó en diciembre de 2007 a la reforma constitucional que se intentó realizar incluso violando la propia Constitución, y al rechazo popular mayoritario del pueblo expresado respecto de la política del Presidente de la República y de su Asamblea Nacional con ocasión de las elecciones parlamentarias del 26 de septiembre de 2010.

Todas las Leyes Orgánicas del Poder Popular, por supuesto, fueron impugnadas por inconstitucionalidad ante la Sala Constitucional del Tribunal Supremo de Justicia en 2011,[431] pero el Juez Constitucional, sin duda, con la participación activa de la entonces recién nombrada magistrada en la Sala Constitucional Gladys Gutiérrez Alvarado, nunca llegó a admitir las acciones de nulidad. Al contrario, al poco tiempo presentaría su Tesis "secreta" de Zaragoza donde hizo una de las pocas apologías que se conocen sobre dichas Leyes orgánicas del Poder Popular (**Véase Octava Parte**). Por ello, no es de extrañar que las demandas de nulidad contra las mismas quedaran en los archivos del Tribunal Supremo como prueba de la voluntad del Juez Constitucional, con su abstención, de terminar de demoler el Estado democrático.

Ello lo que hace es explicar entonces, porqué la Sala Constitucional, posteriormente, nunca siquiera se tomó la molestia de decidir sobre la admisión o no de las acciones de nulidad por inconstitucionalidad.

Lo único, sin embargo, que sí hizo la Sala Constitucional, aún cuando en forma indirecta, fue resolver que las referidas Leyes orgánicas del Poder Popular, que en definitiva lo que hicieron fue implementar la rechazada reforma constitucional de 2007, sin embargo, en contra de toda lógica y de la propia redacción de las normas, no se podían considerar como una "reedición" de la misma.

En efecto, con motivo de decidir una acción de nulidad que diversas autoridades municipales intentaron contra la reforma de la ley Orgánica del Poder Público Municipal de diciembre de 2010, ante la denuncia de que la misma implementaba la reforma constitucional rechazada, la Sala Constitucional en sentencia No. 355 de 16 de mayo de 2017 (Caso: *impugnación de la Ley de reforma de la Ley Orgánica del Poder Público Municipal*).[432] emitida con la participación de la magistrada Gladys Gutiérrez Alvarado, autora de la Tesis "secreta" de Zaragoza, concluyó simplemente expresando contra la realidad, que:

"no existe correlación alguna entre el proyecto de reforma constitucional de 2007 y las modificaciones efectuadas a la Ley Orgánica de Régimen Municipal de 2010, en cuanto a la reedición de normas, textual o incidentalmente; tampoco se constata coincidencia alguna, en términos coextensivos, entre ambos instrumentos que denoten identidad en sentido, propósito o finalidad que determinen que

---

431   Véase el texto de la demanda de nulidad por inconstitucionalidad de todas las Leyes Orgánicas del Poder Popular en el libro: Allan R. Brewer-Carías, Claudia Nikken, Luis A. Herrera Orellana, Jesús María Alvarado Andrade, José Ignacio Hernández y Adriana Vigilanza, *Leyes Orgánicas sobre el Poder Popular y el Estado Comunal (Los consejos comunales, las comunas, la sociedad socialista y el sistema económico comunal)*, Colección Textos Legislativos N° 50, Editorial Jurídica Venezolana, Caracas 2011, pp. 507-593

432   Véase en http://historico.tsj.gob.ve/decisiones/scon/mayo/199013-355-16517-2017-11-0120.HTML . Véase los comentarios a esta sentencia en Emilio J. Urbina Mendoza, "Todas las asambleas son sufragios, y muchos sufragios también son asambleas. La confusión lógica de la sentencia 355/2017 de la Sala Constitucional del Tribunal Supremo de Justicia y la incompatibilidad entre los conceptos de sufragio y voto asambleario," y José Ignacio Hernández G., "Sala Constitucional convalida la desnaturalización del Municipio. Notas sobre la sentencia N° 355/2017 de 16 de mayo," en *Revista de Derecho Público*, No. 150-151 (enero-junio 2017), Editorial Jurídica Venezolana, Caracas 2017, pp. 107-116 y 349-352.

la reforma de Ley realizada en 2010 estipule la inserción de materias o preceptos que hayan sido propuestos y sometidos a la aprobación popular llevada a cabo en el año 2007."

La Sala Constitucional, en su análisis, entró a dilucidar específicamente si la figura de "la intervención los grupos comunales dentro de la organización administrativa del Estado, incorporadas en un proyecto de reforma constitucional cuya aprobación haya sido rechazada, implica que éstas no pueden ser incluidas posteriormente en la estructura organizacional de la Administración" mediante ley, concluyendo, al citar una sentencia precedente (No. 2013/2014) que "el rechazo" de un proyecto de reforma constitucional no puede considerarse que "se constituya en una decisión vinculante de la misma entidad jurídica atribuible a la aprobación del mismo." Considerando que:

"no puede restringirse las potestades constitucionales establecidas en la Constitución de la República Bolivariana de Venezuela, de ordenar la organización interna de la Administración Pública Nacional conforme a lo establecido en el artículo 236.20 del Texto Constitucional, ya que lo contrario conllevaría afirmar que la consecuente desaprobatoria de un proyecto constitucional sobrellevaría a la limitación de las facultades constitucionales, lo cual envolvería adicionalmente a la disminución de sus funciones a una sanción o limitación no consagrada en la Carta Magna."

Y así, consideró la Sala que la incorporación en la reforma de la Ley Orgánica de Régimen Municipal de los aspectos de la rechazada reforma constitucional, se hizo "por aplicación directa de los mandatos de la Constitución de 1999 y no por identidad con el proyecto sometido a votación popular en el año 2007," considerando que lo que había ocurrido sería un "cambio de rango dentro del ordenamiento jurídico, cuando se negó la elevación de la normas y las materias al rango constitucional," que luego se dictaron mediante ley. De lo que resultaría entonces la conclusión de que la reforma constitucional habría sido un ejercicio inútil porque no era necesario reformar la Constitución para lo que entonces se propuso, lo que supuestamente podía regularse por Ley, porque ya estaba en las atribuciones constitucionales del legislador. Ambas premisas son falsas, y basta para constatarlo, por ejemplo, que el carácter del Municipio como unidad política primaria y la creación de nuevas entidades políticas locales son de reserva constitucional, y no pueden reformarse mediante Ley como lo hizo la ley Orgánica impugnada.

Sin embargo, la conclusión de la Sala fue tajante al desestimar los alegatos de los Municipios recurrentes:

"la mera invocación de los proyectos contenidos en las normas sometidas a consideración en la propuesta efectuada en el año 2007, no constituye fundamento para declarar la inconstitucionalidad de las reformas legales que hayan sido promulgadas posteriormente, ya que para ello también es necesario verificar si las modificatorias realizadas al ordenamiento legal tienen base o no en la Constitución de 1999."

La defensa de la "constitucionalidad" y "bondades" de las Leyes Orgánicas del Poder Popular por el Director de la Tesis "secreta" de Zaragoza

El profesor Francisco Palacios Romeo quien como se ha dicho, y según se informó en su C. V., entre 2004 y 2007 había sido asesor en diversas actividades en Venezuela, en particular, en proyectos de investigación en la Universidad Central de Venezuela y en la Asamblea Nacional, y como contratado por la Procuraduría General de la República cuando era Procuradora General la autora de la Tesis "secreta" de Zaragoza, en temas como "Sustantividad normativa del nuevo modelo constitucional venezolano," "Estudio del sistema parlamentario y desarrollo legislativo del proceso," y "Proyecto de reforma constitucional (2007)" y "Ley habilitante (2007);" unos años después de haber sido Director de dicha Tesis "secreta," asumió la defensa de la "constitucionalidad" de la Leyes Orgánicas del Poder Popular dictadas en diciembre de 2010 en Venezuela, en un artículo publicado en 2012 con el título:

"Falacias ideológicas y aporías técnicas sobre los nuevos procesos políticos de América Latina (en torno a un argumentario de Brewer Carias sobre el hecho social-participativo)."[433]

El artículo fue concebido particularmente para responder a las críticas que un grupo de profesores y académicos venezolanos habíamos formulado respecto de dichas Leyes Orgánicas del Poder Popular, las cuales, por lo que a mi concierne, expresé en muchos trabajos que Palacios cita,[434] con base en los mismos argumentos que he resumido en las páginas anteriores; identificándome a mí, como el "el más conspicuo de todo este elenco de autores," o el "principal crítico del nuevo modelo constitucional venezolano," razón por la cual pasó a tomarme como "referencia" para su "defensa" de lo indefendible, "por ser [yo] el personaje más reconocible, recogido y, sobre todo, prolífico, respecto a las mencionadas calificaciones."[435]

Palacios comenzó su crítica, a mi crítica, o su defensa de las Leyes Orgánicas del Poder Popular, con una falacia inicial, y es la afirmación de que "todas las leyes que conforman el BNDC ("Bloque normativo de descentralización comunitaria") intentan generar espacios de participación directa estructural, acercando a los ciudadanos los núcleos de toma de decisiones."[436]

433 Véase Francisco Palacios Romeo, "Falacias ideológicas y aporías técnicas sobre los nuevos procesos políticos de América Latina (en torno a un argumentario de Brewer Carias sobre el hecho social-participativo)," en *Actas Congreso Internacional América Latina: la autonomía de una región (XV Encuentro de latinoamericanistas españoles),* Consejo Español de Estudios Iberoamericanos, 2012, p. 615

434 *Idem.* P 615. En la primera nota al pie de página de ese artículo de 2012, Palacios dice: "Es tomado como ejemplo central porque Allan Randolph Brewer es, a su vez, el autor de referencia de toda la oposición académica al modelo constitucional y de gobierno desde el inicio del proceso político-constitucional en 1999. Las publicaciones académicas que recoge su web personal suman la muy significativa cantidad de mil ochenta y cinco. Sirvan al objeto indicado, como referencia, los títulos de las siguientes publicaciones: Brewer Carias, Allan. R. (2011) "La desconstitucionalización del Estado de Derecho en Venezuela: del Estado Democrático y Social de Derecho al Estado Comunal Socialista sin reformar la Constitución", *El Cronista del Estado Social y Democrático de Derecho,* nº 19; Brewer Carias, Allan. R. (2011) "Introducción General al Régimen del Poder Popular y del Estado Comunal (O de cómo en el siglo XXI, en Venezuela se decreta, al margen de la Constitución, un Estado de Comunas y de Consejos Comunales, y se establece una sociedad socialista y un sistema económico comunista, por los cuales nadie ha votado)", en Allan R. Brewer-Carías et alt, *Leyes orgánicas sobre el Poder Popular y el Estado Comunal (Los consejos comunales, las comunas, la sociedad socialista y el sistema económico comunal),* Caracas: Editorial Jurídica Venezolana; Brewer Carias, Allan. R. (2011) "Las leyes del Poder Popular dictadas en Venezuela en diciembre de 2010, para transformar el Estado Democrático y Social de Derecho en un Estado Comunal Socialista, sin reformar la Constitución," en *Cuadernos Manuel Giménez Abad,* Fundación Manuel Giménez Abad de Estudios Parlamentarios y del Estado Autonómico, nº 1; Brewer Carias, Allan. R. (2010) "La Ley Orgánica del Poder Popular y la desconstitucionalización del Estado de derecho en Venezuela," en *Revista de Derecho Público,* nº 124, Editorial Jurídica Venezolana, 81-101; Brewer Carias, Allan. R. (2010) "Sobre la Ley Orgánica del Sistema Económico Comunal o de cómo se implanta en Venezuela un sistema económico comunista sin reformar la Constitución" en *Revista de Derecho Público,* nº 124, Editorial Jurídica Venezolana, 102-109." LO que es realmente lamentable es que como Director que fue de la Tesis "secreta" de Zaragoza, de la Sra. Gutiérrez, a quien tanto asesoró en esas materias antes de la defensa de la tesis, no le hubiese exigido manejar esa información bibliográfica.

435 Véase Francisco Palacios Romeo, "Falacias ideológicas y aporías técnicas sobre los nuevos procesos políticos de América Latina (en torno a un argumentario de Brewer Carias sobre el hecho social-participativo)," en *Actas Congreso Internacional América Latina: la autonomía de una región (XV Encuentro de latinoamericanistas españoles),* Consejo Español de Estudios Iberoamericanos, 2012, p. 615

436 *Idem.* p. 616

Dichas leyes, en efecto no pueden en ningún caso calificarse como leyes "de descentralización." Hacerlo es una falsedad.[437] Para que pueda darse la figura de la descentralización en el derecho público venezolano, entre niveles territoriales donde se tomen decisiones, es decir, "descentralización política," es indispensable que tanto la entidad que descentraliza una competencia como la que recibe la competencia sean "entidades políticas," lo que implica que deben tener un gobierno democrático propio electo mediante sufragio universal, directo y secreto. Este principio es tan viejo como los estudios contemporáneos del derecho administrativo venezolano,[438] que Palacios ignoró. Conforme al régimen venezolano, se descentraliza entre la República y los Estados de la federación, y entre la República y los Estados y los Municipios (art. 157 de la Constitución), e incluso entre los Municipios y las Juntas Parroquiales (eliminadas inconstitucionalmente en 2010). Todas esas entidades tienen el carácter de ser autónomas y con gobiernos electos mediante sufragio universal directo y secreto. No puede calificarse de "descentralización" la transferencia de competencias municipales, por ejemplo, a consejos comunales que no tienen autonomía política, es decir, que no son constitucionalmente "entidades políticas," y que más bien son controladas por el Poder Central.

El artículo 184 de la Constitución, ciertamente dispone que la ley puede crear mecanismos abiertos y flexibles para que los Estados descentralicen y transfieran a las comunidades y grupos vecinales organizados lo servicios que éstos gestionen; pero para que pueda hablarse de "descentralización," es necesario en todo caso que esas organizaciones que se establezcan en "las comunidades y grupos vecinales organizados," estén a cargo de gobiernos locales electos mediante sufragio universal y directo. Es decir, debe tratarse de "entidades políticas" gobernadas mediante los principios de la democracia representativa, que efectivamente acerquen el poder a los ciudadanos y estos puedan participar. Pero sin esa autonomía política, simplemente no se puede hablar en Venezuela de descentralización.

Se insiste, este es uno de los conceptos más elementales de la descentralización política en Venezuela, que el Sr. Palacios sin embargo ignora, y pretende engañar al calificar a la organización "comunitaria" establecida en las Leyes Orgánicas del Poder Popular como instancias de "descentralización," cuando la realidad es que son instrumentos para vaciar a las instancias descentralizadas (estados, municipios, juntas parroquiales) de competencias, y transferírselas a organizaciones manejadas por el Poder Central, ya que los Consejos Comunales y comunas, como bien lo debe saber el profesor Palacios, pero no lo dice, dependen totalmente de un Ministerio del Poder Ejecutivo que es donde se registran y con lo cual obtienen personalidad jurídica.

Por todo ello es que he dicho, ciertamente, como lo destacó Palacios, que "el modelo de Estado federal y descentralizado no admitiría instancias políticas que vacíen de competencias el

---

437 Véase José Ignacio Hernández G., "Descentralización y Poder Popular," y Adriana Vigilanza García, "La descentralización política de Venezuela y las nuevas Leyes del "Poder Popular," por (en el libro: Allan R. Brewer-Carías, Claudia Nikken, Luis A. Herrera Orellana, Jesús María Alvarado Andrade, José Ignacio Hernández y Adriana Vigilanza, *Leyes Orgánicas sobre el Poder Popular y el Estado Comunal (Los consejos comunales, las comunas, la sociedad socialista y el sistema económico comunal)*, Colección Textos Legislativos N° 50, Editorial Jurídica Venezolana, Caracas 2011, pp. 457- 474, y pp. 475-506, respectivamente.

438 Véase Allan R. Brewer-Carías, *Introducción al estudio de la organización administrativa venezolana*, Colección Monografías Administrativas, N° 1, Editorial Jurídica Venezolana, Caracas, 1978, 135 pp.; 2a. edición, Caracas 1980, 133 pp.; 3a. edición, Caracas 1983, 138 pp.; *Principios del régimen jurídico de la organización administrativa venezolana*, Colección Estudios Jurídicos, N° 49, Editorial Jurídica Venezolana, Caracas 1991, 146 pp.

modelo de Estado," y ello es lo que se hace al crearse en paralelo al Estado Constitucional, un aparato denominado como del "Estado Comunal," a cuyas organizaciones deben transferirse las competencias de los Estados y Municipios; y ello es lo que se propone con las leyes Orgánicas del Poder Popular, a pesar de que como lo afirmó el propio profesor Palacios, "ninguna de las leyes de Consejos Comunales hace mención al entramado competencial del Estado y mucho menos rompe la distribución competencial del mismo."[439] Efectivamente, en dichas leyes no se menciona para nada la estructura del Estado Federal; simplemente se la ignora, como si no existiera, pero al disponerse que los órganos del Poder Público que conforman al Estado Federal deben "gobernar obedeciendo al Poder Popular," simplemente se desmorona el Estado Federal.

En efecto, en su análisis defendiendo la "constitucionalidad" de las leyes, ante nuestras críticas, el Sr. Palacios por supuesto omitió mencionar que el artículo 24 de la Ley Orgánica del Poder Popular, en cuya redacción ha debido haber participado junto con sus otros colegas españoles, dispone que:

"Todos los órganos, entes e instancias del Poder Público [léase República, Estados y Municipios] guiarán sus actuaciones por el principio de gobernar obedeciendo, en relación con los mandatos de los ciudadanos, ciudadanas y de las organizaciones del Poder Popular, de acuerdo a lo establecido en la Constitución de la República y las leyes."

Esto significa que como las organizaciones del Poder Popular no tienen autonomía política pues sus "voceros" no son electos democráticamente mediante sufragio universal, directo y secreto, sino que, como se ha dicho, son designados por asambleas de ciudadanos controladas e intervenidas por el partido oficial y el Ejecutivo Nacional que controla y guía todo el proceso organizativo del Estado Comunal, en el ámbito exclusivo de la ideología socialista, sin que tenga cabida vocero alguno que no sea socialista; en definitiva esto de "gobernar obedeciendo" es una limitación a la autonomía política de los órganos del Estado Constitucional electos, como la Asamblea Nacional, los Gobernadores y Consejos Legislativos de los Estados y los Alcaldes y Concejos Municipales, a quienes se le impone en definitiva la obligación de obedecer lo que disponga el Ejecutivo Nacional y el partido oficial a través de las organizaciones del Poder Popular que controlan, y todo enmarcado en el ámbito exclusivo del "socialismo" como doctrina política. La voluntad popular expresada en la elección de representantes del Estado Constitucional, por tanto, ante estas leyes, no tiene valor alguno, y al pueblo se le confisca su soberanía trasladándola de hecho a unas asambleas que no lo representan. [440]

Lo que es cierto, en todo caso, es que en toda la estructura de las organizaciones del Poder Popular, el sufragio universal, directo y secreto está totalmente excluido, *ex professo*, por lo que es falaz lo que afirmó Francisco Palacios en el sentido de que "en ni un solo artículo de todo ese sistema legislativo (BNDC) se excluye una sola parte de la estructura representativo-electoral."[441]

---

439   *Idem*. p. 616

440   Véase sobre esto lo que expusimos en Allan R. Brewer-Carías, "Introducción General al régimen del Poder Popular y del Estado Comunal. (O de cómo en el siglo XXI, en Venezuela se decreta, al margen de la Constitución, un Estado de Comunas y de Consejos Comunales, y se establece una sociedad socialista y un sistema económico comunista, por los cuales nadie ha votado)," en el libro: Allan R. Brewer-Carías, Claudia Nikken, Luis A. Herrera Orellana, Jesús María Alvarado Andrade, José Ignacio Hernández y Adriana Vigilanza, *Leyes Orgánicas sobre el Poder Popular y el Estado Comunal (Los consejos comunales, las comunas, la sociedad socialista y el sistema económico comunal)*, Colección Textos Legislativos N° 50, Editorial Jurídica Venezolana, Caracas 2011, p. 82

441   Véase Francisco Palacios Romeo, "Falacias ideológicas y aporías técnicas ...", *cit.*, p. 616

No es que se "excluye," es que simplemente se la ignora y no se la regula, estableciéndose en paralelo, en cambio, como antes hemos apuntado, la designación de "voceros" de las organizaciones comunales, designados, sí, a mano alzada en Asambleas controladas por el partido de gobierno y el Ministerio del Ejecutivo Nacional que controla a las comunas y a los consejos comunales.

Otra de mis críticas fundamentales, antes expresada, sobre las Leyes Orgánicas del Poder Popular, es que con las mismas, indudablemente y en forma inconstitucional se implementó la reforma constitucional que había sido rechazada por el pueblo en 2007, configurándose entonces con la sanción de las mismas, una modificación constitucional hecha mediante leyes ordinarias, que viola la Constitución, buscándose conseguir por la vía legislativa lo que el pueblo negó por la vía de la reforma constitucional, constituyendo todo ello, además de un fraude constitucional, un fraude a la voluntad popular.

La respuesta a nuestra crítica fundamentada, como antes hemos argumentado, por parte de Palacios fue sin embargo de una naturaleza tan simplista, que raya en la burla. Dijo, sin mencionar el contenido de la reforma que buscaba alterar la estructura del Estado Constitucional Federal creando un nuevo Poder Popular en paralelo al Poder Público, que como "la Constitución es la norma suprema sólo modificable con su reforma y una ley es un instrumento potencialmente modificable por otra ley del mismo grado," entonces la diferencia entre una y otra en este caso de la creación del Poder Popular, solo es:

> "la perennidad y la intensidad, es decir si la Reforma constitucional se hubiera aprobado la facturación de una legislación que estructurara la descentralización comunitaria hubiera sido un escenario obligado y con la intensidad y concreción que marcaba la propia Reforma constitucional. Por el contrario, al no aprobarse la Reforma constitucional las leyes de descentralización comunitaria se convierten en una opción legítima del legislador, aunque no perenne (cosa contraria a su constitucionalización) y de una intensidad relativa (cosa contraria a su constitucionalización que podría suponer mayor intensidad). Esa es la diferencia."[442]

La diferencia, en realidad no es esa y lo sabe Palacios. No es posible que un "profesor de derecho constitucional" pueda afirmar simplemente que el legislador, en el constitucionalismo contemporáneo, pueda hacer todo lo que no pudo hacer el Constituyente, simplemente porque lo que haga no es "perenne" y tiene una "intensidad relativa," es decir, puede modificarse por otras leyes. Con esto, simplemente lo que hizo Palacios es patear, en nombre del "nuevo constitucionalismo" el principio de la rigidez constitucional. Si una reforma constitucional no la aprobó el pueblo como Poder Constituyente mediante referendo, ello no lo puede hacer el legislador ordinario, por lo que implementar la reforma constitucional rechazada mediante leyes, es un fraude a la Constitución y a la voluntad popular, y ello parece ser lo que defiende a ultranza el señor Palacios.

Para que lo sepa el Sr. Palacios, en Venezuela, la diferencia que él no quiso encontrar, es que crear un nuevo Estado del Poder Popular y regular toda una estructura organizativa en paralelo al Estado Constitucional del Poder Público que es la única regulada en la Constitución, para vaciar

---

442 *Idem*. p. 617. El argumento, en todo caso, fue seguido casi a la letra por la Sala Constitucional del Tribunal Supremo, en la sentencia No. 355 de 16 de mayo de 2017 (Caso: *impugnación de la Ley de reforma de la Ley Orgánica del Poder Público Municipal* antes comentada, dictada con la participación de la magistrada Gladys Gutiérrez Alvarado, autora de la Tesis "secreta" de Zaragoza,, donde se habla simplemente que lo que ocurrió en el caso de la ley Orgánica impugnada fue un "cambio de rango" en el ordenamiento jurídico. Véase en http://historico.tsj.gob.ve/decisiones/scon/mayo/199013-355-16517-2017-11-0120.HTML .

las competencias de los órganos del Poder Público que la misma establece, y transferírselos a los órganos del Poder Popular, requiere de una reforma constitucional como la que se intentó infructuosamente aprobar en 2007, pero que fue rechazada por el pueblo; y ello no puede hacerse mediante leyes, salvo defraudando la Constitución, que como se ha dicho, es lo que defiende Palacios.

Siendo la creación del Estado Comunal una transformación tan profunda del Estado, es falso que la opción sea *ad libitum* entre reforma constitucional o reforma legislativa, siendo, por tanto, en este caso de la creación del Estado Comunal, la reforma legislativa efectuada una opción absolutamente ilegítima, porque para llevarla a cabo, contrariamente a lo que afirmó Palacios, la propia Constitución no la "habilita."[443] Pero por lo visto, el "nuevo constitucionalismo" propugnado por estos señores "asesores" del régimen autoritario, da para todo, porque frente al supuesto voluntarismo popular, la Constitución no tiene valor alguno.

Por ello efectivamente afirmé, como lo destacó Palacios, que "este conjunto de leyes hace de la Comuna una célula fundamental, que 'suplanta inconstitucionalmente al Municipio' como la unidad política primaria del artículo 168," citando un estudio mío de 2011 en el cual efectivamente afirmé que con las Leyes del Poder Popular de 2010, lo que se propuso fue "desmantelar el Estado Constitucional para sustituirlo por un Estado Socialista mediante la estructuración paralela de una Estado del Poder Popular."[444]

Ello no es "una fantasía más" como lo afirmó Palacios, y si es cierto que en "ningún artículo" de dichas leyes "se habla de suplantar ni de eliminar ninguna estructura orgánica,"[445] al crearse mediante ley a la Comuna como "unidad política primaria," carácter que la Constitución reserva al Municipio, se está violentando su texto mediante ley, usurpando el legislador lo que solo el Constituyente puede hacer, y es determinar cuál es la unidad política primaria en la organización nacional. Olvidó Palacios que el régimen municipal en Venezuela y, en general, en América Hispana, en cuanto a su autonomía, siguió una línea histórica muy distinta a la española.[446]

En su artículo de respuesta a mis críticas a las Leyes Orgánicas del Poder Popular, el Sr. Palacios, al referirse a mi apreciación de que las mismas buscan vaciar de competencias a los órganos del Poder Público regulados en la Constitución, indica que "ni más ni menos" dije que dichas leyes imponen "a los Municipios la obligación de transferir sus competencias a las Comunas, vaciándoselos de competencias, y se organizan los Consejos Comunales como instancias "de par-

443 *Idem*. p. 617

444 Véase Allan R. Brewer-Carías, "Introducción General al régimen del Poder Popular ...", cit. pp. 129, 127

445 Véase Francisco Palacios Romeo, "Falacias ideológicas y aporías técnicas ...", cit., p. 617

446 De los tres principios fundamentales que configuraron el régimen municipal napoleónico (primero, el de la creación de un municipio por cada colectividad local, incluso de dimensiones mínimas; segundo, el del uniformismo del régimen municipios a pesar de su diversidad; y tercero, el del control de tutela, como instrumento de control sobre las entidades locales), que se extendió por toda Europa y que se adoptaron en España al momento de la independencia de América, solo hizo la travesía del Atlántico el del régimen de municipalización uniforme, pero ni el primero ni el último llegaron a nuestras costas; y al contrario, desde el inicio del Siglo XIX, el municipio, si bien se arraigó en las ciudades capitales, se implantó con un grado de autonomía que fue inexistente en el modelo europeo napoleónico, que se adoptó en España en el siglo XIX. Véase sobre ello mis trabajos sobre "El Municipio Americano al momento de la independencia a comienzos del siglo XIX y los antecedentes del régimen constitucional en el constitucionalismo moderno," en Allan R. Brewer-Carías, *Los Orígenes del Constitucionalismo Moderno en Hispanoamérica, Colección Tratado de Derecho Constitucional,* Tomo II, Editorial Jurídica Venezolana, Caracas 2014, pp. 80 ss

ticipación para el ejercicio directo de la soberanía popular."[447] Y efectivamente, "ni más ni menos" dije eso, y afirmé que ello es inconstitucional porque el "expreso y contundente" artículo 168 de la Constitución al cual tanta importancia le da Palacios en su artículo,[448] cuando habla de "descentralización" es en su sentido propio, para la transferencia de competencias municipales hacia niveles territoriales inferiores de gobierno local que tienen que tener su base democrática representativa, con sus dirigentes electos mediante sufragio universal, directo y secreto como es el caso de las Juntas Parroquiales, las cuales a pesar de tener base constitucional fueron eliminadas por las indefendibles Leyes del Poder Popular. No puede por tanto hablarse de "descentralización" cuando la transferencia de competencias se efectúa hacia las comunas o consejos comunales creados mediante dichas leyes en las cuales se repudia el sufragio y la representación, y sus "voceros" son nombrados supuestamente "en ejercicio directo de la soberanía por el pueblo" a mano alzada en Asambleas controladas por el partido de gobierno y el Ministerio de las Comunas controladas, por tanto, desde el centro del Poder. Nada "osado" por tanto fui en mis apreciaciones, como lo piensa el sí osado Sr. Palacios - al desconocer la realidad de lo que ocurrió en el país -, cuando afirmé lo que es más que sabido en la práctica, y es que los "voceros" de los consejos comunales son "designados a mano alzada en Asambleas de Ciudadanos en las cuales solo pueden participar los inscritos en el Partido Socialista Unido del gobierno."[449]

Lo cierto es que en todo ese proceso de implementación mediante leyes ordinarias de una reforma constitucional rechazada por el pueblo, en nombre de una falsa "descentralización comunal," al contrario de lo afirmado por el Sr. Palacios, por ejemplo, el Consejo Federal de Gobierno, en lugar de ser un "órgano que supone una garantía añadida en todo el proceso de descentralización,"[450] fue el mecanismo establecido para asegurar lo contrario, para destruir lo poco que quedaba de descentralización y más bien asegurar la centralización de todo el proceso. Por lo visto, al profesor Palacios se le pasó por alto leer la Ley que crea el Consejo Federal de Gobierno,[451] organizado como un órgano completamente controlado por el Ejecutivo Nacional (art. 11), a cargo del proceso de "transferencia de las competencias entre los entes territoriales, y a las organizaciones detentadoras de la soberanía originaria del Estado" (art. 1), en violación de la autonomía municipal.[452]

En todo caso, la distancia entre la imaginación y la realidad en esta materia, la resumió recientemente Edgardo Lander, quien no ha sido precisamente de los críticos a las Leyes Orgánicas del Poder Popular, al expresar:

---

447   Véase Allan R. Brewer-Carías, "Introducción General al régimen del Poder Popular ...", cit. pp. 129, 127

448   Véase Francisco Palacios Romeo, "Falacias ideológicas y aporías técnicas ...", cit., p. 618.

449   Véase Francisco Palacios Romeo, "Falacias ideológicas y aporías técnicas ...", cit., p. 619.

450   Véase Francisco Palacios Romeo, "Falacias ideológicas y aporías técnicas ...", cit., p. 618.

451   Véase en *Gaceta Oficial* N° 5.963 Extra. de 22 de febrero de 2010. Véase sobre esta Ley los comentarios en Claudia Nikken, "La Ley orgánica de los Consejos Comunales y el derecho a la participación ciudadana en los asuntos públicos," en el libro: Allan R. Brewer-Carías, Claudia Nikken, Luis A. Herrera Orellana, Jesús María Alvarado Andrade, José Ignacio Hernández y Adriana Vigilanza, *Leyes Orgánicas sobre el Poder Popular y el Estado Comunal (Los consejos comunales, las comunas, la sociedad socialista y el sistema económico comunal)*, Colección Textos Legislativos N° 50, Editorial Jurídica Venezolana, Caracas 2011, pp. 320 ss.

452   De acuerdo con el artículo 185 de la Constitución, por lo demás, el Consejo Federal de Gobierno tiene a su cargo la planificación y coordinación de políticas y acciones para el desarrollo *del proceso de descentralización y transferencia de competencias del poder nacional a los estados y municipios;* y no la trasferencia de los municipios hacia niveles inferiores.

"La tensión entre los imaginarios y prácticas del poder popular y la auto-organización desde abajo, por un lado, y políticas de inspiración leninistas de control desde arriba y la toma de todas las principales decisiones desde la cúpula del Estado-partido que luego son informadas a la población a través de transmisiones conjuntas de radio y televisión. De esta manera se va socavando la confianza en las capacidades de auto-gobierno del pueblo organizado. Ha habido en estos años una fuerte contradicción entre el impulso y promoción de múltiples formas de organización popular de base, y el establecimiento de estructuras de control vertical de estas organizaciones, así como la generación de una permanente dependencia financiera del Estado, minando así las posibilidades autónomas de estas organizaciones."[453]

Pero es fácil para el Sr. Palacios y para los otros profesores españoles que fueron a América Latina a vender sus "baratijas," hacer desde lejos sus experimentos a fuerza de destrucción institucional, de manera que las consecuencias de los fracasos las sufran y soporten otros, sin que su tranquilidad europea se vea perturbada.

Como lo destacó el profesor Pedro Salazar Ugarte, de la Universidad Nacional Autónoma de México, en la Crónica de un viaje que hizo en diciembre de 2009 a Caracas, invitado por el Tribunal Supremo de Justicia para participar en el *Congreso conmemorativo del X Aniversario de la Constitución de la República Bolivariana*," en el cual participó junto con Roberto Viciano Pastor, la Sra. Gutiérrez Alvarado, autora de la Tesis "secreta" de Zaragoza cuando era Procuradora General de la República, y su Director de Tesis, el mismo Francisco Palacios Romeo;[454] refiriéndose a uno de ellos expresó:

"el colega español al que he hecho más de una mención y que ha jugado un papel importante en la confección de las constituciones venezolana, ecuatoriana y boliviana. Su ponencia me pareció sólida. Y me resultó particularmente interesante porque, al ser un promotor del "nuevo constitucionalismo latinoamericano", delineó algunas de sus tesis principales: la importancia de las asambleas constituyentes populares; el peso de la fuerza democrática sobre las instituciones elitistas de garantía (cortes constitucionales); la participación ciudadana constante; el referéndum como instrumento de consulta de todas las reformas a la constitución; la iniciativa popular; el poder constituyente recogido en la propia constitución, básicamente. Al escucharlo me acordé de los dilemas que ocuparon mis reflexiones cuando escribí mi tesis de doctorado, precisamente sobre las tensiones entre el constitucionalismo y la democracia. Y no pude dejar de sorprenderme ante lo mucho que nos cuesta entender que el poder, en las manos de quien sea, si no se limita, se vuelve tiránico [...].

Me pregunto si es este caos que se inclina al precipicio lo que emociona a algunos intelectuales europeos que celebran la revolución bolivariana, denuncian con aburrimiento el *impasse* y la mediocridad intelectual en el que —según dicen— está atrapada la sociedad europea y declaman su encanto por Latinoamérica (*pero suelen tener un boleto de avión —de regreso a casa— en el bolsillo*). Yo, definitivamente, no encuentro en lo que veo el germen de una sociedad moderna, libre e igualitaria. Y me niego a claudicar ante la idea de que ésta es la igualdad y libertad que nos toca a los latinoamericanos: una seudo-modernidad folklórica, *ad hoc* para los países del tercer mundo. La idea provinciana de que debemos encontrar nuestra identidad y destino sin mirar hacia otra parte siempre me ha pare-

453   Véase Edgardo Lander, "Venezuela: el fracaso del proceso bolivariano," 16 de agosto de 2018, en *aporrea*, en https://www.aporrea.org/actualidad/a267859.html

454   Véase la información sobre quienes participaron en el Congreso en "En el TSJ. Congreso sobre 10 años de la Constitución," en *CGR Revista,* Contraloría General de la república, No 160, 2010, en http://www.cgr.gob.ve/pdf/publicacion/cgrevista/cgr160.pdf; y en el CV de Francisco Palacios en https://redestudioscomparadosdfshh.files.wordpress.com/2017/02/cv-francisco-palacios-romeo.pdf

cido mediocre. Una cosa es aceptar la realidad y sentirse parte de ella y otra, muy distinta, conformarse con un estado de cosas en el que la marginalidad es destino.”[455]

Y lo grave de todo el daño que estos señores causaron en Venezuela, tanto el Sr. Palacios como sus otros amigos españoles, es que después de que hicieron lo que hicieron, incluso participando en la redacción del proyecto de reforma constitucional de 2007[456] y de los de las leyes de desarrollo de la misma relativas al Poder Popular, en lo cual es sabido que trabajaron, no sean capaces de reconocer los errores que cometieron, sobre todo ante la trágica realidad institucional que aqueja a Venezuela, donde sin duda no querrán vivir, salvo si pueden seguir teniendo jugosos contratos en moneda extranjera.

Con base en ello, hay que preguntarse ¿Cómo es posible que Palacios afirme – tratando de contradecirme - [457] que las leyes orgánicas del Poder Popular “no dicen nada que induzca a presuponer” que la carga socialista incluida en las mismas no significaría – como efectivamente lo afirmé – “toda exclusión de la propiedad privada”, “sustituirla a la fuerza por un sistema socialista”, “basado exclusivamente en la propiedad pública del Estado (dominio del Estado)” y, en definitiva, generar “un sistema económico comunista”?[458] Al hacer esta afirmación de que no hay nada en las leyes Orgánicas del Poder Popular que induzca a presuponer estos temores, lo que el Sr. Palacios evidencia es que ni siquiera supo qué era lo que estaba proponiendo, y como muestra, basta volver a recordar lo que insertaron en el artículo 6.12 de la Ley Orgánica del Sistema Económico Comunal de 2010 (que forma parte fundamental del “paquete” de las leyes que erradamente califica de “descentralización comunitaria”), cuando al definir el “modelo productivo socialista,” indica que es el:

> “modelo de producción basado en la *propiedad social*, orientado hacia la eliminación de la *división social del trabajo* propio del modelo capitalista. El modelo de producción socialista está dirigido a la satisfacción de necesidades crecientes de la población, a través de nuevas formas de generación y apropiación así como de la *reinversión social del excedente*” (art. 6.12).

No se percató el Sr. Palacios y sus amigos redactores de las leyes, por lo visto, que en 1845 y 1846, Carlos Marx y Federico Engels precisamente describieron la “sociedad comunista” con base en esos mismos tres componentes de dicha definición: propiedad social, eliminación de la división social del trabajo y reinversión social del excedente,[459] que se encuentran parafraseados en la Ley. ¿Cómo puede seriamente el Sr. Palacios afirmar que las leyes “no dicen nada que induzca a presuponer” que se busca implantar el comunismo, si lo dicen textualmente?

---

455 Véase Pedro Salazar Ugarte, “Chávez: “Los Tres Poderes soy yo” Notas de un constitucionalista perdido en Caracas,” 1 de marzo de 2010, en *Nexos*, en https://www.nexos.com.mx/?p=13622

456 Véase en el CV de Francisco Palacios Romeo, en https://redestudioscomparadosdfshh.files.wordpress.com/2017/02/cv-francisco-palacios-romeo.pdf.

457 Véase Francisco Palacios Romeo, “Falacias ideológicas y aporías técnicas …”, cit., p. 620.

458 Palacios cita mi estudio: “Brewer, Allan (2010), “Sobre la ley orgánica del sistema económico comunal o de cómo se implanta en Venezuela un sistema económico comunista sin reformar la Constitución” en *Revista de Derecho Público* n° 124, Caracas, 2010, pp. 105-107; Brewer, *Las leyes del poder popular...*, *op. cit.*, pp. 127, 130.”

459 Véase en Karl Marx and Frederich Engels, “The German Ideology,” en *Collective Works*, Vol. 5, International al Publishers, New York 1976, p. 47. Véanse además los textos pertinentes en http://www.educa.madrid.org/cms_tools/files/0a24636f-764c-4e03-9c1d-6722e2ee60d7/Texto%20Marx%20y%20Engels.pdf

Por ello, ha sido basado en el propio texto de las leyes que tanto defendió el profesor Palacios – eso sí, para ser aplicadas bien lejos de su morada y de sus intereses – , que sin duda he afirmado y reitero, que "la Ley está sin duda concebida para implantar en Venezuela el sistema comunista como contrario al sistema capitalista." [460]

---

460   Véase Allan R. Brewer-Carías, "Sobre la ley orgánica del sistema económico comunal o de cómo se implanta en Venezuela un sistema económico comunista sin reformar la Constitución," en *Revista de Derecho Público* No 124, Editorial Jurídica Venezolana, Caracas 2010, pp. 105-107.

SÉPTIMA PARTE

EL FRAUDE A LA CONSTITUCIÓN Y A LA VOLUNTAD POPULAR EN MATERIA DE REFORMA CONSTITUCIONAL

A diferencia de lo que establecía la Constitución de 1961, la cual no regulaba como procedimiento para la reforma constitucional sino los mecanismos de Enmienda y Reforma Constitucional, la Constitución de 1999, después de la experiencia de la convocatoria de una Asamblea Nacional Constituyente en 1999 al margen de aquella Constitución de 1961 (**Véase Primera Parte III**), reguló expresamente la misma, imponiendo la necesidad de su convocatoria por el pueblo cuando se trata de reformas que vayan más allá de una revisión parcial o de la sustitución de una o varias de sus normas, y tiendan a modificar la estructura y principios fundamentales del texto Constitucional, o a transformar el Estado, crear un nuevo ordenamiento jurídico y redactar una nueva Constitución.

En esos casos, es el pueblo el que tiene la iniciativa de convocar la Asamblea Constituyente y ello debe hacerlo mediante referendo de convocatoria.[461] Lamentablemente, en Venezuela, en las dos ocasiones en las cuales se han querido introducir en el régimen constitucional del Estado reformas mayores, ha sido precisamente el Juez Constitucional el que ha avalado la violación de la Constitución permitiendo en 2007 que el intento de transformar el Estado se hiciera mediante una Reforma Constitucional, sin convocarse una Asamblea Constituyente, y en 2017, que se excluyera al pueblo del proceso de convocatoria de la Asamblea Constituyente, en violación abierta de la Constitución.

I. LA ACEPTACIÓN POR EL JUEZ CONSTITUCIONAL, QUE SE SOMETIERA A REFERENDO UN PROYECTO DE "REFORMA CONSTITUCIONAL" QUE SOLO PODÍA APROBARSE MEDIANTE LA CONVOCATORIA DE UNA ASAMBLEA CONSTITUYENTE (2007)

Como ya se ha dicho, en agosto de 2007 el entonces Presidente de la República, Hugo Chávez Frías, propuso ante la Asamblea Nacional un proyecto de reforma constitucional que esta sancionó el 2 de noviembre de 2007[462] (**Véase Sexta Parte, II**). Ese proyecto, por su contenido,

---

461 Véase Allan R. Brewer-Carías, *Usurpación Constituyente 1999, 2017. La historia se repite: una vez como farsa y la otra como tragedia*, Colección Estudios Jurídicos, Nº 121, Editorial Jurídica Venezolana International, 2018, 654 pp.

462 Véase sobre la propuesta de reforma constitucional de 2007: Allan R. Brewer-Carías, *Hacia la consolidación de un Estado Socialista, Centralizado, Policial y Militarista. Comentarios sobre el sentido y alcance de las propuestas de reforma constitucional 2007*, Colección Textos Legislativos, Nº 42, Editorial Jurídica Venezolana,

no constituía "una revisión parcial de la Constitución o la sustitución de una o varias de sus normas que no modificaban la estructura y principios fundamentales del texto Constitucional," que es lo que conforme al artículo 342 podía realizarse mediante el procedimiento de la "reforma constitucional," el cual se desarrolla mediante la sola discusión y sanción del proyecto por la Asamblea Nacional y posterior sometimiento a referendo aprobatorio. Por el contrario, lo que contenía, en realidad, era una reforma integral del Estado y del sistema político, es decir, una radical y profunda transformación del Estado y la creación de un nuevo ordenamiento jurídico como quizás nunca antes se había producido en la historia constitucional de la República.

Semejante transformación no podía ser objeto de una "reforma constitucional" en los términos del artículo 342 de la Constitución, y solo podía realizarse a través de la convocatoria de una "Asamblea Nacional Constituyente" que conforme al artículo 347 debe hacerse cuando se tratase de "transformar el Estado, crear un nuevo ordenamiento jurídico y redactar una nueva Constitución." Por ello, al no acudir a dicho procedimiento, tanto el Presidente de la República, como el Consejo Presidencial para la Reforma Constitucional (del cual era miembro entre otros altos funcionarios, la entonces Procuradora General de la República Gladys Gutiérrez Alvarado), y la Asamblea Nacional, cometieron un fraude a la Constitución, que originó que diversos ciudadanos buscaran requerir del Juez Constitucional, es decir, de la Sala Constitucional del Tribunal Supremo de Justicia, que ejerciera el control de constitucionalidad de los actos que avalaron ese procedimiento de "reforma constitucional" conforme a los artículos 266,1; 334, in fine y 366, 4 de la Constitución.

Lamentablemente, en este caso, el Juez Constitucional se rehusó a impartir justicia constitucional, lo que se puso de manifiesto desde el mismo momento en el cual el Presidente de la República ejerció la iniciativa de la reforma, al presentar su proyecto ante la Asamblea Nacional el 15 de agosto de 2007. Así, con toda impunidad, dos días después, el 17 de agosto de 2007, y adelantándose a cualquier impugnación posible, la Presidenta del Tribunal Supremo de Justicia de entonces y Presidenta de la Sala Constitucional (es decir, de la Jurisdicción Constitucional) y además, miembro también del Consejo Presidencial para la Reforma Constitucional, Luisa Estella Morales Lamuño, emitiendo opinión y prejuzgando cualquier asunto, declaró públicamente que "la Sala Constitucional no tramitará ninguna acción relacionada con las modificaciones al texto fundamental, hasta tanto éstas no hayan sido aprobadas por los ciudadanos en el referendo" agregando que "cualquier acción debe ser presentada después del referendo cuando la reforma ya sea norma, porque no podemos interpretar una tentativa de norma. Después de que el proyecto sea una norma podríamos entrar a interpretarla y a conocer las acciones de nulidad."[463]

<hr />

Caracas 2007, 157 pp.; y *La Reforma Constitucional de 2007 (Comentarios al proyecto inconstitucionalmente sancionado por la Asamblea Nacional el 2 de noviembre de 2007)*, Colección Textos Legislativos, N° 43, Editorial Jurídica Venezolana, Caracas 2007, 224 pp.

463   Véase la reseña del periodista Juan Francisco Alonso, en *El Universal*, Caracas 18-08-07. Esto, por lo demás, fue lo que decidió la Sala Constitucional en su sentencia N° de 22-11-07 (Expediente N° 07- 1596) al declarar "improponible" una acción de inconstitucionalidad contra el acto de la Asamblea nacional sancionando la reforma constitucional, con la participación y firma de la misma Presidente de la Sala, quien no se inhibió a pesar de haber adelantado públicamente opinión sobre lo decidido. Por otra parte, luego de varias solicitudes de recursos de interpretación sobre el artículo 342 de la Constitución, y de nulidad del acto sancionatorio de la reforma por la Asamblea Nacional, con motivo de la recusación que efectuaron los peticionantes contra la Presidenta de la Sala por estar comprometida su imparcialidad en la materia al haber formado parte de la Comisión Presidencial para la Reforma Constitucional, en decisión de 01-11-07, el magistrado J.E. Cabrera de la misma Sala, decidió que de la lectura del Decreto de creación del Consejo de Reforma (art. 5), "se desprende

La consecuencia de este anuncio público anticipado y errado, fue efectivamente la declaración por la Sala Constitucional, con la participación de su Presidenta quien había adelantado opinión pública en la materia, como inadmisibles e "improponibles" materialmente todos los recursos de amparo y nulidad que se habían interpuesto contra los actos de los poderes constituidos que había intervenido en el procedimiento de "reforma constitucional."[464] Entre dichas sentencias se puede mencionar la N° 2189 de 22 de noviembre de 2007 (Exp. N° 07-1596), dictada en el caso de la acción de nulidad por inconstitucionalidad que la Confederación de Profesionales Universitarios de Venezuela y el Colegio de Abogados del Estado Carabobo presentaron contra el acto de la Asamblea Nacional sancionatorio del proyecto de reforma constitucional, en la cual, luego de referirse a previas sentencias (Nos. 2108/2007 y 2147/2007), la Sala Constitucional precisó que "el procedimiento para la reforma constitucional es un *"proceso complejo"* que comienza con la iniciativa (artículo 342); continúa con la discusión y aprobación, que corresponde a la Asamblea Nacional (artículo 343); sigue con el referendo constitucional, regulado en el artículo 344, que corresponde ejercerlo al pueblo *"como validante definitivo de la reforma;"* y, finalmente, la promulgación por el Presidente de la República, según lo dispuesto en el artículo 346 constitucional"; concluyendo erradamente, con la afirmación de que siendo "un proceso complejo de formación de actos normativos … se asemeja al ordinario de formación de leyes; y una de las coincidencias absolutas es que no se puede hablar de un acto definitivo si no se han cumplido todos los pasos de este trámite procedimental"; y que dicho procedimiento complejo, "no causa gravamen hasta tanto no exteriorice sus efectos (mediante la promulgación y publicación en *Gaceta Oficial*)."

Con base en estas erradas premisas, confundiendo el proceso de reforma constitucional con el procedimiento de formación de las leyes e ignorando que mediante la utilización del "complejo procedimiento" errado lo que se lesiona desde su inicio es el derecho del pueblo como poder constituyente originario, la Sala Constitucional renunció, en contra del principio de la universalidad del control, a ejercer el control de constitucionalidad respecto del acto definitivo de iniciativa presidencial de presentar el proyecto de reforma ante la Asamblea Nacional; del acto definitivo de la Asamblea Nacional al sancionar el proyecto de reforma constitucional; y del acto definitivo del Consejo Nacional Electoral que lo sometió a referendo, considerando que "mientras el proyecto de reforma esté en proceso de trámite no es susceptible de control jurisdiccional, salvo que

---

que la Secretaria Ejecutiva, cumplía funciones administrativas y no de redacción, corredacción, o ponencia sobre el contenido de un anteproyecto de reforma constitucional; por lo que la Dra. Luisa Estella Morales Lamuño no es –necesariamente- promovente del "Proyecto de Reforma Constitucional" que ha presentado el Presidente de la República, y los recusantes no señalan cuál aporte de la Secretaria Ejecutiva fue incorporado al Proyecto de Reforma, ni siquiera alguno que haga presumir la intervención de la Dra. Morales"; agregando que "Además, por ser parte del Consejo Presidencial, la Secretaria Ejecutiva no está dando ninguna recomendación sobre el juicio de nulidad de que trata esta causa, ya que nada ha manifestado en ese sentido, ni se le imputa declaración alguna de su parte que adelante opinión sobre la inconstitucionalidad denunciada en esta causa". Véase también, la Reseña periodística de JFA, *El Universal*, Caracas 2-11-07. Posteriormente, en sentencia de 22-11-07, el mismo Magistrado Cabrera declaró sin lugar otra recusación contra la Presidenta de la Sala por motivos similares (Exp. 07-1597).

464   Véase el estudio de dichas sentencias en Allan R. Brewer-Carías, "El juez constitucional vs. la supremacía constitucional. O de cómo la Jurisdicción Constitucional en Venezuela renunció a controlar la constitucionalidad del procedimiento seguido para la "reforma constitucional" sancionada por la Asamblea Nacional el 2 de noviembre de 2007, antes de que fuera rechazada por el pueblo en el referendo del 2 de diciembre de 2007," en Eduardo Ferrer Mac Gregor y César de Jesús Molina Suárez (Coordinadores), *El juez constitucional en el Siglo XXI*, Universidad Nacional Autónoma de México, Suprema Corte de Justicia de la Nación, México 2009, Tomo I, pp. 385-435.

el proceso de reforma *"aborte"* en alguna de esas etapas sucesivas y no se perfeccione el acto normativo (Vid. sentencia Nº 2147 del 13 de noviembre de 2007, caso: *Rafael Ángel Briceño*)"; y concluyendo que "el proyecto de reforma constitucional sancionado por la Asamblea Nacional el día 2 de noviembre de 2007, al tratarse de un acto normativo no perfeccionado, no puede producir efectos jurídicos externos y, por lo tanto, no es posible controlar jurisdiccionalmente a *priori* su contenido". De todos estos ilógicos argumentos la Sala concluyó declarando "improponible en derecho la presente acción popular de inconstitucionalidad."

Al contrario de lo afirmado por la Sala, cuando las Constituciones han establecido precisos procedimientos que los poderes constituidos, cuando ejercen funciones de poder constituyente derivado, deben seguir para la revisión constitucional, los mismos se constituyen en límites constitucionales adjetivos o procedimentales para la revisión constitucional. La consecuencia lógica de estas regulaciones y obligación de sometimiento a la Constitución, es precisamente que el cumplimiento de dichos procedimientos de reforma o enmienda constitucional por los órganos del poder constituidos, dado el principio de la supremacía constitucional, esté sujeto a control de constitucionalidad por parte de los órganos de la Jurisdicción Constitucional antes de que se manifieste la voluntad popular, es decir, antes de que se manifieste el poder constituyente originario. Es absurdo pretender, en cambio, que una vez efectuado un referendo, es decir, manifestado el poder constituyente originario, un órgano del poder constituido como es la Sala Constitucional del Tribunal Supremo, pueda pretender ejercer el control de constitucionalidad de la voluntad popular, es decir, del poder constituyente originario, que es el pueblo, manifestada en referendo.

Se violó así, en 2007, por la abstención del Juez Constitucional de ejercer la justicia constitucional, el derecho de pueblo de tomar la iniciativa como poder constituyente originario, para la reforma global de la Constitución que se proponía mediante el procedimiento de "reforma constitucional." El pueblo, sin embargo, se encargó de corregir la violación de la Constitución rechazando en el referendo de diciembre de 2007 la "reforma constitucional" que había propuesto el Presidente H, Chávez, elaborado con la asistencia del Consejo Presidencial para la Reforma Constitucional del cual formó siendo Procuradora General de la Republica la Sra. Gutiérrez Alvarado, violando la Constitución. No es de extrañar por tanto la defensa y apología que hizo sobre esa propuesta de reforma constitucional en su Tesis "secreta" de doctorado (**Véase Octava Parte**).

II. EL FRAUDE COMETIDO POR EL JUEZ CONSTITUCIONAL AL NEGARLE AL PUEBLO SU PODER EXCLUSIVO DE CONVOCAR UNA ASAMBLEA NACIONAL CONSTITUYENTE (2017)

Después de la experiencia de que fuera convocada una Asamblea Nacional Constituyente en 1999 sin estar prevista en la Constitución de 1961, con base en una muy ambigua sentencia de la entonces Corte Suprema de Justicia, que no resolvió sobre lo que se le había solicitado y era determinar si era posible o no convocar dicha Asamblea sin antes reformar la Constitución para preverla y regularla;[465] en la Constitución de 1999 que sancionó a aquella Asamblea sí se reguló expresamente la institución en el artículo 347 de la Constitución, en el cual, en lenguaje directo y claro, sin ambigüedad alguna, indicó que:

---

465   Véase en análisis de las sentencias en Allan R. Brewer-Carías, *Poder Constituyente Originario y Asamblea Nacional Constituyente (Comentarios sobre la interpretación jurisprudencial relativa a la naturaleza, la misión y los límites de la Asamblea Nacional Constituyente)*, Colección Estudios Jurídicos Nº 72, Editorial Jurídica Venezolana, Caracas 1999, 296 pp.

Art. 347 El pueblo de Venezuela *es el depositario del poder constituyente originario. En ejercicio de dicho poder [el pueblo], puede convocar una Asamblea Nacional Constituyente…*"

La usurpación de la voluntad popular en la convocatoria de la Asamblea Constituyente de 2017

Como resulta de la norma citada, solo el pueblo es quien puede convocar una Asamblea Constituyente, mediante un referendo de convocatoria. Sin embargo, contrariando lo que establece expresamente esta norma,[466] Nicolás Maduro como la Presidente de la República anunció el 1º de mayo de 2017, "la convocatoria al poder constituyente originario para ganar la paz y vencer el golpe de Estado y perfeccionar el sistema económico y político del pueblo" agregando que ello lo hacía supuestamente en uso de sus:

"atribuciones presidenciales como jefe de Estado, constitucionales de acuerdo al artículo 347 convoco el poder constituyente originario para que la clase obrera en un proceso convoque a un Asamblea Nacional Constituyente."[467]

Esa propuesta que se concretó luego en los Decretos N° 2.830 de 1 de mayo de 2017 y N° 2.878 de 23 de mayo de 2017,[468] era errada, inconstitucional y fraudulenta,[469] como incluso algunos de los mismos defensores del "nuevo constitucionalismo" de 1999, Roberto Viciano Pastor y Rubén Martínez Dalmau, lo expresaron respecto del proceso iniciado por Maduro en mayo de 2017:

"Desde el prisma de la constitucionalidad, el decreto es inconstitucional. Una lectura del artículo 347 de la CRBV ("El pueblo de Venezuela es el depositario del poder constituyente originario. En ejercicio de dicho poder puede convocar una Asamblea Nacional Constituyente…") y del artículo 348 CRBV ("La iniciativa a la convocatoria a la Asamblea Nacional Constituyente podrán tomarla el presidente o presidenta de la República en Consejo de Ministros…") solo puede tener una lectura democrática: la Constitución diferencia entre la decisión de convocar la Asamblea Constituyente y la iniciativa para tomar tal decisión. La iniciativa corresponde al presidente de la República, entre otros órganos; pero la decisión compete en exclusiva al pueblo. Por tanto, es requisito necesario el referén-

466   Véase sobre esto, el que expusimos en: Allan R. Brewer-Carías, "Sobre cómo se puede convocar en Venezuela una Asamblea Nacional Constituyente," 1 de mayo de 2017, en http://allanbrewercarias.net/site/wp-content/up-loads/2017/05/154.-doc.-Brewer.-C%C3%93MO-CONVOCAR-CONSTITUYENTE-1-5-2017.pdf.

467   Véase Alonso Moleiro y María Fernanda Flores, Gente de palabra, *Unión Radio*, 1 de mayo de 2017, en http://unionradio.net/maduro-afirma-que-seguira-batallando-para-vencer-guerra-de-precios/.

468   Véase respectivamente en *Gaceta Oficial* N° 6.295 Extra de 1º de mayo de 2017 y N° 41.186 de 23 de mayo de 2017.

469   Como curiosidad, sin embargo, el fraudulento proceso llegó a ser defendido en España, en julio 2017, precisamente por el profesor Francisco Palacios Romeo, Director de la tesis "secreta" de Zaragoza, quien organizó una conferencia sobre "La paz para Venezuela: Asamblea Nacional Constituyente." Como lo destacó un reportaje de *El Español*: "La conferencia no llevaba ni tres minutos de recorrido cuando el profesor Palacios aseguró que "en Venezuela hay una libertad absoluta." Prendió la mecha. Los disidentes saltaron en masa para recriminarle a gritos, incluso con insultos, su postura. Palacios lo consideró "un sabotaje." Véase el reportaje "En una conferencia sobre Venezuela. Chavistas y opositores venezolanos llegan a las manos en un aula de la Universidad de Zaragoza. En el acto, organizado por un profesor afín a Podemos, se gritó "fascistas" y "terroristas" a los disidentes" en *El Español*, 1 de julio de 2017, en https://www.elespanol.com/espana/20170-630/227728134_0.html

dum constituyente. En definitiva, Maduro tiene competencia para preguntarle al pueblo si quiere activar un nuevo proceso constituyente, pero no para convocarlo.

[…] el presidente Maduro no puede convocar legítima y directamente una Asamblea Constituyente democrática. De consolidarse el decreto del 1° de mayo, el resultado sería una farsa que tristemente confirmaría la tendencia autoritaria del Gobierno."[470]

En Venezuela, en efecto, en el marco de la Constitución de 1999, el Presidente de la República NO podía ni puede convocar una Asamblea Constituyente, pues conforme al texto del artículo 347 de la Constitución antes citado, quien la puede convocar es *el pueblo* exclusivamente, quien es el único que detenta el poder constituyente originario. Y el pueblo no es una fracción o facción del mismo, y menos una persona o grupo, sino que está conformado por el universo de todos los electores, titulares de derechos políticos, considerados en su globalidad.

Ahora bien, precisamente porque el pueblo en su globalidad es el depositario del poder constituyente originario como lo dispone la norma mencionada, el mismo es quien "en ejercicio de dicho poder," […] *"puede convocar* una Asamblea Nacional Constituyente con el objeto de transformar el Estado, crear un nuevo ordenamiento jurídico y redactar una nueva Constitución;" debiendo hacerse dicha convocatoria como resultado de la expresión de la voluntad popular, la cual conforme a la Constitución solo se puede expresar a través de un referendo de convocatoria como consecuencia de una votación popular universal, directa y secreta.[471]

Con la declaración expresa del artículo 347 de la Constitución de 1999, en el mismo, y siguiendo precisamente la experiencia de la Asamblea Constituyente de 1999, se eliminó toda posibilidad de que un órgano del Estado (órganos constituidos) pudiera "convocar" una Asamblea Nacional Constituyente (solo el pueblo puede hacerlo mediante referendo), y además, se eliminó también toda la otra discusión sobre si la Asamblea Nacional Constituyente, una vez convocada mediante referendo y posteriormente, una vez electa, podía o no asumir el poder constituyente originario, que estando exclusivamente en manos del pueblo, nadie más puede asumirlo.[472]

Es decir, conforme a la Constitución de 1999, esa discusión ya no cabía, pues su texto eliminó toda posibilidad de que la Asamblea Nacional Constituyente pudiese ser convocada por algún órgano del Estado y que pudiese usurpar el poder constituyente originario que sólo lo tiene el pueblo. Sin embargo, lo contrario fue lo que ocurrió en Venezuela con la anuencia del Juez Constitucional.

Ahora bien, para que el pueblo pudiera *convocar* una Asamblea Nacional Constituyente mediante la expresión de su voluntad que solo puede materializarse a través de un referendo, el artí-

---

470   Véase Roberto Viciano Pastor y Rubén Martínez Dalmau, "Una Constituyente sin legitimidad. El pueblo y ello debería ser denunciado por quienes se mantienen leales a la memoria de Chávez," en *El País,* Madrid 25 de mayo de 2017, en https://elpais.com/elpais/2017/05/24/opinion/1495650765_391247.html

471   Véase sobre ello lo que hemos expuesto en Allan R. Brewer-Carías, *Reforma constitucional y fraude a la Constitución (1999-2009)*, Academia de Ciencias Políticas y Sociales, Caracas 2009, p. 64-66; y en *La Constitución de 1999 y la Enmienda constitucional N° 1 de 2009*, Editorial Jurídica Venezolana, Caracas 2011, pp. 299-300.

472   Véase el interesante trabajo de Eduardo Jorge Prats, "El poder constituyente de Sieyès a Maduro," 26 de mayo de 2017, en http://hoy.com.do/el-poder-constituyente-de-sieyes-a-maduro/. Publicado en Allan R. Brewer-Carías y Carlos García Soto (Coordinadores), *Estudios sobre la Asamblea Nacional Constituyente y su inconstitucional convocatoria en 2017*, Colección Estudios Jurídicos N° 119, Editorial Jurídica Venezolana, Caracas 2017.

culo 348 de la Constitución asigna *la iniciativa* para que se inicie el proceso y pueda el pueblo pronunciarse sobre la convocatoria, *primero*, al Presidente de la República en Consejo de Ministros; *segundo*, a la Asamblea Nacional, mediante acuerdo de las dos terceras partes de sus integrantes; *tercero*, a los Concejos Municipales en cabildo, mediante el voto de las dos terceras partes de los mismos; o *cuarto*, al quince por ciento de los electores inscritos en el Registro Civil y Electoral. Estos tienen la facultad de proponer ante el Consejo Nacional Electoral que se lleve a cabo un referendo para que el pueblo convoque la Constituyente; pero tener la iniciativa no es tener el poder de convocatoria, es sólo iniciativa para que el pueblo convoque.

De manera que una vez que cualquiera de los legitimados para tomar la iniciativa, la propuesta que se formule ante el Consejo Nacional Electoral debe contener las "bases comiciales," es decir, la precisión de la misión y los poderes de la Asamblea Constituyente que se propone sea convocada, así como su duración y la forma de integrarla y de elegir a los constituyente, que solo puede realizarse conforme lo previsto en la Constitución, es decir, mediante sufragio universal, directo y secreto, por ser la base de la expresión de la soberanía del pueblo.

En este contexto, no podía conformarse una Asamblea Constituyente como se anunció el 1 de mayo de 2017, con unos "constituyentes electos por la base de la clase obrera" ni por "líderes del pueblo en las comunidades," ni por "sectores gremiales" o regionales. Esa propuesta hecha por Nicolás Maduro constituía un fraude a la Constitución y a la voluntad popular. Una vez convocada una Asamblea Constituyente por el pueblo, sus miembros solo podrían ser electos por votación popular, directa y secreta, siendo ello de la esencia de la Constitución.

Conforme a lo anterior, una vez que alguno de los cuatro legitimados para ello (Presidente, Asamblea Nacional, Concejos Municipales, iniciativa popular) tome la iniciativa, debe entonces acudir ante el Poder Electoral a manifestarla, consignado su propuesta de bases comiciales de la Constituyente para que éste órgano proceda en consecuencia a convocar un referendo, precisamente para que el pueblo pueda adoptar la decisión de convocar o no la Asamblea Nacional Constituyente. Solamente si el pueblo la aprueba mayoritariamente es que podría procederse a elegir los miembros de la Asamblea.

En otras palabras, una vez ejercida la iniciativa y luego de que el pueblo (todo el pueblo) se manifieste mediante referendo sobre la convocatoria y sobre el estatuto básico de la Asamblea Constituyente, si gana el SI, entonces debe procederse a la elección de los miembros de la Asamblea de acuerdo con el Estatuto que se apruebe popularmente.

Con base en todo lo anterior, por tanto, el decreto presidencial N° 2830 de 1° de mayo de 2017, cuyo texto solo se conoció oficialmente el 4 de mayo de 2017 (cuando circuló la *Gaceta Oficial* respectiva) convocando una Asamblea Nacional Constituyente constituyó un fraude constitucional y un fraude a la voluntad popular.[473]

---

473   Véase Allan R. Brewer-Carías, "Nuevo fraude a la Constitución y a la voluntad popular: Inconstitucional decreto para convocar una Asamblea Constituyente solo para aprobar la reforma constitucional rechazada por el pueblo en 2007," New York, 4 de mayo de 2017, http://allanbrewerca-rias.net/site/wp-content/uploads/2017/05/156.-Decreto-Constituyente.-Nuevo-fraude-a-la-Constituci%C3%B3n-y-a-la-voluntad-popular.-4-mayo-2017.pdf Véase igualmente en Véase en Allan R. Brewer-Carías, *La inconstitucional convocatoria de una Asamblea Nacional Constituyente en mayo de 2017 Un nuevo fraude a la Constitución y a la voluntad popular*, Colección Textos Legislativos, N° 56, Editorial Jurídica Venezolana, Caracas 2017, pp. 65 ss.

El aval por el Juez Constitucional a la usurpación constituyente

El mismo, por supuesto, fue impugnado por inconstitucionalidad ante la Sala Constitucional del Tribunal Supremo de Justicia, pero de nuevo, el Juez Constitucional mediante sentencia N° 378 de 31 de mayo de 2017 [474] (en la cual sin embargo no aparece la firma de la magistrada Gladys Gutiérrez Alvarado), avaló el fraude constitucional ignorando el derecho ciudadano a la participación política en la convocatoria de la Asamblea Constituyente.

Para ello, en la sentencia, la Sala como ha sido usual en los últimos lustros, impartió la justicia constitucional "a la carta" e "interpretó" los artículos 347 y 348 de la Constitución conforme lo requería el Poder Ejecutivo, concluyendo con un simplismo inconcebible, que:

"De tal manera que, el artículo 347 define en quien reside el poder constituyente originario: en el pueblo como titular de la soberanía. Pero el artículo 348 precisa que la iniciativa para ejercer la convocatoria constituyente le corresponde, entre otros, al "Presidente o Presidenta de la República en Consejo de Ministros", órgano del Poder Ejecutivo, quien actúa en ejercicio de la soberanía popular.

En los términos expuestos anteriormente, la Sala considera que no es necesario ni constitucionalmente obligante, un referéndum consultivo previo para la convocatoria de una Asamblea Nacional Constituyente, porque ello no está expresamente contemplado en ninguna de las disposiciones del Capítulo III del Título IX."

Esta absurda conclusión, que contaría la letra del artículo 347 de la Constitución,[475] la elaboró el Juez Constitucional a la medida de lo que quería el régimen con ocasión de decidir un recurso de interpretación de dichas normas formulado quince días antes por un abogado "actuando en nombre propio," en el cual básicamente argumentó que para que el pueblo en ejercicio del poder constituyente originario pudiese convocar una Asamblea Nacional Constituyente, debía hacerlo mediante referendo que debía realizarse una vez que se tomara la iniciativa por los legitimados para ello ante el Consejo Nacional Electoral,[476] el cual al recibirla debía someterla a *"consulta al soberano como poder originario para que se manifieste en mayoría si está de acuerdo que se realice o no el proceso Constituyente."*

---

474 Véase en http://historico.tsj.gob.ve/decisiones/scon/mayo/199490-378-315-17-2017-17-0519.HTML. Véase los comentarios en Allan R. Brewer-Carías, "El Juez Constitucional vs. el pueblo, como poder constituyente originario," (Sentencias de la Sala Constitucional N° 378 de 31 de mayo de 2017 y N° 455 de 12 de junio de 2017), en *Revista de Derecho Público,* N° 149-150, (enero-junio 2017), Editorial Jurídica Venezolana, Caracas 2017, pp. 353-363; y en Emilio J. Urbina, "La jurisprudencia del horror: Las posturas argumentales de la Sala Constitucional ante el tema constituyente (marzo-mayo 2017),"), en *Revista de Derecho Público,* N° 149-150, (enero-junio 2017), Editorial Jurídica Venezolana, Caracas 2017, pp. 364 ss. Véase además en Allan R. Brewer-Carías, *La inconstitucional convocatoria de una Asamblea Nacional Constituyente en mayo de 2017 Un nuevo fraude a la Constitución y a la voluntad popular,* Colección Textos Legislativos, N° 56, Editorial Jurídica Venezolana, Caracas 2017, pp. 123 ss.

475 *Artículo 347.* El pueblo de Venezuela es el depositario del poder constituyente originario. En ejercicio de dicho poder, puede convocar una Asamblea Nacional Constituyente con el objeto de transformar el Estado, crear un nuevo ordenamiento jurídico y redactar una nueva Constitución.

476 *Artículo 348.* La iniciativa de convocatoria a la Asamblea Nacional Constituyente podrán tomarla el Presidente o Presidenta de la República en Consejo de Ministros; la Asamblea Nacional, mediante acuerdo de las dos terceras partes de sus integrantes; los Concejos Municipales en cabildo, mediante el voto de las dos terceras partes de los mismos; o el quince por ciento de los electores inscritos y electoras inscritas en el Registro Civil y Electoral.

El peticionante formuló el recurso de interpretación, según se reseña en la sentencia, porque el Presidente de la República y algunos de sus Ministros "habían argumentado públicamente:"

"que ya no hacía falta la manifestación del pueblo en cuanto a la activación de la Constituyente, y que además como quien realizo (sic) la iniciativa era el presidente (sic) de la República pues es el (sic) quien debe presentar los candidatos realizar la escogencia de los mismos, invitando a todos a inscribirse para su elección (…)."

En definitiva, estas fueron según la Sala, las dudas e interrogantes planteadas por el recurrente:

"-Será que el termino (sic) la iniciativa deba entenderse como un todo, y que solo lo indispensable sería entonces aprobar o no el proyecto que presente de modelo de Constitución luego de discutida.

-[S]erá que no se requiere que el soberano poder originario evalué (sic) si acepta, si está de acuerdo o no, con una nueva Constitución.

-Será que solo emitirá el voto de aprobación o no al proyecto ya presentado por quien ejerció la iniciativa".

La Sala, luego de declararse competente para conocer del recurso de interpretación abstracta de la Constitución, inconstitucionalmente establecido en forma pretoriana por la sentencia N° 1077, del 22 de septiembre de 2000 (caso: *Servio Tulio León*), y luego recogida en el artículo 25 de la Ley Orgánica del Tribunal Supremo de Justicia de 2004, procedió a admitirlo considerando que el recurrente tenía la legitimidad necesaria:

"por su interés legítimo, como parte del poder originario, como venezolano y profesional del derecho y ante el clamor popular, vista la ambigüedad e incertidumbre jurídica de los artículos 347 y 348 de la Constitución de la República Bolivariana de Venezuela, manifestada en la realización de la iniciativa y la consulta para la elección de los integrantes de la Asamblea Nacional Constituyente, así como la iniciativa o solicitud al Consejo Nacional Electoral a los fines de que realice la consulta al poder originario, para que manifieste si está de acuerdo en que se efectúe o no el proceso constituyente, el cual podría iniciarse a finales del mes de julio del año 2017, lo cual resulta un hecho notorio y comunicacional, visto el Decreto N° 2.830, dictado el 1° de mayo de 2017, por el Presidente de la República Bolivariana de Venezuela, ciudadano Nicolás Maduro Moros."

Y luego de declarar el asunto planteado como "de mero derecho, en tanto no requiere la evacuación de prueba alguna al estar centrado en la obtención de un pronunciamiento interpretativo," la Sala pasó de inmediato a decidir "sin más trámites" sobre "el alcance y el contenido de los artículos 347 y 348 de la Constitución," en particular en:

"lo relativo a la realización de la iniciativa y la consulta para la elección de los integrantes de la Asamblea Nacional Constituyente, así como la iniciativa o solicitud al Consejo Nacional Electoral, a fin de que realice la consulta al poder originario, para que manifieste si está de acuerdo en que se efectúe o no el proceso Constituyente."

Después de copiar el texto de los artículos 347 y 348 de la Constitución, y recordar que la Constitución de 1961, a pesar de contemplar las figuras de la Enmienda y Reforma, no reguló la de "la Asamblea Constituyente para que el pueblo, como poder constituyente originario, pudiera redactar un nuevo texto fundamental," la Sala pasó a referirse al proceso de interpretación del artículo 4 de la Constitución (1961) y el artículo 181 de la Ley Orgánica del Sufragio y Participación Política que unos ciudadanos habían intentado en diciembre de 1998, "con la finalidad de aclarar si era posible, con base en él, convocarse un referéndum consultivo para que el pueblo determinara si estaba de acuerdo con la convocatoria de una Asamblea Constituyente," que concluyó en la sentencia de la Sala Político Administrativa de la antigua Corte Suprema de Justicia, de 19 de enero de 1999; [477]" proceso en el cual dicha Sala lo único que resolvió fue que a través de un referendo consultivo podía:

> "ser consultado el parecer del cuerpo electoral sobre cualquier decisión de especial trascendencia nacional distinto a los expresamente excluidos por la propia Ley Orgánica del Sufragio y Participación Política en su artículo 185, incluyendo la relativa a la convocatoria de una Asamblea Constituyente."

Nada dijo la Sala Constitucional, sin embargo, sobre la segunda pregunta que entonces se le formuló a la antigua Corte Suprema y que en 1999 no fue respondida, sobre si se podía convocar una Asamblea Constituyente (no prevista en la Constitución se 1961) sin reformar previamente la Constitución; y solo se refirió a las vicisitudes de la convocatoria de entonces al referendo consultivo por el Presidente de la República mediante Decreto N° 3 del 2 de febrero de 1999, y las modificaciones de las "bases comiciales'" de entonces como consecuencia de otras decisiones judiciales, entre ellas, "la sentencia de la Corte Suprema de Justicia del 18 de marzo de 1999 y su aclaratoria del 23 de marzo del mismo año, así como según fallo del 13 de abril de 1999."[478]

En todo caso, luego de constatar que el proceso constituyente de 1999 se inició mediante la convocatoria por el Presidente Chávez "de un referéndum consultivo para que el pueblo se pronunciase sobre la convocatoria de una Asamblea Nacional Constituyente, en cuya oportunidad, el convocante propuso las bases para la elección de los integrantes del cuerpo encargado de la elaboración del nuevo texto fundamental," indicó que tales circunstancias iniciales se debieron a la ausencia en la Carta de 1961 de previsión alguna sobre la Asamblea Nacional Constituyente.

Sin embargo, como se ha visto, en la Constitución de 1999, efectivamente conforme lo afirmó la Sala "la situación constitucional actual es totalmente diferente," ya que en la misma ahora sí se regula la Asamblea Nacional Constituyente como una de las "tres modalidades de "revisión" constitucional: la enmienda, la reforma y la Asamblea Nacional Constituyente;" pasando a declarar la Sala, con un simplismo que ni siquiera los libros escolares adoptaron, que a pesar de que la Constitución reserva la convocatoria de la Asamblea Nacional Constituyente al pueblo en ejercicio del poder constituyente originario, sin embargo "no hay previsión alguna sobre un referéndum acerca de la iniciativa de convocatoria de una Asamblea Nacional Constituyente."

Luego pasó la Sala a afirmar que de acuerdo con el *Diario de Debates* de la Asamblea Constituyente, en particular la parte correspondiente de la sesión N° 41 de 9 de noviembre de 1999, "la propuesta del Constituyente Manuel Quijada de que el pueblo pudiera convocar a la Asamblea Constituyente mediante un referéndum, fue negada."

---

477   Véase sobre dicha sentencia los comentarios en Allan R. Brewer-Carías, *Poder constituyente originario y Asamblea Nacional Constituyente (Comentarios sobre la interpretación jurisprudencial relativa a la naturaleza, la misión y los límites de la Asamblea Nacional Constituyente)*, Colección Estudios Jurídicos N° 72, Editorial Jurídica Venezolana, Caracas 1999.

478   Véase Allan R. Brewer-Carías, "La configuración judicial del proceso constituyente en Venezuela de 1999 o de cómo el guardián de la Constitución abrió el camino para su violación y para su propia extinción", en *Revista Jurídica del Perú*, Año LVI, N° 68, 2006, pp. 55-130.

Ello, simplemente, es absolutamente falso. Al contrario, en el *Diario de Debates* lo que quedó claro es que la convocatoria de la Asamblea Constituyente solo se podía hacer por el pueblo mediante un "referendo de convocatoria."[479] Ese, como antes se ha argumentado, fue el espíritu de la discusión y el sentido de lo que fue aprobado al atribuirle al pueblo la potestad única de convocar la Asamblea, y evidente y lógicamente el pueblo solo puede convocarla mediante referendo. No hay otra forma, en esta materia, cómo el pueblo pueda manifestarse.

La Sala luego pasó a referirse con argumentos no jurídicos y que de nada sirven para interpretar las normas constitucionales, que aun cuando el artículo 71 de la Constitución al regular el derecho a la participación popular prevé el referendo, supuestamente habría unas "circunstancias objetivas sobrevenidas" que "ambientarían" la premura del proceso de instalación de la Asamblea Nacional Constituyente, en medio de "un estado de excepción no concluido aún," considerando que ello habría motivado al Presidente a tomar:

> "decisiones genéricas, expeditas y de profundidad constitucional, dentro de la cuales, por iniciativa del Presidente de la República se ha resuelto iniciar la convocatoria a una Asamblea Nacional Constituyente, que pueda en condiciones pacíficas poner de acuerdo al país en un nuevo Contrato Social, sin hacer uso en esta oportunidad, por tales circunstancias, de lo previsto en el citado artículo 71."

En fin, a pesar de que la Sala identificó como "uno de los rangos fundamentales distintivos que hacen de la Carta de 1999 una Constitución Social de nuevo tipo, es la opción por la democracia participativa y protagónica," y reconocer que "el ejercicio directo" de la soberanía, es decir, la democracia directa se "manifiesta en los medios de participación y protagonismo contenidos en el artículo 70 de la Constitución" entre los cuales está el referendo; sin embargo, en definitiva le negó al pueblo su derecho de participar y poder decidir en forma directa si convoca o no una Asamblea Nacional Constituyente. Para ello, luego de referencias y citas innecesarias sobre las formas de ejercicio de la soberanía, directa e indirecta, la Sala simplemente concluyó afirmando que:

> "El artículo 347, cuya interpretación se solicita, debemos necesariamente articularlo con el artículo 348, ambos del texto constitucional. En efecto, el pueblo de Venezuela es el depositario del poder constituyente originario y, en tal condición, y como titular de la soberanía, le corresponde la convocatoria de la Asamblea Nacional Constituyente. Pero la iniciativa para convocarla le corresponde, por regla general, a los órganos del Poder Público (el Presidente o Presidenta de la República en Consejo de Ministros; la Asamblea Nacional, mediante acuerdo de las dos terceras partes de sus integrantes; y los Concejos Municipales en cabildos, mediante el voto de las dos terceras partes de los mismos) quienes ejercen indirectamente y por vía de representación la soberanía popular. La única excepción de iniciativa popular de convocatoria es la del quince por ciento de los electores inscritos y electoras inscritas en el Registro Civil y Electoral."

Hasta aquí, la Sala Constitucional sólo copió lo que dicen los artículos 347 y 348 de la Constitución, pero sin darle importancia alguna a lo que reconoce la sentencia en el sentido de que:

---

479 Véase lo indicado en Allan R. Brewer-Carías, "La Asamblea Nacional Constituyente de 1999 aprobó que solo el pueblo mediante "referendo de convocatoria" puede convocar una Asamblea Constituyente: análisis del *Diario De Debates.* 17 de mayo de 2017, en http://allanbrewercarias.net/site/wp-content/uploads/2017/05/159.-doc.-Brewer.-ANC-y-referendo-de-convocatoria.-17-5-2017.pdf. Publicado en el libro: Allan R. Brewer-Carías, *La inconstitucional convocatoria de una Asamblea Nacional Constituyente en mayo de 2017 Un nuevo fraude a la Constitución y a la voluntad popular*, Colección Textos Legislativos, N° 56, Editorial Jurídica Venezolana, Caracas 2017.

"el pueblo de Venezuela es el depositario del poder constituyente originario y, en tal condición, y como titular de la soberanía, le corresponde la convocatoria de la Asamblea Nacional Constituyente."

Y de ello, concluyó en la forma más absurda imaginable que:

"no es necesario ni constitucionalmente obligante, un referéndum consultivo previo para la convocatoria de una Asamblea Nacional Constituyente, porque ello no está expresamente contemplado en ninguna de las disposiciones del Capítulo III del Título IX."

O sea que a pesar de que se diga que solo el pueblo como titular del poder constituyente originario puede convocar la Asamblea Nacional Constituyente, como no se identifica expresamente la forma como puede manifestar su voluntad que no es otra que no sea a través de un referendo, simplemente el Juez Constitucional le quitó su poder y se lo asignó arbitrariamente al Presidente de la República, usurpándose así la voluntad popular.

Y de ello lo que resultó fue la aberración constitucional siguiente: que ni más ni menos, como hemos dicho, para cambiarle una coma a un artículo constitucional, el pueblo debe participar mediante un referendo, pero para sustituir en su totalidad una Constitución por otra y crear un nuevo Estado, el pueblo no debe participar mediante referendo, simplemente porque no se previó expresamente la forma de convocar la Asamblea Constituyente.

El intérprete debió escudriñar en la Constitución cómo el pueblo podía convocar una Asamblea Constituyente, que no era otra vía que no fuera un referendo de convocatoria (como incluso ocurrió en 1999), pero no podía concluir que como no se indicaba expresamente dicha modalidad, entonces simplemente ya no tenía la potestad exclusiva de convocatoria que le da la Constitución.

La aceptación por el Juez Constitucional de las bases comiciales para la elección de la Asamblea Constituyente no aprobadas por votación popular

Pero no quedó allí el desprecio por el Juez Constitucional de las previsiones constitucionales de 1999, sino que continuó mediante sentencia N° 455 de 12 de junio de 2017, está sí con la participación de la magistrada Gladys Gutiérrez Alvarado, autora de la Tesis "secreta" de Zaragoza, en la cual consideró como ajustadas a las mismas las inconstitucionales "bases comiciales" dictadas mediante Decreto N° 2.878 de 23 de mayo de 2017[480] para la conformación de la Asamblea Nacional Constituyente, inconstitucionalmente convocada.[481] En este caso, la sentencia fue dictada al declarar sin lugar el recurso de nulidad de nulidad por inconstitucionalidad que había sido

---

480   Véase en *Gaceta Oficial* N° 41.156 de 23 de mayo de 2017. El decreto fue modificado mediante Decreto N° 2.889 de fecha 4 de junio de 2017, *Gaceta Oficial* N° 41.165 de 5 de junio de 2017a

481   Véase en Allan R. Brewer-Carías, *La inconstitucional convocatoria de una Asamblea Nacional Constituyente en mayo de 2017 Un nuevo fraude a la Constitución y a la voluntad popular*, Colección Textos Legislativos, N° 56, Editorial Jurídica Venezolana, Caracas 2017, pp. 131 ss. Véase igualmente Allan R. Brewer-Carías: "El Juez Constitucional vs. el pueblo, como poder constituyente originario," (Sentencias de la Sala Constitucional N° 378 de 31 de mayo de 2017 y N° 455 de 12 de junio de 2017), en *Revista de Derecho Público*, N° 149-150, (enero-junio 2017), Editorial Jurídica Venezolana, Caracas 2017, pp. 353-363; y en Allan R. Brewer-Carías y Carlos García Soto (Coordinadores), *Estudios sobre la Asamblea Nacional Constituyente y su inconstitucional convocatoria en 2017*, Colección Estudios Jurídicos N° 119, Editorial Jurídica Venezolana, Caracas 2017. Véase además, Emilio J. Urbina, "La jurisprudencia del horror: Las posturas argumentales de la Sala Constitucional ante el tema constituyente (marzo-mayo 2017),"), en *Revista de Derecho Público*, N° 149-150, (enero-junio 2017), Editorial Jurídica Venezolana, Caracas 2017, pp. 364 ss.

intentado por otro abogado (Emilio J. Urbina) "actuando en su propio nombre" contra el Decreto que estableció las "bases comiciales" para la integración de la Asamblea Nacional Constituyente convocada por el Presidente de la República, declarando, además, expresamente "la constitucionalidad" del mismo.

La Sala Constitucional, para decidir, comenzó advirtiendo que ya había emitido el fallo antes comentado N° 378 del 31 de mayo de 2017, estableciendo su interpretación de los artículos 347 y 348 de la Constitución, antes indicada, donde simplemente decidió como antes hemos destacado, ignorando lo que regula la Constitución de que sólo el pueblo puede convocar una Asamblea Nacional Constituyente, que "no es necesario ni constitucionalmente obligante, un referéndum consultivo previo para la convocatoria de una Asamblea Nacional Constituyente, porque ello no está expresamente contemplado en ninguna de las disposiciones del Capítulo III del Título IX (...);" y además, que ya el Consejo Nacional Electoral, mediante Resolución N° 170607-118, de 7 de junio de 2017, había dado su conformidad a las "Bases Comiciales para la Asamblea Nacional Constituyente."

La Sala Constitucional pasó luego a resumir, a desechar y a decidir lo que en su criterio fueron los alegatos fundamentales del recurrente sobre la inconstitucionalidad de las mencionadas bases comiciales, negándose en la sentencia, pura y simplemente, a impartir justicia y pronunciarse sobre la inconstitucionalidad alegada, en particular sobre la indicación de que la convocatoria a una Asamblea Constituyente tenía un propósito fundamental y era la construcción del socialismo, propuesta rechazada por el pueblo en el referendo de 2007 y por la cual nadie nunca ha votado; y además, con el propósito, no de reformar el Estado que es lo que autoriza la Constitución, sino de "refundar la nación" que no es lo mismo por más malabarismos que pudiera hacer la Sala para confundir Nación con Estado.

Como bien lo observó el impugnante, primero "proponer una ANC para introducir el socialismo, implica un *flagrante fraude constitucional*," y segundo, "la ANC lo que pudiera en todo caso es refundar al Estado venezolano y su ordenamiento jurídico -*in toto*- por medio de una Nueva Constitución. Nunca, pero nunca, una ANC podría ser establecida para "refundar la Nación," sino al Estado, éste último, personificación jurídica de la Nación."

En cuanto a la denuncia de que el Decreto Presidencial se encontraba en contradicción con el artículo 4 de la Constitución y colidía con el carácter universal del sufragio, la Sala se limitó a indicar que no advertía "violación alguna del contenido del artículo 4 del Título I de la Constitución vigente," pues dicha "disposición ratifica el carácter federal descentralizado de la República Bolivariana de Venezuela, 'en los términos consagrados en esta Constitución.'" Agregó la Sala, simplemente que:

> "Se sabe que el régimen federal venezolano tiene rasgos particulares que lo alejan de un Estado Federal clásico. Por ejemplo, desde 1945 el Poder Judicial es nacional (no estadal) y en la Carta de 1999 se eliminó el Senado, como Cámara representante de los estados como entidades federativas. Por otra parte, no se advierte en este artículo referencia alguna al carácter universal del sufragio. Así se declara."

Sobre la denuncia formulada por el recurrente de que en las bases comiciales decretadas se desconocía el principio de organización comicial en representación proporcional a la población en base federal y su sustitución por representación territorial municipal, la Sala Constitucional estimó que en materia de convocatoria de una Asamblea Constituyente, sin consultar al pueblo, "el convocante de la Constituyente tiene la libertad de proponer las "Bases Comiciales," como estime, recurriendo a un absurdo temporal, y fue el afirmar que se aplica el "principio del paralelismo de las formas (en lo que respecta al proceso constituyente de 1999)" cuando aquél proceso se hizo al margen de la Constitución de 1961 y éste convocado inconstitucionalmente en 2017 se hizo supuestamente siguiendo lo pautado en la Constitución de 1999.

A juicio de la Sala Constitucional, antes de la elección de los constituyentistas, lo único que debía verificarse era que las bases comiciales no traspasasen los límites contenidos en el artículo 350 de la Constitución, en particular para asegurar:

"la adecuada representación territorial, para que todos los municipios tengan voz y voto y el resultado de la Asamblea no implique la imposición de unos pocos estados cuantitativamente mayoritarios; la participación de sectores representativos de los cuerpos sociales que hagan realidad la democracia directa y los medios de participación y protagonismo del pueblo y de sus integrantes individuales (participación territorial) y comunitarios (participación sectorial)."

Y así, la Sala ,simplemente dio por buena la representación de los territorios de los municipios y de sectores arbitrariamente definidos, y no de la población que en definitiva es el pueblo (representación poblacional), en una Asamblea Constituyente nada más y nada menos que para reformar el Estado, crear un nuevo ordenamiento jurídico y dictar una nueva Constitución.

Por último, sobre la denuncia de vicios de desfiguración del principio constitucional de la universalidad del sufragio al contemplar la representación sectorial, la Sala Constitucional consideró que las "Bases Comiciales" respetaban "el concepto de la democracia participativa y el sufragio universal, directo y secreto," al facultar "la presencia privilegiada de sectores sociales cuyo protagonismo ha sido destacado por el legislador, en particular a través de las leyes del Poder Popular," indicando por último que la escogencia de los constituyentistas debía hacerse "en el ámbito territorial y sectorial, mediante el voto universal, directo y secreto" no habiendo a juicio de la Sala, "violación alguna del principio constitucional del sufragio."

Y eso fue todo lo resuelto en la sentencia.

Las bases comiciales formuladas por el Presidente de la República, usurpando la voluntad popular, al contrario de lo sostenido por la Sala Constitucional, como se ha explicado, eran violatorias de la Constitución, primero por usurpación de autoridad del pueblo, pues solo el pueblo era el que podía aprobar las bases comiciales para elegir los constituyentes, y siendo la Asamblea Nacional Constituyente un órgano del pueblo, tenía que representar al pueblo de Venezuela en su conjunto. Para ello, el sistema de elección de los constituyentes tenía que asegurar la representación de todo el pueblo, y no había otra forma de determinar el pueblo que no fuera por el número de habitantes, lo que excluía fórmulas de representación territorial, como la "representación de municipios" independientemente de su población; y de "representación sectorial" arbitrariamente establecida, cuando la única admitida en la Constitución era la representación de los pueblos indígenas.

En este caso, una vez más, el Juez Constitucional sin duda tenía instrucciones de cómo debía decidir de acuerdo con lo que había ya decretado el Presidente de la República, y nada más.

Y lo más grave, la Sala terminó decidiendo, no sólo declarando sin lugar el recurso intentado, negándose a impartir justicia, sino declarando de antemano, y *Urbi et Orbi*, la "constitucionalidad" del decreto impugnado con lo cual con ello se anticipó a decir que desecharía en el futuro cualquier otro recurso de nulidad por inconstitucionalidad, así los fundamentos del mismo fueran otros. [482]

Y eso fue precisamente lo que ocurrió con el recurso de nulidad por inconstitucionalidad intentado por la entonces Fiscal General de la República y otros altos funcionarios del Ministerio Público contra el mismo Decreto que estableció las "bases comiciales" de la Constituyente fraudulenta, que la Sala mediante sentencia N° 470 de 27 de junio de 2017[483] declaró inadmisible, precisamente por haber operado la cosa juzgada sentada en dicha sentencia N° 455 de 12 de junio de 2017 que ya había "juzgado la constitucionalidad" del Decreto.

La elección de la Asamblea Constituyente y la sumisión de todos los Poderes Públicos a sus designios, incluido el Juez Constitucional

El resultado final fue la elección e instalación de la inconstitucional y fraudulenta Asamblea Nacional Constituyente, ante la cual todos los Poderes Públicos acudieron sumisos a someterse a sus designios, incluyendo los altos representantes del Poder Judicial y la misma Sala Constitucional. Así, el 15 de agosto de 2017, en las sesiones de la Asamblea tendiente a hacerse reconocer formalmente por todos los Poderes Constituidos como una entidad con "carácter originario," "plenipotenciaria," y "magna", y así someter a dichos Poderes Constituidos a sus designios, le tocó su turno de dar un salto mortal al Tribunal Supremo de Justicia, pero en definitiva, en un ejercicio que resultó inútil pues dicho órgano ya se había sometido desde hacía lustros al Poder Ejecutivo. En todo caso, para cumplir con el "programa" del sometimiento formal, los magistrados principales y suplentes de dicho Tribunal, incluyendo todos los de la Sala Constitucional, es decir, el Juez Constitucional, y entre ellos, la magistrada Gladys María Gutiérrez Alvarado, autora de la Tesis "secreta" de Zaragoza, concurrieron sumisos ante la fraudulenta Asamblea Constituyente, y nada más ni nada menos "expresaron su voluntad de reconocer y acatar el carácter originario y plenipotenciario de esta Magna Asamblea Nacional Constituyente."[484]

Esto, además de ser parte de una burda actuación en el "circo" montado por la fraudulenta Asamblea Nacional Constituyente para tratar de demostrar su supuesto poder supremo, fue la expresión más trágica y perversa que se puede registrar de un Poder Judicial y de un Juez Constitucional, pues en sí misma fue la renuncia formal a su autonomía e independencia, que debería ser el único pilar de los tribunales que solo deben estar sometidos a la ley; todo lo cual mereció la más absoluta repulsa de toda la comunidad jurídica.

Con este acto, en todo caso, algo fue cierto y fue que de la dictadura judicial que ejerció el Juez Constitucional bajo la batuta de la Presidenta de la Sala Constitucional y del Tribunal Supremo, Gladys Gutiérrez Alvarado, autora de la Tesis "secreta" de Zaragoza, de acuerdo con los principios absurdos del llamado "nuevo constitucionalismo;" con el sometimiento formal del Juez Constitucional a la Asamblea Nacional Constituyente ilegítima y fraudulenta, el país pasó a

---

482   Como lo indicó Emilio Urbina, recurrente en el caso, haciendo el decreto, "*inmune a cualquier otra acción*", o sea declarándolo como no controlables por el Poder Judicial. Véase los comentarios a la sentencia en Emilio J. Urbina, "El Apartheid criollo socialista: La interpretación constitucional como creadora de discriminación política. Los efectos de la sentencia 455/2017 de la Sala Constitucional Constituyente," 19 de junio de 2017.

483   Véase en http://historico.tsj.gob.ve/decisiones/scon/junio/200380-470-27617-2017-17-0665.HTML

484   Véase "Decreto Constituyente de ratificación en el ejercicio de sus funciones constitucionales a los magistrados y magistradas principales del Tribunal Supremo de Justicia" de 15 de agosto de 2017, en *Gaceta Oficial* N° 41214 de 15 de agosto de 2017.

estar en manos de una tiranía constituyente,[485] pasando con ello la propia Sala Constitucional a no ser más que un instrumento de desecho, salvo para actuar en connivencia con las otras Salas del Tribunal Supremo de Justicia, bajo las órdenes de la Asamblea Nacional Constituyente, en la persecución político-penal contra diputados de la Asamblea Nacional.

El día 8 de agosto de 2018, por su supuesta vinculación con un "atentado" al presidente Nicolás Maduro que se habría realizado el día 4 de agosto de 2018 en un acto militar, en Caracas, el Tribunal Supremo de Justicia directamente ordenó la inmediata detención del diputado Julio Andrés Borges (quien para ese momento estaba fuera del país), acusado de "instigación pública continuada, traición a la patria y homicidio intencional calificado en grado de frustración en contra de Nicolás Maduro," decidiendo que no procedía el antejuicio de mérito en su contra que, al contrario, está garantizado en el artículo 266.3 de la Constitución. La noche anterior, el 7 de agosto de 2018, en abierta violación a su inmunidad parlamentaria y sin orden judicial previa como lo exige la garantía de la libertad personal establecida en la Constitución (art 44.1), sin embargo, fue detenido el también diputado Juan Carlos Requesens Martínez,[486] y según se conoció de un "aviso" publicado en *Facebook* emitido el mismo día 8 de agosto de 2018 por el Presidente del Tribunal Supremo de Justicia Maikel Moreno, dicho Tribunal en Sala Plena, y por tanto, con la participación de la magistrada autora de la Tesis "secreta" de Zaragoza, también había declarado procedente el enjuiciamiento del diputado Juan Carlos Requesens Martínez, "tras determinarse que existen suficientes elementos de convicción para estimar la comisión de delitos de naturaleza permanente," decretando *ex post* "como flagrante su detención" y ordenando "mantenerlo en custodia por parte de los cuerpos de seguridad del Estado."

En relación con ambos diputados, se informó que se habían remitido las actuaciones judiciales a la Asamblea Nacional Constituyente para que la misma decidera lo conducente conforme a lo previsto en el artículo 200 de la Constitución" el cual garantiza la inmunidad parlamentaria,[487] cuando conforme a la Constitución es la Asamblea Nacional y no la Asamblea Nacional Constituyente la competente para decidir en esos casos (art. 200).

El mismo día 8 de agosto, sin embargo, la Asamblea Nacional Constituyente emitió sendos "Decretos Constituyentes," sin tener competencia constitucional alguna para ello, "autorizando" la continuación del enjuiciamiento de dichos diputados Julio Andrés Borges y Juan Requesens, en virtud de que supuestamente el Tribunal Supremo de Justicia habría "constado la existencia de medios de prueba suficientes" para considerar que dichos diputados se encontraban incursos "como responsables directos" "de la planificación, incitación y ejecución en los hechos punibles de delitos de magnicidio en grado de frustración, asociación e instigación pública al odio, previstos y sancionados por la legislación penal vigente."[488]

---

485 Véase Allan R. Brewer-Carías, *Usurpación Constituyente 1999, 2017. La historia se repite: una vez como farsa y la otra como tragedia,* Colección Estudios Jurídicos, N° 121, Editorial Jurídica Venezolana International, 2018, 654 pp.

486 Véase el reportaje "ANC allanó la inmunidad parlamentaria de Requesens y Borges. Los diputados fueron acusados de estar vinculados con el "atentado" en contra de presidente Nicolás Maduro," en *El Nacional,* Caracas 8 de agosto de 2018, en http://www.el-nacional.com/noticias/politica/anc-allano-inmunidad-parlamentaria-requesens-borges_247227),

487 Véase el texto del aviso o nota en https://m.facebook.com/notes/maikel-moreno-tsj/tsj-declara-procedente-enjuiciamiento-de-juan-carlos-requesens-mart%C3%ADnez/837756353224910/),

488 Véase en *Gaceta Oficial* No. 41.456 de 8 de agosto de 2018

Sobre toda esta aberración jurídica cometida por el Tribunal Supremo y la Asamblea Constituyente, Alberto Arteaga Sánchez advirtió con razón que "estamos viviendo el horror de una justicia penal que no es en absoluto justicia. Están en juego las transgresiones más graves de la convivencia social y la aplicación de amenazas con las penas más serias, como es la privación de libertad."[489]

---

489 Véase en entrevista con Olgalinda Pimentel, "Es uno de los casos más graves de violación. Alberto Arteaga dijo que las amenazas de funcionarios del gobierno contra Borges y los videos que muestran a Requesens sometido a tratos humillantes, llevan a la ciudadanía a exigir una investigación objetiva y sin sesgos," en *El Nacional*, Caracas 12 de agosto de 2018, en http://www.el-nacional.com/noticias/politica/uno-los-casos-mas-graves-violacion_247680. Véase los análisis de José Ignacio Hernández, "El caso de los diputados Juan Requesens y Julio Borges: del exabrupto jurídico a la persecución política," en *Prodavinci*, 9 de agosto de 2018, en https://prodavinci.com/el-caso-de-los-diputados-juan-requesens-y-julio-borges-del-exabrupto-juridico-a-la-persecucion-politica/?platform=hootsuite; de Ramón Escovar León, "Libertad para Juan Requesens," en *El Nacional*, Caracas 14 de agosto de 2018, en http://www.el-nacional.com/noticias/columnista/libertad-para-juan-requesens_247789; y Nuris Orihuela Guevara, "La humillación como estrategia de gobierno," en *Aporrea,org*, 12 de agosto de 2018, en https://www.aporrea.org/actualidad/a267677.html. Como el Editorial del *The Wall Street Journal* lo resumió al referirse a la persecución política contra los dos destacados diputados Borges y Requesens, dos días después de la inconstitucional actuación del Tribunal Supremo y de la Asamblea Constituyente: *"Venezuela know well that the real crime is opposition to the Maduro-Cuba regime."* Vease en *The Wall Street Journal*, New York, 10 de agosto de 2018, p. A-14.

OCTAVA PARTE

SOBRE LA TESIS "SECRETA" DE ZARAGOZA O SOBRE EL "NUEVO PARADIGMA CONSTITUCIONAL LATINOAMERICANO" COMO JUSTIFICACIÓN PARA LA DESTRUCCIÓN DEL ESTADO DEMOCRÁTICO DE DERECHO

Cuatro circunstancias tienen en común casi todas las sentencias antes estudiadas dictadas por el Juez Constitucional en Venezuela durante los años de vigencia de la Constitución de 1999: *primera*, que todas han tenido por efecto específico el haber servido como instrumento para la demolición o destrucción de los principios propios del constitucionalismo del Estado democrático de derecho consagrado en la Constitución, y el consecuente afianzamiento de un régimen autoritario; *segunda*, que todas han sido emitidas por la Sala Constitucional del Tribunal Supremo de Justicia, actuando como Jurisdicción Constitucional, es decir, supuestamente como garante de la Constitución e impartiendo la justicia constitucional; *tercera*, que todas las sentencias las he venido estudiando y analizando, cada una en su momento y en forma detallada, con sentido crítico, a medida que se fueron dictando, quedando esa labor plasmada en escritos, ponencias, artículos y libros académicos; y *cuarta*, que casi todas las sentencias fueron dictadas con la participación y corresponsabilidad de la magistrada de la Sala Constitucional del Tribunal Supremo de Justicia, Gladys Gutiérrez Alvarado, autora de la Tesis "secreta" de doctorado presentada en noviembre de 2011 en la Universidad de Zaragoza, antes mencionada (**Véase Primera Parte, III**), que lleva por título: *"El nuevo paradigma constitucional latinoamericano. Dogmática social extensa y nueva geometría del poder. Especial mención a la Constitución de Venezuela (1999)."*

Las circunstancias que rodearon la presentación y defensa de dicha Tesis "secreta" (**Véase Primera Parte, III**) por quien había sido designada un año antes, en diciembre de 2010, como tal magistrada habiéndose desempeñado, además, entre 2013 y 2017 como Presidenta de dicho Tribunal Supremo; y las circunstancias que rodearon la emisión de todas las sentencias antes comentadas, por supuesto que acrecentaron mi interés académico de investigar sobre el contenido de la Tesis, sobre todo al aparecer en los archivos de la Universidad de Zaragoza catalogada como *"de consulta no autorizada,"* pues pensé que su texto podía dar luces sobre las posibles motivaciones de muchas de las sentencias dictadas.

Por tanto, autorizado como fui para la consulta de la Tesis, después de cumplir los trámites necesarios resueltos conforme a los principios de transparencia (**Véase Primera Parte, III**) que rechazan toda idea de que pueda haber una tesis doctoral "secreta," y estudiada la misma el 28 de junio de 2018 en el Archivo de la Universidad de Zaragoza, pude constatar que el documento, con una sistemática muy deficiente y confusa (en cuanto a las divisiones y subdivisiones que presenta), trata globalmente cuatro temas básicos que resultan de su título, referidos fundamentalmente al constitucionalismo venezolano (no sin dejar de hacer algunas referencias mezcladas al constitucionalismo de Ecuador, Bolivia y algo respecto del de Colombia), que son:

Primero, el llamado "nuevo constitucionalismo latinoamericano;"

Segundo, la "Constitución Bolivariana" como supuesta Constitución de "tercera generación," con particular énfasis en dos aspectos: (i) La Constitución de 1999 y el "Estado Social, Participativo y Comunitario;" y (ii) La vieja y la "nueva" separación de poderes;

Tercero, el sistema social en la Constitución de 1999 y la "dogmática social extensa," con referencia particular en cuatro aspectos: (i) Los derechos sociales en la Constitución de 1999; (ii) La "Constitución garantista;" (iii) La defensa de las "Misiones;" y (iv) La defensa del proyecto de Reforma Constitucional de 2007 o de las "innovaciones postreras del sistema constitucional y derecho sociales;" y

Cuarto: el "nuevo Estado participativo" y la "nueva geometría del poder," una vez más con particular énfasis en cuatro aspectos: (i) Constitución representativa vs. Constitución participativa; (ii) El "modelo participativo venezolano;" (iii) La apología y defensa a ultranza de las Leyes Orgánicas del Poder Popular de 2010; y (iv) La "nueva función" del Poder Judicial; todo supuestamente derivado de los principios de la democracia participativa desarrollados en la Constitución de 1999.

Esos temas, por lo demás, fueron los que la autora desarrolló en las *Conclusiones Genera*les de la Tesis (pp. 523 ss.[*]), en un texto que es exactamente igual al texto del *Resumen* de la misma que aparece en la "ficha" oficial de la Tesis de la Universidad (de acceso público), y que incluso me fue suministrado con ocasión de la visita que hice al Archivo de la Universidad de Zaragoza.

Conforme a lo anterior, entonces, analizado el contenido de la Tesis, e independientemente de la sistemática de divisiones y subdivisiones confusas que tiene, en mi criterio esos fueron los grandes temas abordados por la autora de la misma, destacándose de ellos, lo siguiente:

I. SOBRE EL "NUEVO PARADIGMA CONSTITUCIONAL" LATINOAMERICANO

La autora dedica la Introducción de su Tesis "secreta" al estudio del *nuevo constitucionalismo latinoamericano* insurgente" (pp. 29 ss.) como un "proceso desde el Estado administrativo del derecho al Estado participativo de derechos," en el cual y en medio de ese juego de palabras, hace la apología de los procesos de reforma constitucional efectuados en Venezuela (1999), Ecuador (2008) y Bolivia (2009), con referencias, en contraste, al "constitucionalismo omisivo," "elitista" y "liberal" precedente.[490]

En dicha Introducción, en mi criterio, se hacen afirmaciones falaces apuntando a la idea de que supuestamente nunca antes en el constitucionalismo venezolano se habían regulado temas de

---

[*]   Las páginas de la Tesis que se citan en lo adelante en el texto, corresponden a las del ejemplar en físico de la misma que se me permitió leer y estudiar en el Archivo de la Universidad de Zaragoza, en mi visita del 28 de junio de 2018.

490   Sobre la idea del "Estado administrativo" como contraposición al supuesto "Estado participativo," el Director de la Tesis "secreta," luego publicó el estudio: Francisco Palacios, "De la Polis a la City. Usurpación de la democracia, constitucionalismo del poder fáctico y reconversión del Estado en Ente Administrativo," en *Crisis de la democracia y nuevas formas de participación* (A. Noguera, ed.), Tirant lo Blanch, Valencia 2013, pp. 65-103.

contenido social garantista, de asignación al Estado de una funciones soberanas, de participación popular, y de división del poder para establecer mecanismos de control y garantía de los poderes (p. 38), lo cual es falso, y basta para constatarlo leer la evolución de los textos de las Constituciones de Venezuela desde 1811, y particularmente desde 1947.[491] Por ello, considero que tampoco es cierto que pueda afirmarse respecto de la Constitución venezolana de 1999, y de las de Ecuador y Bolivia, que con las mismas "sería la primera vez en la toda la historia del constitucionalismo que un sistema de derechos fundamentales contenía conjuntamente todas las extensas tablas de derechos civiles, derechos políticos, derechos sociales y derechos colectivos" (p. 528), pretendiendo dar origen con ello a una supuesta "tercera generación" de Constituciones que, según la autora, "va a intentar superar la actual estructura de constitucionalismo capitidisminuido y precario dominante en el escenario político-jurídico universal contemporáneo" (p. 525). [492]

Basta, para desmentir esto, leer la Constitución de Brasil de 5 de octubre de 1988, y la de Colombia de 4 de julio de 1991. Por lo demás, por lo que se refiere a la de Venezuela de 30 de diciembre de 1999, sus normas, en cuya redacción se siguió la tradición constitucional anterior, en la práctica lamentablemente no solo no se cumplieron, habiendo sido la propia Constitución venezolana la cual impropiamente la autora de la Tesis "secreta" llama "bolivariana," testigo, después de casi 20 años de vigencia, del colapso total del Estado supuestamente "social, participativo y comunitario" cuyos servicios sociales han colocado al país en el primer lugar de índice de miseria del mundo,[493] y cuyas ejecutorias han originado la grave crisis migratoria que afecta a Venezuela, que el Secretario General de la Organización de Estados Americanos Luis Almagro

---

491   Véase Allan R. Brewer-Carías, *Las Constituciones de Venezuela*. 2 tomos, Academia de Ciencias Políticas y Sociales, Serie Estudios Nº 71, Tercera Edición ampliada y actualizada, Caracas, 2008, 1.669 pp. (Estudio preliminar: "La conformación político constitucional del Estado venezolano", pp. 23-526); *Historia Constitucional de Venezuela*, Edit. Alfa, 2 Vols., Caracas, 2008, 463 pp. y 542 pp.; y más recientemente, "Notas sobre los derechos sociales en la Constitución venezolana reforzados a partir de 1947, y su probable inspiración en los principios de la Constitución mexicana de 1917," en Héctor Fix-Zamudio y Eduardo Ferrer Mac Gregor (Coordinadores), México y la Constitución de 1917. Influencia extranjera y trascendencia internacional, Centenario 1917-2017 Constitución Política de los Estados Unidos Mexicanos, Senado de la República – LXIII Legislatura Secretaría de Cultura Instituto Nacional de Estudios Históricos de las Revoluciones de México Instituto de Investigaciones Jurídicas-UNAM, México 2018 pp. 69-83.

492   Sobre la idea del Estado precario aplicado inapropiadamente a Venezuela, la autora debe haber seguido lo expuesto por el Director de la tesis "secreta." en Francisco Palacios, "La ruptura Constitucional del Estado precario: los derechos sociales en el nuevo constitucionalismo iberoamericano. La especificidad del modelo venezolano", en *Agora. Revista de Ciencias Sociales*, vol. 14 (monográfico, Fundación C.E.P.S., 2006, pp. 85-124.

493   Véase la reseña: "Venezuela tiene el mayor índice de miseria del mundo, según Bloomberg" en *Gestión*, 19 de febrero de 2018, en https://gestion.pe/economia/venezuela-mayor-indice-miseria-mundo-bloomberg-227585; y en la información en: http://elestimulo.com/elinteres/venezuela-lidera-por-cuarto-ano-consecutivo-el-indice-de-miseria-de-bloomberg/ Es falso, por tanto, lo que en 2017 afirmaron Roberto Viciano Pastor y Rubén Martínez Dalmau, en el sentido de que el gobierno de Hugo Chávez, al amparo de la Constitución de 1999, "permitió generar en Venezuela un modelo democrático y unas políticas públicas que, por primera vez en décadas, mejoraron el nivel de vida de las clases desfavorecidas y generaron un sistema de atención médica, educativa y social como escasas veces se ha dado en Latinoamérica." Véase Roberto Viciano Pastor y Rubén Martínez Dalmau, "Una Constituyente sin legitimidad. El pueblo y ello debería ser denunciado por quienes se mantienen leales a la memoria de Chávez," *El País*, Madrid, 25 de mayo de 2017, en https://elpais.com/elpais/2017/05/24/opinion/1495650765_391247.html. La realidad desmiente esta alegre apreciación.

ha considerado "que se ha transformado en el éxodo más grande que ha existido en la historia del hemisferio occidental." [494]

En realidad, lo único que hay común de "nuevo constitucionalismo" en los tres países a los cuales se refirió, es que en los mismos, a sus dirigentes populistas se les "vendió" la idea de utilizar un mecanismo constituyente al margen de las Constituciones entonces vigentes, para asaltar y acaparar el poder, estableciendo regímenes autoritarios y demoler el Estado democrático de derecho, como efectivamente ocurrió. Como lo resumió uno de sus ideólogos, a quien debe haber seguido muy de cerca la autora de la tesis "secreta" de Zaragoza, se trató en el caso venezolano de un proceso constituyente que nació "negando los mecanismos de reforma de la Constitución en aquél momento vigente y buscando la activación *extra constitutionem* del proceso constituyente." [495]

Y eso fue precisamente lo que sucedió en Venezuela, donde por el voluntarismo político de quienes tenían el propósito de asaltar el poder desde 1992, luego del fracaso del intento de golpe de Estado militar que lideraron con Hugo Chávez a la cabeza, procedieron a activar por fuera de la Constitución el proceso constituyente de 1999, [496] asesorados ya por los heraldos españoles del "nuevo constitucionalismo," aprovechando la anuencia omisiva de la antigua Corte Suprema de Justicia que se abstuvo de decidir lo que se le había requerido interpretar, [497] permitiendo a los asaltantes tomar el poder, dando un golpe de Estado contra la Constitución, [498] e iniciar con ello el proceso de destrucción del Estado democrático de derecho en Venezuela (**Véase Primera Parte II**).

II. SOBRE LA "CONSTITUCIÓN BOLIVARIANA" COMO CONSTITUCIÓN DE "TERCERA GENERACIÓN"

Constitución de 1999 y el "Estado Social, Participativo y Comunitario"

En la Tesis "secreta" de Zaragoza, la magistrada Gladys Gutiérrez Alvarado, su autora, también hizo referencias a la *"Constitución Bolivariana"* como texto que se configuró producto de una supuesta superación del "constitucionalismo liberal y consolidación del Estado social" (pp. 59 ss.), refiriéndose a la Constitución de 1999, a la cual calificó como "la primera articulación del nuevo constitucionalismo latinoamericano" (pp. 59 ss.).

---

494 Véase el reportaje: "Almagro: Crisis migratoria venezolana es el éxodo más grande del hemisferio," en *Noticierodigital.com*, Santo Domingo, EFE, 29 de agosto de 2018, en http://www.noticierodigital.com/2018/08/almagro-proxima-semana-se-hara-reunion-abordar-la-crisis-migratoria-sufre-venezuela/

495 Véase Rubén Martínez Dalmau, "El proceso constituyente venezolano de 1999: Un ejemplo de activación democrática del poder constituyente," en Luis Salamanca y Roberto Vicano Pastor (Coord), *El sistema político en la Constitución Bolivariana de Venezuela*, Vadell hermanos, Valencia 2004, p. 27.

496 Véase Allan R. Brewer-Carías, *Asamblea Constituyente y ordenamiento constitucional,* Serie Estudios N° 53, Biblioteca de la Academia de Ciencias Políticas y Sociales, Caracas 1999, 328 pp.

497 Véase Allan R. Brewer-Carías, *Poder constituyente originario y Asamblea Nacional Constituyente (Comentarios sobre la interpretación jurisprudencial relativa a la naturaleza, la misión y los límites de la Asamblea Nacional Constituyente)*, Colección Estudios Jurídicos N° 72, Editorial Jurídica Venezolana, Caracas 1999, 296 pp.

498 Véase Allan R. Brewer-Carías, *Golpe de Estado y proceso constituyente en Venezuela*, Universidad Nacional Autónoma de México 2002, 405 pp.

Para ello, la autora hizo particular mención al concepto de "Estado Social, participativo y comunitario," expresión ésta última que sin embargo sólo se encuentra en la Constitución en disposiciones aisladas, al mencionar la "empresa *comunitaria*" como una forma de participación en lo social y económico (art. 70), la "integración familiar y *comunitaria*" de las personas con discapacidad (art. 81), las "relaciones familiares, vecinales y *comunitarias*" al regular el derecho a la vivienda (art. 82), el deber de solidaridad "en la vida política, civil y *comunitaria* del país." (art. 132), y a las competencias municipales para propugnar la "integración familiar de la persona con discapacidad al desarrollo *comunitario*" (art. 178). En ninguna otra disposición constitucional, por tanto, se utiliza la palabra "comunitario," como para que se pretenda articular una "nueva" concepción de un Estado "Comunitario" en la Constitución.[499]

Y si bien, a lo largo del articulado de la Constitución sí se utiliza generosamente la expresión "participación," su implementación directa en la Constitución, como lo destacó la autora de la Tesis "secreta" de Zaragoza, está referida al establecimiento de tres mecanismos para la participación: de los sectores de la sociedad civil en la conformación de los comités de postulaciones para la elección en segundo grado de los titulares de los Poderes Públicos Electoral, Judicial y Ciudadano; para la consulta pública obligatoria de las leyes; y para la realización de referendos revocatorios (pp. 67).

Sin embargo, lo contrastante respecto de las afirmaciones sobre participación y de las previsiones constitucionales que destaca la autora de la Tesis, como resulta de las sentencias antes analizadas en este estudio, es que ella misma, como magistrado de la Sala Constitucional del Tribunal Supremo de Justicia y en buena parte corresponsable en la emisión de dichas sentencias o en la omisión de dictar las que debía conforme a la función de control, fue quien permitió eliminar o impedir el ejercicio del derecho de participación ciudadana precisamente en los aspectos regulados directamente en la Constitución.

En efecto, como ya ha sido señalado, así fue en materia de conformación de los Comités de Postulaciones para la elección de segundo grado de los miembros de los Poderes Públicos, con la violación de las previsiones de la Constitución a partir de 2000 y luego de 2004, mediante leyes que la autora de la Tesis o no se percató de su existencia o no le dio importancia (**Véase Tercera Parte I**); en materia de la consulta pública de las leyes, lo cual nunca tuvo aplicación en la práctica, sobre todo en materia de leyes dictadas por la vía de decretos leyes desde 2001, sobre lo cual la autora de la Tesis tampoco se percató de su existencia o no le dio importancia, y sobre lo cual, después de presentarla, como magistrada participó activamente en la sentencia de 2014 que elimino la consulta popular de los decretos leyes y la de 2017 que eliminó dicha consulta en la forma prescrita en la Constitución respecto de las leyes (**Véase Tercera Parte, III**); y en materia de frustración del ejercicio del derecho de los ciudadanos de revocar el mandato presidencial (**Véase Tercera Parte, II**). Igualmente participó como magistrado en la emisión de las sentencias dictadas por el Juez Constitucional que lesionaron, además, al derecho a la participación política a través de los partidos políticos, cuya autonomía fue secuestrada y a los que además se excluyó de participar en procesos electorales (**Véase Tercera Parte, IV, V**); la casi eliminación del derecho

---

499   Quizás la autora de la Tesis "secreta" de Zaragoza se inspiró en lo expuesto por el Director de la misma, en su trabajo: Francisco Palacios, "Quiebra del Estado social-aleatorio, constitucionalización material del Estado social y apertura de un nuevo sistema comunitario," en *Estudios sobre la Constitución de la República Bolivariana de Venezuela. X Aniversario* (F. Palacios y D. Velázquez, coord.), Procuraduría General de la República, Caracas, 2009, pp. 87-138 (Libro publicado cuando la autora de la Tesis era la Procuradora General de la República).

ciudadano a participar mediante manifestaciones públicas (**Véase Tercera Parte, VII**); y la permisividad más allá de lo previsto en la Constitución del proselitismo político en la Fuerza Armada (**Véase Tercera Parte, VIII**).

La autora de la Tesis "secreta" de Zaragoza destacó, sin embargo, que:

"hasta 1999 ninguna Constitución había calificado al Estado con la denominación de participativo. La historia del constitucionalismo se había caracterizado por la sola presencia de la mecánica representativa, en donde el ciudadano podía votar, pero una vez hubiera votado desaparecía cualquier posibilidad de intervenir en la toma de decisiones en cualesquiera institución u órgano de gobierno. En el actual texto de la CBV ningún poder del Estado y ninguna instancia de distribución territorial del poder escapa al precepto participativo y a la creación de estructuras de control ciudadano respecto a las decisiones y la gestión pública de los cargos representativos o administrativos" (p. 529).

Pero está claro, sin embargo, que no bastan los calificativos en las Constituciones para que una política pública se haga realidad, y en cuanto a la participación política, aparte de los mecanismos regulados directamente en la Constitución, cualquier otro solo es posible si hay descentralización política, la cual es incompatible en un Estado autoritario y centralizado, donde la autonomía de las instituciones territoriales o de otra índole está proscrita.

Es decir, para construir un "Estado participativo" no es cuestión de ponerle ese nombre en la Constitución, sino que tiene que estar estructurado mediante un sistema de distribución territorial del poder, con gobiernos democrático representativos regionales y locales autónomos, de manera tal que el poder esté cerca del ciudadano y éste pueda efectivamente participar.[500]

Ello, en un "Estado participativo," exigía reforzar la institución municipal, y organizar como mecanismo descentralizador en el seno de los municipios, a la organización comunal, con representantes electos de las comunidades, como incluso son las Juntas Parroquiales previstas en la Constitución. Pero no. Al contrario, en nombre del "Estado descentralizado," lo que se hizo en Venezuela fue eliminar inconstitucionalmente las parroquias y proceder a desmunicipalizar progresivamente el país,[501] tornando la "participación" en una ilusión diluida entre populismo, dádivas y movilización popular.[502] (**Véase Sexta parte, II**)

---

500 Véase lo que hemos argumentado desde hace lustros en Allan R. Brewer-Carías, "Descentralización política y participación" en *Comunitarismo*, Jornadas Internacionales sobre Pensamiento Comunitario, Tomo II, Centro de Estudios Comunitarios, Universidad de Los Andes, Mérida 1984, pp. 161-186..

501 Véase Allan R. Brewer-Carías, "La destrucción de la institución municipal en Venezuela, en nombre de una supuesta "participación protagónica" del pueblo,", en *XXX Congreso Iberoamericano de Municipios "El Buen Gobierno Local*, Ayuntamiento de Guadalajara, Organización de Cooperación Intermunicipal, Federación Española de Municipios y Provincias, Madrid septiembre 2015, pp. 76-102; y "El inicio de la desmunicipalización en Venezuela: La organización del Poder Popular para eliminar la descentralización, la democracia representativa y la participación a nivel local", en *AIDA, Opera Prima de Derecho Administrativo. Revista de la Asociación Internacional de Derecho Administrativo*, Universidad Nacional Autónoma de México, Facultad de Estudios Superiores de Acatlán, Coordinación de Postgrado, Instituto Internacional de Derecho Administrativo "Agustín Gordillo", Asociación Internacional de Derecho Administrativo, México, 2007, pp. 49 a 67.

502 Véase Allan R. Brewer-Carías, *Estado totalitario y desprecio a la Ley. La desconstitucionalización, desjuridificación, desjudicialización y desdemocratización de Venezuela*, Fundación de Derecho Público, Editorial Jurídica Venezolana, 2014, 532 pp.; segunda edición, (Con prólogo de José Ignacio Hernández), Caracas 2015, 542 pp. *La mentira como política de Estado. Crónica de una crisis política permanente. Venezuela*

La vieja y la "nueva" separación de poderes

Por otra parte, sobre la Constitución de 1999, en su Tesis "secreta" de Zaragoza la autora destacó lo que consideró como una innovación respecto de "la rígida estructura orgánica del constitucionalismo tradicional basada en la vieja separación de poderes y cuya arquitectura llevaba cuasi-inmutable más de dos siglos" (p. 529), razón por la cual se refirió a ella como "la llamada separación de poderes," [503] refiriendo que la misma formaría parte de la "mitología de la separación de poderes" (p. 338). En contraste, destacó respecto de la supuesta "nueva" separación de poderes prevista en la Constitución de 1999, la inclusión de dos poderes del Estado añadidos, "que pudieran hacerlo más transparente en su conjunto," al incluir en particular, además del Poder Electoral, el Poder Ciudadano con "instituciones clave para su funcionamiento: Contraloría, Defensoría del Pueblo o la Fiscalía General de la República" (pp. 70, 529). Por ello, la autora de la Tesis "secreta" de Zaragoza destacó de la Constitución de 1999, que había regulado un "Estado garantista, al haber generado una estructura orgánica de cinco poderes que dota de mayor control y transparencia toda la actividad pública, toda una nueva configuración de poderes" (p. 533).

Sobre esta supuesta "innovación" en la Constitución, la autora sin embargo reconoció que en realidad no se trató de la creación de "órganos nuevos, pero sí elevan lo que eran órganos clásicos vinculados y determinados de manera totalista a categoría de nuevas instituciones y de nuevas funciones (poderes)," pues en el "constitucionalismo clásico" esos órganos existían con rango constitucional y autonomía funcional. Sin embargo, en relación con el órgano de control electoral, señaló que se trataba de:

> "la Función-Poder Electoral que es heredero de un órgano clásicamente dependiente del poder legislativo o del poder judicial en cuanto a su presunta función de control y que, además, observaba múltiples funciones gestoras adscritas a ministerios del poder ejecutivo. Cobra ahora independencia tanto en su formación (sistema de postulaciones) como en el seguimiento y control de todo el proceso electoral" (p 539).

Sin embargo, el otrora órgano con autonomía funcional elevado a la categoría de Poder Público en la nueva Constitución, la verdad es que se convirtió en un órgano directamente dependiente del Poder Ejecutivo a través del secuestro del mismo que se hizo por la vía precisamente del Juez Constitucional, el cual abandonando toda idea de "participación ciudadana," procedió a nombrar sus miembros directamente desde 2004 sin cumplir con las condiciones y requisitos constitucionales. Presumiblemente, la autora de la Tesis "secreta" tampoco se percató de ello o no le dio importancia, y luego de que presentó su Tesis, incluso participó de ese proceso irregular

---

1999-2015 (Prólogo de Manuel Rachadell), Colección Estudios Políticos, N° 10, Editorial Jurídica Venezolana, Caracas 2015, 478 pp.

503   Utilizando así la misma expresión que usó su antecesora en la Presidencia de la Sala Constitucional. Véase Allan R. Brewer-Carías, "El principio de la separación de poderes como elemento esencial de la democracia y de la libertad, y su demolición en Venezuela mediante la sujeción política del Tribunal Supremo de Justicia," en *Revista Iberoamericana de Derecho Administrativo, Homenaje a Luciano Parejo Alfonso,* Año 12, N° 12, Asociación e Instituto Iberoamericano de Derecho Administrativo Prof. Jesús González Pérez, San José, Costa Rica 2012, pp. 31-43

de nombramientos como magistrada de la Sala Constitucional (2014)[504] (**Véase Quinta Parte, II**).

Es decir, lejos de que en las propias palabras de la tesista, se se convirtiera "al Poder Electoral en un nuevo poder del Estado y no en un mero apéndice del poder legislativo, del poder ejecutivo o del poder judicial como llevaba siendo norma en otros modelos constitucionales" (p. 529), las previsiones constitucionales se quedaron en el papel y ocurrió lo contrario, porque desde 2004 no sólo nunca se designaron los miembros del Consejo Nacional Electoral en la forma establecida en la Constitución, con el voto mayoritario calificado de la Asamblea y mediante postulaciones formuladas por el Comité de Postulaciones integrados por representantes de los diversos sectores de la sociedad (**Véase Quinta Parte, II**), sino que mediante su nombramiento por la Sala Constitucional se lo convirtió en un agente directo del Poder Ejecutivo. Nada de ello, sin embargo, se mencionó en la Tesis "secreta" de Zaragoza.

Y en cuanto a la previsión constitucional sobre el "Poder Ciudadano," la autora de la Tesis "secreta" de Zaragoza indicó que se "recoge en una sola estructura aquellas instancias que antes ejercían de órganos gregarios de los poderes legislativo, ejecutivo o judicial (Defensoría, Contraloría, Fiscalía) para mayor impunidad de las oligarquías partidistas" (p. 539); pero sin mencionar cómo dichos órganos, en la práctica política, al haber sido designados hasta 2016 por el Poder Ejecutivo a través del control que ejercía sobre la Asamblea Nacional, sin haberse conformado los Comités de Postulaciones con representantes de la sociedad civil, resultaron ser los más dependientes y menos autónomos en la historia constitucional de las últimas décadas.

Lo cierto es que la nueva o "vieja separación de poderes," como pilar de la democracia, solo puede ser un mecanismo efectivo de control cuando los órganos del Estado gozan de autonomía e independencia, para lo cual, como incluso lo indicó la autora, se dispuso "una participación y control ciudadano en su elección, a través del sistema de postulaciones" (p. 539), regulándose en la Constitución un complejo sistema que asegurara que la nominación de los candidatos solo pudiera ser formulada por los Comités de postulaciones integrados por representantes de los diversos sectores de la sociedad.

Lamentablemente, sin embargo, fue el Juez Constitucional, desde el mismo momento en el cual comenzó a regir la Constitución, el encargado de aceptar, mediante su abstención de ejercer la justicia constitucional, la conversión de dichos Comités en simples comisiones parlamentarias (**Véase Tercera Parte, I**), que postularon para dirigir esos poderes a personas dependientes del gobierno vía el control que el mismo ejerció sobre la Asamblea Nacional. La autora de la Tesis tampoco se percató de este "detalle," o quizás consideró que no tenía importancia, y omitió mencionarlo es su trabajo. En todo caso, lo cierto es que lejos de lograr superar que la situación que denunció de que antes eran "órganos gregarios de los poderes legislativo, ejecutivo o judicial (Defensoría, Contraloría, Fiscalía) para mayor impunidad de las oligarquías partidistas," pasaron a ser órganos totalmente dependientes del Poder Ejecutivo, incluido en ese grupo al propio Poder Judicial, dado el control absoluto que el Ejecutivo ha ejercido sobre el Tribunal Supremo de Justicia (**Véase Quinta Parte, I**), del cual formó parte la autora de la Tesis desde 2010, y para el cual incluso fue nombrada sin reunir las condiciones requeridas constitucionalmente (**Véase Primera Parte, III**), en pro de la "total impunidad" esta vez de las oligarquías gubernamentales.

---

504 Véase Allan R. Brewer-Carías, "El golpe de Estado dado en diciembre de 2014, con la inconstitucional designación de las altas autoridades del Poder Público," en *Revista de Derecho Público,* N° 140, Cuarto Trimestre 2014, Editorial Jurídica Venezolana, Caracas 2014, pp. 495-518.

Es decir, la violación de la Constitución no sólo ocurrió desde 2000 respecto de la integración del Poder Ciudadano y del Poder Judicial, sino que también ocurrió con la integración del Poder Electoral, a través de decisiones del Juez Constitucional de las cuales la autora de la Tesis "secreta" también fue corresponsable.

III. SOBRE EL SISTEMA SOCIAL EN LA CONSTITUCIÓN DE 1999: "DOGMÁTICA SOCIAL EXTENSA"

Los derechos sociales en la Constitución de 1999

Entre los aspectos que destacó la autora de la Tesis "secreta" de Zaragoza sobre la Constitución de 1999, es que en la misma se reguló un "Estado de Derechos, al poseer una tabla de derechos fundamentales exhaustiva y sometida a los mayores mecanismos de garantías (ius-constitucionalismo extenso)" (p. 533), subrayando los derechos sociales y haciendo referencia a la extensa tabla de los mismos que se enumeran en el texto constitucional (pp. 90 ss.; 111 ss.). Como lo expliqué en 2000, apenas se sancionó la Constitución, lamentablemente en su texto "se confundieron, en esta materia, las buenas intenciones y declaraciones sociales con derechos y obligaciones constitucionales." Advertí entonces que en muchos casos, "la intención es maravillosa, pero no para pretender regularla como un "derecho" constitucional con una obligación estatal correlativa, también de rango constitucional, cuya satisfacción es imposible," y todo partiendo del supuesto de que:

"En la consagración de los derechos humanos, uno de los principios esenciales de orden constitucional es el denominado principio de alteridad, que implica que todo derecho comporta una obligación y que todo titular de un derecho tiene que tener relación con un sujeto obligado.

No hay, por tanto, derechos sin obligaciones ni obligados; por lo que la consagración de supuestos derechos que no pueden originar obligaciones u obligados, por imposibilidad conceptual, no es más que un engaño.

Así sucede, por ejemplo, con varios de los derechos y garantías sociales, tal y como se consagraron en la Constitución, cuya satisfacción es simplemente imposible. Constituyen, más bien, declaraciones de principio y de intención de indiscutible carácter teleológico, pero difícilmente pueden concebirse como "derechos" por no poder existir un sujeto con obligación de satisfacerlos."[505]

Como lo recordaba Asdrúbal Aguiar, al destacar en un reciente artículo:

"el empeño del Socialismo del siglo XXI en constitucionalizar como derechos humanos hasta el modo de observar las estrellas. Provoca inflación en los derechos para devaluarlos, crea una selva legislativa favorable a su arbitrario manejo, tanto que los derechos ya no alcanzan para todos y han de

---

505 Véase Allan R. Brewer-Carías, "Reflexiones críticas sobre la Constitución de Venezuela de 1999", en Diego Valadés, Miguel Carbonell (Coordinadores), *Constitucionalismo Iberoamericano del Siglo XXI*, Cámara de Diputados. LVII Legislatura, Universidad Nacional Autónoma de México, México 2000, pp. 171-193; en *Revista de Derecho Público*, Nº 81, Editorial Jurídica Venezolana, Caracas, enero-marzo 2000, pp. 7-21; en *Revista Facultad de Derecho, Derechos y Valores*, Volumen III Nº 5, Universidad Militar Nueva Granada, Santafé de Bogotá, D.C., Colombia, Julio 2000, pp. 9-26; y en el libro *La Constitución de 1999*, Biblioteca de la Academia de Ciencias Políticas y Sociales, Serie Eventos 14, Caracas 2000, pp. 63-88.

repartirse sólo entre los leales a la revolución. Nada queda para los adversarios, los contrarrevolucionarios.[506]

Las críticas que entonces formulé, las cuales además expresé incluso en los debates durante el funcionamiento de la Asamblea Nacional Constituyente en 1999,[507] y que por supuesto no estaban dirigidas a la regulación de los derechos sociales sino al lenguaje utilizado para ello por el Constituyente. La autora de la Tesis "secreta," sin embargo, por lo visto no las entendió, y sin entenderlas, pasó a ubicarme – en la misma línea de su Director de Tesis (**Véase Sexta Parte, II**) – en el grupo "de analistas y juristas del viejo sistema" (p. 111). La autora trató así de rebatir, sin comprenderlos, mis argumentos críticos sobre la forma de las regulaciones en materia de derechos sociales, simplemente calificándolos como "descalificaciones falsarias" (pp. 236-240);[508] llegando a afirmar, falsamente, que en mis estudios sobre la Constitución de 1999 solo había dedicado cuatro o seis páginas para referirme a los derechos sociales,[509] ignorando, por ejemplo, las más de cincuenta páginas que le dediqué a ello en un libro que por lo visto no llegó a conocer,[510] a pesar de que su Tesis se refirió a la Constitución de 1999. Lo menos que el Director de la misma le pudo haber exigido a la doctoranda era la revisión de la bibliografía existente a la fecha (2010-2011) sobre el tema. Sin embargo, la verdad es que la Tesis, en general, es deficiente en referencias bibliográficas, faltante de rigurosidad académica, sobre todo si iban a formular críticas concretas respecto de opiniones de otros autores, lo que al contrario la obligaba a analizar toda la bibliografía referida al tema.

En todo caso, sobre el tema de los derechos sociales, la autora de la Tesis "secreta" de Zaragoza, luego de criticar el desarrollo del Estado Social europeo (p. 90), indicando con frases sin mayor explicación que el mismo "nació y creció bajo estructura jurídica exclusivamente administrativa […] sin base constitucional suficiente, comenzando por la no aplicación de la figura constitucional del Estado a funciones más concretadas," considerándolo como "un Estado social anclado en la pobre ingeniería constitucional de la vieja división de poderes, tras dos siglos de sequía científica constitucional" (p. 532); formuló su apreciación de que el "nuevo constitucionalismo" latinoamericano, en cambio, se basa "en un doble subsistema que, por un lado, articule la dogmática social que garantice toda la amplia gama de derechos sociales ya teorizado," y por la otra, "no articula un sistema estatalista," sino que "abre la posibilidad y la necesidad de una es-

---

506   Véase Asdrúbal Aguiar, "La judicialización de la Política," en *El Nacional*, 7 de agosto de 2018, en http://www.el-nacional.com/noticias/columnista/judicializacion-politica_246719

507   Véase el texto de mis intervenciones y mis votos salvados durante el funcionamiento de la Asamblea Nacional Constituyente, en Allan R. Brewer-Carías, *Asamblea Constituyente y Proceso Constituyente 1999*, Colección Tratado de Derecho Constitucional, Tomo VI, Fundación de Derecho Público, Editorial Jurídica Venezolana, Caracas 2013, 1198 pp.

508   "Descalificaciones," fue también la palabra preferida del Director de la Tesis para calificar mis críticas a las falsedades del "nuevo constitucionalismo" y a los errores de las Leyes Orgánicas del Poder Popular de 2010, que tanto defendió. Véase Francisco Palacios Romeo, "Falacias ideológicas y aporías técnicas sobre los nuevos procesos políticos de América Latina (en torno a un argumentario de Brewer Carias sobre el hecho social-participativo)," en *Actas Congreso Internacional América Latina: la autonomía de una región (XV Encuentro de latinoamericanistas españoles),* Consejo Español de Estudios Iberoamericanos, 2012, pp. 615-622.

509   Citando mí libro Allan R. Brewer-Carías, *Golpe de Estado y proceso constituyente en Venezuela*, Universidad Nacional Autónoma de México, 2002, cuyo objeto fue estudiar el "proceso constituyente" y no la Constitución de 1999.

510   Véase Allan R. Brewer-Carías, *La Constitución de 1999. Derecho Constitucional venezolano,* Tomo II, Editorial Jurídica venezolana, Caracas 2004, pp. 767-815

tructura participativa en torno al ciudadano individual y al ciudadano colectivo, acabando con la clásica y única simbiosis entre Estado y sociedad civil-mercantil" (pp. 532-533).

Todo esto, sin embargo, no pasa de ser una fraseología vacía, aun cuando aderezada con algunas referencias a la noción de *Daseinsvonsorge* que la autora hace en su Tesis "secreta" de Zaragoza, término difundido precisamente en el derecho administrativo español (y no en el derecho constitucional) como equivalente a "procura existencial" o "prestaciones vitales," gracias a la publicación en Madrid, en 1958, de la conocida obra de Ernst Forshoff, *Tratado de Derecho Administrativo* (Instituto de Estudios Políticos, Madrid 1958, 768 pp.)[511]

De allí la autora pasó a utilizar palabras aisladas usadas en artículos de la Constitución de 1999 (artículos 70, 91, por ejemplo), para articular toda una "teoría" de la supuesta integración en el texto constitucional de un sistema de Estado social pero montado, no en el sistema mixto que caracteriza la Constitución económica en la Constitución de 1999,[512] sino supuestamente sobre la base de la "propiedad pública," la "economía comunitaria," y la "autogestión" (p. 133), haciendo referencia, sin ningún fundamento, a "la intención de constitucionalizar la generación de un sector de economía comunitaria que sólo se ha consumado en el modelo venezolano" (p. 135), "un modelo de propiedad social" (p. 534), y la idea de "la posible gestación de un sub-modelo de economía comunitaria" (p. 534). Nada de eso, por supuesto, se puede "construir" de unas palabras aisladas del texto de la Constitución.

Todo ello, que no estaba en la Constitución de 1999, en realidad fue lo que el entonces presidente Hugo Chávez propuso incorporar en el proyecto de Reforma Constitucional de 2007, precisamente por no estar en el Texto; proyecto de Reforma en cuya concepción participó la autora de la Tesis Gladys Gutiérrez Alvarado, cuando ejercía el cargo de Procuradora General de la República, y el propio Director de la misma, cuando era asesor contratado por el Despacho de la Presidencia y la propia Procuradora General (**Véase Séptima Parte, I**). Se explica, por ello, por qué la autora hizo en la tesis "secreta" una apología del proyecto de Reforma, como se indica más adelante, pero sin mencionar las discusiones y vicisitudes constitucionales que originaron el Proyecto en 2007 a lo cual, por lo visto, la autora de la Tesis "secreta" no le dio importancia. La Reforma Constitucional de 2007, en todo caso, fue rechazada por el pueblo mediante referendo, por lo que no tiene sentido pretender deducir del texto de la Constitución de 1999 todos los aspectos antes mencionados que no derivan del mismo, y que más bien se quisieron agregar a su texto, habiendo fracasado el intento.

La "Constitución garantista"

Otro aspecto mencionado por la Sra. Gutiérrez en su Tesis "secreta," fue el relativo al tema de la garantía de los derechos constitucionales en la Constitución de 1999 (p. 151), que se aplica por supuesto a los derechos sociales, de lo que dedujo que "la Constitución Bolivariana de Venezuela es un modelo de garantismo social extremo" (p. 157), llegando incluso a afirmar que los derechos se consagraron en la misma "bajo un inédito sistema de tutela, de garantismo completo

---

511 Quizás en estos temas, la autora siguió lo expuesto por su Director de Tesis, Francisco Palacios, en su trabajo: "Constitucionalización de un sistema integral de derechos sociales. De la *Daseinsvonsorge* al *Sumak Kawsay*," en R. Ávila, A. Grijalva, R. Martínez (editores), *Desafíos constitucionales. La Constitución ecuatoriana del 2008 en perspectiva* (), Tribunal Constitucional de Ecuador, Ministerio de Justicia y Derecho Humanos del Ecuador, Quito 2008, pp. 41-67.

512 Véase Allan R. Brewer-Carías, "Reflexiones sobre la Constitución Económica" en *Estudios sobre la Constitución Española. Homenaje al Profesor Eduardo García de Enterría,* Madrid, 1991, pp. 3.839 a 3.853.

y omnicomprensivo" (p. 534), haciendo referencia al artículo 27 de la Constitución de 1999 que regula el derecho y la acción de amparo, considerándolo como "el artículo más importante de todo el texto constitucional" (p. 157).

Al leer esta afirmación, lo único que uno puede deducir, para ser benévolo, es que la magistrada Gutiérrez parece no haber estudiado realmente la carrera de derecho en Venezuela. Por ello, no sobra recordarle a la autora de la Tesis "secreta" y al Director de la misma que la norma sobre el derecho de amparo que tanto se alaba en el trabajo, no nació con la Constitución de 1999, siendo el artículo 27 una repetición, ampliada solo desde el punto de vista adjetivo y particularmente en cuanto a la legitimación activa para la protección de los derechos colectivos y difusos, pero sustantivamente con el mismo contenido, del artículo 49 de la Constitución de 1961 que reguló el derecho de amparo,[513] igualmente, en forma omnicomprensiva tal como fue desarrollado por la Ley Orgánica de Amparo de los Derechos y Garantías Constitucionales de 1988, y por la jurisprudencia de la antigua Corte Suprema de Justicia.[514]

Sin embargo, lo que si fue realmente innovador en la Constitución de 1999 en materia de protección de los derechos fundamentales – aspecto que, sin embargo, la autora de la Tesis "secreta" o no se percató de su existencia o no le dio importancia - fue la incorporación en la Constitución de las normas de protección internacional de los derechos humanos, que le dieron jerarquía constitucional a los regulados en los tratados, acuerdos y convenciones internacionales (art. 23), que además regularon el derecho de petición ante los organismos internacionales para asegurar dicha protección, estableciendo la obligación del Estado de cumplir las decisiones de los organismos internacionales creados para asegurar su protección (art. 31).[515] Esto sí fue importante e innovador en una "Constitución garantista," pero ignorado totalmente por la autora de la Tesis "secreta" de Zaragoza al presentarla en 2011, a pesar de que para ese momento ya ella misma había participado en la preparación de las propuestas de reforma constitucional de 2007 que se formularon por el "Consejo Presidencial para la Reforma de la Constitución," designado por el Presidente de la República Hugo Chávez,[516] en su informe de junio de 2007;[517] proyecto en el cual, en relación

---

513   Véase incluso lo expresado por Hector Fix-Zamudio, "La Teoría de Allan R. Brewer Carías sobre el derecho de amparo latinoamericano y el juicio de amparo mexicano," en *El derecho público a comienzos del siglo XXI. Estudios en homenaje al profesor Allan R. Brewer-Carías* (Coordinadores Jesús Caballero Ortíz y Alfredo Arismendi), Ed. Cívitas, Madrid 2003, Tomo II, pp. 1125-1163; y en el libro *La ciencia del derecho procesal constitucional. Estudios en homenaje a Héctor Fix-Zamudio en sus 50 años como investigador del Derecho. Homenaje Venezolano* (Coordinadores; Eduardo Ferrer Mac-Gregor, Arturo Zaldívar Lelo de Larrea), Universidad Nacional Autónoma de México, Fundación de Estudios de Derecho Administrativo, Editorial Jurídica Venezolana, Caracas 2012, pp. 413-474.

514   Véase en cuanto a mis trabajos sobre el tema: Allan R. Brewer-Carías, *Derechos y garantías constitucionales en la Constitución de 1961 (La Justicia Constitucional), Colección Tratado de Derecho Constitucional, Tomo V*, Fundación de Derecho Público, Editorial Jurídica Venezolana, Caracas 2015, 1022 pp.; *Derechos y Garantías Constitucionales y la acción de amparo, Colección Tratado de Derecho Constitucional, Tomo X*, Fundación de Derecho Público, Editorial Jurídica Venezolana, Caracas 2017, 1196 pp.; y *El derecho y la acción de amparo en el derecho constitucional comparado, Colección Tratado De Derecho Constitucional, Tomo XI*, Fundación de Derecho Público, Editorial Jurídica Venezolana, Caracas 2017, 1150 pp.

515   La incorporación de estas normas en el texto de la Constitución, se hizo a propuesta nuestra. Véase Allan R. Brewer-Carías, *Debate Constituyente, (Aportes a la Asamblea Nacional Constituyente),* Fundación de Derecho Público, Tomo II, Caracas 1999, pp. 88 y ss. y 111 ss.

516   Véase Decreto N° 5138 de 17-01-2007, Gaceta Oficial N° 38.607 de 18-01-2007.

con el artículo 23 de la Constitución, se buscaba eliminar totalmente la jerarquía constitucional de las previsiones de los tratados internacionales de derechos humanos y su prevalencia sobre el orden interno.[518]

Además, para cuando la magistrada Gutiérrez presentó su Tesis "secreta" en 2011, ella misma ya había tomado la iniciativa, como Procuradora General de la República, de "demandar" ante la Sala Constitucional para que se desconociera una sentencia de la Corte Interamericana de Derechos Humanos condenatoria contra el Estado por violación de derechos Humanos y se la declarara inejecutable en el país. Ello ocurrió específicamente en el caso de la sentencia de la Corte Interamericana de Derechos Humanos dictada el 5 de agosto de 2008 (Caso: *Apitz Barbera y otros vs. Venezuela*),[519] que condenó al Estado protegiendo a los ex-magistrados de la Corte Primera de lo Contencioso Administrativo, quienes habían sido destituidos de sus cargos en 2003 en violación de sus garantías judiciales previstas en la Constitución, las leyes y la Convención Americana de Derechos Humanos, por haber otorgado una medida de amparo cautelar a los médicos venezolanos, ante la contratación indiscriminada de médicos cubanos sin licencia.[520]

En relación con esa sentencia internacional, en lugar de propugnar que fuera acatada por el Estado, lo que la Sra. Gutiérrez, autora de la tesis "secreta" de Zaragoza hizo, como Procuradora General fue avalar que sus abogados dependientes intentaran una extraña e inexistente "acción de control de la constitucionalidad" en su contra, considerando en forma contraria a lo dispuesto en la Constitución, que las decisiones de los "órganos internacionales de protección de los derechos humanos no son de obligatorio cumplimiento y son inaplicables si violan la Constitución," ya que lo contrario "sería subvertir el orden constitucional y atentaría contra la soberanía del Estado."

La Sala Constitucional, luego de tratar de dilucidar cuál había sido la extraña acción intentada por los subalternos de la Procuradora General, mediante sentencia N° 1.939 de 18 de diciembre de 2008 (Caso *Gustavo Álvarez Arias y otros*)[521] declaró "inejecutable" en Venezuela la

---

517   El documento circuló en junio de 2007 con el título Consejo Presidencial para la Reforma de la Constitución de la República Bolivariana de Venezuela, "Modificaciones propuestas." El texto completo fue publicado como Proyecto de Reforma Constitucional. Versión atribuida al Consejo Presidencial para la reforma de la Constitución de la república Bolivariana de Venezuela, Editorial Atenea, Caracas 01 de julio de 2007, 146 pp.

518   Véase nuestra crítica a ese intento de regresión en materia de derechos humanos en Allan R. Brewer-Carías, *Hacia la consolidación de un Estado Socialista, Centralizado, Policial y Militarista. Comentarios sobre el sentido y alcance de las propuestas de reforma constitucional 2007,* Colección Textos Legislativos, N° 42, Editorial Jurídica Venezolana, Caracas 2007, pp. 120 ss.

519   Ver página www.corteidh.or.cr. Excepción Preliminar, Fondo, Reparaciones y Costas, Serie C N° 182.

520   Véase sobre ese caso los comentarios de Claudia Nikken, "El caso "Barrio Adentro": La Corte Primera de lo Contencioso Administrativo ante la Sala Constitucional del Tribunal Supremo de Justicia o el avocamiento como medio de amparo de derechos e intereses colectivos y difusos," en *Revista de Derecho Público*, N° 93-96, Editorial Jurídica Venezolana, Caracas 2003, pp. 5 y ss

521   Véase en http://www.tsj.gov.ve/decisiones/scon/Diciembre/1939-181208-2008-08-1572.html. En sobre la sentencia, véase Allan R. Brewer-Caías, "La interrelación entre los Tribunales Constitucionales de América Latina y la Corte Interamericana de Derechos Humanos, y la cuestión de la inejecutabilidad de sus decisiones en Venezuela," en *Gaceta Constitucional. Análisis multidisciplinario de la jurisprudencia del Tribunal Constitucional*, Gaceta Jurídica, Tomo 16 Año 2009, Lima 2009, pp. 17-48; en *Anuario Iberoamericano de Justicia Constitucional*, Centro de Estudios Políticos y Constitucionales, N° 13, Madrid 2009, pp. 99-136; y en Armin von Bogdandy, Flavia Piovesan y Mariela Morales Antonorzi (Coordinadores), Direitos Humanos, *Democracia e Integracao Jurídica na América do Sul*, Lumen Juris Editora, Rio de Janeiro 2010, pp. 661-701. Véase la sentencia también en: *Revista de Derecho Público*, N° 116, Editorial Jurídica venezolana, Caracas 2008, pp. 88 ss.; y otros comentarios en Allan R. Brewer-Carías, "El juez constitucional vs. La justicia in-

mencionada sentencia de la Corte Interamericana, citando para ello una sentencia precedente – que tampoco mencionó la autora en su Tesis "secreta" - N° 1.492 del 7 de julio de 2003, [522] dictada al decidir una acción popular de inconstitucionalidad intentada contra varias normas del Código Penal contentivas de normas llamadas "leyes de desacato" por violación de la libertad de expresión, desconociendo en definitiva – mutando legítimamente la Constitución - el rango "supraconstitucional" de los derecho humanos consagrados en tratados internacionales cuando sean más favorables que los establecidos en el derecho interno (art. 23 de la Constitución).

La Sala Constitucional en su sentencia, exhortó además al Poder Ejecutivo que denunciara la Convención Americana de Derechos Humanos, acusando a la Corte Interamericana de haber usurpado el poder del Tribunal Supremo, lo que finalmente se ejecutó en 2012.

Nada de ello, sin embargo, fue mencionado en la Tesis "secreta" de doctorado de la Sra. Gutiérrez, ni siquiera al insistir en el carácter garantista de la Constitución de 1999, el cual la Oficina a su cargo había comenzado a demoler. Y quizás ello no era de extrañar, pues con posterioridad, ya designada la autora de la Tesis como magistrada de la Sala Constitucional, participó en la emisión de otra sentencia N° 1547 de fecha 17 de octubre de 2011 (Caso *Estado Venezolano vs. Corte Interamericana de Derechos Humanos*)[523] (emitida un mes antes de defender su Tesis), mediante la cual, al conocer la Sala Constitucional, de nuevo, una "acción innominada de control de constitucionalidad" - que no existe en el ordenamiento constitucional venezolano -, ejercida igualmente por la Procuraduría General de la República contra la sentencia de la Corte Interamericana de Derechos Humanos dictada en el 1° de septiembre de 2011 (caso *Leopoldo López vs. Estado de Venezuela*), que había condenado al Estado por haberle cercenado sus derechos políticos en violación de la Convención Americana de Derechos Humanos; también la declaró "inejecutable" en el país.

En este caso, la Procuraduría General de la República justificó la acción considerando que las decisiones de dicha Corte Interamericana sólo podían tener "ejecutoriedad en Venezuela," en la medida que "el contenido de las mismas cumplan el examen de constitucionalidad y no menoscaben en forma alguna directa o indirectamente el Texto Constitucional;" es decir, que dichas decisiones "para tener ejecución en Venezuela deben estar conformes con el Texto Fundamental," argumentando en relación con ese caso, que la sentencia de la Corte Interamericana era contraria a la Constitución, al supuestamente desconocer las competencias de la Contraloría General de la Republica para restringir los derechos políticos de los ciudadanos (**Véase Segunda Parte, II**), solicitando a la Sala que también declarase "inejecutable e inconstitucional la sentencia de la Corte Interamericana de Derechos Humanos del 1 de septiembre de 2011."

En el caso, si bien la Sala reconoció que la acción propuesta no podía ser un "recurso de nulidad como mecanismo de control concentrado de la constitucionalidad," admitió que se trataba con la acción para determinar una supuesta "controversia entre la Constitución y la ejecución de

---

ternacional en materia de derechos humanos," en Revista de Derecho Público, N° 116, (julio-septiembre 2008), Editorial Jurídica Venezolana, Caracas 2008, pp. 249-260;

522   Véase en *Revista de Derecho Público*, N° 93-96, Editorial Jurídica Venezolana, Caracas 2003, pp. 136 y ss.

523   Véase en http://www.tsj.gov.ve/decisiones/scon/Octubre/1547-171011-2011-11-1130.htmll. Véase Allan R. Brewer-Carías, "El ilegítimo "control de constitucionalidad" de las sentencias de la Corte Interamericana de Derechos Humanos por parte de la Sala Constitucional del Tribunal Supremo de Justicia de Venezuela: el caso Leopoldo López vs. Venezuela, septiembre 2011," en *Revista de Derecho Público*, N° 128 (octubre-diciembre 2011), Editorial Jurídica Venezolana, Caracas 2011, pp. 227-250

una decisión dictada por un organismo internacional," de manera que en forma absurda, quedó en manos del Estado el ejercer, a través del Juez Constitucional, un control de las sentencias que la Corte Interamericana pueda dictar contra el mismo Estado condenándolo por violación de derechos humanos, cuya ejecución en relación con el Estado condenado, queda a su sola voluntad, determinada por su Tribunal Supremo de Justicia a su propia solicitud (del Estado condenado) a través del Procurador General de la República.

Se trató, en definitiva, de un absurdo sistema de justicia contrario a la disposición expresa de la Constitución (art. 31), en el cual el condenado en una decisión judicial es quien determina si la condena que se le ha impuesto, es o no ejecutable. Eso es la antítesis de la justicia y la negación del carácter "garantista" de la Constitución,[524] que tanto comentó en su Tesis "secreta" de Zaragoza, pero sobre lo cual la autora nada dijo al respecto en la misma.

Esa aberración jurídica condujo incluso a la Sala Constitucional de la cual formaba parte la autora de la Tesis "secreta," a acusar a la Corte Interamericana de Derechos Humanos al condenar al Estado venezolano por violación de los derechos políticos de Leopoldo López, de persistir "en desviar la teleología de la Convención Americana y sus propias competencias, emitiendo órdenes directas a órganos del Poder Público venezolano (Asamblea Nacional y Consejo Nacional Electoral), usurpando funciones cual si fuera una potencia colonial y pretendiendo imponer a un país soberano e independiente criterios políticos e ideológicos absolutamente incompatibles con nuestro sistema constitucional;" para concluir con la declaración de la inejecutabilidad del fallo de la Corte Interamericana de Derechos Humanos, de fecha 1 de septiembre de 2011, en el que se condenó al Estado Venezolano.

Pero allí no quedó la saga anti-garantista de la Sala Constitucional en materia de derechos fundamentales, sino que se repitió una vez más con ocasión de la sentencia de la Corte Interamericana de Derechos Humanos dictada el 22 de junio de 2015 (caso *Granier y otros (Radio Caracas Televisión), vs. Venezuela*),[525] condenando al Estado por violación de los derechos de los accionistas y directores de la empresa garantizados por la Convención Americana de Derechos Humanos.

---

524 A ello debe agregarse los curiosos criterios "garantistas" esgrimidos por la Sala Constitucional en la sentencia, emitida con la participación de la magistrada Gutiérrez, en el sentido de que los estándares que se adopten para la interpretación constitucional "deben ser compatibles con el proyecto político de la Constitución," de manera que la misma, "no debe afectar la vigencia de dicho proyecto con elecciones interpretativas ideológicas que privilegien los derechos individuales a ultranza o que acojan la primacía del orden jurídico internacional sobre el derecho nacional en detrimento de la soberanía del Estado;" y que "no puede ponerse un sistema de principios supuestamente absoluto y supra-histórico por encima de la Constitución," siendo inaceptables las teorías que pretenden limitar "so pretexto de valideces universales, la soberanía y la autodeterminación nacional." En definitiva, la negación de la internacionalización de la protección de los derechos humanos que garantiza la Constitución (art. 31), con la afirmación de que, en caso de evidenciarse una contradicción entre la Constitución y una convención o tratado internacional, "deben prevalecer las normas constitucionales que privilegien el interés general y el bien común, debiendo aplicarse las disposiciones que privilegien los intereses colectivos... (...) sobre los intereses particulares..." De ello concluyó la Sala que " la opción por la primacía del Derecho Internacional es un tributo a la interpretación globalizante y hegemónica del racionalismo individualista" siendo "la nueva teoría" el "combate por la supremacía del orden social valorativo que sirve de fundamento a la Constitución;" afirmando que en todo caso, "el carácter dominante de la Constitución en el proceso interpretativo no puede servir de pretexto para vulnerar los principios axiológicos en los cuales descansa el Estado Constitucional venezolano." *Idem.*

525 Véase en http://www.corteidh.or.cr/cf/Jurisprudencia2/busqueda_casos_conten-ciosos.cfm?lang=es.

Contra dicha sentencia, de nuevo, los abogados de la Procuraduría General de la República intentaron ante la Sala Constitucional del Tribunal Supremo de Justicia una inédita "acción de control de convencionalidad" con respecto "al sentido, alcance y aplicabilidad" de la misma siendo decidida por la Sala *al día siguiente de intentada* (es decir en 24 horas), sin proceso alguno, mediante sentencia N° 1.175 de 10 de septiembre de 2015, dictada también con la participación de la magistrada Gutiérrez, declarando: primero, que la sentencia de la Corte Interamericana había sido dictada "en franca violación a la Convención Americana sobre Derechos Humanos, a otros instrumentos internacionales sobre la materia y en total desconocimiento a la Constitución de la República Bolivariana de Venezuela;" y segundo, que dicha decisión es "inejecutable" por "constituir una grave afrenta a la Constitución de la República Bolivariana de Venezuela y al propio sistema de protección internacional de los derechos humanos." [526]

Con consideraciones similares a las anteriores decisiones mencionadas, la Sala Constitucional en este caso, igualmente con la participación de la magistrada Gutiérrez Alvarado, concluyó que la sentencia interamericana era "una grave afrenta a la Constitución de la República Bolivariana de Venezuela y al propio sistema de protección internacional de los derechos humanos," conminando en este caso al Poder Ejecutivo a denunciar la conducta de la Corte Interamericana ante la Asamblea General de la Organización de Estados Americanos. Dadas las exhortaciones hechas en las sentencias anteriores a que el Ejecutivo Nacional procediera a denunciar la Convención Americana de Derechos Humanos, ello que finalmente se materializó mediante comunicación N° 125 de 6 de septiembre de 2012 dirigida al Secretario General de la OEA, [527] habiendo sido innecesario en esta sentencia que la Sala Constitucional insistiera en ello. La ruptura del "garantismo" ya estaba asegurada; y la "Constitución garantista," bien pospuesta.

En todo caso, ignorando todo el retroceso que se inició bajo su iniciativa cuando era Procuradora General, la autora de la Tesis "secreta" de Zaragoza, sobre el tema del garantismo de los derechos en la Constitución, solo se refirió en su Tesis (pp. 190-225), sin duda partiendo de la tradición jurisprudencial sobre el amparo o tutela de los derechos fundamentales desarrollada desde los años ochenta, que ignoró completamente, a una particular sentencia de la Sala Constitucional que calificó de "pionera y emblemática," y que identificó como la No. 84/2002, supuestamente de fecha "22 de enero," en la cual dijo, sin indicar ninguna referencia bibliográfica sobre dónde poder consultarla, que:

> "se recogen consideraciones sobre el Estado, el Estado Social y los límites de la propiedad, que acaban en conclusiones tales como: entronización de la Constitución como cúspide normativa, cualificación del Estado Social y diferendo con el Estado del bienestar, el Estado social como poseedor de contenidos teóricos esenciales, el Estado social como exigencia de la soberanía del Estado en su versión democrática de la soberanía popular, la protección del débil jurídico, el derecho a la vivienda como ejemplo de derecho esencial que no formaba parte del núcleo duro clásico de los derechos fun-

---

526   Véase en http://historico.tsj.gob.ve/decisiones/scon/septiembre/181181-1175-10915-2015-15-0992.HTML. Véase Allan R. Brewer-Carías, "La condena al Estado en el caso Granier y otros (RCTV) vs. Venezuela, por violación a la libertad de expresión y de diversas garantías judiciales. Y de cómo el Estado, ejerciendo una bizarra "acción de control de convencionalidad" ante su propio Tribunal Supremo, ha declarado inejecutable la sentencia en su contra," en *Revista de Derecho Público*, N° 143-144, (julio- diciembre 2015), Editorial Jurídica Venezolana, Caracas 2015, pp. 409-437.

527   Véase el texto en http://www.minci.gob.ve/wp-content/uploads/2013/09/Carta-Retiro-CIDH-Firmada-y-sello.pdf. Sobre ello véase: Carlos Ayala Corao, "Inconstitucionalidad de la denuncia de la Convención Americana sobre Derechos Humanos por Venezuela," en *Revista Europea de Derechos Fundamentales*, Núm. 20/2° Semestre 2012, pp. 45-82.

damentales sociales, los presupuestos de la democracia económica como canalizadores de la democracia integral y, finalmente, a modo de recapitulación, el Estado social como defensor de la libertad económica, de la autonomía de la voluntad y de la libertad de empresa ante estrategias de libertinaje y filibusterismo económico-financiero" (pp. 534-535).

La referencia sobre la sentencia, en todo caso, está errada, y es lamentable que el Director de la Tesis profesor Francisco Palacios no hubiera tenido el cuidado, tratándose en España de la referencia a una sentencia de un Tribunal de otro país, de exigirle a la autora al menos la indicación de la fuente para la consulta de la misma. Si lo hubiese hecho, habría constatado que no era posible encontrar lo que en la Tesis "secreta" su autora indicó, pues en realidad la referencia estaba errada. Se trataba de la sentencia No. 85 del 24 de enero de 2002 (Caso: *Asociación Civil Deudores Hipotecarios de Vivienda Principal vs. Superintendencia de Bancos*) y no a la sentencia No. 84 de 22 de enero de 2002.[528]

La defensa de las "Misiones"

Por último, respecto del tema del "garantismo" en la Constitución - en particular en relación con los derechos sociales y el Estado Social -, y con miras a lo que la autora de la Tesis "secreta" de Zaragoza refiere en definitiva como "la construcción final del Estado revolucionario" (p. 536), en la misma hizo mención a las "Misiones" (pp. 173-182), como estructuras organizativas de un llamado "Estado alternativo," establecidas con formas organizativas de las más variada naturaleza, a cargo de programas de subsidios sociales.[529] Lo cierto es que al final, lo que han producido las misiones no sólo ha sido el colapso de la política social del régimen, causando además, un total descalabro en la organización de la Administración Pública y en la otrora disciplina presupuestaria, que lamentablemente desapareció en el país, sino mayor miseria en la población y una total dependencia política respecto a los gobernantes.

La autora magistrada, al hacer la apología de este tipo de distorsión administrativa, llegó a afirmar que "las misiones no forman parte de un programa clientelista, populista o rudimentariamente asistencial" (p. 179), ignorando lo que desde el inicio se preveía y era que en realidad, pasarían a ser precisamente lo contrario: unos instrumentos populistas por excelencia establecidos además para controlar a la población, y someterla a los designios de la burocracia.[530]

En su momento, al estudiar y comentar el proyecto de Reforma Constitucional de 2007 en relación con estas organizaciones denominadas "Misiones," que se pretendían incorporar en el texto mismo de la Constitución, critiqué el Proyecto considerándolo como un atentado contra la organización administrativa que produciría un descalabro administrativo, pues con ello, en definitiva, lo que se buscaba era constitucionalizar el desorden que se había insertado en la Administra-

---

528   La parte esencial de sentencia puede consultarse en la *Revista de Derecho Público*, N° 89-92, Editorial Jurídica Venezolana, Caracas 2002, pp. 91-108; 242-284; 370-372.

529   Véase Allan R. Brewer-Carías, "Una nueva tendencia en la organización administrativa venezolana: las "misiones" y las instancias y organizaciones del "poder popular" establecidas en paralelo a la administración pública," en *Retos de la Organización Administrativa Contemporánea, X Foro Iberoamericano de Derecho Administrativo* (26-27 de septiembre de 2011), Corte Suprema de Justicia, Universidad de El Salvador, Universidad Doctor José Matías Delgado, El Salvador, El Salvador, 2011, pp. 927-978

530   Véase Allan R. Brewer-Carías, *La mentira como política de Estado. Crónica de una crisis política permanente. Venezuela 1999-2015* (Prólogo de Manuel Rachadell), Colección Estudios Políticos, N° 10, Editorial Jurídica Venezolana, Caracas 2015, 478 pp.

ción."[531] Ello fue expresamente contra-argumentado por la autora de la Tesis "secreta" de Zaragoza, quien ante mi crítica y en defensa de las Misiones, solo se limitó a tratar de descalificar mis observaciones apelando a calificativos, indicando, por ejemplo, que provenían de los "clásicos juristas venezolanos," o de los "juristas dominantes en la IV República" (p. 182), o que estaban fundadas en "visiones alicortas de la organización administrativa" pues lo que hacían es "seguir avalando el esclerotizado orden anterior" o "manteniendo pilares jurídico administrativos antiguos y la lógica de la Administración anterior" (p. 182).[532] De nuevo pura palabrería vacía, pero sin argumentar nada jurídicamente concreto y relevante en contra.

Aparte de la trágica calamidad que las Misiones produjeron en la Administración Pública, institucionalizando el desorden y la falta de control, y a pesar del fracaso del intento de constitucionalizarlas en 2007, la realidad – ignorada por la autora de la Tesis "secreta"– fue que para cuando la defendió, efectivamente las mismas ya se habían incorporado en el ordenamiento jurídico administrativo, en la reforma de la Ley Orgánica de la Administración Pública de 2008[533] a la cual ni siquiera se refirió, pero con la bizarra característica de que se hizo para excluirlas de sus regulaciones,[534] a pesar de que en realidad no son nada distinto, en su forma jurídica, respecto de los tradicionales entes y órganos administrativos, pero con la única diferencia de que se los denomina "Misiones."

Lo que realmente ocurrió con dicho signo del Estado populista en relación con el derecho de la organización de la Administración Pública, fue que regularizó un absurdo sistema administrativo de indisciplina fiscal y presupuestaria, que "administra" ingentes recursos del Estado, que ha desquiciado no sólo a la Administración Pública, sino al orden social, con efectos catastróficos, como sistema extendido de subsidios directos a las personas de menos recursos.

---

531   Véase Allan R. Brewer-Carías, *La Reforma Constitucional de 2007 (Comentarios al Proyecto inconstitucionalmente sancionado por la Asamblea Nacional el 2 de noviembre de 2007),* Colección Textos Legislativos, N° 43, Editorial Jurídica Venezolana, Caracas 2007, 224 pp.; y "Una nueva tendencia en la organización administrativa venezolana: las "misiones" y las instancias y organizaciones del "poder popular" establecidas en paralelo a la administración pública," en *Retos de la Organización Administrativa Contemporánea, X Foro Iberoamericano de Derecho Administrativo* (26-27 de septiembre de 2011), Corte Suprema de Justicia, Universidad de El Salvador, Universidad Doctor José Matías Delgado, San Salvador 2011, pp. 927-978.

532   Solo como referencia, sobre el tema de la organización administrativa venezolana nos hemos ocupado extensamente, por supuesto desde hace muchos años. Véase por ejemplo: *Introducción al estudio de la organización administrativa venezolana,* Colección Monografías Administrativas, N° 1, Editorial Jurídica Venezolana, Caracas, 1978, 135 pp.; segunda· edición, Caracas 1980, 133 pp.; tercera edición, Caracas 1983, 138 pp.; *Fundamentos de la Administración Pública,* Tomo I, Colección Estudios Administrativos, N° 1, Editorial Jurídica Venezolana, Caracas 1980, 386 pp.; segunda edición, 1984; *Principios del régimen jurídico de la Organización Administrativa venezolana,* Colección Estudios Jurídicos, N° 49, Editorial Jurídica Venezolana, Caracas 1991, 146 pp. Véase todo ello en Allan R. Brewer-Carías, *Tratado de Derecho Administrativo. Derecho Público Iberoamericano Tomo II, La Administración Pública,* Fundación de Derecho Público, Editorial Jurídica Venezolana, Caracas, 2013, 1.082 pp.

533   Véase el comentario sobre ello en Allan R. Brewer-Carías, "El sentido de la reforma de la Ley Orgánica de la Administración Pública," en *Revista de Derecho Público. Estudios sobre los decretos leyes 2008*, N° 115, (julio-septiembre 2008), Editorial Jurídica Venezolana, Caracas 2008, pp. 155-162.

534   El régimen se ratificó en la reforma de la Ley de noviembre de 2014. Véanse en *Gaceta Oficial* N° 6147 Extra. de 17 de noviembre de 2014. En paralelo a la emisión de esta Ley, sin embargo, en la *Gaceta Oficial* N° 6154 de 19 de enero de 2014, se publicó el Decreto Ley N° 1.394, de mediante el cual se dictó la *Ley Orgánica de Misiones, Grandes Misiones y Micro-Misiones,* en la cual las mismas encontraron su regulación.

Si bien inicialmente las mismas contribuyeron efímeramente y con una carga electoral conocida, a aumentar el ingreso de una parte importante de la población (basado en dádivas), con el fomento del consumismo exagerado y con la inflación galopante que destruyó al país, se eliminó todo espacio para el ahorro, produciendo la secuela del deterioro de los valores fundamentales de toda sociedad, resultado de recibir beneficios sin enfrentar sacrificios o esfuerzos, como por ejemplo, el valor del trabajo productivo como fuente de ingreso, que materialmente fue eliminado, sustituido por el "anti-valor" de que es preferible recibir sin trabajar.

Este Estado Populista, del cual las Misiones son precisamente su instrumento por excelencia, fue el que Leandro Area calificó acertadamente como "Estado Misional" – el que defendió a ultranza la magistrada autora de la Tesis "secreta" de Zaragoza – por estar montado sobre dichas Misiones "como actores colectivos no formales de política pública, que manejan un oscuro e inmenso mar de recursos," resultando ser un "espécimen no incluido aún en las tipologías de la Ciencia Política," entendiendo por tal:

"aquel Estado que haciendo uso de sus recursos materiales y simbólicos le impone, por fuerza u operación de compra-venta o combinación de ambas a la sociedad, un esquema de disminución, de minusvalía consentida, en sus capacidades y potencialidades de crecimiento a cambio de sumisión. Se lanza sobre ella también amparado en la institucionalidad cómplice. Se encarama sobre ella en su ayer, hoy y mañana, amaestrándola con la dieta diaria cuyo menú depende del gusto del gobernante. Confisca, privatiza, invade, expropia, conculca, controla, asfixia, acoquina hasta decir basta, poniendo en evidencia lo frágil del concepto de propiedad privada creando así miedo, emigración, desinversión, fuga de capitales. Y aunque usted no lo crea esas son metas o simples desplantes o locura u obscura necesidad de auto bloqueo como forma de amurallarse para obtener inmunidad e impunidad para sus tropelías, frente a la mirada de una época que no los reconoce sino como entes del pasado, objeto de museo o de laboratorio, insectos atrapados en el ámbar del tiempo; fracaso, derrota." [535]

A lo anterior agregó el mismo Leandro Area que dicho Estado Misional en definitiva es un tipo de Estado Socialista, que nada tiene que ver con el Estado Social del cual habla la Constitución, concebido en paralelo al Estado Constitucional, "con la intención de acabarlo o mejor, de extinguirlo." Para ello, indicó Area:

"El gobierno crea misiones a su antojo que son estructuras burocráticas y funcionales "sui generis" y permanentes, con un control jurisdiccional inexistente y que actúa con base a los intereses de dominio. Además si el gobernante se encuentra por encima del bien y del mal, como es el caso venezolano, nadie es capaz de controlar sus veleidades y apetitos. En ese sentido el Estado es un apéndice del gobernante que es el repartidor interesado de los bienes de toda la sociedad y que invierte a su gusto, entre otras bagatelas, en compra de conciencias y voluntades de acólitos y novicios aspirantes. Por su naturaleza, todo Estado misional es un Estado depredador sin comillas. Vive de la pobreza, la estimula, la paga, organiza, la convierte en ejército informal y también paralelo. El gobierno y su partido los tiene censados, chequeados, uniformados de banderas, consignas y miedos. Localizados, inscritos, con carnet, lo que quiere decir que fotografiados, listos para la dádiva, la culpa, castigos y perdones." [536]

En consecuencia, las Misiones, sujetas - como observó Heinz Sonntag -, a un "patrón de organización destinado a darles dadivas a los sectores pobres y garantizar así su adhesión a la Re-

---

535   Véase Leandro Area, "El 'Estado Misional' en Venezuela," en *Analítica.com*, 14 de febrero de 2014, en http://analitica.com/opinion/opinion-nacional/el-estado-misional-en-venezuela/.

536   *Idem.*

volución Bolivariana,"[537] además de haber provocado más miseria y control de conciencia sobre una población de menos recursos totalmente dependiente de la burocracia estatal y sus dádivas, en las cuales creyó encontrar la solución definitiva para su existencia, también provocó el deterioro de otra parte de la población, particularmente la clase media, que junto con todos los demás componentes de la misma ha visto desaparecer su calidad de vida, sufriendo en conjunto los embates de la inflación y de la escasez.[538] Y todo ello, con un deterioro ostensible y trágico de los servicios públicos más elementales como los servicios de salud y atención médica. Por ello, ya hace unos años, se consideró, por ejemplo, que Venezuela durante estos cuatro últimos lustros, había retrocedido entre 50 y 60 años en medicina,[539] lo que se ha agravado en los últimos años.

La defensa del proyecto de Reforma Constitucional de 2007 o de las "innovaciones postreras del sistema constitucional y derecho sociales"

En la Tesis "secreta" de doctorado de la Sra. Gutiérrez Alvarado en Zaragoza, otro de los temas desarrollados fue lo que llamó "innovaciones postreras del sistema constitucional y de derechos sociales" (pp. 245-332), referido al Proyecto de Reforma Constitucional que presentó el Presidente Hugo Chávez ante la Asamblea Nacional en 2007[540] (**Véase Séptima Parte, I**) el cual, sin embargo, fue rechazado por el pueblo mediante referendo realizado en diciembre de ese mismo año.

La autora, en su carácter de Procuradora General de la República (cargo que ocupó entre 2006 y 2010), participó activamente en la redacción del Proyecto, con la asesoría del Director de la Tesis, Francisco Palacios Romeo, entonces contratado por el Despacho de la Presidencia de la

---

537   Véase Heinz Sonntag, "¿Cuántas Revoluciones más? "en El *Naciona*l, Caracas 7 de octubre de 2014, en http://www.el-nacional.com/heinz_sonntag/Cuantas-Revoluciones_0_496150483.html.

538   Como el mismo Area lo ha descrito en lenguaje común y gráfico, pero tremendamente trágico: "Vivimos pues "boqueando" y de paso corrompiéndonos por las condiciones impuestas por y desde el poder que nos obligan a vivir como "lateros", "balseros", "abasteros" mejor dicho, que al estar "pelando" por lo que buscamos y no encontramos, tenemos que andar en gerundio, ladrando, mamando, haciendo cola, bajándonos de la mula, haciéndonos los bolsas o locos, llevándonos de caleta algo, caribeando o de chupa medias, pagando peaje, tracaleando, empujándonos los unos contra los otros, en suma, degradándonos, envileciéndonos, para satisfacer nuestras necesidades básicas de consumo. Es asfixia gradual y calculada, material y moral. Desde el papel toilette hasta la honestidad. ¡Pero tenemos Patria! Falta el orgullo, la dignidad, el respeto, el amor a uno mismo." Véase en "El 'Estado Misional' en Venezuela," en *Analítica.com*, 14 de febrero de 2014, en http://analitica.com/opinion/opinion-nacional/el-estado-misional-en-venezuela/.

539   Ya para 2014, la Red de Sociedades Científicas del país, expresaba que: "La grave situación de salud que atraviesa Venezuela y que se ha reagudizado durante el presente año, *no tiene precedentes en la historia de la medicina de nuestro país*, estamos indudablemente padeciendo una grave crisis económica que ha repercutido en la salud de la población, que ha afectado de manera contundente la atención médica en nuestras emergencias médicas y quirúrgicas colocando en riesgo la vida de nuestros pacientes, más aun no escapan de esta crisis los pacientes crónicos de nuestras consultas: oncológicos, nefropatas, diabéticos, cardiópatas, pacientes con VIH entre otros." Caracas 21 de agosto de 2014.   Véase en http://www.reporte24.com/index.php?target=l33r3sungust03star1nf0rmad03sm1d3r3ch0&id=10569.

540   Véase el *Proyecto de Exposición de Motivos para la Reforma Constitucional, Presidencia de la República, Proyecto Reforma Constitucional. Propuesta del Presidente Hugo Chávez Agosto 2007*. El texto completo fue publicado como *Proyecto de Reforma Constitucional. Versión atribuida al Consejo Presidencial para la reforma de la Constitución de la república Bolivariana de Venezuela*, Editorial Atenea, Caracas 01 de julio de 2007,

República y por la propia Procuraduría a cargo de la tesista.[541] La Procuradora fue miembro del "Consejo Presidencial para la Reforma de la Constitución" que Chávez había nombrado para la redacción del proyecto.[542]

Ello es lo que explica la vehemente defensa del proyecto de Reforma Constitucional que la autora de la Tesis "secreta" hizo en la misma, destacando porqué, en su criterio, había sido importante, argumentando en resumen que con la misma se "intentaba constitucionalizar lo que podemos denominar la democracia participativa directa estructural, con base a la generación de un sistema de estructuras comunitarias de asunción de competencias progresistas" (p. 245), no sin dejar de mencionar la importancia de la introducción en el proyecto de reforma, de conceptos como la emergencia de la "propiedad social" y de la "propiedad colectiva" como derecho fundamental (p. 247), y la ya indicada disparatada propuesta de constitucionalización de las Misiones (p. 252).

El mencionado Proyecto de Reforma Constitucional de 2007, en efecto, sí tuvo gran importancia, pero no solo por su contenido que buscaba cambiar radicalmente el Estado, sino por el inconstitucional procedimiento escogido para llevarlo a cabo, que era fraudulento y violaba la Constitución (**Véase Séptima Parte, I**).

Las pautas para la definición del contenido de la reforma constitucional las había ido dando el propio Presidente de la República en varios discursos, apuntando en dos direcciones. Por una parte, a la conformación de un "Estado del Poder Popular" o del "Poder Comunal," o "Estado Comunal" (en sustitución del Estado social y democrático de derecho regulado en la Constitución de 1999), estructurado desde los Consejos Comunales que ya habían sido creados al margen de la Constitución en 2006,[543] como unidades u organizaciones sociales no electas mediante sufragio universal, directo y secreto, y sin autonomía político territorial, supuestamente dispuestos para canalizar la "participación ciudadana," pero conforme a un sistema de conducción centralizado desde la cúspide del Poder Ejecutivo Nacional.

Por la otra, apuntaba a la estructuración de un Estado socialista, con una doctrina socialista y "bolivariana" como doctrina oficial, sustituyendo al sistema plural de libertad de pensamiento y acción que siempre había existido en el país y, en particular, sustituyendo la libertad económica y el Estado de economía mixta - que también había existido siempre - , por un sistema de economía estatista y colectivista, de capitalismo de Estado, sometido a una planificación centralizada, mi-

---

541 Véase la información en https://redestudioscomparadosdfshh.files.wordpress.com/2017/02/cv-francisco-palacios-romeo.pdf

542 Véase Decreto N° 5138 de 17-01-2007, *Gaceta Oficial* N° 38.607 de 18-01-2007. El Consejo estuvo presidido por la Presidenta de la Asamblea Nacional e integrado por altos funcionarios del Estado como fueron el Segundo Vicepresidente de la Asamblea Nacional y otros cuatro diputados; la Presidenta del Tribunal Supremo de Justicia; el Defensor del Pueblo; el Ministro del Trabajo; la Procuradora General de la República y el Fiscal General de la Republica. En esta forma, el Presidente de la República comprometió de antemano en su proyecto a los titulares de materialmente todos los Poderes Públicos, indicando en forma expresa en el Decreto que el trabajo de dicho Consejo se debía realizar "*de conformidad con los lineamientos del Jefe de Estado en estricta confidencialidad*" (art. 2). Ello también lo declaró públicamente, además, la Presidenta de la Asamblea Nacional al instalarse el Consejo. Véase en *El Universal*, 20-02-2007

543 Véase la Ley de Consejos Comunales *Gaceta Oficial,* N° 5.806 *Extra.* de 10 de abril de 2006.

nimizando el rol del individuo y eliminando todo vestigio de libertad económica y de propiedad privada.[544]

Todas esas ideas se plasmaron en el mencionado documento elaborado por el Consejo Presidencial de reforma Constitucional,[545] del cual como ya se dijo, formó parte la autora de la Tesis "secreta" de Zaragoza, Sra. Gutiérrez Alvarado, quien contó en su trabajo con la asesoría directa del Director de la misma, profesor Palacios Romeo,[546] en el cual se definió el objetivo del proyecto que obviamente era transformar radicalmente al Estado y crear un nuevo ordenamiento jurídico. Semejante modificación, sin embargo, no podía llevarse a cabo mediante el mecanismo de "reforma constitucional" que regula la Constitución, y ello debió haberlo sabido la Procuradora General de la República.

Lo radical de la reforma perseguida exigía, conforme al artículo 347 de la Constitución, que se convocara y eligiera una Asamblea Nacional Constituyente. Al no hacerlo, lo que cometieron el Presidente de la República, la Procuradora General de la República, el Consejo para la Reforma Constitucional y la Asamblea Nacional y el asesor español, fue un fraude a la Constitución, tal y como fue advertido de inmediato,[547] incluso por el entonces Magistrado de la Sala Constitucional Jesús Eduardo Cabrera (Ponente de la sentencia No. 85 de 24 de enero de 2002, antes referida, que definió el "Estado Social," tan extensamente comentada y alabada en la Tesis "secreta") en su Voto salvado a la sentencia No. 2042 de la Sala Constitucional de 2 de noviembre de 2007, en el cual expuso que:

"un sistema de organización social o económico basado en la propiedad y administración colectiva o estatal de los medios de producción, como lo es básicamente el socialista, en sus distintas concepciones, cual es el propuesto en el Proyecto de Reforma, chocaría con lo que quien suscribe, y la propia Sala, era considerado Estado Social, y ello -en criterio del disidente- puede afectar toda la estructura y los principios fundamentales del Texto Constitucional, hasta el punto que un nuevo ordenamiento jurídico tendría que ser creado para desarrollar la construcción del socialismo.

No es que Venezuela no puede convertirse en un Estado Socialista. Si ello lo decide el pueblo, es posible; pero a juicio del voto salvante, tal logro sería distinto al que la Sala ha sostenido en el fallo

---

544   A estudiar en detalle la propuesta dedicamos varios estudios.: Allan R. Brewer-Carías, *Hacia la consolidación de un Estado Socialista, Centralizado, Policial y Militarista. Comentarios sobre el sentido y alcance de las propuestas de reforma constitucional 2007*, Colección Textos Legislativos, N° 42, Editorial Jurídica Venezolana, Caracas 2007, 157 pp.; y *La Reforma Constitucional de 2007 (Comentarios al proyecto inconstitucionalmente sancionado por la Asamblea Nacional el 2 de noviembre de 2007)*, Colección Textos Legislativos, N° 43, Editorial Jurídica Venezolana, Caracas 2007, 224 pp. Véase los comentarios más recientes en Gabriel Sira Santana, *Poder Popular, descentralización y participación ciudadana*, Centro para la Integración y el Derecho Público, Editorial Jurídica Venezolana, Caracas 2018, pp. 102 ss.

545   El documento circuló en junio de 2007 con el título Consejo Presidencial para la Reforma de la Constitución de la República Bolivariana de Venezuela, "Modificaciones propuestas". El texto completo fue publicado como *Proyecto de Reforma Constitucional. Versión atribuida al Consejo Presidencial para la reforma de la Constitución de la república Bolivariana de Venezuela*, Editorial Atenea, Caracas 01 de julio de 2007, 146 pp.

546   Véase la información en https://redestudioscomparadosdfshh.files.wordpress.com/2017/02/cv-francisco-palacios-romeo.pdf

547   Ello fue advertido de inmediato, por ejemplo, por el Rector del Consejo Nacional Electoral, Sr. Vicente Díaz, quien el día 16-08-2007 indicó "que la propuesta presidencial para reformar el texto constitucional modifica las disposiciones fundamentales y por ello sería necesario convocar una Asamblea Constituyente para su aprobación". Véase en *Unión Radio,* 16 de agosto de 2007, http://www.unionradio.com.ve/Noticias/Noticia.aspx?noticiaid=212503.

de 24 de enero de 2002 (Caso: *Créditos Indexados*) y ello conduciría no a una reforma de la Constitución sino a una nueva Constitución, la cual debería ser votada por el Poder Constituyente Originario. Al menos, en nuestro criterio esto es la consecuencia del fallo N° 85 de 24 de enero de 2002." [548]

Como incluso también lo observaron Roberto Viciano Pastor y Rubén Martínez Dalmau, propugnadores, junto con el Director de la Tesis "secreta," del "nuevo constitucionalismo" latinoamericano:

"para cualquier lector de la propuesta de reforma, resulta evidente que un cambio que propone modificar sesenta y nueve artículos de la Constitución vigente, y que lo hace para construir, donde antes se hablaba de una democracia participativa, una *democracia socialista* (art. 158); o que se refiere al *Estado socialista* (art. 318) donde antes sólo se hacía referencia al Estado Democrático y Social de Derecho; o que prevé que el Ejecutivo Nacional pueda regular la transición al modelo de *economía socialista* (art. 300 y disposición transitoria novena), es de suficiente envergadura para ser debatido con amplitud en el seno más democrático donde pueda acontecer este debate: una asamblea constituyente." [549]

En todo caso, la escogencia errada del procedimiento de reforma constitucional obviamente fue objeto de muchas demandas de nulidad por inconstitucionalidad ante la Sala Constitucional del Tribunal Supremo de Justicia, pero el Juez Constitucional ya sometido al Poder Ejecutivo, simplemente se abstuvo de impartir justicia constitucional, declarando todas las acciones como "improponibles" [550] (**Véase Séptima Parte, I**), sin que en la Tesis "secreta" de la Sra. Gutiérrez se hubiera hecho mención siquiera a las vicisitudes constitucionales del proceso.

Se insiste, por supuesto que la rechazada reforma constitucional fue importante, que fue lo que destacó la autora de la Tesis "secreta" de Zaragoza, pues se trataba de una propuesta de modificación constitucional que buscaba transformar aspectos esenciales y fundamentales del Estado, por lo que, sin duda, de haber sido aprobada, hubiera sido una de las más sustanciales de toda la historia constitucional de Venezuela. Con ella, en síntesis, se buscaba cambiar radicalmente el modelo de *Estado descentralizado, democrático, pluralista y social de derecho* que con todos sus problemas está regulado en la Constitución de 1999, por el de un *Estado Socialista, centralizado, policial y militarista*, denominado "Estado Comunal," con una doctrina oficial "bolivariana" que se identificaba como "el Socialismo del Siglo XXI," [551] y un sistema económico comunista, de capitalismo de Estado.

---

548   Véase sentencia del Tribunal Supremo de Justicia en Sala Constitucional N° 2042 del 2 de Noviembre de 2007, Caso *Néstor Luis Romero Méndez* en http://www.tsj.gov.ve/decisiones/scon/Noviembre/2042-021107-07-1374.htm

549   Véase Roberto Viciano Pastor y Rubén Martínez Dalmau, "Necesidad y oportunidad en el proyecto venezolano de reforma constitucional (2007)," en *Revista Venezolana de Economía y Ciencias Sociales* v.14 n.2 Caracas ago. 2008. Véase el texto, además, en http://www.scielo.org.ve/scielo.php?script=sci_arttext&pid=S1315-64112008000200007

550   Véase el estudio de dichas sentencias en Alan R. Brewer-Carías, "El juez constitucional vs. la supremacía constitucional. (O de cómo la jurisdicción constitucional en Venezuela renunció a controlar la constitucionalidad del procedimiento seguido para la "reforma constitucional" sancionada por la Asamblea Nacional el 02 de noviembre de 2007, antes de que fuera rechazada por el pueblo en el referendo del 02 de diciembre de 2007)," en *Revista de Derecho Público*, N° 112, Editorial Jurídica Venezolana, Caracas 2007, pp. 661-694.

551   Véase el *Proyecto de Exposición de Motivos para la Reforma Constitucional, Presidencia de la República, Proyecto Reforma Constitucional. Propuesta del presidente Hugo Chávez, Agosto 2007*, p. 19. Sobre el "Socialismo del Siglo XXI," como propuesta en cuya elaboración participó activamente Juan Carlos Monedero,

Para los ciudadanos, la propuesta de reforma a la Constitución implicaba el formal establecimiento de una ideología y doctrina de Estado, de corte socialista y supuestamente "bolivariana," la cual, en consecuencia, a pesar de su imprecisión – y he allí lo más peligroso -, se pretendía que fuera una doctrina "oficial," y por tanto, no hubiera admitido disidencia alguna. Todos los ciudadanos tienen un deber constitucional esencial que es cumplir y hacer cumplir la Constitución (art. 131), por lo que, de haberse aprobado la reforma, todos los ciudadanos hubieran tenido el deber de contribuir activamente en la implementación de la doctrina socialista oficial del Estado. En ello no hubiera podido admitirse ni siquiera la neutralidad. Por tanto, todo pensamiento, toda expresión del pensamiento, toda acción o toda omisión que pudiera haber sido considerada como contraria a la doctrina oficial socialista y "bolivariana," o que la "autoridad" simplemente no considerase que contribuía a la construcción y siembra del socialismo, hubiera constituido una violación a un deber constitucional y hubiera podido, por tanto, ser criminalizada, es decir, hubiera podido haber dado lugar a sanciones incluso penales. Se trataba de crear un pensamiento único, que constitucionalmente no hubiera admitido disidencia.

Y para el Estado, el proyecto de reforma constitucional implicaba una radical transformación del mismo, buscando sentar las bases para la creación de un nuevo ordenamiento jurídico, con miras a:

Primero, transformarlo en un Estado Centralizado, de poder concentrado bajo la ilusión del Poder Popular, lo que implicaba la eliminación definitiva de la forma federal del Estado, imposibilitando la participación política y degradando la democracia representativa. Todo ello se buscaba implementar mediante la supuesta organización de la población para su "participación" en Consejos del Poder Popular, como los consejos comunales, que son instituciones sin autonomía política alguna, cuyos miembros como se pretendía declarar en la propia Constitución, no debían ser electos. Dichos Consejos, los cuales fueron efectivamente creados por Ley desde 2006, anticipándose al proyecto de Reforma Constitucional de 2007, han estado siempre controlados desde la Jefatura de la Administracion y para cuyo funcionamiento, el instrumento preciso ha sido el partido oficial único que se creó desde el Estado, en ese mismo año 2007.

Segundo, transformar el Estado en un Estado de economía estatista, socialista y centralizada, propia de un capitalismo de Estado, con lo que se buscaba eliminar la libertad económica y la iniciativa privada, desapareciendo la propiedad privada, que con la reforma dejaban de ser derechos constitucionales. Se buscaba, así, darle al Estado la propiedad de los medios de producción, la planificación centralizada y la posibilidad de confiscar bienes de las personas materialmente sin límites, configurándolo como un Estado comunista del cual todo dependía, y a cuya burocracia quedaba sujeta la totalidad de la población.

Ello chocaba, sin embargo, con las ideas de libertad y solidaridad social que se proclaman en la propia Constitución, y lo que se buscaba era sentar las bases para que el Estado sustituyera a la propia sociedad y a las iniciativas particulares, minimizándoselas.

---

véase sus trabajos publicados en Caracas, "Hacia una filosofía política del socialismo en el Siglo XXI," en *Cuadernos del CENDES*, Nº 68, Año 25, mayo-junio 2008, pp. 71-106; "La reinvención de la Venezuela revolucionaria y los fantasmas del pasado," en *Revista Comuna. Pensamiento Crítico en la Revolución*, núm.1, Caracas, 2009; y "Socialismo y Consejos Comunales: La Filosofía Política del Socialismo en el Siglo XXI," en *Comuna. Pensamiento Crítico en la Revolución*, Nº 4: Del Estado Heredado al Nuevo Estado, primer trimestre de 2011, pp. 97-142 en http://www.juancarlosmonedero.org/wp-content/uploads/2012/12/Socialismo-y-Consejos-Comunales-La-Filosof%C3%ADa-Pol%C3%ADtica-del-Socialismo-en-el-Siglo-XXI.pdf

Tercero, transformar el Estado en un Estado Policial (represivo), con la tarea fundamental de someter a toda la población a la doctrina oficial socialista y "bolivariana" que se pretendía constitucionalizar, y velar por que la misma se cumpliera en todos los órdenes, lo que se buscaba asegurar mediante la regulación, con acentuado carácter regresivo y represivo, del ejercicio de los derechos civiles en situaciones de excepción, para lo cual se preveían amplios márgenes de restricción y suspensión.

Cuarto, transformar el Estado en un Estado Militarista, dado el rol que se le pretendía dar a la "Fuerza Armada Bolivariana" en su configuración y funcionamiento, toda sometida al Jefe de Estado, y con la propuesta de creación en la Constitución de la Milicia Popular Bolivariana como nuevo componente.

De todo ello resulta que con la reforma constitucional que fue sancionada por la Asamblea Nacional, y que tan vehemente fue defendida por la Sra. Gutiérrez en su Tesis "secreta" de Zaragoza, pero que afortunadamente el pueblo rechazó en el referendo de 2007, materialmente desaparecía la democracia representativa y las autonomías político territoriales, las cuales se buscaba sustituir por un esquema estatal centralizado supuestamente montado sobre una democracia "participativa y protagónica" que estaba controlada total y centralizadamente desde arriba, por el Jefe de Estado, en la cual quedaba proscrita toda forma de descentralización política y autonomía territorial; y que a la vez, restringía los mecanismos de participación política que están directamente regulados en la Constitución, como eran los referendos y la participación de la sociedad civil en los Comité de Postulaciones de altos funcionarios,[552] los cuales, por otra parte, contradictoriamente, la Sra. Gutiérrez defendía en su Tesis "secreta."

Ahora bien, debe observarse que sobre el proyecto de Reforma Constitucional de 2007 se escribieron infinidad de trabajos analíticos y críticos, los cuales la autora de la tesis "secreta" de Zaragoza estaba en la mínima obligación de analizar, tratándose como se trataba nada menos que de una "tesis de doctorado" en la cual se hacía una apología de dicho Proyecto ,– y ello debió haberlo cuidarlo el Director de la Tesis - , aun cuando no lo hizo Por ello, el análisis del proyecto de Reforma Constitucional que realizó en la Tesis "secreta" de Zaragoza, parece haber sido realizado sobre un "desierto bibliográfico." Ni siquiera la autora de la Tesis se tomó el trabajo de hojear, por ejemplo, los comentarios que estaban publicados, todos juntos - sin necesidad de que tuviera que estar buscando en bibliotecas - , en un número monográfico de la *Revista de Derecho Público* de Venezuela (No. 112, octubre-diciembre 2007, Estudios sobre la reforma constitucional, Editorial Jurídica Venezolana, Caracas 2007, 716 pp.), donde pudo haber consultado los siguientes comentarios sobre el tema:

"La Constitución de papel y su Reforma," de Rogelio Pérez Perdomo (pp. 13-16); "Cuando no hay miedo (ante la Reforma Constitucional)," de Eugenio Hernández Bretón (pp. 17-20); "Aspectos esenciales de la modificación constitucional propuesta por el Presidente de la República. La modificación constitucional como un fraude a la democracia," de Gerardo Fernández (pp. 21- 26); "Una propuesta de "Reforma" constitucional que es una verdadera aberración," de Freddy J. Orlando S. (pp. 27-28); "Utopía Constitucional," de Alfredo Arismendi A. (pp. 29-32); "Constitución histórica y Poder Constituyente, Fortunato González Cruz (pp. 33-36); "Los límites del cambio constitucional como garantía de pervivencia del Estado de Derecho," de Lolymar Hernández Camargo (pp. 37-46);

---

552   Véase Allan R. Brewer-Carías, "La proyectada reforma constitucional de 2007, rechazada por el poder constituyente originario," en *Anuario de Derecho Público 2007,* Año 1, Instituto de Estudios de Derecho Público de la Universidad Monteávila, Caracas 2008, pp. 17-65

"La ruptura del hilo constitucional," de José Amando Mejía Betancourt(pp. 47-50); "La soberanía popular y el trámite de la Reforma Constitucional promovida por iniciativa presidencial el 15 de agosto de 2007," de Claudia Nikken (pp. 51-58); "La (sobre) interpretación popular constitucional y la Reforma de 2007: ¿retorno a la interpretación ideológica auténtica?", de Emilio J. Urbina Mendoza (pp. 59-64); "Personalismo político en el Siglo XXI," de Manuel Rachadell (pp. 6570); "El sello socialista que se pretendía imponer al Estado," de Allan R. Brewer-Carías (pp. 71-76); "Proyecto de Reforma Constitucional (agosto a noviembre 2007). Principios Fundamentales y Descentralización Política," de Ana Elvira Araujo García (pp. 77-82); "Estado de la Potestad Tributaria de los Estados en la Reforma Constitucional de 2007," de Betty Andrade Rodríguez (pp 83-88); "Los Consejos Comunales (una breve aproximación a su realidad y a su proyección ante la propuesta presidencial de Reforma Constitucional)," de Giancarlo Henríquez Maionica (pp. 89-100); "Sólo un poder público más. El Poder Popular en la Reforma del 2007," de Gustavo Linares Benzo (pp. 101-106); "Reforma, Democracia Participativa y Poder Popular," de Arturo Peraza (pp. 107-114); "La nueva geometría del Poder," de Gustavo Tarre Briceño (pp. 115-119); "Impacto de la Reforma Constitucional sobre las entidades locales," de José Luis Villegas Moreno (pp. 119-124); "La reforma del artículo 153 de la Constitución de 1999: un severo retroceso luego de un gran avance," de Jorge Luis Suárez M. (pp. 125-130); La integración económica latinoamericana en la Constitución de 1999 y en la Reforma Constitucional de 2007," de María Auxiliadora Andrade (pp. 131-136); "Reforma Constitucional 2007. El Presidencialismo y la reelección," de Carlos Ayala Corao (pp. 137- 144); "La desnaturalización del sistema presidencial en Venezuela. Del presidencialismo exacerbado consagrado en la Constitución de 1999 al ultra-presidencialismo pretendido en la Reforma Constitucional de 2007," de Carlos Luis Carrillo Artiles (pp. 145- 150); "La concentración de poderes en el Presidente de la República de acuerdo con la propuesta de Reforma Constitucional sancionada por la Asamblea Nacional el 2 de noviembre de 2007," de Margarita Escudero León (pp. 151-157); "La ampliación de los poderes presidenciales en la práctica y en el proyecto de Reforma Constitucional de 2007," de Aurilivi Linares Martínez (pp. 157-162); "El trastocamiento de la Administración Pública en la Reforma Constitucional de 2007," de José Antonio Muci Borjas (pp. 163-168); "Consideraciones sobre el cambio institucional de la Administración Pública en la Reforma Constitucional," José Araujo Juárez (pp. 169-175); "La administración paralela como instrumento del Poder Público," de José Ignacio Hernández G. (pp. 175-178); "El Consejo de Estado y el Plan Nacional de Desarrollo," de Juan M. Rafalli A. (pp. 179-186); "Las Administraciones Públicas: Potestad organizatoria y ámbitos competenciales en el Proyecto de Reforma Constitucional," de Ninoska Rodríguez Laverde (pp. 183-190); "La propuesta de modificación constitucional y el Régimen de la Administración Financiera Pública," de Enrique J. Sánchez Falcón (pp. 191-196); "Menoscabo al derecho humano a la participación, por la Reforma Constitucional," de Alberto Blanco Uribe Quintero (pp. 197-202); "La suerte de la "libertad económica" en el Proyecto de Reforma de la Constitución de 2007," de José Antonio Muci Borjas (pp. 203-208); "Actividad económica y sistemas alternativos de producción," de Tamara Adrián (pp. 209-214); "Réquiem por la libertad de empresa y el derecho de propiedad" de, Víctor Hernández-Mendible (pp. 215-226); "La Reforma Constitucional y su impacto sobre el Contrato de Arrendamiento," de Irma Isabel Lovera De Sola (pp. 227-232); "El nuevo modelo económico para el Socialismo del Siglo XXI," de Alfredo Morles Hernández (pp. 233-236); "Implicaciones de la Reforma Constitucional en el sector de Telecomunicaciones," de Luis Abraham Vargas (pp. 237-241); "La Reforma Constitucional y la desnaturalización del derecho de propiedad y su transformación en una simple relación de hecho permitida por el Estado," de Román José Duque Corredor (pp. 241-248); "Aproximación preliminar al tratamiento de la propiedad privada en la primera propuesta de modificación a la Constitución de 1999," de Gustavo A. Grau Fortoul (pp. 249-256); "La propiedad en la propuesta de cambio constitucional," de Uxúa Ojer (pp. 257-260); "El principio de progresividad de los Derechos Humanos," de María Verónica Espina Molina (pp. 261-266); "La regresión constitucional en materia de Derechos Humanos," de Víctor Hernández-Mendible (pp. 267-275); "El principio de igualdad en el proyecto de Reforma Constitucional de 2007," de Carlos Urdaneta

Sandoval (pp. 275-294); "Protección constitucional de la mujer y de la diversidad sexual," de Tamara Adrián (pp. 295-301); "La autonomía universitaria y el proyecto de Reforma Constitucional de 2007," de Juan Domingo Alfonso Paradisi (pp. 301-312); "Las Reformas Laborales," de Juan Carlos Pro Rísquez (pp. 313-318); "Tiempo libre. Libre desenvolvimiento de la personalidad e intromisión del Estado en espacios protegidos del ciudadano," de Alfredo Parés Salas (pp. 319-325); "Los estados de excepción en la Reforma Constitucional," de Jesús María Casal (pp. 325-331); "La eliminación del derecho a la información del artículo 337 de la Constitución: Violación del "Principio de Progresividad" de los Derechos Humanos," de Ana Cristina Núñez Machado (pp. 331-336); "El control judicial de la reforma constitucional," de Rafael Chavero Gazdik (pp. 337-342); "Los actos estatales expresados en el procedimiento de Reforma de la Constitución: Naturaleza jurídica y control judicial," de Cosimina G. Pellegrino Pacera (pp. 343-348); y "Propuesta de Reforma de la Constitución de la República Bolivariana de Venezuela emitida por la Asamblea Nacional el 2 de noviembre de 2007, Comparación literal Constitución-Reforma" de José Rafael Bermúdez (pp. 357-422).

Extraña por otra parte que en la Tesis "secreta" de Zaragoza, refiriéndose su autora a una materia de tanta importancia como fue el proyecto rechazado de Reforma Constitucional de 2007, sobre el cual como he indicado hizo una apología, si bien pudo ignorar muchas críticas,[553] no haya destacado ni siquiera las críticas al mismo que hicieron en 2008 algunos de sus mentores en el tema del "nuevo constitucionalismo" latinoamericano, Roberto Viciano Pastor, y Rubén Martínez Dalmau, que fueron publicadas en Caracas,[554] donde entre otros aspectos hablan sobre muchas de las previsiones de dicho proyecto como "innecesariamente complicadas y, en algunos casos, perjudiciales," e "incomprensibles," mostrando una vez más la deficiencia metodológica y de manejo de la bibliografía sobre el tema.

Dijeron los Sres. Roberto Viciano Pastor, y Rubén Martínez Dalmau en relación con algunos aspectos de la Reforma Constitucional que tanto alabó la autora de la Tesis "secreta," por ejemplo, lo siguiente:

- "la regulación que se proponía de la estructura territorial del poder público, generando múltiples niveles de decisión (arts. 16 y 18), que podían generar más ineficiencia en la gestión de la cosa pública y que, probablemente, encubrían una ausencia de reflexión sobre una reforma a fondo de un modelo nominal de Estado federal, que es materialmente inexistente."

553   Véase por ejemplo lo que escribí sobre el Proyecto de la Comisión Presidencial sobre la reforma de la Constitución, en Allan R. Brewer-Carías, Allan R. Brewer-Carías, *Hacia la Consolidación de un Estado Socialista, Centralizado, Policial y Militarista. Comentarios sobre el sentido y alcance de las propuestas de reforma constitucional 2007*, Colección Textos Legislativos, N° 42, Editorial Jurídica Venezolana, Caracas 2007, 157 pp.; y lo que escribí sobre la reforma luego de aprobada por la Asamblea Nacional: Allan R. Brewer-Carías, *La reforma constitucional de 2007 (Comentarios al Proyecto inconstitucionalmente sancionado por la Asamblea Nacional el 2 de noviembre de 2007)*, Colección Textos Legislativos, N° 43, Editorial Jurídica Venezolana, Caracas 2007, 224 pp. El propio Juan Carlos Monedero al reconocer que "el socialismo no se decreta," indicó que un ejemplo de esa deformación fue precisamente "el resultado del referéndum constitucional en Venezuela en diciembre de 2007," destacando que en ello "hubo una profunda responsabilidad gubernamental –y una inexplicable torpeza parlamentaria– al poner en marcha un cambio que no estaba ni maduro ni había sido suficientemente explicado entre la población," citando en apoyo de ello el siguiente trabajo de su autoría: Juan Carlos Monedero, "La victoria escondida del presidente Chávez," disponible en www.elviejotopo.com/web/archivo_revista.php?arch=973.pdf) Véase Juan Carlos Monedero, "Hacia una filosofía política del socialismo en el Siglo XXI," en *Cuadernos del CENDES*, N° 68, Año 25, mayo-junio 2008, pp. 83.

554   Véase Roberto Viciano Pastor y Rubén Martínez Dalmau, "Necesidad y oportunidad en el proyecto venezolano de reforma constitucional (2007)," en *Revista Venezolana de Economía y Ciencias Sociales* v.14 n. 2 Caracas ago. 2008. Véase el texto, además, en http://www.scielo.org.ve/scielo.php?script=sci_arttext&pid=S1315-64112008000200007

- "Únicamente desde la experiencia concreta venezolana podría verse como positivo el vaciamiento competencial de los estados, transfiriéndose competencias al Estado central o a los municipios y a las comunidades (arts. 156 y 164). Pero resultaba inadecuado que esa centralización acabara reforzando la concentración de poderes en manos del Presidente de la República, tal como establecía la propuesta (art. 236)."

- "Otro ejemplo de la poco acertada redacción del proyecto se encontraba en la generación de un nuevo poder público (junto al Nacional, Estadal o Municipal) que se denominaba Poder Popular (art. 136), el cual apuntaba hacia la absurda idea de que éste sea un poder más del Estado, en lugar del fundamento del mismo, esto es, del conjunto de los poderes públicos."

- "Tampoco era muy lúcida la diferenciación entre distintos tipos de propiedad (art. 115), lo que volvía a conducirnos a la sospecha de una reforma constitucional precipitada y poco reflexionada. Son errores de concepto que, desde luego, merecían una reflexión más profunda."

- "Más peligroso era el retroceso que se experimentaba en el concepto de democracia participativa, verdadero sustento del proceso de cambio en Venezuela desde 1998. En ese sentido, el proyecto aumentaba sistemáticamente todos los porcentajes de firmas necesarios para promover un mecanismo de participación popular, en algunos casos haciéndolos impracticables pues se exigía, por ejemplo, la firma de 30 por ciento de los electores de la circunscripción para activar el referendo revocatorio de cargos públicos (art. 72), el abrogatorio de leyes y decretos con valor de ley (art. 74) o la convocatoria de una Asamblea Nacional Constituyente (art. 348). En vez de facilitar la participación, en este aspecto el proyecto endurecía las condiciones para que ésta tuviera lugar de forma efectiva."

- "Y aún más perniciosa, si cabe, parecía la constitucionalización de las *misiones*[27] (art. 141). Éstas son necesarias para evitar burocracias anquilosadas empeñadas en obstaculizar la ejecución de políticas sociales que permitan mejorar las condiciones de vida de la población. Pero su carácter debe ser temporal, hasta que se produzca una reforma, ya inaplazable, de la Administración Pública venezolana. El reconocimiento de las *misiones* como formas estables de gestión suponía, en la práctica, la asunción implícita de la incapacidad del gobierno de llevar adelante una adecuada reforma del Estado y, por otro lado, se traducía en la consolidación de un mecanismo donde los sistemas de evaluación institucional y control presupuestario se debilitan, permitiendo por tanto la proliferación de la ineficiencia y de la corrupción."

- "Tampoco parecían muy acertados los mecanismos de selección y designación de los magistrados del Tribunal Supremo de Justicia (art. 264), del Consejo Nacional Electoral (art. 295), del Fiscal General, del Contralor General de la República y del Defensor del Pueblo (art. 279). En todos estos casos, aunque aparentemente se contemplaban mecanismos de participación social, las entidades que debían componer los respectivos comités de postulaciones eran elegidas por la mayoría absoluta de la Asamblea Nacional, la misma que finalmente elige a dichos funcionarios. Y no parecía muy garantista establecer que dichos funcionarios pudieran ser removidos, en caso de faltas graves, por la mayoría de los miembros de la Asamblea Nacional (arts. 265, 279 y 296), sin que se determinara constitucionalmente qué se entendía por falta grave."[555]

En todo caso, lo trágico de todo este proceso denunciado incluso por quienes fueron mentores del "nuevo constitucionalismo" latinoamericano, desde el punto de vista institucional, fue que muchas de las propuestas y rechazadas reformas constitucionales basadas en la propuesta del

---

555   Véase Roberto Viciano Pastor y Rubén Martínez Dalmau, "Necesidad y oportunidad en el proyecto venezolano de reforma constitucional (2007)," en *Revista Venezolana de Economía y Ciencias Sociales* v.14 n.2 Caracas ago. 2008. Véase el texto, además, en http://www.scielo.org.ve/scielo.php?script=sci_arttext&pid=S1315-64112008000200007.

"Socialismo del siglo XXI," y del "Estado Comunal,"[556] fueron en todo caso implementadas, efectiva e inconstitucionalmente, a partir de 2008, mediante decretos leyes,[557] y a partir de 2010, a través de leyes - entre ellas las Leyes Orgánicas del Poder Popular. Las mismas fueron comentadas ampliamente y defendidas en su Tesis "secreta" por la Sra. Gutiérrez Alvarado como parte esencial de lo que llamó la "nueva geometría del poder" -, sin que la Sala Constitucional del Tribunal Supremo de la cual comenzó a formar parte la autora de la Tesis "secreta," precisamente en 2010, hubiera impartido la justicia constitucional necesaria que le fue oportunamente requerida, y hubiera declarado la inconstitucionalidad de dichas leyes. Lo cierto es que respecto de las demandas de inconstitucionalidad intentadas, nunca se decidió siquiera sobre su admisibilidad.

IV. SOBRE EL "NUEVO ESTADO PARTICIPATIVO:" LA "NUEVA GEOMETRÍA DEL PODER"

"Constitución representativa vs. Constitución participativa"

El otro aspecto tratado en la Tesis "secreta" de Zaragoza de la Sra. Gutiérrez, además de la "dogmática social extensa" antes referida, fue el concerniente al "nuevo Estado participativo" o a la "nueva estructura orgánica bajo el principio de la participación" (p. 333) resultado de una llamada "nueva geometría del poder" en la cual la autora planteó la dicotomía entre la representación y la participación políticas, pero con carácter antagónico, entre lo que llamó la "Constitución representativa vs. Constitución participativa" (p. 333).[558]

Extraña en todo caso, que teniendo incluso este apartado de su Tesis el mismo título de la nota publicada por Gustavo Tarre Briceño, sobre "La nueva geometría del Poder," en la *Revista de Derecho Público* de Venezuela, No. 112 (octubre-diciembre 2007), Estudios sobre la reforma constitucional (Editorial Jurídica Venezolana, Caracas 2007, pp. 115-119), la autora ni siquiera se

---

556 Sobre el "socialismo del siglo XXI," hay que recordar lo que dijo Juan Carlos Monedero, respecto de lo que logró con su engaño en Venezuela, en el sentido de que supuestamente no era un "socialismo estatista," lo que sucedía cuando el Estado caía "en las garras de la burocracia, de la desidia ciudadana, de la pérdida de iniciativa que aquejó a los sistemas socialistas en el siglo XX," y que fue precisamente lo que ocurrió en Venezuela. Sobre ello, Monedero agregó que "el mejor Estado es aquel desde donde se puede combatir contra el propio Estado, desarrollando la asociatividad de ciudadanos, trabajadores y productores [...] un Estado experimental que permita a la ciudadanía intentar formas alternativas de organización política. Un Estado maternal, que contraste con el Estado paternal y que deje a las personas crecer pero que también esté atento a cualquier interrupción en ese camino de crecimiento personal;" citando en apoyo de ello, tanto la Ley Orgánica de las Comunas como la Ley Orgánica del Sistema Económico Comunal. Éstas, según Monedero originan "proyectos socioproductivos elaborados por los consejos comunales" que es "el objetivo central de la construcción del Estado comunal." Todo, por supuesto, no fueron más que palabrerías sin sentido, pero que ciertamente contribuyeron a la debacle del Estado y de la sociedad en Venezuela, gracias a que Chávez les compró "los espejitos" que le vendieron. Véase en cuanto a lo dicho por Juan Carlos Monedero, "Socialismo y Consejos Comunales: La Filosofía Política del Socialismo en el Siglo XXI," en *Comuna. Pensamiento Crítico en la Revolución*, Nº 4: Del Estado Heredado al Nuevo Estado, primer trimestre de 2011 p 127 p. 97-142 en http://www.juancarlosmonedero.org/wp-content/uploads/2012/12/Socialismo-y-Consejos-Comunales-La-Filosof%C3%ADa-Pol%C3%ADtica-del-Socialismo-en-el-Siglo-XXI.pdf.

557 Véase sobre los decretos leyes dictados 2008 implementando la rechazada reforma constitucional, los estudios publicados en el número monográfico de la *Revista de Derecho Público*, Nº 155, julio -septiembre 2008, Caracas 2009, 675 pp.

558 Quizás la autora de la Tesis "secreta" siguió en esto, lo expresado por su Director, en Francisco Palacios, "Estado Constitucional. Entre la democracia deliberativa y el autoritarismo institucional," en A. García Inda, Carmen Marcuello (Coordinadores), *Conceptos para pensar el siglo XXI* (, Catarata, Madrid 2008, pp. 95-141.

hubiera tomado el interés de leerla. Otra muestra más de la deficiencia metodológica de la Tesis, en cuanto a la bibliografía consultada, que el Director de la Tesis, quien para esos tiempos de la reforma fallida, supuestamente estaba en Caracas contratado por el Gobierno, debió atender.

En todo caso, en este tema, la autora de la Tesis "secreta" planteó el supuesto sacrificio de la "democracia representativa" frente a una pretendida "democracia participativa," lo que por lo demás estaba a la base de la propuesta de Reforma Constitucional de 2007 que tanto defendió en su Tesis "secreta," y que es una de las líneas maestras del discurso autoritario que se encubre detrás del "nuevo constitucionalismo" o del "nuevo paradigma constitucional" que propugnó la autora y sus asesores españoles, y que con los experimentos de Venezuela, Ecuador y Bolivia – cuyos gobernantes populistas fueron utilizados como "conejillos de indias" –,[559] se ha querido consolidar en América Latina, y que parte del supuesto de la venta del concepto de "democracia participativa" como si fuera contrapuesto a la democracia representativa, a la cual se desprestigia sistemáticamente, y se le achacan todos los males de la democracia.[560]

La "democracia participativa" en ese discurso, en realidad de democracia sólo tiene el nombre, siendo hábilmente utilizado frente a los fracasos políticos que han experimentado las democracias representativas por la incomprensión de los partidos políticos en permitir su evolución y perfeccionamiento. Es claro que muchas veces la expresión se utiliza sin que se sepa efectiva-

---

559   Como lo observó recientemente Emilio Figueredo Planchart, @efigueredop, en *Tweet* del 16 de agosto de 2018, refiriéndose al periodista español Fernando Casado (una especie de "relevo" en Venezuela y Ecuador en 2018 – pero de más baja ralea -, de Viciano Pastor, Martinez Dalmau, Palacios Romeo, Monedero y otros, todos: "asesores españoles que provienen de Podemos lo que están haciendo es experimento social en el que nosotros terminamos siendo los conejillos de India, eso sí, ellos están bien remunerados en Euros, alojados de lujo con chofer y guardaespaldas y pretenden construir nueva izquierda." Fernando Casado, en efecto, en un acto en el cual estaba presente Nicolas Maduro en agosto de 2018, tomó el micrófono "espontáneamente" como parte de la "milicia" presente, y dijo entre otras cosas que en Venezuela no hay una dictadura. "Es una democracia de verdad, participativa y protagónica." "¡no como las democracias representativas que tenemos en Europa, de ésas que nos hacen pasar hambre!" "No es una de esas democracias representativas que no nos ha dado ninguna felicidad al pueblo, que nos echa a la calle, que nos deja en miseria y que nos hace pasar hambre. Gracias, presidente. Es usted una inspiración para todos los pueblos del mundo. Es usted una inspiración para España." "Presidente (Maduro) es usted una inspiración para todos los pueblos del mundo, es usted una inspiración para España. Es usted un presidente líder que seguirá teniendo una gran cantidad de seguidores, porque la gente no es tonta señor presidente." "Son una inspiración. En España también las cosas están cambiando. En Portugal están cambiando. En Grecia están cambiando, pero todavía no nos han dejado. El pueblo español seguramente tampoco está preparado para dar el salto cualitativo que se ha dado en países como Venezuela, como Ecuador, como Bolivia. Pero ahí estamos." Véase el Video íntegro en https://www.youtube.com/watch?v=GTzw-lmok88. Sobre Casado, El Nuevo País indicó, simplemente que "hace parte de esos pseudo-intelectuales importados sin razón académica alguna, pero con sobradas razones ideológicas: son torres repetidoras del poder al que sirven y por el cual son bien remunerados." Véase en *El Nuevo País,* 15 de agosto de 2018, en http://elnuevopais.net/2018/08/15/220061/

560   Las críticas a la democracia representativa deben ser para perfeccionarla, no para eliminarla y menos para sustituirla por la llamada "democracia participativa." Véase por ejemplo, Allan R. Brewer-Carías, "Sobre los elementos de la democracia como régimen político: representación y control del poder," en *Revista Jurídica Digital IUREced*, Edición 01, Trimestre 1, 2010-2011, en http://www.megaupload.com/?d=ZN9Y2W1R; "La necesaria revalorización de la democracia representativa ante los peligros del discurso autoritario sobre una supuesta "democracia participativa" sin representación," en *Derecho Electoral de Latinoamérica. Memoria del II Congreso Iberoamericano de Derecho Electoral*, Bogotá, 31 agosto-1 septiembre 2011, Consejo Superior de la Judicatura, ISBN 978-958-8331-93-5, Bogotá 2013, pp. 457-482; "Participación y representatividad democrática en el gobierno municipal," en la Revista *Ita Ius Esto, Revista de Estudiantes* (http://www.itaiusesto.com/), *In Memoriam Adolfo Céspedes Zavaleta*, Lima 2011, pp. 11-36; en http://www.itaiusesto.com/participacion-y-representacion-democratica-en-el-gobierno-municipal/

mente de qué se trata y, generalmente, confundiendo indebidamente a la democracia participativa con elementos de democracia directa, como podría ser la iniciativa para convocar una Asamblea Constituyente o para proceder a la revocación de mandatos populares. Pero en la mayoría de los casos se utiliza como una engañosa y clara estrategia para acabar con la propia democracia representativa como régimen político, exacerbando la desconfianza en las propias instituciones del Estado constitucional democrático de derecho.[561]

La confusión originada por el clamor que a veces se siente por la necesidad de la participación, la cual, además, por esencia, es contraria al autoritarismo, obliga a reflexionar sobre la propia democracia para poder situar el concepto de participación política donde le corresponde, que es, entre otros, en el ámbito local de la descentralización política. Sin duda, los dos principios fundamentales de la democracia en el mundo contemporáneo son y seguirán siendo la representación y la participación.

Pero ante el discurso autoritario, deben tenerse claros los conceptos: primero, la representación, si a algo se contrapone es a la democracia directa, por lo que la verdadera dicotomía que existe en este caso es entre "democracia representativa" o indirecta, y "democracia directa." Segundo, la participación, a la vez, si a algo se contrapone no es a la representación, sino a la "exclusión" política, de manera que la verdadera dicotomía que en este plano surge es entre "democracia participativa" o de inclusión y "democracia de exclusión" o exclusionista.

Y esto es precisamente lo que se confunde deliberadamente cuando se habla de "democracia participativa" para supuestamente acabar con los vicios de la democracia representativa, cuando en ciertos casos, lo que se quiere es destacar la necesidad de mecanismos de democracia directa; y en otros, confundiéndose los conceptos para buscar la eliminación o minimización de la representatividad y establecer una supuesta relación directa entre un líder mesiánico y el pueblo, a través de los mecanismos institucionales incluso paralelos a los propios órganos electos del Estado, dispuestos para hacerle creer al ciudadano que participa, cuando lo que se está es sometiéndolo al control del poder central, como ha ocurrido en Venezuela.

---

561 Véase Allan R. Brewer-Carías, "La democracia representativa y la falacia de la llamada "democracia participativa, sin representación," en Jorge Fernández Ruiz (Coordinador), *Estudios de Derecho Electoral. Memoria del Congreso Iberoamericano de Derecho Electoral*, Universidad Nacional Autónoma de México, Coordinación del Programa de Posgrado en Derecho, Facultad de Estudios Superiores Aragón, Facultad de Derecho y Criminología, Universidad Autónoma de Nuevo León, México 2011, pp. 25 a 36. Llegué a presumir que había sido en relación con este trabajo, que el profesor Francisco Palacios, Director de la Tesis "secreta" de Zaragoza de la magistrada Gutiérrez, escribió sus comentarios en el trabajo: Francisco Palacios Romeo, "Falacias ideológicas y aporías técnicas sobre los nuevos procesos políticos de América Latina (en torno a un argumentario de Brewer Carias sobre el hecho social-participativo)," en *Actas Congreso Internacional América Latina: la autonomía de una región (XV Encuentro de latinoamericanistas españoles)*, Consejo Español de Estudios Iberoamericanos, 2012, pp. 615-622. Sin embargo, no fue así, y su reacción fue contra nuestras críticas expresadas, entre otros, en Allan R. Brewer-Carías, "Introducción General al régimen del Poder Popular y del Estado Comunal. (O de cómo en el siglo XXI, en Venezuela se decreta, al margen de la Constitución, un Estado de Comunas y de Consejos Comunales, y se establece una sociedad socialista y un sistema económico comunista, por los cuales nadie ha votado)." en el libro: Allan R. Brewer-Carías, Claudia Nikken, Luis A. Herrera Orellana, Jesús María Alvarado Andrade, José Ignacio Hernández y Adriana Vigilanza, *Leyes Orgánicas sobre el Poder Popular y el Estado Comunal (Los consejos comunales, las comunas, la sociedad socialista y el sistema económico comunal)*, Colección Textos Legislativos N° 50, Editorial Jurídica Venezolana, Caracas 2011, pp. 9-183. Véase los comentarios más recientes en Gabriel Sira Santana, *Poder Popular, descentralización y participación ciudadana*, Centro para la Integración y el Derecho Público, Editorial Jurídica Venezolana, Caracas 2018, pp. 102 ss.

En cuanto a la democracia representativa o democracia indirecta, esta es y seguirá siendo de la esencia de la democracia, de manera que no hay democracia sin representación, y en particular, sin órganos representativos como son los Congresos o parlamentos. Su sustitución es esencialmente imposible si de democracia se trata, sin perjuicio de que la representatividad afortunadamente se haya venido enriqueciendo en las últimas décadas, precisamente con la introducción en nuestros sistemas políticos de mecanismos de democracia directa que la complementan, pero que jamás podrán sustituirla. [562]

No puede existir en el mundo contemporáneo una democracia que sea sólo refrendaria, plebiscitaria o de cabildos abiertos permanentes; a pesar de que en casi todos los sistemas constitucionales contemporáneos se hayan incorporado mecanismos de consultas populares y de asambleas de ciudadanos con el objeto de complementar la representatividad, como son los diversos referendos (consultivos, aprobatorios, decisorios, abrogatorios, autorizatorios y revocatorios); al igual que las iniciativas populares. Ello sin duda ha contribuido, en algunos casos, a la movilización popular y a la relativa manifestación directa de voluntad del pueblo; pero es claro que esos mecanismos no pueden sustituir a la democracia conducida por representantes electos.

El reto, en este punto, para contribuir a la consolidación del Estado democrático de derecho, es asegurar que dichos representantes sean realmente representativos de las sociedades y sus comunidades, y sean elegidos en sistemas de sufragio directo, universal y secreto donde impere el pluralismo político, y a través de procesos electorales transparentes que aseguren el acceso al poder con sujeción al Estado de derecho, en los cuales no puede prescindirse de los partidos, aunque por supuesto, indispensablemente renovados.

Pero más interés contemporáneo tiene el segundo principio de la democracia, el de la participación política, que apunta a establecer un régimen democrático de inclusión política, donde el ciudadano sea parte de su comunidad organizada con autonomía política, y contribuya a tomar las decisiones que le conciernen. Participar, en definitiva, es estar incluido, por lo que la dicotomía en este caso de la participación política, es la exclusión política, la cual además conlleva la de orden social y económico.

No debe olvidarse que participar en el lenguaje común, es ser parte de…, es pertenecer, incorporarse, contribuir, estar asociado o comprometerse a…; es tener un rol, tomar parte activa, estar envuelto o tener una mano en…; es, en fin, asociarse, compartir o tener algo que ver con…; lo que implica que en el lenguaje político, no sea otra cosa que ser parte de una comunidad política que por esencia debe gozar de autonomía política, en la cual el individuo tiene un rol específico de carácter activo para contribuir a la toma de decisiones, que no se agota, por ejemplo, en el sólo ejercicio del derecho al sufragio; o en ser miembro de sociedades intermedias, aún las de carácter político como los partidos políticos; o en votar en referendos; o en participar en asambleas de ciudadanos y menos si son controladas por un poder central.

La participación política democrática, por tanto, en ninguna sociedad democrática se ha logrado permanentemente con las solas votaciones en referendos o consultas populares, ni con manifestaciones, así sean multitudinarias, y menos de las que son obedientes y sumisas a un líder. Eso, que no es más que una forma de manifestación política, la historia se ha encargado de en-

---

562   Véase Allan R. Brewer-Carías, "La necesaria revalorización de la democracia representativa ante los peligros del discurso autoritario sobre una supuesta "democracia participativa" sin representación," en *Derecho Electoral de Latinoamérica. Memoria del II Congreso Iberoamericano de Derecho Electoral*, Bogotá, 31 agosto-1 septiembre 2011, Consejo Superior de la Judicatura, ISBN 978-958-8331-93-5, Bogotá 2013, pp. 457-482.

señárnosla en todas sus facetas, incluyendo las propias de los autoritarismos fascistas del Siglo pasado, la cual no se puede confundir con participación política.

Para que la democracia sea inclusiva o de inclusión, tiene que permitir al ciudadano poder ser parte efectivamente de su comunidad política que ante todo tiene que ser autónoma; tiene que permitirle desarrollar conciencia de su efectiva pertenencia, es decir, de pertenecer en el orden social y político a una comunidad, a un lugar, a una tierra, a un campo, a una comarca, a un pueblo, a una región, a una ciudad, en fin, a un Estado, y ser electo para ello, como representante de la misma.

Por ello, la democracia participativa no es nada nuevo en la historia política; ha estado siempre, desde los mismos días de las Revoluciones del Siglo XIX en la teoría y prácticas políticas democráticas. En todos los países con democracias consolidadas, incluso, está imperceptiblemente arraigada en el nivel más ínfimo de los territorios de los Estados, en las entidades políticas autónomas como los Municipios o las Comunas, con gobiernos propios electos democráticamente;[563] es decir, en la base de la distribución territorial del poder que tanto aborrecen los autoritarismos.[564]

Sin embargo, según explicó en su defensa del Proyecto de Reforma Constitucional de 2007, en cuya redacción la Sra. Gutiérrez, como Procuradora General de la República y miembro del Consejo Presidencial para la Reforma Constitucional debió colaborar, teniendo para ello la asesoría de quien luego fue Director de su Tesis "secreta," al argumentar sobre la "nueva geometría del Poder" y el "Estado participativo," lo que se deduce es que se busca eliminar la representación y la democracia representativa, mediante el establecimiento del Estado del Poder Popular o del Poder Comunal, o Estado Comunal, estructurado desde los Consejos Comunales, como unidades u organizaciones sociales *no electas mediante sufragio universal, directo y secreto* y, por tanto, sin autonomía territorial, supuestamente dispuestos para canalizar la "participación ciudadana," pero conforme a un sistema de conducción centralizado desde la cúspide del Poder Ejecutivo Nacional, que es la antítesis de la participación.

Así fue, efectivamente, como se propuso conformar el "Estado participativo" en el proyecto de Reforma Constitucional de 2007, y así fue como se definió en el Anteproyecto de Constitución que el Presidente Chávez presentó ante la Asamblea Nacional, para "la construcción *del Socialismo Bolivariano, el Socialismo venezolano, nuestro Socialismo, nuestro modelo socialista*,"[565] cuyo "núcleo básico e indivisible" debía ser "la comunidad," "donde los ciudadanos y las ciuda-

---

563 Véase Allan R. Brewer-Carías, "Democracia participativa, descentralización política y régimen municipal", en Miguel Alejandro López Olvera y Luis Gerardo Rodríguez Lozano (Coordinadores), *Tendencias actuales del derecho público en Iberoamérica*, Editorial Porrúa, México 2006, pp. 1-23; y en *La responsabilidad del Estado frente a terceros. Ponencias Continentales del II Congreso Iberoamericano de Derecho Administrativo y Público*, Asociación Iberoamericana de Profesionales en Derecho Público y Administrativo "Jesús González Pérez" Capítulo Ecuador, Ecuador 2005, pp. 273-294

564 Véase Allan R. Brewer-Carías, *Constitución, Democracia y Control del Poder*, Editorial Jurídica Venezolana, Mérida-Caracas, 2004, pp. 93 y ss

565 Véase *Discurso de Orden pronunciado por el ciudadano Comandante Hugo Chávez Frías, Presidente Constitucional de la República Bolivariana de Venezuela en la conmemoración del Ducentésimo Segundo Aniversario del Juramento del Libertador Simón Bolívar en el Monte Sacro y el Tercer Aniversario del Referendo Aprobatorio de su mandato constitucional*, Sesión especial del día Miércoles 15 de agosto de 2007, Asamblea Nacional, División de Servicio y Atención legislativa, Sección de Edición, Caracas 2007, p. 34.

danas comunes, tendrán el poder de construir su propia geografía y su propia historia."[566] Y todo ello bajo la premisa de que *"sólo en el socialismo será posible la verdadera democracia;"*[567] pero por supuesto, una "democracia" sin representación que, como lo propuso el Presidente con el aval de la Sra. Gutiérrez como Procuradora General de la República, y fue sancionado por la Asamblea en la reforma propuesta del artículo 136 de la Constitución, *"no nace del sufragio ni de elección alguna,* sino que nace de la condición de los grupos humanos organizados como base de la población."[568] Es decir, se pretendió establecer con la reforma constitucional, una "democracia" que no es democracia, pues en el mundo moderno no hay ni ha habido democracia sin elección de representantes.

No es de extrañar, por tanto, que habiéndose propuesto en la Reforma Constitucional de 2007 la eliminación de la democracia representativa y su sustitución por una llamada "democracia participativa" que "no nace del sufragio ni de elección alguna," en la Sala Constitucional del Tribunal Supremo de Justicia de la cual la autora de la Tesis "secreta" había formado parte desde un año antes de "defenderla" (2010), se haya atentado contra la representatividad democrática a través de muchas sentencias, es decir, contra el derecho de los ciudadanos a elegir, el derecho a ser electo, y el derecho a ejercer los cargos de representación popular. Aparte de la sentencia dictada por el Juez Constitucional en fraude a la representación proporcional y que distorsionó el derecho a elegir representantes (2006) (**Véase Segunda Parte, I**), así sucedió con las sentencias de Juez Constitucional en las cuales participó la autora de la Tesis "secreta" de Zaragoza como corresponsable, mediante las cuales se avalaron las inconstitucionales inhabilitaciones políticas que afectaron el derecho de ex funcionarios públicos a ser elegidos (2008, 2011) (**Véase Segunda Parte, II**); se le arrebató a una diputada en ejercicio el poder continuar ejerciéndolas, revocándole inconstitucionalmente el mandato popular (2014) (**Véase Segunda Parte, III**); y se le revocó ilegítima e inconstitucionalmente el mandato popular a varios Alcaldes, usurpando las competencias de la Jurisdicción Penal (2014) (**Véase Segunda Parte, IV**).

Igualmente, y aparte de la sentencia del Juez Constitucional mediante la cual se produjo una ilegítima mutación constitucional que acabó con el principio pétreo del gobierno alternativo (**Véase Cuarta Parte, III**), otras sentencias dictadas por la Sala Constitucional con la participación de la Sra. Gutiérrez como magistrada corresponsable, demolieron el principio del gobierno democrático electivo y representativo, al imponerle a los venezolanos un gobierno sin legitimidad democrática en 2013, sin determinar con certeza el estado de salud, o si estaba vivo, del Presidente Hugo Chávez Frías (**Véase Cuarta Parte, I**); y denegaron justicia frente a la denuncia de frau-

---

566   *Idem*, p. 32.

567   *Idem*, p. 35. Estos conceptos se recogen igualmente en la *Exposición de Motivos* para la Reforma Constitucional, Agosto 2007, donde se expresa la necesidad de "ruptura del modelo capitalista burgués" (p. 1), de desmontar la superestructura que le da soporte a la producción capitalista"(p. 2); de "dejar atrás la democracia representativa para consolida la democracia participativa y protagónica"(p. 2); de "crear un enfoque socialista nuevo" (p. 2) y "construir la vía venezolana al socialismo"(p. 3); de producir "el reordenamiento socialista de la geopolítica de la Nación" (p. 8); de la "construcción de un modelo de sociedad colectivista" y "el Estado sometido al poder popular"(p. 11); de "extender la revolución para que Venezuela sea una República socialista, bolivariana", y para "construir la vía venezolana al socialismo; construir el socialismo venezolano como único camino a la redención de nuestro pueblo"(p. 19).

568   Véase las citas de la propuesta y los comentarios en Allan R. Brewer-Carías, *Hacia la Consolidación de un Estado Socialista, Centralizado, Policial y Militarista. Comentarios sobre el sentido y alcance de las propuestas de reforma constitucional 2007,* Colección Textos Legislativos, Nº 42, Editorial Jurídica Venezolana, Caracas 2007, pp. 22, 38, 45, 48, 52 y 61.

de a la representación popular formulada ante la Sala con motivo de la elección presidencial de 2013 (**Véase Cuarta Parte, II**).

El "modelo participativo venezolano"

Otro aspecto que destacó particularmente la Sra. Gutiérrez en su Tesis "secreta" de Zaragoza en relación con la Constitución de 1999, es que ésta, en su criterio, reguló un "Estado participativo, al establecer un sistema de participación política a todos los niveles del Estado y de la sociedad" (p. 533), siguiendo la orientación de "las fórmulas participativas del Nuevo Constitucionalismo Latinoamericano" que "intentan corresponsabilizar a la sociedad civil-popular y al Estado en cuanto a la organización y a la toma de decisiones en la sociedad" (p. 536).

La Constitución, en realidad, si bien utilizó con amplia generosidad la palabra "participación" en múltiples artículos, y consagró una previsión expresa para identificar "los medios de participación y protagonismo del pueblo en ejercicio de su soberanía" en una norma específica importante (art. 70)[569] calificada por la autora de la Tesis "secreta" como un "auténtico artículo/emblema de todo el texto constitucional" (p. 151), y que en general debía ser desarrollado e implementado mediante ley; puede decirse que solo se regularon directamente *tres* mecanismos de participación ciudadana, los cuales sin embargo, fueron todos demolidos por el propio Juez Constitucional, en buena parte con la participación de la magistrada Gutiérrez (**Véase Tercera Parte**).

El *primero* es el mecanismo de participación directa de representantes de los diversos sectores de la sociedad civil en la postulación exclusiva de los candidatos a ocupar los altos cargos de los Podres Públicos Judicial, Ciudadano y Electoral, a través de sendos Comités de Postulaciones formados con dichos representantes. Es a éste a lo que se refirió la autora de la Tesis "secreta" de Zaragoza al mencionar la participación ciudadana en el caso de la Constitución venezolana "a través de postulaciones propuestas desde la sociedad civil, con participación posterior del Poder Ciudadano y final decisión de la Asamblea Nacional" (p. 541).

Sin embargo, ello nunca se ha aplicado en el país, como se ha argumentado anteriormente, pues desde el año 2000 los Comités de postulaciones siempre se organizaron en todas las leyes relativas a la materia como simples comisiones parlamentarias, integradas con una mayoría de diputados, que no son parte de la sociedad civil. Pero lo grave es que la demolición de este primer mecanismo emblemático de participación dispuesto directamente en la Constitución, ha estado precisamente a cargo básicamente de la Jurisdicción Constitucional (de la cual ha formado parte la autora de la Tesis "secreta" desde 2010), que se abstuvo sistemáticamente desde del año 2000, de juzgar la inconstitucionalidad de las leyes que regularon dichos Comités (**Véase Tercera Parte, I**).

El *segundo*, es el mecanismo de revocación del mandato que se estableció en la Constitución como un derecho político de los ciudadanos (p. 67), y que responde, como lo observó la autora de la Tesis "secreta" de Zaragoza, al establecimiento del "control directo de los cargos de represen-

---

569   "Artículo 70: Son medios de participación y protagonismo del pueblo en ejercicio de su soberanía, en lo político: la elección de cargos públicos, el referendo, la consulta popular, la revocación* del mandato, las iniciativas legislativa, constitucional y constituyente, el cabildo abierto y la asamblea de ciudadanos y ciudadanas cuyas decisiones serán de carácter vinculante, entre otros; y en lo social y económico: las instancias de atención ciudadana, la autogestión, la cogestión, las cooperativas en todas sus formas incluyendo las de carácter financiero, las cajas de ahorro, la empresa comunitaria y demás formas asociativas guiadas por los valores de la mutua cooperación y la solidaridad."

tación a través de los mecanismos revocatorios. Todos los cargos de elección popular estarán sujetos a la posibilidad de referéndum revocatorio convocado por la ciudadanía" (p. 538).

Ese mecanismo emblemático de participación, sin embargo, durante los años de vigencia de la Constitución no ha podido ser aplicado. Primero fue en 2004, cuando la Sala Constitucional del Tribunal Supremo mutó la Constitución para convertir el referendo revocatorio en un referendo "ratificatorio" y poder asegurar que a pesar de que en 2004 el mandato del Presidente Chávez quedó revocado mediante referendo porque votaron más electores por revocarlo que los que votaron por elegirlo, sin embargo por una "interpretación a la carta" de la Constitución suministrada por el Juez Constitucional, fuera ratificado en su cargo[570] (**Véase Tercera Parte, II**); sobre lo cual nada informó la autora de la Tesis "secreta" en su texto.

Y segundo, fue en 2016, cuando por decisiones de jueces penales de instancia y de la Sala Electoral del Tribunal Supremo de Justicia se detuvo el proceso de activación del referendo revocatorio como iniciativa popular,[571] sin que la Sala Constitucional que la autora de la Tesis "secreta" presidía, hubiese salido a actuar como garante de la Constitución en nombre de la participación. En ese caso, el Juez Constitucional sí se abstuvo avocarse al conocimiento de la causa, renunciando a hacer prevalecer el cacareado "principio participativo" que quedó pospuesto.[572]

El *tercer* mecanismo de participación ciudadana establecido en la Constitución, es el relativo a la consulta obligatoria de los proyectos de ley, por parte de la Asamblea Nacional, durante el proceso de su formación (art. 211), que la autora de la Tesis de Zaragoza identificó como "mecanismos de participación consultiva," destacando que "la consulta popular deja de ser el mecanismo anecdótico del viejo constitucionalismo previsto para una o dos supuestos para ocupar numerosos espacios y posibilitar su utilización general y universal" (p. 538).

Sin embargo, lamentablemente también en este caso, la participación ciudadana a través de la consulta de los proyectos de ley a los "ciudadanos y ciudadanas y a la sociedad organizada para oír su opinión sobre los mismos" realmente fue el mecanismo más anecdótico y preferido del "nuevo constitucionalismo," pero que durante la vigencia de la Constitución, en la práctica, no pasó de ser sino una ilusión, que nunca se ha hecho realidad. Y lo más grave es que incluso el mismo fue formalmente eliminado por el propio Juez Constitucional, con la participación activa de la propia autora de la Tesis "secreta" de Zaragoza, al disponer – como si fuera una "nueva anécdota - primero, que la consulta popular de los proyectos de ley solo se aplica a las leyes sancionadas por la Asamblea Nacional, pero no a las leyes dictadas mediante decretos leyes habilitados (2014),[573] cuando en el país, desde 2001, la gran mayoría de las leyes han sido dictadas preci-

---

570   Véase Allan R. Brewer-Carías, *La Sala Constitucional versus el Estado Democrático de Derecho. El secuestro del poder electoral y de la Sala Electoral del Tribunal Supremo y la confiscación del derecho a la participación política*, Los Libros de El Nacional – Colección Ares, Caracas, 2004, 172 pp.

571   Véase Allan R. Brewer-Carías, "El nuevo secuestro del derecho del pueblo a la realización del referendo revocatorio presidencial perpetrado por la Sala Electoral, algunos tribunales penales y el Poder Electoral," en *Revista de Derecho Público,* Nº 147-148, (julio-diciembre 2016), Editorial Jurídica Venezolana, Caracas 2016, pp. 384-406.

572   Véase José Ignacio Hernández, *El referendo revocatorio presidencial en Venezuela y el abuso del poder*, IDEA, Editorial Jurídica Venezolana International, 2017.

573   Véase José Ignacio Hernández, *El referendo revocatorio presidencial en Venezuela y el abuso del poder*, IDEA, Editorial Jurídica Venezolana International, 2017.

samente mediante decretos leyes en ejecución de leyes habilitantes;[574] y segundo, posteriormente que la obligación de consulta popular que establece la Constitución incluso respecto de las "leyes" no es tal, y se puede cumplir en cualquier forma o "de la mejor manera" (2017). Estas "interpretaciones constitucionales a la carta" en la cual participó la autora de la Tesis "secreta" de Zaragoza, como Presidenta (2014) y magistrada de la Sala Constitucional (2014), en definitiva no fue sino una gran burla y un gran fraude cometido contra la participación ciudadana, y las propias "tesis" que defendió en su Tesis "secreta." (**Tercera Parte, III**).

Pero no quedó allí la razzia contra la participación ciudadana por parte del Juez Constitucional con la participación de la magistrada Gutiérrez, autora de la Tesis "secreta" de Zaragoza, sino que se evidenció en otras decisiones de la Sala Constitucional, y entre ellas se destacan: en primer lugar, la confiscación del derecho ciudadano de participar a través de los partidos políticos en la vida política del país, mediante la eliminación de la autonomía de los mismos (2015) (**Véase Tercera Parte, IV**) ; la exclusión inconstitucional de los partidos de su derecho de participar en los procesos electorales realizados con motivo del proceso constituyente de 2017 (**Véase Tercera Parte, V**); la mutación constitucional efectuada ilegítimamente por el Juez Constitucional en materia de financiamiento público de los partidos políticos (2008), que favoreció al partido de gobierno, el cual se encuentra imbricado en el Estado, discriminando a los partidos de oposición (**Véase Tercera Parte, VI**); el secuestro del derecho político a manifestar, reduciéndoselo y sometiéndolo a absolutos controles administrativos coartando así el derecho ciudadano a la participación política (2014) (**Véase Tercera Parte, VII**); y por último, la distorsión de la participación política en el sistema venezolano, al haber el Juez Constitucional mutado la Constitución y permitido el proselitismo político en la Fuerza Armada (2014), pero solamente a favor del partido del gobierno y del "Comandante en Jefe" de la misma (**Véase Tercera Parte, VIII**).

La apología y defensa a ultranza de las Leyes Orgánicas del Poder Popular

Por otra parte, la Sra. Gutiérrez, en su Tesis doctoral "secreta" de Zaragoza, en la misma línea en la cual formuló la apología al proyecto de Reforma Constitucional de 2007, en cuya concepción había participado antes de ser designada como magistrada de la Sala Constitucional del Tribunal Supremo de Justicia cuando ejercía el cargo de Procuradora General de la República, con la asesoría de quien luego fue su Director de Tesis, profesor Palacios; también le dedicó buena parte de sus páginas a hacer la apología y defensa de las Leyes Orgánicas del Poder Popular de 2010. Éstas fueron sancionadas por la Asamblea Nacional en diciembre de 2010, para implementar inconstitucionalmente las reformas constitucionales rechazadas por el pueblo tres años antes, razón por la cual sus proyectos debieron haber sido conocidos, si no confeccionados, por la Procuraduría General de la República, por razón de sus funciones, antes de haber sido la tesista designada como magistrada del Tribunal Supremo.

Como antes se ha analizado, el modelo de Estado Constitucional diseñado en el texto constitucional de 1999 se intentó cambiar mediante la "Reforma Constitucional" que fue sancionada por la Asamblea Nacional en noviembre de 2007, con el objeto de establecer un Estado Socialista, Centra-

---

574   Véase Véase Allan R. Brewer-Carías "Apreciación general sobre los vicios de inconstitucionalidad que afectan los Decretos Leyes Habilitados," en *Ley Habilitante del 13-11-2000 y sus Decretos Leyes*, Academia de Ciencias Políticas y Sociales, Serie Eventos No. 17 Caracas, 2002, pp. 63-103; y "El fin de la llamada "democracia participativa y protagónica" dispuesto por la Sala Constitucional en fraude a la Constitución, al justificar la emisión de legislación inconsulta en violación al derecho a la participación política," en *Revista de Derecho Público,* No. 137 (Primer Trimestre 2014, Editorial Jurídica Venezolana, Caracas 2014, pp. 157-164.

lizado, Militarista y Policial[575] denominado "Estado del Poder Popular" o "Estado Comunal,"[576] la cual sin embargo, una vez sometida a consulta popular, fue rechazada por el pueblo en referendo realizado el 7 de diciembre de 2007.[577]

Sin embargo, la burla a la voluntad popular y el fraude a la Constitución, desde antes de que se efectuara dicho referendo, lo realizó la Asamblea Nacional en abierta violación a la Constitución la cual comenzó a desmantelar el Estado Constitucional para sustituirlo por un Estado Socialista mediante la estructuración *paralela* de un Estado del Poder Popular o Estado Comunal, a través de la sanción de la Ley de los Consejos Comunales de 2006,[578] reformada posteriormente y elevada al rango de Ley Orgánica en 2009,[579] la cual fue impugnada ante la Sala Constitucional del Tribunal Supremo en una acción que nunca fue siquiera admitida.

La magistrada Gutiérrez, en todo caso, en su Tesis de doctorado "secreta" de Zaragoza hizo una extensa apología de las bondades de esta Ley en el marco del "Estado participativo" (pp. 393 ss.), lo que quizás explica la denegación de justicia.

Pero luego de la sanción de la Ley de los Consejos Comunales, el empeño por implantar en Venezuela un Estado Socialista como política general del Estado y su gobierno, que había sido rechazada en el referendo sobre la Reforma Constitucional de 2007, de nuevo fue rechazado con ocasión de las elecciones legislativas efectuadas el 26 de septiembre de 2010 para la elección de los Diputados a la Asamblea Nacional, las cuales fueron planteadas por el Presidente de la República y su gobierno (del cual formaba parte la Procuradora General de la República) y la mayoría oficialista de la propia Asamblea Nacional, quienes hicieron una masiva campaña a favor de sus candidatos, como un "plebiscito" respecto al propio Presidente, su actuación y sus políticas socialistas ya previamente rechazadas por el pueblo en el refrendo de diciembre de 2007. El "plebiscito" lo perdieron abrumadoramente el Presidente de la República y su partido, pues la mayoría del país votó en contra de sus candidatos parlamentarios.

Sin embargo, al haber perdido electoralmente el Presidente y su partido, en la elección parlamentaria de septiembre de 2010, el control absoluto que habían ejercido sobre la Asamblea Nacional, lo que en el futuro les iba a impedir imponer a su antojo la legislación que quisieran, antes de que los nuevos diputados electos a la Asamblea pudieran tomar posesión de sus cargos en enero de

575 Véase Allan R. Brewer-Carías, *Hacia la Consolidación de un Estado Socialista, Centralizado, Policial y Militarista. Comentarios sobre el sentido y alcance de las propuestas de reforma constitucional 2007*, Colección Textos Legislativos, N° 42, Editorial Jurídica Venezolana, Caracas 2007.

576 Véase Allan R. Brewer-Carías, *La reforma constitucional de 2007 (Comentarios al Proyecto inconstitucionalmente sancionado por la Asamblea Nacional el 2 de noviembre de 2007)*, Colección Textos Legislativos, N° 43, Editorial Jurídica Venezolana, Caracas 2007.

577 Véase Allan R. Brewer-Carías, "La proyectada reforma constitucional de 2007, rechazada por el poder constituyente originario", en *Anuario de Derecho Público 2007,* Año 1, Instituto de Estudios de Derecho Público de la Universidad Monteávila, Caracas 2008, pp. 17-65

578 Véase en *Gaceta Oficial* N° 5.806 Extra. de 10 de abril de 2006. Véase los comentarios recientes en: Gabriel Sira Santana, *Poder Popular, descentralización y participación ciudadana*, Centro para la Integración y el Derecho Público, Editorial Jurídica Venezolana, Caracas 2018, pp. 91-102.

579 Véase en *Gaceta Oficial* N° 39.335 de 28 de diciembre de 2009. Véase la sentencia N° 1.676 de 3 de diciembre de 2009 de la Sala Constitucional del Tribunal Supremo de Justicia sobre la constitucionalidad del carácter orgánico de esta Ley Orgánica de los Consejos Comunales, en http://www.tsj.gov.ve/decisiones/scon/diciembre/1676-31209-2009-09-1369.html. Véase sobre esta Ley: Allan R. Brewer-Carías, *Ley Orgánica de los Consejos Comunales,* Editorial Jurídica Venezolana, Caracas 2010.

2011, en diciembre de 2010, atropelladamente y de nuevo en fraude a la voluntad popular y a la Constitución, la deslegitimada Asamblea Nacional no sólo procedió a designar a los magistrados del Tribunal Supremo de Justicia, nombrando entre ellos a la Sra. Gutiérrez, autora de la Tesis "secreta" de Zaragoza sin cumplir con las exigencias constitucionales (**Véase Primera Parte, III**), sino que procedió a sancionar un conjunto de Leyes Orgánicas mediante las cuales terminó de definir, al margen de la Constitución, el marco normativo del "nuevo" Estado que se quería establecer, *paralelo al Estado Constitucional*, que no es otra cosa que un Estado Comunista, es decir, Socialista, Centralizado, Totalitario, Militarista y Policial, denominado "Estado Comunal" o del "Poder Popular."[580]

En ese proceso legislativo, al cual, como se dijo, la magistrada Gutiérrez le dedicó un buen número de páginas en su Tesis "secreta" de Zaragoza defendiéndolo (pp. 369 ss.; 481 ss.), se crearon inconstitucionalmente instancias políticas destinadas a vaciar de competencias a los órganos del Estado (la República, los Estados, los Municipios y demás entidades locales), asignándole funciones políticas pero sin asegurar su carácter electivo mediante la elección de representantes del pueblo a través de sufragio universal, directo y secreto; sin asegurar su autonomía política propia del carácter descentralizado; y sin garantizar su carácter pluralista, al disponer que no podían estar vinculados a otra ideología que no fuera el Socialismo.

Es decir, sin respetar los principios constitucionales del Estado democrático de derecho, esas Leyes Orgánicas[581] que se dictaron fueron, además de la Ley Orgánica del Poder Popular,[582] a la cual la autora de la Tesis "secreta" consideró como "la ley marco de la nueva geometría del poder" (p. 484), las leyes orgánicas de las Comunas,[583] del Sistema Económico Comunal,[584] de Planificación Pública y Comunal[585] y de Contraloría Social.[586] Además, en el mismo marco de estructuración del Estado Comunal montado sobre el Poder Popular se destaca la reforma de la Ley Orgánica

---

580   Véase Allan R. Brewer-Carías, "La proyectada reforma constitucional de 2007, rechazada por el poder constituyente originario", en *Anuario de Derecho Público 2007,* Año 1, Instituto de Estudios de Derecho Público de la Universidad Monteávila, Caracas 2008, pp. 17-65

581   Véase sobre el conjunto de Leyes: Allan R. Brewer-Carías, Claudia Nikken, Luis A. Herrera Orellana, Jesús María Alvarado Andrade, José Ignacio Hernández y Adriana Vigilanza, *Leyes Orgánicas sobre el Poder Popular (Los Consejos Comunales, las Comunas, la Sociedad Socialista y el Sistema Económico Comunal),* Editorial Jurídica Venezolana, Caracas 2011, 720 pp. Véase los comentarios recientes en: Gabriel Sira Santana, *Poder Popular, descentralización y participación ciudadana,* Centro para la Integración y el Derecho Público, Editorial Jurídica Venezolana, Caracas 2018, pp. 111 ss.

582   -

    ,
    Comunal (Los Consejos Comunales, las Comunas, la Sociedad Socialista y el Sistema Económico Comunal), Colección Textos Legislativos No 50, Editorial Jurídica Venezolana, Caracas, 2011.

583   Véase en *Gaceta Oficial* N° 6.011 Extra. de 21 de diciembre de 2010. La Sala Constitucional mediante sentencia N° 1330 de 17 de diciembre de 2010 declaró la constitucionalidad del carácter orgánico de esta Ley. Véase en http://www.tsj.gov.ve/decisiones/scon/Diciembre/1330-171210-2010-10-1436.html

584   Véase en *Gaceta Oficial* N° 6.011 Extra. de 21 de diciembre de 2010. La Sala Constitucional mediante sentencia N° 1329 de 16-de diciembre de 2010 declaró la constitucionalidad del carácter orgánico de esta Ley. Véase en http://www.tsj.gov.ve/decisiones/scon/Diciembre/1329-161210-2010-10-1434.html

585   Véase en *Gaceta Oficial* N° 6.011 Extra. de 21 de diciembre de 2010. La Sala Constitucional mediante sentencia N° 1326 de 16 de diciembre de 2010 declaró la constitucionalidad del carácter orgánico de esta Ley.

586   Véase en *Gaceta Oficial* N° 6.011 Extra. de 21 de diciembre de 2010. La Sala Constitucional mediante sentencia N° 1329 de 16 de diciembre de 2010 declaró la constitucionalidad del carácter orgánico de esta Ley. Véase en http://www.tsj.gov.ve/decisiones/scon/Diciembre/%201328-161210-2010-10-1437.html

del Poder Público Municipal,[587] y de las Leyes de los Consejos Estadales de Planificación y Coordinación de Políticas Públicas,[588] y de los Consejos Locales de Planificación Pública.[589] En diciembre de 2010, además, se trató de aprobar la Ley Orgánica del Sistema de Transferencia de Competencias y Atribuciones de los Estados y Municipios a las Organizaciones del Poder Popular, la cual sin embargo no llegó a ser sancionada; habiendo sido en cambio sancionada con otro nombre unos años después.

La deslegitimada Asamblea Nacional de 2010, además, sancionó una Ley habilitante autorizando al Presidente de la República para - por vía de legislación delegada - , dictar leyes en todas las materias imaginables, incluso de carácter orgánico, vaciando así por un período de 18 meses, hasta 2012, a la nueva Asamblea Nacional de materias sobre las cuales poder legislar.

Con estas leyes se terminó de definir, al margen de la Constitución, el marco normativo de un nuevo Estado, supuestamente el "Estado participativo" al cual se refirió la autora de su Tesis "secreta" de Zaragoza, en *paralelo al Estado Constitucional*, que se denominó "Estado Comunal" y que si nos atenemos a las experiencias históricas precedentes, todas fracasadas, unas desaparecidas como el de la Unión Soviética, y otros en vías de degradación como el de Cuba,[590] no era otra cosa que un Estado Comunista, para el cual se adoptó al Socialismo como doctrina oficial pública, impuesta a los ciudadanos para poder participar, montado sobre un sistema político centralizado, militarista y policial para el ejercicio del poder. Ese fue el Estado que defendió la Sra. Gutiérrez en su Tesis secreta de Zaragoza de 2011, y que el año siguiente defendería el propio Director de la Tesis, Fernando Palacios Romeo (**Véase Sexta Parte, II**).[591]

El objetivo fundamental de dichas leyes, como se dijo, fue la organización del "Estado Comunal" que tiene a la Comuna como a su célula fundamental, buscando suplantar inconstitucionalmente al Municipio en el carácter que tiene de "unidad política primaria de la organización nacional" (art. 168 de la Constitución). A través de la organización de ese Estado Comunal o Comunista, se ha buscado ejercer el Poder Popular, el cual se concreta en el supuesto ejercicio de la soberanía popular sólo directamente por el pueblo, y no mediante representantes, lo cual ha sido una falacia por el control férreo de la "participación" por el Poder Central y el partido oficial. Se trata, por lo demás, de un sistema político estatal en el cual se ignora la democracia representativa violándose así abiertamente la Constitución de la República.

A tal efecto, siguiendo la pauta de proyecto de la rechazada Reforma Constitucional de 2007, se impuso a los Municipios la obligación de transferir sus competencias a las Comunas, vaciándo-

---

587   Véase en *Gaceta Oficial* N° 6.015 Extra. de 28 de diciembre de 2010.

588   Véase en *Gaceta Oficial* N° 6.015 Extra. de 30 de diciembre de 2010.

589   Véase en *Gaceta Oficial* N° 6.015 Extra. de 30 de diciembre de 2010.

590   La palabra "comunismo" incluso se ha propuesto que sea eliminada de la Constitución de Cuba. Véase el reportaje: "Cuba elimina el término "comunismo" de su nueva Constitución y abre la puerta a la propiedad privada." "Esto no quiere decir que renunciemos a nuestras ideas, sino que en nuestra visión pensamos en un país socialista, soberano, independiente, próspero y sostenible», argumentó esta semana el presidente de la Asamblea Nacional, Esteban Lazo," en ABC Internacional, 23 de julio de 2018, en https://www.abc.es/internacional/abci-cuba-elimina-termino-comunismo-nueva-constitucion-y-abre-puerta-propiedad-privada-201807220757_noticia.html

591   Véase Francisco Palacios Romeo, "Falacias ideológicas y aporías técnicas sobre los nuevos procesos políticos de América Latina (en torno a un argumentario de Brewer Carias sobre el hecho social-participativo)," en *Actas Congreso Internacional América Latina: la autonomía de una región (XV Encuentro de latinoamericanistas españoles)*, Consejo Español de Estudios Iberoamericanos, 2012, p. 615

selos de competencias, y se organizaron los Consejos Comunales como supuestas instancias "de participación para el ejercicio directo de la soberanía popular," definiéndoselos supuestamente "en el marco constitucional de la democracia participativa y protagónica," como instancias de participación que permiten al pueblo organizado "ejercer el gobierno comunitario y la gestión directa de las políticas públicas" en "la construcción del nuevo modelo de sociedad socialista de igualdad, equidad y justicia social."

Sobre este vaciamiento de las competencias de los órganos constitucionales (Estados y Municipios), que por supuesto solo podría hacerse con una reforma constitucional, la autora de la Tesis "secreta" de Zaragoza incluso destacó en su análisis del Estado participativo, al:

> "ámbito municipal y estadal al que se impone la obligación de transferir competencias y funciones a las comunidades y grupos vecinales organizados, relativas a la práctica totalidad de los servicios públicos, y en relación a la iniciativa de propuestas para la elaboración de los respectivos planes de inversión, ejecución, evaluación y control de obras, programas sociales y servicios públicos. Se menciona específicamente la creación de nuevas estructuras orgánicas (sujetos de descentralización) a nivel de las parroquias, las comunidades, los barrios y las vecindades a los fines de garantizar el principio de la corresponsabilidad en la gestión pública de los gobiernos locales y estadales; desarrollando mecánicas autogestionarias y cogestionarias en la administración y control de los servicios públicos estadales y municipales" (p. 538).

En todo caso, lo importante a destacar bajo el ángulo del principio democrático representativo que se ha querido eliminar con dichas leyes del Poder Popular, es que esos Consejos Comunales no son precisamente órganos de representación del pueblo en el sentido de que sus miembros no son electos mediante sufragio universal, directo y secreto, sino designados a mano alzada en Asambleas de Ciudadanos en las cuales solo pueden participar los inscritos en el Partido Socialista Unido del gobierno y, por tanto, controladas por este, sin que se garantice pluralismo político alguno. [592]

En dichas Leyes del Poder Popular, además, se organizó la llamada "contraloría social," la cual se concibió como función compartida entre las instancias del Poder Público y los ciudadanos, como un mecanismo generalizado de espionaje, investigación y denuncia social, no sólo "para garantizar que la inversión pública se realice de manera transparente y eficiente en beneficio de los intereses de la sociedad," sino para que "las actividades del sector privado no afecten los intereses colectivos o sociales." Esta tarea de contraloría social se concibió para ser ejercida en forma completamente indiscriminada, es decir, "de manera individual o colectiva, en todas las actividades de la vida social, y se integra de manera libre y voluntaria bajo la forma organizativa que sus miembros decidan."

Estando concebida legalmente la organización del Poder Popular y las organizaciones del Estado Comunal para el Socialismo, y únicamente para el Socialismo, toda actividad de algún órgano del sector público o de cualquier persona organización o empresa del sector privado no comprometida con los principios del socialismo, puede considerarse que afectarían en los términos de la Ley "intereses colectivos o sociales" pudiendo ser objeto de denuncia y sometidas a control popular. La única limitación en esta tarea de espionaje y denuncia se refiere a "la preservación de

---

592 Con ello se confirmó uno de los temores expresados por Juan Carlos Monedero, en el sentido de que "la instauración de un sistema de partido único es una simplificación de la organización humana que asombra por su grosería." Véase en Juan Calos Monedero, Hacia una filosofía política del socialismo en el Siglo XXI," en *Cuadernos del CENDES*, N° 68, Año 25, mayo-junio 2008, pp. 88.

la seguridad interior y exterior, la investigación criminal, la intimidad de la vida privada, el honor, la confidencialidad y la reputación."

Por último, en estas leyes sobre el Poder Popular se estableció el "sistema económico comunal," que se definió como "el conjunto de relaciones sociales de producción, distribución, intercambio y consumo de bienes y servicios, así como de saberes y conocimientos, desarrolladas por las instancias del Poder Popular, el Poder Público o por acuerdo entre ambos, a través de organizaciones socio-productivas bajo formas de propiedad social comunal;" siendo las organizaciones socio-productivas aquellas concebidas exclusivamente "bajo formas de propiedad social comunal." Éstas en definitiva resultaron siendo, en la Ley, solamente las empresas del Estado y las empresas del Estado Comunal, las unidades productivas familiares o los grupos de trueque, donde está excluida toda iniciativa privada y la propiedad privada de los medios de producción y comercialización de bienes y servicios.

Se trata de un sistema económico socialista que se ha pretendido implantar violentando completamente el sistema de economía mixta que garantiza la Constitución de 1999 al contrario donde se establece la libertad económica (art. 112) como el derecho de todos a dedicarse libremente a la actividad económica de su preferencia, sin más limitaciones que las previstas en la Constitución y las que establezcan las leyes, por razones de desarrollo humano, seguridad, sanidad, protección del ambiente u otras de interés social; y la propiedad privada (art. 115).[593]

Con estas leyes del Poder Popular también se buscó cambiar la estructura el Estado al regular un nuevo sistema económico para lo cual debía haberse convocado a una Asamblea Constituyente, pues se pretendió sustituir el sistema de economía mixta constitucional por un sistema económico estatista o controlado por el Estado, mezclado con previsiones propias de sociedades primitivas y lugareñas que en el mundo globalizado de hoy ya simplemente no existen, y que presuponen la miseria como forma de vida, para regular y justificar el trueque como sistema, pensando quizás en sociedades agrícolas, o recolectoras, o más trágicamente anticipando lo que en pocos años iba a ocurrir en Venezuela.[594]

Para ello el sistema económico comunal se concibe en la Ley Orgánica como la "herramienta fundamental para construcción de la nueva sociedad," que supuestamente debe regirse sólo "por los principios y valores socialistas" que en esta Ley del Sistema Económico Comunal se declara que supuestamente "se inspira en la doctrina de Simón Bolívar" (art. 5), lo que por supuesto no solo es un disparate sino una falsedad.

Se trata de un sistema económico, como lo define el artículo 6.12 de la Ley, fundado en un "modelo productivo socialista basado en la *propiedad social*, orientado hacia la *eliminación de la*

593   Véase los comentarios a dicha Ley Orgánica del Sistema Económico Comunal en Allan R. Brewer-Carías, "Sobre la Ley Orgánica del Sistema Económico Comunal o de cómo se implanta en Venezuela un sistema económico comunista sin reformar la Constitución," en *Revista de Derecho Público*, Nº 124, (octubre-diciembre 2010), Editorial Jurídica Venezolana, Caracas 2010, pp. 102-109; y "La reforma de la Constitución económica para implantar un sistema económico comunista (o de cómo se reforma la Constitución pisoteando el principio de la rigidez constitucional), en Jesús María Casal y María Gabriela Cuevas (Coordinadores), *Homenaje al Dr. José Guillermo Andueza. Desafíos de la República en la Venezuela de hoy. Memoria del XI Congreso Venezolano de Derecho Constitucional*, Universidad Católica Andrés Bello, Caracas 2013, Tomo I, pp. 247-296.

594   Véase por ejemplo, el reportaje de Reuters: "El trueque es la nueva moneda en una Venezuela colapsada," en *El Nacional* Web, 4 de julio de 2018, en http://www.el-nacional.com/noticias/economia/reuters-trueque-nueva-moneda-una-venezuela-colapsada_242626

división social del trabajo propio del modelo capitalista. El modelo de producción socialista está dirigido a la satisfacción de necesidades crecientes de la población, a través de nuevas formas de generación y apropiación, así como de *la reinversión social del excedente.*" (art. 6.12)

Con esta definición, los redactores de estas Leyes sobre el Poder Popular – copiándose sin duda algún vetusto manual político comunista – (**Véase Sexta Parte, II**) buscaron configurar el marco definitorio general de un Estado "Comunista" o Socialista que se quiso imponer a los venezolanos, y por el cual nadie votó ni ha votado, montado sobre el supuesto ejercicio de la soberanía del pueblo exclusivamente en forma directa a través del ejercicio del Poder Popular y el establecimiento de un Estado Comunal, en paralelo al Estado Constitucional democrático y social de derecho y de justicia que es el que define la Constitución vigente; y todo en violación a la misma que exige que para reformas como las decretadas mediante leyes orgánicas, lo que se requería era de la convocatoria de una Asamblea Nacional Constituyente.

Al haber sido implementadas mediante leyes, lo que ocurrió en Venezuela fue un proceso de desconstitucionalización del Estado,[595] pero las mismas, a pesar de que fueron impugnadas por inconstitucionalidad ante la Sala Constitucional del Tribunal Supremo de Justicia,[596] de la cual formó parte la autora de la Tesis "secreta" de Zaragoza, nunca fueron siquiera fueron admitidas las acciones de nulidad, habiendo ocurrido de hecho una denegación de justicia constitucional.

Por ello, la razón de la denegación de justicia podría quizás encontrarse precisamente en la Tesis "secreta" de doctorado de la magistrado Gutiérrez, quién luego de ser designada como magistrada en diciembre de 2010, y de que se hubiesen sancionado las referidas leyes por la misma Asamblea Nacional que la designó, un año después defendió su Tesis "secreta" haciendo en ella no solo la defensa de las Leyes, sino una apología de su contenido (pp. 484-523), respondiendo incluso a las críticas que varios profesores habíamos formulado al respecto,[597] solo acusándonos de "libelistas" y de "no parecer entender" su significado (p. 381).

No era fácil que la magistrada Gutiérrez pudiera permitir que los procesos de inconstitucionalidad contra las mencionadas leyes pudieran avanzar, sobre todo cuando ella habría participado en su redacción desde la Procuraduría General de la República, antes de ser designada magistrada del Tribunal Supremo, habiéndolas defendido después, ya como magistrada, "públicamente" – como se debe hacer en la defensa de las tesis - en su Tesis "secreta" de Zaragoza, ignorando que se trataba

595 Véase Allan R. Brewer-Carías, *Estado totalitario y desprecio a la ley. La desconstitucionalización, desjuridificación, desjudicialización y desdemocratización de Venezuela,* Fundación de Derecho Público, Editorial Jurídica Venezolana, 2014, 532 pp.; segunda edición, (Con prólogo de José Ignacio Hernández), Caracas 2015, 542 pp.

596 Véase el texto básico de la demanda de nulidad en el trabajo de José Ignacio Hernández, Jesús María Alvarado Andrade y Luis A. Herrera Orellana, "Sobre los vicios de inconstitucionalidad de la Ley Orgánica del Poder Popular," publicado en el libro: *Leyes Orgánicas sobre el Poder Popular y el Estado Comunal (Los Consejos Comunales, las Comunas, la Sociedad Socialista y el Sistema Económico Comunal),* Colección Textos Legislativos N° 50, Editorial Jurídica Venezolana, Caracas 2011, pp. 507-593.

597 Véase sobre el conjunto de Leyes los trabajos publicados en el libro: Allan R. Brewer-Carías, Claudia Nikken, Luis A. Herrera Orellana, Jesús María Alvarado Andrade, José Ignacio Hernández y Adriana Vigilanza, *Leyes Orgánicas sobre el Poder Popular (Los Consejos Comunales, las Comunas, la Sociedad Socialista y el Sistema Económico Comunal),* Editorial Jurídica Venezolana, Caracas 2011, 720 pp. Véase además, Allan R. Brewer-Carías, "La Ley Orgánica del Poder Popular y la desconstitucionalización del Estado de derecho en Venezuela," en *Revista de Derecho Público,* N° 124, (octubre-diciembre 2010), Editorial Jurídica Venezolana, Caracas 2010, pp. 81-101.

de una reforma tan radical de la Constitución que no podía hacerse mediante simples leyes, sin seguirse las previsiones de la Constitución sobre la reforma de la Constitución.

Debe mencionarse, de nuevo, como falla metodológica en el manejo de la bibliografía en una Tesis doctoral, en lo cual por lo visto el Director de la Tesis profesor Palacios no puso mayor empeño, que la autora de la Tesis "secreta" de Zaragoza, al "escribirla," ignoró lo que se había escrito en el país sobre estas Leyes del Poder Popular que tanto defendió. Respecto de mis trabajos, por ejemplo, solo citó dos estudios publicados en Madrid;[598] no habiéndose molestado en buscar bibliografía publicada en Venezuela, y ni siquiera consultar los trabajos publicados en el libro editado en Caracas, en marzo de 2011 (antes de que presentara su Tesis "secreta" en Zaragoza), con el título *Leyes Orgánicas sobre el Poder Popular y el Estado Comunal (Los Consejos Comunales, las Comunas, la Sociedad Socialista y el Sistema Económico Comunal)*, Colección Textos Legislativos No. 50, Editorial Jurídica Venezolana, Caracas 2011, 720 pp), en el cual se publicaron, todos juntos – incluso para que nadie que fuera a escribir sobre el tema se tuviera que movilizar por bibliotecas – los siguientes trabajos, todos ignorados por la magistrada Gutiérrez en su Tesis "secreta" de Zaragoza:

> "Introducción General al régimen del Poder Popular y del Estado Comunal. (O de cómo en el siglo XXI, en Venezuela se decreta, al margen de la Constitución, un Estado de Comunas y de Consejos Comunales, y se establece una sociedad socialista y un sistema económico comunista, por los cuales nadie ha votado) por Allan R. Brewer-Carías (pp. 9-182): "La Ley Orgánica de los Consejos Comunales y el derecho a la participación ciudadana en los asuntos públicos," por Claudia Nikken (pp. 183-358); La Ley Orgánica de Contraloría Social: Funcionalización de la participación e instauración de la desconfianza ciudadana," por Luis A. Herrera Orellana (pp. 359-374); "La "Constitución Económica" y el sistema económico comunal (Reflexiones Críticas a propósito de la Ley Orgánica del Sistema Económico Comunal),"por Jesús María Alvarado Andrade (pp. 375- 456); "Descentralización y Poder Popular," por José Ignacio Hernández G. (pp. 457- 474); "La descentralización política de Venezuela y las nuevas Leyes del "Poder Popular," por Adriana Vigilanza García (pp. 475-506) y "Sobre los vicios de inconstitucionalidad de la Ley Orgánica del Poder Popular," por José Ignacio Hernández, Jesús María Alvarado Andrade y Luis A. Herrera Orellana (pp. 507-593)."

Ignorando toda la bibliografía que se había producido en el país con ocasión de la sanción de las Leyes, la Sra. Gutiérrez, sin embargo, acusó en general a los críticos de las mismas como "los que desde hace unos meses van criminalizando la legislación participativa en Venezuela como un quebrantamiento constitucional masivo" (p. 369) – como en efecto lo fueron – , pero que la autora de la Tesis "secreta" quería ignorar, argumentando más bien que no había habido quebrantamiento constitucional, indicando simplemente que:

---

598   La autora de la Tesis "secreta," se limitó a citar mi trabajo (nota 372): Allan R. Brewer-Carías, sobre "La desconstitucionalización del Estado de Derecho en Venezuela: Del Estado Democrático y Social de Derecho al Estado Comunal Socialista sin reformar la Constitución," en *El Cronista del Estado Social y Democrático de Derecho*, N° 19, Editorial Iustel, Madrid 2011, pp. 26-39. En otra parte (Nota 362) se refiere a otro trabajo también publicado en Madrid al referirse a "los distintos opúsculos de Brewer Carias. V.g. Allan Brewer Carías, "Las leyes del Poder Popular dictadas en Venezuela en diciembre de 2010, para transformar el Estado Democrático y Social de Derecho en un Estado Comunal Socialista, sin reformar la Constitución," en *Cuadernos Manuel Giménez Abad*, Fundación Manuel Giménez Abad de Estudios Parlamentarios y del Estado Autonómico, N° 1, Madrid, Junio 2011, pp. 127-131.

"No, es lo contrario. Si las instituciones venezolanas no desarrollan la cláusula participativa estarían haciendo un ejercicio de mutación constitucional desobedeciendo uno de los mandatos principales del texto" (p. 369).

O sea, la autora, por el hecho de que la Constitución de 1999 hubiera incluido la palabra "participación" en varias normas y en otras, escasas, la palabra "comunitario," en su criterio y en nombre del "nuevo paradigma constitucional," la misma supuestamente autorizaba al Legislador para cambiar toda la Constitución y transformar el Estado, olvidándose de lo previsto en ella misma.

La autora de la Tesis "secreta" de Zaragoza, en esa línea, incluso defendió lo indefendible, que eran ese conjunto de Leyes Orgánicas del Poder Popular inconstitucionales, que como magistrada se negó a permitir que fueran juzgadas, indicando entonces en la apología que hizo de las mismas en su Tesis, que pasaba supuestamente a "hacer un análisis muy austero, de sistematización jurídica, para dotar de claridad y sistematización la exposición. Precisamente porque es lo que no se ha hecho habitualmente a la hora de delinear el modelo participativo en la Constitución" (p. 369). Sin embargo, basta hojear y leer el Índice o Sumario de la Tesis para apreciar que eso era lo que debió haber hecho al escribirla: dotar de claridad y sistematización su exposición, que no la tiene.

Una última observación debe hacerse sobre la Tesis "secreta" de doctorado de la Sra. Gutiérrez cuando analiza el "nuevo paradigma constitucional" y la "nueva geometría del poder" con "especial mención a la Constitución de Venezuela," y es que en esa "nueva geometría del poder" desapareció toda mención a la forma federal del Estado, que no sólo es una forma constitucional bicentenaria establecida desde 1811, sino que implica una distribución territorial del Poder Público – aun cuando imperfecto e insuficiente – en niveles de comunidades políticas autónomas como son los Estados y Municipios, a pesar incluso de todas sus deficiencias.[599]

En el nuevo esquema o "nueva geometría del poder" que propugnó la autora de la Tesis "secreta" – en la cual ni siquiera utiliza el término "federal" – , no tienen cabida por tanto ni los Estados, ni los Municipios, ni las Juntas Parroquiales, las cuales de paso se pretendió eliminar en 2010 mediante la Ley de reforma de la Ley Orgánica del Poder Público Municipal; es decir, desaparece todo aquello que en el territorio pueda ser autónomo y con gobiernos representativos electos mediante sufragio universal, directo y secreto (**Véase Sexta Parte, II**).

Por ello, incluso, desde antes de ser designada magistrada del Tribunal Supremo, la autora de la tesis "secreta" de Zaragoza, desde 2008, como Procuradora General de la República comenzó a buscar desmantelar la estructura del Estado federal en Venezuela intentando un recurso de "interpretación a la carta" ante la Sala Constitucional del Tribunal Supremo de Justicia, para que decidiera sobre que lo que decía el artículo 164.10 de la Constitución, solicitando que resolviera lo que decía sobre las "competencias exclusivas" de los Estados no eran tal cosa, sino que se trataba de "competencias concurrentes" y, por tanto, con injerencia del Poder Nacional, propiciando así la "nacionalización" de las competencias de los Estados en materia de conservación, administración y aprovechamiento de las carreteras y autopistas nacionales, y de los aeropuertos y puertos

---

599 Sobre ello he escrito mucho, desde hace mucho. Véase lo último en Allan R. Brewer-Carías, "La mutación del Estado federal en Venezuela," en *Revista General de Derecho Público Comparado,* Nº 23 (junio 2018), (Sección Monográfica: "Las tendencias del Estado federal en América Latina". Coordinado por Giorgia Pavani y Vanessa Suelt Cock), Iustel, Madrid 2018

de uso comercial; lo que efectivamente logró que la Sala Constitucional decidiera (**Véase Sexta Parte, I**).

Sobre la "nueva función" del Poder Judicial

Por último, entre los puntos que destaca la autora en su Tesis doctoral "secreta" de Zaragoza, están varias referencias al Poder Judicial (por ejemplo, pp. 381, 433, 472) tratando de establecer un contraste entre "El Poder Judicial como instrumento histórico de control político *vs.* una nueva función del Poder Judicial como instrumento garantista y participativo" (p. 433).

Este juego fraseológico de contrastes, luego de referirse al "mito de la separación del Poder Judicial" (p. 433),[600] como si ello debiera ser cosa superada, en lugar de ser reforzada, lo explicó la autora en su Tesis "secreta" de Zaragoza indicando que:

> "La nueva geometría llega también a penetrar en la conformación del Poder Judicial. Partiendo de la premisa de cómo el poder judicial ha fungido de instrumento histórico de control político. La separación del poder judicial en el constitucionalismo clásico ha sido un mito desde comienzos del Estado Liberal hasta ahora mismo en las postrimerías del Estado Social. Ha existido una larga y permanente determinación del poder judicial, de lo que pueden ser buen ejemplo el cerrado modelo británico, con un lord canciller como factótum del sistema, o Estados Unidos, en donde el poder ejecutivo dicta directamente la composición del Tribunal Supremo. Latinoamérica tampoco escapó de esta clásica constitucionalización convencional y gregaria del poder judicial, en donde primaba la directa conexión presidencial y la correa de transmisión legislativa" (p. 541).[601]

La autora, sin embargo, no explicó qué entendía cuando expresó que el Poder Judicial en el constitucionalismo clásico "ha fungido de instrumento histórico de control político," ni se adentró por supuesto a analizar cómo el Poder Judicial, fundamentalmente durante los años en los cuales ha sido magistrada de la Sala Constitucional y Presidenta del Tribunal Supremo, ha sido el instrumento directo y por excelencia del Poder Ejecutivo para implementar el autoritarismo en el país, impartiendo una "justicia constitucional a la carta," a la medida, y en la forma requerida por el Poder Ejecutivo (**Véase Primera Parte, III**), demoliendo todos los principios del Estado democrático, y degradando el Estado de derecho, como se ha analizado en este estudio.

En todo caso, lo único que destacó la autora de la tesis "secreta" de Zaragoza, con el supuesto objeto de "convertir" el Poder Judicial "en un Poder garantista y participativo," fue el sistema que dispuso la Constitución de 1999 para la elección en segundo grado de los magistrados del Tribunal, no solo al exigir unas estrictas condiciones académicas y profesionales que no siempre se han cumplido, como en el caso de su propia designación (**Véase Primera Parte, III**); sino al establecer el principio "participativo" de que los candidatos a magistrados deben ser necesaria y obligatoriamente nominados por un Comité de Postulaciones, integrados exclusivamente por representantes de los diversos sectores de la sociedad, y además, electos por la Asamblea Nacional

---

600   Es posible que la autora haya seguido aquí, lo que escribió ese mismo año, el Director de la Tesis "secreta," en Francisco Palacios, "El mito de la separación del poder judicial en el constitucionalismo clásico y la nueva configuración participativa en Latinoamérica. En torno a una aporía del constitucionalismo clásico: *Quis custodiet ipsos custodes?*" en *Revista General de Derecho Público Comparado* nº 9, Editorial Iustel, 2011, pp. 1-40.

601   Luego de citar este párrafo, Oscar Medina en un artículo titulado "El idílico TSJ que pinto la magistrada Gladys Gutiérrez en su Tesis española bendecida por Monedero," concluyó preguntando: ¿Ya encontró la ironía?", en *KonZapata.com*, 16 de febrero de 2016, en https://konzapata.com/2016/02/el-idilico-tsj-que-pinto-la-magistrada-gladys-gutierrez-en-su-tesis-espanola-bendecida-por-monedero/

con el voto de una mayoría calificada de diputados (p. 472, 473, 541), lo que nunca se ha cumplido (**Véase Tercera Parte, I).**

Sin embargo, lo que puede decirse después de estudiar la Tesis "secreta" de Zaragoza es que a su autora se le pasó por alto, y sobre ello por lo visto no se percató el Director de la misma para exigir que se analizara, estudiar en la práctica política y constitucional cómo se habrían implementado esas exigencias constitucionales tan rigurosas. Allí debió haber analizado la autora de la Tesis "secreta" cómo, desde 2000, al dictarse la Ley Especial para la designación de las Altas autoridades del Poder Público, se violó la Constitución; cómo la integración del famoso Comité de postulaciones judiciales "para garantizar la democracia participativa," se hizo con una mayoría de diputados como miembros, convirtiéndose rápidamente en una comisión parlamentaria más asesora del Poder Legislativo y no del Poder Judicial, eliminándose toda posibilidad real de participación ciudadana efectiva; y cómo esa inconstitucional composición, fue aceptada por el Juez Constitucional desde 2000 (**Véase Tercera Parte, I**), y luego ratificada en las reformas sucesivas de la Ley Orgánica del Tribunal Supremo de Justicia de 2004 y 2010; y finalmente, cómo la propia designación de la magistrada Gutiérrez Alvarado en diciembre 2010 para integrar la Sala Constitucional del Tribunal Supremo, lo que se produjo un año antes de defender su Tesis "secreta," violándose abiertamente el artículo 236 de la Constitución, pues la misma, aparte de su conocida militancia política, ni había ejercido la abogacía por 15 años y si lo había hecho no tenía título de postgrado; ni había sido profesora por 15 años; ni había sido juez por 15 años,[602] es decir, simplemente no podía ser designada magistrada.

Por eso, sobre esa elección, la ex magistrada de la antigua Corte Suprema de Justicia, Hildegard Rondón de Sansó, destacó la tragedia que significaba "la carencia, en la mayoría de los designados de los requisitos constitucionales;" que se hubiese llevado al Tribunal Supremo a "un pequeño grupo de sujetos que no son juristas, sino políticos de profesión," y a "quienes corresponderá, entre otras funciones el control de los actos normativos;" advirtiendo en particular sobre "la configuración del Comité de Postulaciones Judiciales, al cual la Constitución creó como un organismo neutro, representante de los "diferentes sectores de la sociedad" (Art. 271)." que "la Ley Orgánica del Tribunal Supremo de Justicia, lo convirtió en forma inconstitucional, en un apéndice del Poder Legislativo."[603]

Nada de esto, sin embargo, lo analizó la autora de la Tesis "secreta" de Zaragoza al evaluar el nuevo sistema de "justicia participativa" e incluso "comunitaria" (p. 481) que propugnó en su "nuevo paradigma constitucional" – como si nunca hubiera pasado - a pesar de que incluso el tema se refería a su propia persona. Tampoco se refirió, pues no llegó a analizar la justicia impartida por el Tribunal Supremo de Justicia, a lo que ella misma afirmó cuando lo presidía en 2014, en el sentido de que con sus decisiones sólo se hacía cumplir, no la Constitución y la ley que es lo único que hace un juez, sino "cumplir la voluntad del pueblo," pues según la autora de la Tesis

---

602   Véase el estudio de Acceso a la Justicia: "Perfil de la Sala Constitucional," en *Acceso a la Justicia. El Observatorio venezolano de la Justicia*, 18 de agosto de 2016, en http://www.accesoalajusticia.org/perfil-de-la-sala-constitucional-del-tsj/

603   Véase Hildegard Rondón de Sansó, "OBITER DICTA. En torno a una elección," en *La Voce d'Italia*, 14-12-2010

"secreta" de Zaragoza, las mismas "dependen solamente del bien común, de lo que les benefi-cie"[604] y no de lo que diga la ley, como si se tratase de un órgano ejecutivo, lo cual no es cierto.

El Poder Judicial y el Tribunal Supremo imparten justicia y actúan "en nombre de la Re-pública y por autoridad de la ley," como lo expresa el artículo 253 de la Constitución, siendo su misión la de impartir justicia, única y exclusivamente aplicando la Constitución y las leyes de la República.

Nada de esto, sin embargo, se discutió en la Tesis "secreta" de Zaragoza, pero sí se evidenció en las ejecutorias de su autora como magistrada del Tribunal Supremo de Justicia, cuya misión, lamentablemente, fue la de servir como instrumento para la demolición de las bases del Estado democrático de derecho (**Véase Quinta Parte, I**), como lo muestran las sentencias que se comen-tan en este estudio, dictadas en nombre de un supuesto "nuevo paradigma constitucional."

New York, Zaragoza, Madrid, New York, mayo / agosto 2018

---

604   Véase la Nota de Prensa del Tribunal Supremo de Justicia: "Aseguró la Presidenta del Tribunal Supremo de Justicia: Contamos con un Poder Judicial autónomo, independiente y apegado a la Constitución y las leyes", 30 de marzo de 2014, en http://www.tsj.gov.ve/informacion/notasde-prensa/notasdeprensa.asp?codigo=11797

www.ingramcontent.com/pod-product-compliance
Lightning Source LLC
Chambersburg PA
CBHW080428270326
41929CB00018B/3207

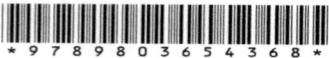